SAP® Cloud

SAP PRESS ist eine gemeinschaftliche Initiative von SAP SE und der Rheinwerk Verlag GmbH. Ziel ist es, Anwendern qualifiziertes SAP-Wissen zur Verfügung zu stellen. SAP PRESS vereint das fachliche Know-how der SAP und die verlegerische Kompetenz von Rheinwerk. Die Bücher bieten Expertenwissen zu technischen wie auch zu betriebswirtschaftlichen SAP-Themen.

James Wood
SAP HANA Cloud Platform – Das Handbuch für Entwickler
576 Seiten, 2015, gebunden (auch als E-Book)
ISBN 978-3-8362-3862-5

Bögelsack, Baader, Prifti, Zimmermann, Krcmar
SAP-Systeme in der Cloud – Implementierung und Betrieb
ca. 410 Seiten, 2015, gebunden (auch als E-Book)
ISBN 978-3-8362-3724-6

Bjarne Berg, Penny Silvia
Einführung in SAP HANA
605 Seiten, 2. Auflage 2015, gebunden (auch als E-Book)
ISBN 978-3-8362-3459-7

Nikolaus Krasser, Melanie Rehkopf
SuccessFactors – Grundlagen, Prozesse, Implementierung
ca. 670 Seiten, 2015, gebunden (auch als E-Book)
ISBN 978-3-8362-3889-2

Aktuelle Angaben zum gesamten SAP PRESS-Programm finden Sie unter
www.sap-press.de.

Andreas Hufgard, Stefanie Rauff, Rainer Zinow

SAP® Cloud

Szenarien, Lösungen und Technologie

Liebe Leserin, lieber Leser,

vielen Dank, dass Sie sich für ein Buch von SAP PRESS entschieden haben.

SAP bietet seit einiger Zeit Lösungen in der Cloud an, und es werden immer mehr. Fragen Sie sich, was z.B. hinter SAP HANA Enterprise Cloud, SAP Business One oder SuccessFactors steckt? Überlegen Sie, ob SAP in der Cloud auch etwas für Sie sein könnte? Oder sind Sie schon einen Schritt weiter, machen sich aber Gedanken, wie sicher Ihre Daten in der Cloud sind?

In diesem Buch finden Sie die Antworten. Unsere Autoren Andreas Hufgard, Stefanie Rauff und Rainer Zinow haben schon viele Erfahrungen in Cloud-Einführungsprojekten gesammelt und kennen Stärken und Schwächen der verschiedenen Lösungen. Sie zeigen Ihnen, welche Cloud-Software für welche Einsatzzwecke geeignet ist. Außerdem gehen sie auf die Besonderheiten bei der Inbetriebnahme ein, und zeigen, was die Anbieter für die Sicherheit der sensiblen Daten in der Cloud tun. Nicht zuletzt erfahren Sie auch, welche Kosten mit den verschiedenen Cloud-Modellen auf Sie zukommen.

Ich bin sicher: Mit diesem Buch lernen Sie alle Facetten der SAP-Cloud-Lösungen kennen und können nach dem Lesen entscheiden, ob und wie die Cloud zu Ihrer Unternehmensstrategie passt.

Wir freuen uns stets über Lob, aber auch über kritische Anmerkungen, die uns helfen, unsere Bücher zu verbessern. Scheuen Sie sich nicht, sich bei mir zu melden; Ihr Feedback ist jederzeit willkommen.

Ihre Kerstin Billen
Lektorat SAP PRESS

Rheinwerk Verlag
Rheinwerkallee 4
53227 Bonn

kerstin.billen@rheinwerk-verlag.de
www.sap-press.de

Auf einen Blick

TEIL I   Positionierung und Strategie von SAP im Bereich Cloud Computing

1   Die SAP-Cloud-Strategie 25

2   Einsatzszenarien und Entscheidungsgrundlagen: Fallbeispiele 53

TEIL II Technologie

3   Infrastruktur und Sicherheit in der SAP Cloud 87

4   Implementierung und Upgrade 123

5   Anpassungsmöglichkeiten 157

6   Erweiterungen und Add-on-Entwicklung 185

TEIL III Lösungsumfang und Einsatzmöglichkeiten

7   Cloud-Suiten 225

8   Kundenbeziehungen und Zusammenarbeit 319

9   Einkauf vernetzen mit Ariba 375

10 Personal mit SuccessFactors 399

11 Weitere SAP-Cloud-Lösungen 437

Lektorat Kerstin Billen, Janina Schweitzer
Korrektorat Alexandra Müller, Isolde Kommer
Herstellung Denis Schaal
Typografie und Layout Vera Brauner
Einbandgestaltung Janina Conrady
Coverbild Shutterstock: 107483930 © Sergey Parantaev
Satz Typographie & Computer, Krefeld
Druck und Bindung Beltz Bad Langensalza GmbH, Bad Langensalza

Gerne stehen wir Ihnen mit Rat und Tat zur Seite:

kerstin.billen@rheinwerk-verlag.de bei Fragen und Anmerkungen zum Inhalt des Buches
service@rheinwerk-verlag.de für versandkostenfreie Bestellungen und Reklamationen
thomas.losch@rheinwerk-verlag.de für Rezensionsexemplare

Bibliografische Information der Deutschen Nationalbibliothek
Die Deutsche Nationalbibliothek verzeichnet diese Publikation in der Deutschen National-
bibliografie; detaillierte bibliografische Daten sind im Internet über *http://dnb.d-nb.de*
abrufbar.

ISBN 978-3-8362-3637-9

© Rheinwerk Verlag GmbH, Bonn 2015
1. Auflage 2015

Inhalt

Danksagung 15
Einleitung 17

**TEIL I Positionierung und Strategie von SAP im Bereich
Cloud Computing**

1   Die SAP-Cloud-Strategie 25

1.1   Entwicklung der SAP-Cloud-Strategie 26
    1.1.1   Ein neues Modell der Arbeitsteilung 26
    1.1.2   Neue ökonomische Modelle 28
    1.1.3   Technologische Innovationen
             begünstigen Cloud Computing 29
    1.1.4   Erhöhte Innovationsgeschwindigkeit für
             Kunden 31
    1.1.5   Cloud-DNA 32
    1.1.6   Ausblick 33
1.2   Nachfrage nach Cloud-Services und das
       SAP-Cloud-Portfolio 34
    1.2.1   Wachsende Nachfrage nach
             Cloud-Services 34
    1.2.2   Private Managed Cloud und SAP
             HANA Enterprise Cloud 36
    1.2.3   Line-of-Business-Anwendungen 38
    1.2.4   Cloud-Suiten 44
    1.2.5   Erweiterbarkeit von Cloud-Suiten und
             die Nutzung der Cloud-Plattformen 50

**2   Einsatzszenarien und Entscheidungsgrundlagen:
      Fallbeispiele 53**

2.1   Roland Berger Strategy Consultants: ERP-On-
       Demand-Software im Einsatz 53
    2.1.1   Historisch gewachsene, heterogene
             IT-Landschaft wird durch Cloud-Lösung
             ersetzt 54
    2.1.2   Der Einsatz von SAP Business ByDesign 57

2.1.3 Nutzung von Best-Practice-Industrie-
Standardprozessen reduziert Aufwand 58

2.1.4 Durchgehende und standardisierte
Prozesse bringen viele Vorteile für
die Nutzer 58

2.1.5 Einfache Lokalisierung dank Standard-
Ländertemplate 60

2.1.6 Technischer Betrieb, Wartung und
Aktualisierung aus einer Hand 61

2.1.7 Der Weg in die Cloud als Herausforderung
und Chance zur nachhaltigen Veränderung
von Prozessen und Unternehmenskultur 62

2.2 SAP Business ByDesign beim 1. FC Nürnberg 63

2.2.1 SAP Business ByDesign als Gesamtlösung,
die der Schnelllebigkeit und Komplexität
der Fußballbranche gerecht wird 64

2.2.2 Ablösung der alten On-Premise-ERP-
Lösung durch SAP Business ByDesign 65

2.2.3 SAP Business ByDesign als Kernbaustein
der Sportlösung beim Club 66

2.2.4 Fast Close und Audit Readiness mit SAP
Business ByDesign 67

2.2.5 Die Cloud als Chance für
Fußballunternehmen 68

2.3 ERP-Nutzung bei der Hilti Gruppe 69

2.3.1 Die Rahmenbedingungen 71

2.3.2 Die unterschiedlichen
Architekturszenarien 73

2.3.3 Eine Cloud-Suite als mögliche Lösung 75

2.3.4 Die Entscheidung für SAP Business
ByDesign 75

2.3.5 SAP Business ByDesign bei Hilti 77

2.3.6 Ausblick 83

TEIL II Technologie

| 3 | **Infrastruktur und Sicherheit in der SAP Cloud** .... | **87** |

	3.1	Private und Public Cloud	88
		3.1.1	Native Public-Cloud-Anwendungen	92
		3.1.2	Kollaborationsplattformen	94
		3.1.3	Native On-Premise-Anwendungen	96
		3.1.4	Zusatzlösungen	98
	3.2	SAP HANA Enterprise Cloud	100
	3.3	SAP-Cloud-Plattformen	102
		3.3.1	Entwicklungsplattformen	103
		3.3.2	Integrationsplattformen	114
	3.4	Sicherheit in der SAP Cloud	116
		3.4.1	Physische Sicherheit im Rechenzentrum	117
		3.4.2	Netzwerk und Datenübertragung	120
		3.4.3	Anwendung	121

| 4 | **Implementierung und Upgrade** .... | **123** |

	4.1	Erstimplementierung	124
		4.1.1	Vorgehensmodell	124
		4.1.2	Projektdimensionen	129
		4.1.3	Projektzeitplanung	135
		4.1.4	Systembereitstellung	139
	4.2	Produktivbetrieb	141
		4.2.1	Produktivstart	141
		4.2.2	Einarbeitung	143
		4.2.3	Kritische Projektierungsfaktoren	145
		4.2.4	Nachsteuern im frühen Produktivbetrieb ...	146
	4.3	Upgrade	150
		4.3.1	Automatisiert ablaufendes Upgrade	150
		4.3.2	Änderungsprojekte	154

| 5 | **Anpassungsmöglichkeiten** .... | **157** |

	5.1	Betriebswirtschaftliche Konfiguration	158
		5.1.1	Scoping	160
		5.1.2	Betriebswirtschaftlicher Katalog	162
		5.1.3	Aufgabenliste	165
	5.2	Anpassungswerkzeuge	168

5.2.1 SAP Business ByDesign und
LoB-Lösungen 170
5.2.2 SuccessFactors 178
5.2.3 S/4HANA Cloud Edition 184

6 Erweiterungen und Add-on-Entwicklung 185

6.1 Entwicklungswerkzeuge 186
6.1.1 Überblick 187
6.1.2 SuccessFactors 188
6.1.3 SAP Cloud Applications Studio 193
6.1.4 Werkzeuge für die SAP HANA Cloud
Platform 209
6.2 App-Bereitstellung 215
6.2.1 In-App-Extensions 215
6.2.2 Side-by-Side-Extensions 219
6.3 Möglichkeiten und Grenzen 221

TEIL III Lösungsumfang und Einsatzmöglichkeiten

7 Cloud-Suiten 225

7.1 SAP Business One 229
7.1.1 Zielgruppe und Einordnung 230
7.1.2 Funktionsübersicht 230
7.1.3 Von der Opportunity zur Fakturierung 234
7.1.4 Cashflow-Analyse 240
7.1.5 Analyse von Bilanz und GuV 242
7.1.6 Alleinstellungsmerkmale 244
7.1.7 Technologie 244
7.1.8 Implementierung 247
7.2 SAP Business ByDesign 249
7.2.1 Zielgruppe und Einordnung 250
7.2.2 Funktionsübersicht 250
7.2.3 Kombinierter Verkaufsprozess im CRM 256
7.2.4 Tagesfinanzstatus und
Liquiditätsmanagement 279
7.2.5 Analyse von Bilanz und GuV 283
7.2.6 Alleinstellungsmerkmale 286
7.2.7 Technologie 286
7.2.8 Implementierung 288

7.3   SAP S/4HANA Cloud Edition 289
        7.3.1   Zielgruppe und Einordnung 290
        7.3.2   Funktionsübersicht 291
        7.3.3   Vereinfachte Finanzbuchhaltung 292
        7.3.4   Kaufmännische Projektleitung 302
        7.3.5   Alleinstellungsmerkmale 308
        7.3.6   Technologie 309
        7.3.7   Implementierung 313
7.4   Gegenüberstellung der Cloud-Suiten 315

8   Kundenbeziehungen und Zusammenarbeit 319

8.1   SAP Cloud for Customer 321
        8.1.1   Funktionsübersicht 321
        8.1.2   Produktives Kundenmanagement 322
        8.1.3   Implementierung 328
8.2   SAP Cloud for Sales 329
        8.2.1   Zielgruppe und Einordnung 329
        8.2.2   Funktionsübersicht 330
        8.2.3   Interaktives Marketing 331
        8.2.4   Alleinstellungsmerkmale 337
8.3   SAP Cloud for Service 338
        8.3.1   Zielgruppe und Einordnung 338
        8.3.2   Funktionsübersicht 339
        8.3.3   Kundenservice 339
        8.3.4   Alleinstellungsmerkmale 345
8.4   SAP Cloud for Social Engagement 345
        8.4.1   Zielgruppe und Einordnung 345
        8.4.2   Funktionsübersicht 346
        8.4.3   Effiziente Einbindung von Social-Media-
                Kanälen 347
        8.4.4   Alleinstellungsmerkmale 351
        8.4.5   SAP Social Media Analytics by Netbase 352
8.5   SAP StreamWork 352
        8.5.1   Zielgruppe und Einordnung 352
        8.5.2   Funktionsübersicht 353
        8.5.3   Aktivitätenmanagement 354
        8.5.4   Implementierung 362
        8.5.5   Alleinstellungsmerkmale 363
8.6   SAP Jam 364
        8.6.1   Zielgruppe und Einordnung 364

8.6.2 Funktionsübersicht 364

8.6.3 Kollaboration 365

8.6.4 Implementierung 373

8.6.5 Alleinstellungsmerkmale 374

9 Einkauf vernetzen mit Ariba 375

9.1 Zielgruppe und Einordnung 377

9.2 Funktionsübersicht 377

9.3 Einkaufen im Netzwerk 378

9.3.1 Ausschreibung erstellen 380

9.3.2 Verkaufen im Netzwerk 384

9.3.3 E-Auctions 386

9.3.4 Operative Beschaffung 390

9.3.5 Zahlungen verwalten 393

9.4 Implementierung 396

9.5 Alleinstellungsmerkmale 397

10 Personal mit SuccessFactors 399

10.1 Zielgruppe und Einordnung 401

10.2 Funktionsübersicht 402

10.3 Erfolgsbasiertes Personalmanagement 403

10.3.1 Organisation und Verwaltung 404

10.3.2 Ziele und Leistungen 405

10.3.3 Talent Management und Vergütung 410

10.4 Entwicklung der Mitarbeiter 416

10.4.1 Fort- und Weiterbildung 417

10.4.2 Entwicklung und Karriere 420

10.4.3 Recruiting und Nachfolgeplanung 425

10.5 Implementierung 432

10.6 Alleinstellungsmerkmale 434

11 Weitere SAP-Cloud-Lösungen 437

11.1 SAP Cloud for Travel and Expense 437

11.1.1 Zielgruppe und Einordnung 437

11.1.2 Funktionsübersicht 438

11.1.3 Integrierte Reiseabrechnung 439

11.1.4 Implementierung 446

11.1.5 Alleinstellungsmerkmale 446

11.2 Concur 447

    11.2.1 Zielgruppe und Einordnung 447

    11.2.2 Funktionsübersicht 448

    11.2.3 Effiziente Reiseplanung 449

    11.2.4 Implementierung 455

    11.2.5 Alleinstellungsmerkmale 457

Die Autoren 459

Index 463

Danksagung

Zur Entstehung dieses Buches haben zahlreiche Personen Anregungen und Feedback geliefert. Wir danken insbesondere den folgenden Personen:

- Für inhaltliches Feedback: Gerald Brosch und Udo Siedler

- Für die Unterstützung bei der Recherche nach aktuellen Demosystemen, Preisen, etc.: Janine Budell, Wolfgang Walz, Lena Wacker, Raphael Hess, Lukas Bach, Julian Roos, Claudia Mayer, Isabelle Köhler, Patrick Haußler, Regina Schmitt und Dung Nguyen.

- Für Feedback aus Kundensicht: Thomas Lother und Jürgen Tuffentsammer (Unternehmensgruppe König & Bauer), Daniel Gerster (Roland Berger), Dr. Mario Hamm (1. FC Nürnberg) und Dr. Martin Nemetz (Hilti)

- Kerstin Billen für die kompetente Begleitung dieses Buchprojektes und die stets zeitnahe Beantwortung aller Fragen

Einleitung

Der Vorgänger dieses Buches ist im Jahre 2011 erschienen und bezog sich nur auf eine Cloud-Lösung von SAP: *SAP Business By-Design*. Nachdem SAP das Cloud-Portfolio seitdem durch Weiterentwicklungen und Zukäufe massiv erweitert hat, wollte das Autorenteam *Stefanie Rauff* (geb. Krüger) und *Andreas Hufgard* zusammen mit *Rainer Zinow* dieser Dynamik durch eine völlig neu konzipierte Publikation gerecht werden: *SAP Cloud – Szenarien, Lösungen und Technologie*.

Die Kombination dieser drei Perspektiven soll allen, die sich mit der SAP Cloud beschäftigen, einen systematischen Überblick vermitteln. In jedem Kapitel vermitteln wir demnach, was aus unserer Sicht das Wichtigste ist. Fallweise gehen wir, insbesondere bei Szenarien, in die Tiefe, um einen Eindruck der Lösungsqualität zu vermitteln. Durch diese Vorgehensweise möchten wir besonders die Einsteiger in die Cloud unterstützen. Dies sind vor allem Entscheider und Mitarbeiter in Projektteams der Anwenderunternehmen. Experten und Beratern im sehr fragmentierten Cloud-Umfeld möchten wir mit diesem Buch eine erweiterte Perspektive liefern, da es nicht leicht ist, alle Themengebiete im Blick zu behalten.

Zielgruppe

Teil I: Positionierung und Strategie von SAP im Bereich Cloud Computing

Mit *Rainer Zinow* haben wir einen SAP-Manager als dritten Autor gewonnen, der die Historie der SAP Cloud, alle wichtigen Zwischenstationen und auch die langfristigen Ziele der SAP-Cloud-Strategie (**Kapitel 1**) kennt und mitverantwortet.

SAP-Cloud-Strategie

Die Beiträge in **Kapitel 2** stammen aus den Federn der für den Cloud-Einsatz verantwortlichen Entscheider aus verschiedenen Anwenderunternehmen: *Daniel Gerster* von Roland Berger, *Mario Hamm* vom 1. FC Nürnberg und *Patrick Haupter* von Hilti. Sie stellen die Gründe für und die Anforderungen an ihre jeweilige Cloud-Anwendung vor. Ferner haben wir die Anwender gebeten, den Nutzen, den sie aus ihren Cloud-Einsatzszenarien ziehen, aus ihrer Sicht darzustellen und zu bewerten.

Entscheider aus Anwenderunternehmen

Teil II: Technologie

Das Autorenteam der *IBIS Prof. Thome AG* zeichnet für Teil II, »Technologie«, und Teil III, »Lösungsumfang und Einsatzmöglichkeiten« verantwortlich.

Cloud-Forschungs- und Praxis- netzwerk der IBIS

Im Forschungsbereich (IBIS Labs) bündeln sie Praxiserfahrungen und Forschungsaktivitäten zu langfristigen Forschungsinitiativen – in diesem Fall seit 2010 zu Cloud Computing und insbesondere zu SAP Cloud. Studien, Standpunkte und auch inhaltliche Einzelfragen werden auf unterschiedlichen Ebenen ausgetauscht: mit Forschungseinrichtungen wie der Universität Würzburg, mit den Hochschulen Aschaffenburg und Coburg oder dem ZeWIS in Obernburg, mit Praxispartnern wie SAP, HP oder PwC, oder mit Anwenderunternehmen wie König & Bauer, Kübrich Ingenieure und Administration Intelligence. Die IBIS Labs stehen im Gedankenaustausch mit Vertretern aller genannten Partner zum Thema SAP Cloud. Für Praxisfeedback aus Cloud-Kundenprojekten sorgen unsere Kollegen der IBIS Business Consulting, die es 2015 für UVEX bis nach China verschlagen hat. Für amerikanische Einsichten haben unsere Kollegen der IBIS America LLC gesorgt. Nicht zu vernachlässigen sind unsere eigenen Anwendererfahrungen mit SAP Business ByDesign, das seit 2008 für vier Unternehmen der Prof. Thome Gruppe im Einsatz ist.

Technologie

Im Technologie-Teil beginnt *Fabian Krüger* in **Kapitel 3** mit einer systematischen Einordnung der SAP-Cloud-Lösungen. Er stellt auch die SAP HANA Enterprise Cloud und weitere Cloud-Plattformen für Entwicklungs- und Integrationsaufgaben sowie Sicherheitsthemen prägnant dar. Dieses Kapitel bietet auch für Nicht-Informatiker einen leicht nachvollziehbaren Überblick.

Implementierung

Mit der Erstimplementierung, dem Produktivbetrieb und dem Upgrade von Cloud-Lösungen setzt sich *Andreas Hufgard* in **Kapitel 4** auseinander. Neben den Herausforderungen und neuen Möglichkeiten der Projektierung stehen auch die Unterschiede und Besonderheiten der Cloud-Lösungen im Mittelpunkt.

Anpassung

Die Anpassungsfähigkeit einer Cloud-Software ist entscheidend für ihre anforderungsgerechte Gestaltung unter Beibehaltung ihrer Kostenvorteile und Upgrade-Fähigkeit. Die dafür notwendige betriebswirtschaftliche Konfiguration und weitere hilfreiche Anpassungswerkzeuge stellen *Andreas Hufgard* und *Pablo Menth* in **Kapitel 5** vor.

Erweiterungen und Add-ons zu einer Business-Software mit individueller Programmlogik sind nach wie vor ein notwendiger Freiheitsgrad für moderne Anwendungsarchitekturen. SAP-Cloud-Lösungen bieten professionelle Werkzeuge für die Software-Entwicklung, Verwaltung und Integration von funktionalen Erweiterungen. *Pablo Menth* schließt mit Fallbespielen und Bewertungen in **Kapitel 6** den Technologieteil ab.

Erweiterung

Teil III: Lösungsumfang und Einsatzmöglichkeiten

In Teil III verfolgen wir eine klare Herangehensweise: Im Vordergrund stehen die möglichst einheitliche Strukturierung des komplexen und dynamischen Lösungsumfangs und die Authentizität der Darstellungen und Bewertungen. Nur was wir eigenständig nachvollziehen konnten, haben wir aufgenommen. Wir möchten Ihnen einen Überblick über die verschiedenen Cloud-Lösungen vermitteln, und Ihnen systematische Zusammenhänge und Unterschiede anschaulich erklären. Anschaulich bedeutet für uns, dass wir typische Prozessabläufe selbst nachvollzogen oder in den Systemen durchgeführt haben. Diese haben wir im Text kommentiert und mit aussagekräftigen Screenshots hinterlegt.

Strukturierung und Authentizität

In **Kapitel 7** arbeiten sich *Andreas Hufgard* und *Johannes Schulz* durch die Cloud-Suiten. Da die Bedarfe pro Marktsegment stark differieren, bietet SAP drei unterschiedliche Cloud-Produkte für große (SAP S/4-HANA Cloud Edition), mittlere (SAP Business ByDesign) und kleine (SAP Business One) Anwenderunternehmen an. Diese Lösungen adressieren Unternehmen, die nicht nur isolierte oder schwach integrierte Einzellösungen in der Cloud nutzen wollen, sondern mehr Geschäftsszenarien in die Cloud verlagern wollen. Dieser Trend führt zu einer steigenden Nachfrage nach sogenannten Cloud-Suiten. Die Lösungen sind auch in der Lage, ein komplettes Unternehmen in die Cloud zu bringen.

Cloud-Suiten

Von Kapitel 8 bis Kapitel 11 geht es um die Fachbereichslösungen (*Line of Business Solutions*, kurz LoBs), darunter fallen praktisch alle Zukäufe der SAP seit 2011. *Stefanie Rauff* stellt typische Prozessabläufe der hinzugekommenen und der von SAP selbst entwickelten Lösungen dar und ordnet diese ein.

Fachbereichslösungen (Line of Business)

Der Schwerpunkt Kundenbeziehungen und Zusammenarbeit in **Kapitel 8** fasst die CRM-Lösungen und die Collaborations-Plattformen SAP StreamWork und SAP Jam zusammen.

Es folgt mit Ariba als Einkaufsnetzwerk eine cloudbasierte Lösung zur Automatisierung von Beschaffungsprozessen, die durch den Zukauf des Unternehmens Ariba in das SAP-Portfolio eingegangen ist und in **Kapitel 9** beschrieben wird.

Kapitel 10 betrachtet SuccessFactors, das seit 2011 in das SAP-Portfolio übernommen wurde und umfassende Funktionalitäten im Bereich HR bietet, u. a. zur Unterstützung von Personalgesprächen oder Mitarbeitertrainings.

Im **Kapitel 11** stehen die Lösungen SAP Cloud for Travel and Expense und Concur im Fokus. Sie sind die SAP-Lösungen zur Vereinfachung des Reisekostenmanagements in der Cloud. SAP Cloud for Travel and Expense ist eine von SAP selbst entwickelte Lösung; Concur wurde 2014 hinzugekauft. Zusätzlich hat SAP seit 2014 noch Fieldglass im Portfolio, das Sie bei der Beschaffung und Verwaltung von externen Mitarbeitern unterstützt.

Icons Um Sie auf wichtige Informationen hinzuweisen und Ihnen so die Arbeit mit diesem Buch zu erleichtern, verwenden wir im Text Kästen mit folgenden Icons:

[+] Kästen mit diesem Icon geben Ihnen Empfehlungen zu Einstellungen oder Tipps aus der Berufspraxis.

[»] Dieses Icon weist Sie auf zusätzliche Informationen hin.

Fazit

Unsere Motivation für diese sehr recherche- und arbeitsintensive Veröffentlichung war es, die Prinzipien, Regeln, Zusammenhänge und Besonderheiten der SAP Cloud herauszuarbeiten. Die IBIS-Autoren werden die Erkenntnisse in ihren RBE-Plus-Innovationsanalysen zur Identifizierung des Cloud-Potenziale einbauen und in Kundenprojekten oder mit Kooperationspartnern umsetzen.

Wir lassen Sie gerne daran teilhaben und freuen uns auf Ihr Feedback und auf eine zweite Auflage.

Erst wenn man einem anderen etwas erklären kann,
hat man es selbst verstanden.

Ihre Autoren

Andreas Hufgard, Stefanie Rauff und Rainer Zinow

TEIL I

Positionierung und Strategie von SAP im Bereich Cloud Computing

Die Cloud-Strategie von SAP fiel nicht vom Himmel. Sie ist das Ergebnis einer langen Reise, die 2004 mit Henning Kagermann, Peter Zencke und Gerhard Oswald begann. In diesem Kapitel zeigen wir Ihnen den aktuellen Stand dieser Reise und legen den Grundstein für die Informationen in den folgenden Kapiteln.

1   Die SAP-Cloud-Strategie

Seit 2004 arbeitet SAP an einer Cloud-Strategie. Der unbedingte Wille zum Übergang ins Zeitalter des Cloud-Computings als Ergänzung zu On-Premise wurde Ende 2011 deutlich: CEO Bill McDermott schloss nicht nur die Akquisition von SuccessFactors ab, sondern berief auch Lars Dalgaard in den SAP-Vorstand. Seit 2014 beschreibt Bill McDermott SAP als *die Cloud Company*.

SAP versteht Cloud Computing zunächst als ein zusätzliches Lizensierungs-, Liefer- und Betriebsmodell für Unternehmensanwendungen neben dem etabliertem On-Premise-Modell (d. h., die Software wird im Rechenzentrum des Kunden installiert und betrieben) und den Private-Managed-Cloud-/Partner-Managed-Cloud-Modellen (bitte beachten Sie, dass die Begriffe Private Managed Cloud, Private Cloud und Hosting von Dienstleistern und Herstellern oftmals synonym verwendet werden).

Neues Modell

In den etablierten Software-Kooperationsmodellen übernimmt SAP die Entwicklung der Software. Der Kunde lizensiert und installiert die SAP-Software, betreibt die erforderliche Infrastruktur, passt sie an und implementiert neue Releases.

Einhergehend mit diesem für den Kunden deutlich vereinfachten Betriebsmodell steigt die Innovationsgeschwindigkeit. Führten Kunden traditionell ERP-Lösungen ein, verblieben sie oftmals für mehrere Jahre auf diesem Releases-Sand und entkoppelten sich von der stattfindenden technologischen und Prozessinnovation. Im Cloud-Betriebsmodell werden etwa alle drei Monate (der Zeitrahmen kann

Innovations-
geschwindigkeit

zwischen verschiedenen Cloud-Lösungen variieren) neue Funktionen bereitgestellt, die der Kunde sofort verwenden kann.

1.1 Entwicklung der SAP-Cloud-Strategie

In den folgenden Abschnitten gehen wir kurz darauf ein, wie sich die Cloud-Strategie bei SAP entwickelt hat und geben einen kurzen Ausblick auf die geplanten Neuerungen.

1.1.1 Ein neues Modell der Arbeitsteilung

Im Cloud-Liefermodell liegen die Aufgaben zu Infrastruktur, Installation (Bereitstellung von *Tenants*) und Wartung (Einspielen von Korrekturen und neuen Softwareständen) beim Dienstleister, meistens SAP. Somit handelt es sich beim Cloud Computing aus Sicht der Kunden primär um eine Neuverteilung der Aufgaben (siehe Abbildung 1.1).

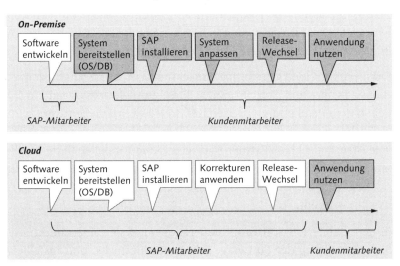

Abbildung 1.1 Vereinfachtes Modell der Arbeitsteilung im On-Premise- und Cloud-Betriebsmodell

Deployment-Modelle
Das Cloud-Modell ist ein weiteres sogenanntes *Deployment-Modell* neben anderen Lieferformen wie On-Premise oder Partner Managed Cloud. SAP bietet alle Varianten an, um den Kunden Wahlfreiheit bezüglich des präferierten Liefermodells zu ermöglichen. So sind auch Kombinationen mehrere Liefermodelle (z. B. On-Premise im Hauptquartier und Cloud in den Tochterunternehmen) möglich.

Im Gegensatz zu den reinen Cloud-Anbietern wie Salesforce oder NetSuite ist SAP davon überzeugt, dass es gute Gründe gibt, neben dem Cloud-System auch andere Lieferpräferenzen zu unterstützen. So unterliegen z. B. Life Sciences-Unternehmen spezifischen Regularien im Bereich der Fertigung durch die Federal Drug Administration, die in einem Cloud-System nur begrenzt zu realisieren sind.

Wird Cloud Computing in den nächsten Jahren alle anderen Liefermodelle verdrängen? Es bietet sich ein Vergleich mit der Energiewirtschaft an: Bis in das späte 19. Jahrhundert hinein erzeugten über 90 % aller Unternehmen die erforderliche Prozessenergie selbst (siehe Abbildung 1.2). Dies erfolgte unter anderem durch Windkraft, Wasserkraft, Muskelkraft oder Dampferzeugung. Schon 1920 war dies nur noch bei 10 % aller Unternehmen der Fall. In der dazwischenliegenden Zeit wurden durch eine zentralisierte Energieerzeugung und neue Energienetze ökonomisch vorteilhaftere Angebote geschaffen. Der Wandel weg von der eigenbezogenen Energieherstellung hin zur Konsumierung einer Dienstleistung fand statt.

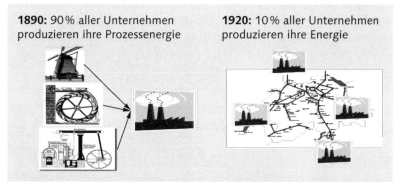

1890: 90 % aller Unternehmen produzieren ihre Prozessenergie

1920: 10 % aller Unternehmen produzieren ihre Energie

Abbildung 1.2 Übergang von dezentraler Energieerzeugung zur Nutzung von Energie als Dienstleistung

Die Verteilung zwischen zentraler und dezentraler Energieerzeugung verändert sich dabei im Lauf der Zeit. Seit der Förderung regenerativer Energiequellen, beobachten wir eine zunehmende Dezentralisierung der Energieerzeugung. Der konstante Faktor bleibt die zentrale Bedeutung der Energienetze.

Eine vergleichbare Bedeutung für die IT Industrie haben breitbandige Daten-Netzwerke. Es ist nicht länger erforderlich, dass die »eigene IT« im Keller des Gebäudes betrieben wird. Dennoch kann es für große Unternehmen, die entsprechende IT-Kapazitäten und -Kompetenzen haben, die ökonomisch sinnvollere Alternative sein, die benötigte Rechnerleistung selbst vorzuhalten und durch dedizierte cloudbasierte Angebote zu ergänzen.

Zwingende Voraussetzung für den Erfolg von Cloud Computing sind breitbandige Datennetze. Ökonomische Attraktivität gewinnt Cloud Computing dann, wenn IT-Dienstleister Services aufgrund von Skaleneffekten günstiger anbieten können, als dies das einzelne Unternehmen könnte.

Seine Grenzen findet Cloud Computing heute in branchenspezifischen Vorschriften (z. B. von FDA oder GMP), nationalen Vorschriften zur Datenhaltung oder firmenspezifischen Anforderungen (z. B. Geheimhaltung von Planungsalgorithmen oder Rezepturen).

1.1.2 Neue ökonomische Modelle

Cloud Computing offeriert dem Kunden nicht nur die Nutzung der Software, sondern verschiebt Aufgaben der Betriebsführung vom Kunden zum Anbieter (siehe Abbildung 1.3). Somit ergibt sich die Notwendigkeit, das Vertragsverhältnis und das Entlohnungssystem an den Wechsel vom Kauf hin zur Bereitstellung einer Dienstleistung anzupassen.

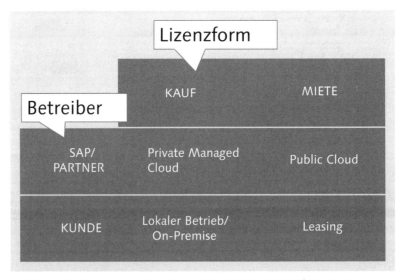

Abbildung 1.3 Vereinfachte Darstellung einer Betreiber-/Lizenzform-Matrix

In der traditionellen Softwarelizensierung mit lokaler Installation durch den Kunden (oder Partner) liegt ein Softwareüberlassungsvertrag und oftmals ein zusätzlicher Wartungsvertrag vor.

Lizenzformen

Im Falle des (Public) Cloud Computings handelt es sich um einen Mietvertrag. In der SAP-Mietzahlung enthalten ist das Nutzungsentgelt für die Software, die Wartung und den Betrieb der Software sowie der Support. Die in der Miete enthaltenen Komponenten unterscheiden sich aber je nach Dienstleister.

Vor allem aus Sicht mittelständischer Unternehmen ist es oftmals von Vorteil, dass die Mietzahlungen als Betriebsausgaben ausgewiesen werden. Im Gegensatz zum Kauf wird kein Eigenkapital benötigt.

1.1.3 Technologische Innovationen begünstigen Cloud Computing

Eines der am häufigsten bei SAP gelesenen und diskutierten Bücher der Managementliteratur stammt von Clayton M. Christensen. Er veröffentlichte 1997 *The Innovators Dilemma* (Harvard Business School Press, 1997). Seiner Beobachtung folgend, ermöglichen es disruptive Technologien noch unbekannten Firmen, selbst alteingesessene marktdominierende Unternehmen erfolgreich zu ersetzen.

Spätestens seit Anfang 2000 ist SAP ein solches marktdominierendes Unternehmen, war es doch gelungen, durch die Nutzung der Anfang der 90er-Jahre neuen Client-Server-Technologie die führenden Unternehmen wie D&B Software, Cullinet oder IBM erfolgreich zu attackieren.

Marktdominanz

Zu Beginn der 90er-Jahre erhielten Unternehmen mit R/3-Client-Server-Lösung von SAP die Möglichkeit, Geschäftsprozessautomation, die vorher nur auf IBM- und Siemens-Großrechnern mit SAP R/2 erhältlich war, zu einem Bruchteil der bisher erforderlichen Investitionen zu realisieren. Dieser Technologiewechsel ermöglichte SAP eine signifikante Erweiterung des erreichbaren Marktes.

Vor allem H. Kagermann und P. Zencke stellten ab 2003 die Frage, welche neuen disruptiven Technologien absehbar sind, und welche neuen Wettbewerber dadurch entstehen könnten. Durch die engen Entwicklungsbeziehungen zu Intel setzte SAP bereits seit 2003 auf folgende Trends spätestens zu Ende des Jahrzehnts:

Trends

- Prozessoren werden nicht mehr der Engpass sein.

- Große und günstige Mengen an verfügbarem Hauptspeicher werden den traditionellen I/O-Engpass *Festplatte* beseitigen.

- Verfügbare und günstige Bandbreite sowohl in Unternehmensnetzwerken wie auch im Internet werden für Unternehmen und Konsumenten verfügbar sein.

Konsequenzen SAP übersetzte diese drei Trends wie folgt:

- In der Vergangenheit gemachte Kompromisse zwischen Benutzbarkeit der Software und Einsatz von CPU-Zyklen und Hauptspeicher müssen überdacht werden.

- Die vorgenommenen Optimierungen zur Kompensierung von Engpässen durch Festplatten und traditionelle relationale Datenbanken (z. B. diverse Caching-Ebenen und Aggregate) sind nicht mehr zeitgemäß.

- Die aus Performancegründen vorgenommene Trennung zwischen transaktionaler und analytischer Datenverarbeitung kann überwunden werden – damit können die zeitaufwändigen und fehleranfälligen Extraktions- und Übersetzungsschritte wegfallen.

- Bei unlimitierter Bandbreite spielt es keine Rolle mehr, wo die erforderliche Infrastruktur betrieben wird. Dienstleister könnten unter Nutzung von Skaleneffekten Ressourcen zu deutlich niedrigeren Kosten bereitstellen.

- Wenn Computer so groß werden, dass der CPU- und Speicherbedarf von mehreren Kunden auf einem System realisiert werden kann, ermöglicht das Dienstleistern, Skaleneffekte zu realisieren und somit den Betrieb günstiger anzubieten, als dies einem kleineren oder mittleren Unternehmen möglich wäre.

- Wenn der Betrieb der Anwendungen durch den Hersteller erfolgt, können regelmäßig neue Softwareversionen sofort bereitgestellt werden. Hierdurch sinkt die Zeit zwischen der Entwicklung neuer Fähigkeiten und deren Nutzung im täglichen Betrieb des Kunden. Die Innovationsgeschwindigkeit steigt.

Um dauerhaft wettbewerbsfähig zu bleiben und die Wachstumsmöglichkeiten neuer Wettbewerber möglichst zu begrenzen, entschied sich SAP, die genannten Technologien in den Basistechnologien (SAP NetWeaver) und in den Anwendungen zu nutzen.

2003 sprach bei SAP noch niemand von Cloud Computing. Die Idee, besser bedienbare und leichter einführbare Software bei reduzierten Betriebskosten zu entwickeln, stand im Vordergrund. Ab 2005 forcierte Gerhard Oswald als zuständiger Vorstand für innovative Servicekonzepte den Aufbau neuer Rechenzentrumskapazitäten, um den Betrieb der neuen Anwendungssysteme anbieten zu können. Ein solches Angebot hätte vor allem für mittelständische Unternehmen den Vorteil, dass sie weder die technische Infrastruktur noch das erforderliche Wissen für ihren Betrieb vorhalten müssten. All diese Leistungen würden von SAP geliefert. Seit 2004 entstanden im Zuge dieser Strategie Technologien wie:

Entwicklungen bei SAP

- ▸ In-Memory Computing
- ▸ browserbasierte Benutzeroberflächen
- ▸ Business-Konfiguration mit eingebauter Einführungsmethode
- ▸ Automatisierte Systemüberwachung per HealthChecks
- ▸ In der Software-Plattform enthaltene Funktionen wie:
  - ▸ Analytik
  - ▸ Lern- und Hilfeumgebung
  - ▸ Support-Funktionen, um z. B. Fehler oder Fragen zu melden

Viele dieser Technologien findet man heute sowohl in On-Premise-Angeboten wie SAP Business Suite on HANA oder SAP S/4HANA, aber auch in SAP-Cloud-Lösungen wie SAP S/4HANA Cloud Edition, SAP Cloud for Customer oder SAP Business ByDesign.

1.1.4 Erhöhte Innovationsgeschwindigkeit für Kunden

Im Markt für betriebswirtschaftliche Anwendungen muss zwischen zwei Innovationsgeschwindigkeiten unterschieden werden. Zum einen gibt es die Innovationsgeschwindigkeit der Branche/der Softwareunternehmen und zum anderen die Innovationsgeschwindigkeit der Kunden.

Kapitalstarke Softwareunternehmen wie SAP sind in der Lage, technologische Innovationen frühzeitig umzusetzen und eigene Innovationen voranzutreiben.

Eine davon entkoppelte Fragestellung ist die Fähigkeit zur Verwendung der angebotenen Innovationen auf Kundenseite. Gesucht wird

Innovation beim Kunden

ein Modell, in dem SAP Innovationen in kurzen Zyklen wie z. B. in drei Monaten dem Markt bereitstellt, und die Kunden dann »in ihrer« Geschwindigkeit diese Innovationen konsumieren. Neue Versionen einer Cloud-Lösung verhalten sich nach der Bereitstellung weitestgehend so wie die vorher im Einsatz befindliche Lösung. Mithilfe der Konfiguration aktiviert der Kunde die Funktionen, die ihm einen Wettbewerbsvorsprung ermöglichen.

Auf diesem Wege erreichen Unternehmen eine höhere Prozessagilität, als dies in der Vergangenheit der Fall war. Auch in der SAP-Welt gibt es Unternehmen, die heute noch Releases produktiv im Einsatz haben, die schon vor mehr als zehn Jahren bereitgestellt wurden. Das genannte Argument, dass die Lösung sich genauso verhalte wie erforderlich, ist sicherlich richtig. Dennoch findet sowohl die technologische als auch die betriebswirtschaftliche Innovation statt. Durch den Einsatz von In-Memory Computing könnte das Unternehmen zum einen seine Betriebskosten der doppelten Datenhaltung (transaktionale und analytische Datenquellen) bei verbesserter Entscheidungsunterstützung reduzieren. Zum anderen kann es neue Prozesse im Umfeld von E-Commerce oder Internet of Things einsetzen, um seine Kunden effizienter zu unterstützen.

Spricht man mit Unternehmen, die Cloud-Lösungen seit mehreren Jahren einsetzen, stellt sich heraus, dass es eine Herausforderung darstellt, Innovationen alle drei Monate einzuführen. Wenn die Innovationen aber bereits im eigenen System zur Verfügung stehen, reduziert dies die Hemmschwelle zur Nutzung.

1.1.5 Cloud-DNA

SAP kündigte im September 2007 seine erste Cloud-Suite an: SAP Business ByDesign. Obwohl Analysten und Marktbeobachter diesen Schritt begrüßten, blieb – in den ersten Jahren – der erhoffte ökonomische Erfolg aus. Zum einen war die Anwendung nur begrenzt erweiterungsfähig, zum anderen war der mittelständische Zielmarkt bezüglich Cloud Computing sehr skeptisch. Die eigenen Daten aus der Hand zu geben und sie einem Dienstleister anzuvertrauen war ein neues und aus Sicht des Mittelstandes noch nicht ausreichend erprobtes Betriebsmodell.

SAP erkannte, dass Cloud-Only-Anbieter wie z. B. Salesforce.com, SuccessFactors oder Ariba vertrieblich deutlich erfolgreicher waren. Auch gelang es diesen Unternehmen, ihre Betriebskosten auf einem niedrigeren Niveau zu halten, als dies bei SAP der Fall war. Der SAP-Vorstand kam zu Schluss, dass SAP zwar über genügend Technologie und Anwendungsverständnis verfügte, aber die »richtige Cloud-DNA« fehlte. Die Entscheidung zur Akquisition von SuccessFactors fiel aus mehreren Gründen:

Cloud-Only-Anbieter

- ▸ SuccessFactors war 2011 der erfolgreichste Anbieter von personalwirtschaftlichen Systemen in der Cloud, insbesondere für Talent Management, Goal Management und E-Recruiting.
- ▸ SuccessFactors wuchs deutlich schneller als der Marktdurchschnitt.
- ▸ Lars Dalgaard, CEO und Gründer von SuccessFactors, verkörperte in seiner extrovertierten und überzeugenden Art das Mantra des Cloud Computing.
- ▸ Mit einer Akquisition in dieser Größenordnung war SAP mit einem Schlag zu einem der größten Cloud-Anbieter aufgestiegen.

Um die Tragweite der Akquisition zu verdeutlichen, berief der Aufsichtsrat Lars Dalgaard in den Vorstand der SAP AG. Nach der erfolgreichen Integration von SuccessFactors in die SAP-Gruppe folgten die Akquisitionen von weiteren Cloud-Anbietern wie Ariba, Fieldglass und Concur.

1.1.6 Ausblick

Längerfristig setzt sich im IT-Markt immer eine kostengünstigere und innovationsstärkere Lösung durch. *First Movers*, die Cloud Computing nutzen, und damit einen komparativen Kostenvorteil oder einen Zuwachs an unternehmerischer Agilität erreichen, setzen den neuen Maßstab. Weitere Unternehmen in diesen Branchen folgen, da sie sich dem Wettbewerbsdruck fügen müssen.

Somit wird sich der Siegeszug des Cloud Computings auch in den nächsten Jahren mit erhöhter Geschwindigkeit fortsetzen. Allerdings ist nicht davon auszugehen, dass Cloud Computing das bestehende On-Premise-Computing vollständig verdrängt. Vor allem in Großunternehmen werden sich hybride Szenarien langfristig etablieren. Mit der Verfügbarkeit von SAP S/4HANA On-Premise Edition erhalten

Cloud wird an Bedeutung zunehmen

Kunden mit dieser Deployment-Präferenz alle relevanten betriebswirtschaftlichen und technologischen Innovationen.

Die bereits heute sichtbaren Unterschiede in der regionalen Nutzung von Cloud-Services werden sich fortsetzen: Der Cloud-Markt in den USA ist am weitesten entwickelt. Danach folgen England, Europa, Asien und Afrika. Schwellenländer – wie zum Beispiel Singapur – die in Breitbandinfrastruktur investieren und deregulierte Telekommunikationsmärkte haben, profitieren am schnellsten von diesem Trend hin zum Cloud Computing.

Weitere Einflussfaktoren, die den Nutzungsgrad von Cloud-Angeboten beeinflussen sind z. B. kulturelle Wertaspekte wie das Thema des Datenschutzes und der Privatsphäre. Hier müssen die Dienstleister zusammen mit Regierungsorganisationen und NGOs die Wünsche der Konsumenten umsetzen.

Verbreitung   Auch die verschiedenen Branchen unterscheiden sich im Grad der Cloud-Nutzung. Am weitesten entwickelt sind im Jahr 2015 mehrere Teilsegmente des Dienstleistungssektors wie öffentliche Dienste, Telekommunikation oder Beratungsunternehmen, von denen einige schon heute Cloud Computing einsetzen. Es folgen Unternehmen aus den Handelssegmenten. Am Ende der Nutzungsliste finden sich hochgradig regulierte Industrien wie z. B. Pharmazie oder Finanzdienstleister.

1.2   Nachfrage nach Cloud-Services und das SAP-Cloud-Portfolio

In den folgenden Abschnitten zeigen wir die Entwicklung der Nachfrage und geben Ihnen einem Überblick über die unterschiedlichen Cloud-Lösungen von SAP.

1.2.1   Wachsende Nachfrage nach Cloud-Services

Seit 2005 entwickelt sich der Cloud-Markt kontinuierlich weiter. Standen am Anfang einfache Kollaborationsanwendungen im Mittelpunkt wie z. B. Microsofts Hotmail, erweitert sich das Spektrum deutlich. Heute wird zumeist zwischen den folgenden Kategorien unterschieden:

- **Infrastructure as a Service** (IaaS), wie z. B. Amazons Elastic Cloud (*http://aws.amazon.com/de/ec2/*)
- **Platform as a Service** (PaaS), wie z. B. SAP HANA Cloud Platform (*http://hcp.sap.com/index.html*)
- **Software as a Service** (SaaS), wie z. B. SAP Business ByDesign (*http://www.sap.com/germany/pc/tech/cloud/software/business-management-bydesign/overview/index.html*) oder SAP Cloud for Customer (*http://www.sap.com/germany/pc/tech/cloud/software/cloud-for-customer/index.html*)

Der Einzug des Cloud-Consultings in die Unternehmens-IT zeigt viele Parallelen zur initialen Nutzung von PCs in Unternehmen in den späten 1980er Jahren: Die bestehende zentrale IT-Organisation war primär mit der Betreuung von Großrechnerlandschaften beschäftigt und nicht in der Lage, auf die kurzfristigen Wünsche von Abteilungen nach z. B. Planungsanwendungen zu reagieren. Da PCs günstig, und Anwendungen wie Microsoft Excel leicht erlernbar waren, entschieden die einzelnen Fachbereiche oftmals selbst, was genutzt wurde. Es entstand die sogenannte *Schatten-IT*, die zwar immer mehr an Bedeutung gewann, immer größere Mengen an Kapital band, aber nicht zentral geführt wurde.

Analog hierzu erfolgte der Aufstieg der *Line-of-Business-Cloud-Anbieter* (also auf Fachbereichsebene) seit 2005. Während die zentrale IT mit Großprojekten wie dem globalen Rollout von SAP ERP beschäftigt war, verlor sie die Fähigkeit, auf die lokalen Bedürfnisse z. B. der Vertriebs- oder Personalwirtschaftsorganisation zu reagieren. Anstatt abzuwarten, entschieden die Fachbereichsverantwortlichen sich für dedizierte Lösungen wie z. B. SuccessFactors für ihre Personalentwicklung. Auf diese Weise reklamierten viele Fachbereichsleiter die Hoheit über die entsprechenden Anwendungsbudgets.

LoB-Cloud-Anbieter

Seit 2013 mehrten sich die Stimmen, dass dieser dezentrale Wildwuchs zwar die lokalen Bedarfe der Abteilungen deckt, aber gleichzeitig Sicherheitsrisiken übersehen, Integrationsanforderungen entstehen und in Summe deutlich mehr Kosten entstehen werden, als dies auf den ersten Blick sichtbar wird.

Durch die erworbene Cloud-DNA versteht SAP sowohl die Motivation der Fachbereiche zur Eigenständigkeit und die Notwendigkeit,

Anwendungen schnell zu implementieren, um auf sich verändernde Marktverhältnisse zu reagieren. Gleichermaßen steht SAP für Prinzipien wie durchgängige Geschäftsprozesse, zentralisiertes Stammdatenmanagement und zertifizierbare Sicherheitskonzepte.

Cloud-Portfolio
2012 formulierte SAP daher ein umfassendes Cloud-Services-Portfolio, um die Bedarfe von SAP-Bestandskunden und Neukunden abzudecken. Das Angebot hat sich seitdem weiterentwickelt und sieht 2015 wie in Abbildung 1.4 aus.

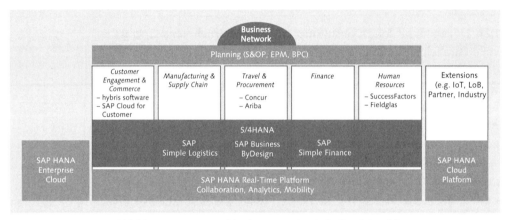

Abbildung 1.4 Ausgewählte Lösungen des SAP-Cloud-Portfolios

1.2.2 Private Managed Cloud und SAP HANA Enterprise Cloud

Insbesondere für Bestandskunden mit SAP Business Suite Lizenzen und funktionierenden Infrastrukturen stellt sich die Frage, wie sie am schnellsten die Vorteile des Cloud Computings für sich nutzen können. Auf der einen Seite möchte man die beschriebenen Skaleneffekte nutzen, auf der anderen Seite aber so viel Kontrolle wie möglich behalten – vor allem über Releases.

Betrieb auslagern
Eine Möglichkeit ist die Auslagerung des Betriebs der SAP-Systeme aus dem eigenen Rechenzentrum hin zu SAP oder zu strategischen Partnerunternehmen wie z. B. IBM, HP oder T-Systems, um nur einige zu nennen. Die Motivation besteht darin, z. B. anstehende Investitionskosten für Erweiterungen zeitlich zu strecken. Auch erlaubt dieses

Vorgehen die Umwandlung von eigenkapitalintensiven Investitionen in laufende Betriebsausgaben. Ein weiterer Grund kann sein, dass man so kein eigenes Wissen z. B. zum Betrieb von SAP HANA aufbauen muss, sondern auf die Expertise des Dienstleisters zurückgreift.

Abbildung 1.5 zeigt die Varianten des Cloud Computings, die am häufigsten diskutiert werden.

Varianten

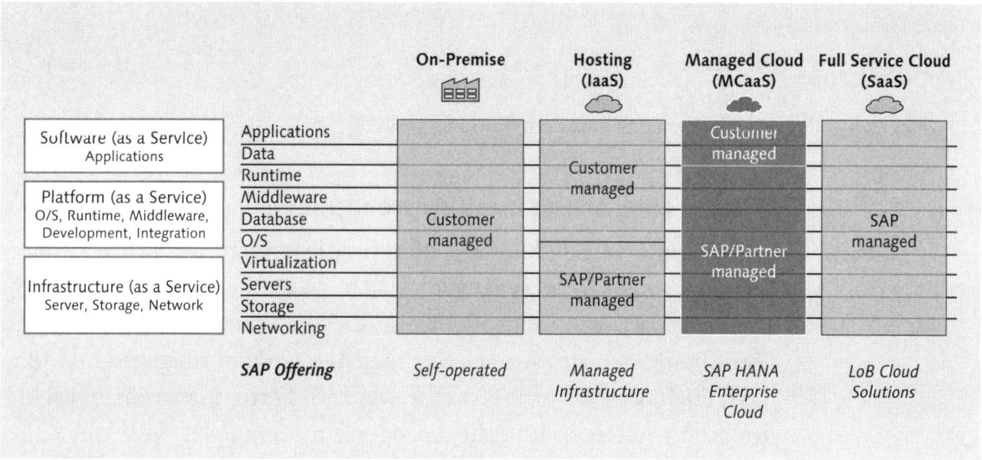

		On-Premise	Hosting (IaaS)	Managed Cloud (MCaaS)	Full Service Cloud (SaaS)
Software (as a Service) Applications	Applications Data Runtime			Customer managed	
Platform (as a Service) O/S, Runtime, Middleware, Development, Integration	Middleware Database O/S	Customer managed	Customer managed		SAP managed
Infrastructure (as a Service) Server, Storage, Network	Virtualization Servers Storage Networking		SAP/Partner managed	SAP/Partner managed	
	SAP Offering	Self-operated	Managed Infrastructure	SAP HANA Enterprise Cloud	LoB Cloud Solutions

Abbildung 1.5 Die verfügbaren Cloud-Liefermodelle

Das von vielen SAP-Kunden genutzte Angebot aus der Gruppe der Private Managed Clouds ist die SAP HANA Enterprise Cloud. In diesem Modell stellt SAP die erforderliche Infrastruktur bereit, und bietet diverse Plan-Build-Run-Services, belässt aber das Management der Anwendung weitgehend beim Kunden. Im Gegensatz zum Full-Cloud-Service entscheidet der Kunden selbst über Release-Zyklen.

SAP HANA Enterprise Cloud

Aus technischer Sicht handelt es sich um ein Single-Tenancy- und Private-Managed-Cloud-Angebot. Diese Struktur erfüllt die Präferenz der Kunden nach einer dedizierten Infrastruktur sowie der Nutzung von SAP-Rechenzentrumskapazitäten und SAP-Dienstleistungsangeboten. Für Kunden, die bereits SAP-Lizenzen besitzen, bietet sich das »Bring your own License«-Modell an (siehe Abbildung 1.6).

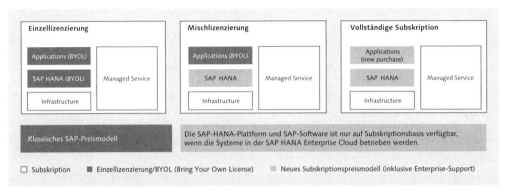

Abbildung 1.6 Lizenzmodelle

1.2.3 Line-of-Business-Anwendungen

Ist-Zustand

Bei vielen SAP-Kunden sind die grundlegenden ERP-Prozesse ihres Unternehmens, wie Finanzwirtschaft, Warenwirtschaft und Personalwirtschaft, gut abgebildet. In diesem betriebswirtschaftlichen Kern benötigen sie eine relative niedrige Veränderungsgeschwindigkeit, auch, weil diverse Prozesse wie z. B. Fertigung strengen regulatorischen Auflagen unterliegen oder ein komplexes Netz mit Zulieferbetrieben und Kunden abbilden. Verkürzt ausgedrückt: Das System leistet präzise das, was es tun soll. Der Nutzen weiterer Investitionen wäre marginal.

Neue Anforderungen

Diese Einschätzung ändert sich, sobald sich die Erwartungshaltung der Kunden ändert. So stand die japanische Automobilindustrie in den 90er-Jahren des letzten Jahrhunderts vor der Herausforderung, sich neu zu erfinden. Überspritzt formuliert: Anstatt ein Auto in einer Variante tausendfach zu bauen, forderten die Konsumenten hochgradig personalisierte Varianten (*Lot size 1*). In diesen Fällen muss sich der betriebswirtschaftliche Kern des Unternehmens weiterentwickeln.

Vor allem die bereits erkennbare neue Veränderungswelle – getrieben durch Konzepte wie *Internet of Things* und *Big Data* – wird zu zwingenden Anpassungen im betriebswirtschaftlichen Kern führen.

An den »Rändern« dieses betriebswirtschaftlichen Kerns wird jedoch von den Fachabteilungen eine noch höhere Veränderungsgeschwindigkeit gefordert. Viele Unternehmen verfügen zum Beispiel über einen hohen Automationsgrad im Prozess von Angebot bis zur Rechnungsstellung, sehen aber dennoch ein deutliches Verbesserungspotenzial im Bereich der Nachkaufbetreuung. Wieder andere Unternehmen verfügen über eine gut implementierte Personalwirtschaft, meiden aber anstehende Release-Wechsel, und können so neue Funktionen wie E-Recruiting, E-Learning, Talent Management oder Goal Management nicht nutzen.

Aus Unternehmenssicht entscheiden vier Ressourcen über ökonomischen Erfolg:

Erfolgsrelevante Ressourcen

▶ Umgang mit Kunden

▶ Umgang mit Mitarbeitern

▶ Umgang mit finanziellen Ressourcen

▶ Umgang mit Lieferanten

Seit 2014 ist eine zunehmende Nachfrage nach der fünften Ressource, den Produktionsfähigkeiten, in der Cloud zu verzeichnen. Allerdings manifestiert sich dieser Bedarf nicht im Kontext von Fachbereichsanwendungen, sondern als Bestandteil von Cloud-Suiten.

Daher stehen im Zentrum der SAP-Cloud- und -on-Premise-Portfolios diejenigen Fachbereichsanwendungen, die Unternehmen diese neuen und kritischen Funktionen bereitstellen. Die Abbildung dieser Funktionen mithilfe von Cloud-Anwendungen hat diverse Vorteile gegenüber einer Realisierung in der bestehenden On-Premise-Infrastruktur:

Vorteile der Cloud-Lösung

▶ Niedrige initiale Investitionen, da die Nutzung über einen Mietvertrag abgegolten wird.

▶ Beginn mit einer kleinen Anzahl von Benutzern. Sofern die Implementierung erfolgreich verläuft, werden weitere Benutzer zu einem späteren Zeitpunkt lizensiert.

▶ Keine Notwendigkeit, die bestehende Infrastruktur aufzurüsten oder neue Releases einzuspielen.

▶ Keine Notwendigkeit, eine IT-Organisation vorzuhalten, die sich mit Installation oder Betrieb der Anwendung auskennt.

▶ Sofortiger Projektstart, da es keine Anpassungen der existierenden Infrastruktur gibt.

▶ Go-live nach drei Monaten. Sollte es zu größeren Schwierigkeiten im Projekt kommen, ist ein Abbruch frühzeitig und ohne hohes finanzielle Schäden möglich (siehe auch den Blogpost von Cindy Jutras unter *http://www.mintjutras.com/blog/*).

Cloud-zu-On-Premise-Integrationsszenarien und Cloud-zu-Cloud-Integrationsszenarien

SAP-Kunden setzen Cloud-Anwendungen oftmals zunächst eigenständig ein, d. h. ohne sie in die bestehende Prozessinfrastruktur zu integrieren. Sobald sich der erwartete Geschäftsnutzen erwiesen hat, beginnen die Integrationsbestrebungen. Wir unterscheiden dabei zwischen Cloud-zu-Cloud-Szenarien und Cloud-zu-On-Premise-Szenarien, die auch als hybride Szenarien bezeichnet werden. In beiden Fällen erfolgt die Kopplung durch eine Integrationsschicht (siehe Abbildung 1.7, angelehnt an die SAP-Integrationsdokumentation).

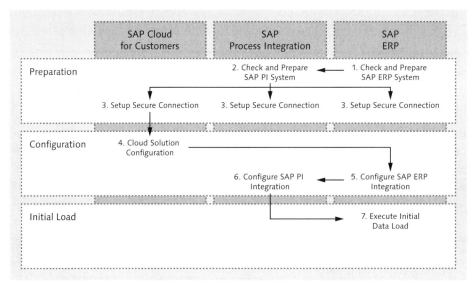

Abbildung 1.7 Integration Guide Map

SAP HANA Cloud Integration

SAP HANA Cloud Integration (HCI) ist in der Cloud das Gegenstück zur SAP-On-Premise-Prozessintegrationstechnik PI. HCI ist eine Komponente der SAP HANA Cloud Platform (HCP). Um den kundenspezifischen Integrationsaufwand zu reduzieren, liefert SAP vorgefertigte Inhalte (Mappings) aus. Bei diesen *Mappings* handelt es sich um Abbildungsvorschriften, wie das Datenmodell der Cloud-Anwendung und dem On-Premise- oder Cloud-Gegenstück zur Deckung gebracht werden können. Wenn der Kunde die Datenstrukturen erweitert, ergänzt er die Mappings um entsprechende Angaben. Abbildung 1.8 zeigt exemplarische Darstellung von Integrationsszenarien mit Stammdaten und transaktionalen Daten zwischen Cloud for Customer und SAP ERP (angelehnt an die SAP-Integrationsdokumentation).

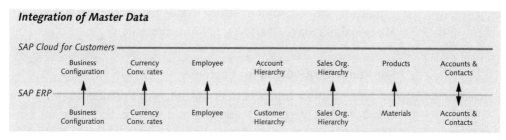

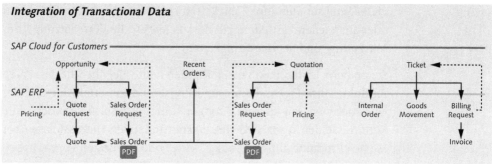

Abbildung 1.8 Mögliche Integrationsszenarien

Für Mitarbeiter: SAP Cloud for Human Resources

In Ergänzung zum personalwirtschaftlichen Angebot in der SAP Business Suite bietet SAP ein breites Spektrum an spezialisierten Funktionen an. Dies sind z. B. die Folgenden:

- zentrale Personalwirtschaft sowie Lohn & Gehalt
- HR-Analytik
- Belegschaftsplanung
- Neueinstellungen
- Einführung neuer Mitarbeiter ins Unternehmen
- Aus- und Weiterbildung
- Leistungsbeurteilung und Zielmanagement
- Entlohnungssysteme
- Nachfolgeregelung und Weiterentwicklung

Ähnlich wie im CRM gilt auch hier, dass viele SAP-Kunden bereits seit vielen Jahren Funktionen wie Lohn & Gehalt oder die zentrale Personalwirtschaft im Einsatz haben. Neue Funktionen wie E-Recruiting zur Gewinnung von neuen Mitarbeitern werden verstärkt über

E-Recruiting

Cloud-Services konsumiert. Diese Lösungen werden in Kapitel 10, »Personal mit SuccessFactors«, näher vorgestellt.

Für Kunden: SAP Cloud for Customer

Kundenanforderungen umsetzen

In vielen Unternehmen besteht der höchste Veränderungsdruck in den Bereichen Vertrieb, Marketing und Service. Schneller auf Kundenanforderungen zu reagieren, ist eine zentrale Fähigkeit. Obwohl viele Unternehmen ihre Fähigkeiten im Umgang mit Kunden als gut oder ausreichend ansehen, gilt dies selten für die Einschätzung ihrer Marketing- und Service-Fähigkeiten.

Schon beim Erstkontakt wissen Kunden heute viel über die gesuchten Produkte, ihre Eigenschaften und Preise und die Erfahrung anderer Unternehmen mit diesem Produkt. Ein Vertriebsmitarbeiter ohne Kenntnisse der in sozialen Netzen stattfindenden Diskussionen über »seine« Produkte auf Facebook, Twitter oder sonstigen Foren, hat einen signifikanten Wettbewerbsnachteil. Digital Marketing-Anwendungen wie die *Sentiment-Analyse* (*http://www.news-sap.com/sentiment-analysis-with-big-data/*) gewinnen daher schnell an Bedeutung.

Integration in die Business Suite

Im Bereich der vertrieblichen Funktionen (Lead, Opportunity und Angebot) war es offensichtlich, das bestehende SAP-Kunden einen großen Wert auf die Integration in die SAP Business Suite legen würden (detaillierte Informationen finden Sie in der SAP-Integrationsdokumentation auf *help.sap.com*.). Ein Vertriebsleiter brachte es auf den Punkt: »Was nützt mir das schönste CRM-System, wenn es mich nicht davon abhält, Angebote für Kunden zu verschicken, die seit längerem keine Rechnung mehr bezahlen.«

War es vor mehreren Jahren noch ausreichend, im Kundenbeziehungsmanagement eine Opportunity mit rudimentären Produktinformationen anzulegen, hat sich die Erwartungshaltung jetzt geändert: Heute sollte die Opportunity bereits genau diejenigen Produktinformationen enthalten, die später in der Lieferlogistik verwendet werden. Beim Anlegen der Opportunity soll der Vertriebsmitarbeiter sowohl Information aus dem Rechnungswesen, wie z. B. den Zahlungsstatus, als auch die Produktverfügbarkeit erkennen können. Die Lösungen aus den Bereichen Pre-Sales, Marketing und Post-Sales stellen wir Ihnen in Kapitel 8, »Kundenbeziehungen und Zusammenarbeit«, vor.

Für Finanzen: Reisemanagement mit Concur

In einer globalen Ökonomie sind Reisen ein unverzichtbares Instrument; sie effizient zu planen, zu buchen und abzurechnen ist eine der zentralen Herausforderungen. Bei der Akquisition von *Concur* ging es SAP darum, alle diese Aspekte abbilden zu können. Für die Reiseplanung und -buchung verwendet Concur wie Ariba ein Business Network.

Somit werden SAP-Business-Suite-Kunden Concur mit SAP-Finanzanwendungen koppeln, um die Vorteile von Cloud Computing, die Business Networks und die bereits getätigten Investitionen in SAP ERP möglichst effizient zu nutzen.

Integration mit ERP

Parallel zu Concur bietet SAP die ebenfalls bei Kunden im Einsatz befindliche Lösung *SAP Cloud for Travel and Expense* an. Beide Lösungen stellen wir Ihnen in Kapitel 11 im Detail vor.

Für Lieferanten: Ariba Business Network

Im Mai 2012 kündigte SAP an, die Cloud-Einkaufsplattform *Ariba* für 4,4 Milliarden USD zu kaufen. Der Preis lag damit deutlich über Kaufpreis von 3,4 Milliarden USD für SuccessFactors. Das Interessante an Ariba sind die Einkaufsfunktionalität in der Cloud und vor allem das große Geschäftsnetzwerk von teilnehmenden Unternehmen.

Während es in Bereichen wie CRM oder Rechnungswesen darum geht, ob eine erforderlichen Funktionen entweder durch das Unternehmen selbst oder durch einen Dienstleister erbracht werden, geht es im Ariba-Einkaufsnetzwerk darum, dass der Einkaufsprozess auf einen Marktplatz verlegt wird. Diese Idee ist nicht neu, sondern wurde bereits Anfang 2000 im Rahmen der E-Commerce-Diskussion thematisiert. Doch erst Ariba gelang es, ein ausreichend große Zahl von Anfragen (Requests for Proposal) zu aggregieren und den teilnehmenden Lieferanten zu publizieren. Ariba bietet also Einkaufsfunktionen als Cloud-Service an, bei dem ein direkter Zugang zum Netzwerk von Lieferanten und nachfragenden Unternehmen integriert ist.

Marktplatz

Derartige Geschäftsnetzwerke sind nicht zwangsläufig nur auf Einkaufsprozesse beschränkt. Im letzten Jahrzehnt lag der Fokus der Lieferkettenoptimierung auf der Verzahnung von Prozessen zwischen dem einzelnen Unternehmen und seinen bekannten Zulieferern. Mit dem Wachstum von Geschäftsnetzwerken entsteht eine zunehmende Transparenz über Anbieter und Nachfrager von Waren und Dienstleistungen. Auf längere Sicht verändert sich damit auch die Natur des Einkaufsprozesses von einer Lieferkette hin zu einem Liefernetzwerk. Ariba stellen wir Ihnen in Kapitel 9, »Einkauf vernetzen mit Ariba«, vor.

1.2.4 Cloud-Suiten

Mit zunehmenden Erfolg und einem nachweisbaren Mehrwert der Cloud-Fachbereichsanwendungen steigt der Bedarf an immer längeren Prozessketten. Unternehmen können sich jetzt vorstellen, nicht nur Prozessteile in der Cloud zu realisieren, sondern alle betrieblichen Abläufe. Dieser Trend führt zu einer steigenden Nachfrage nach sogenannten Cloud-Suiten. Hierbei handelt es sich um Cloud-Anwendungen, die eine große Zahl von Geschäftsprozessen anbieten.

Bill McDermott fasste es in seiner Keynote zur Sapphire 2014 in Orlando so zusammen: »*In the long run, the suite always wins*«. Diese Aussage ist wenig überraschend, da der Erfolg von SAP seit 1972 darin bestand, hochintegrierte Geschäftsprozesse in Form von Suiten zu liefern.

SAP-Portfolio Das SAP-ERP-Portfolio besteht folgerichtig aus On-Premise- und Cloud-Suiten. Da die Bedarfe in verschiedenen Marktsegmenten stark differieren, bietet SAP dedizierte Angebote für große, mittlere und kleine Kunden an (siehe Abbildung 1.9).

Das SAP-Cloud-ERP-Portfolio besteht aus SAP S/4HANA Cloud Edition (primär für Großunternehmen), SAP Business ByDesign sowie SAP S/4-HANA Edition für SAP Business All-in-One (primär für mittelständische Unternehmen) und SAP Business One Cloud (primär für kleinere Unternehmen). Analog zu Line-of-Business-Anwendungen werden Geschäftsprozesse aus allen Fachbereichen angeboten.

[»] **SAP ERP On-Premise**

Auf die On-Premise-ERP-Angebote gehen wir in diesem Buch nicht weiter ein. Weiterführende Informationen hierzu finden sich zu SAP S/4HANA On-Premise Edition unter *http://discover.sap.com/S4HANA*; zu SAP S/4HANA Business All-in-One Edition unter *http://www.sap.com/germany/solution/sme/software/erp/all-in-one/index.html* und zu SAP Business One unter *http://www.sap.com/germany/solution/sme/software/erp/small-business-management/overview/index.html*.

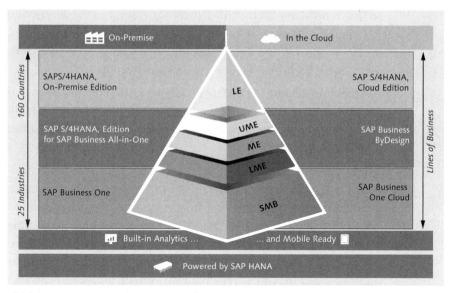

Abbildung 1.9 Das SAP-Cloud-ERP-Portfolio (LE = Large Enterprise, UME = Upper Mid Market Enterprise, ME = Mid Market Enterprise, LME = Lower Mid Market Enterprise, SMB = Small and Medium Businesses)

Alle SAP-Cloud-Suiten basieren auf den gleichen Design-Paradigmen, die als *Cloud Qualities* bezeichnet werden:

Design-Paradigmen

▶ Realtime-Funktion: Alle entscheidungsrelevanten Informationen stehen zu jedem Zeitpunkt zur Verfügung. Update-Läufe »über Nacht«, in denen Daten aggregiert werden, sind nicht mehr notwendig (hierzu gibt es einen interessanten Harvard Business Review-Artikel unter *https://www.suiteonhana.com/assets/18529_ HBR_SAP_Report_Feb2014.pdf*)

▶ Sie nutzen die In-Memory-Datenbank SAP HANA, um die Forderung nach Realtime zu umzusetzen.

▶ Anwender nutzen browserbasierte UIs. HTML5 ist hierfür die präferierte Beschreibungssprache. Muster, die aus der Konsumentenwelt bekannt sind, stehen auch in Geschäftsprozessen zur Verfügung. So verhalten sich z. B. Einkaufsanwendungen ähnlich wie bekannte Einkaufsportale aus der Konsumgüterwelt.

▶ Mobile Anwendungen setzen ebenfalls auf browserbasierte Benutzeroberflächen. Responsive-Control-Libraries erlauben die Darstellung von Inhalten in Abhängigkeit von unterschiedlichen Bildschirmformaten. Gerätespezifische Container-Apps ermöglichen den Zugriff auf Sensoren oder Anwendungen, die in Standard-

HTML5 nicht möglich sind. Durch den Einsatz von dedizierten mobilen Plattformen können darüberhinausgehende Fähigkeiten, wie z. B. eine Offline-Datenerfassung, realisiert werden. Ihre Auslieferung erfolgt über gerätespezifische Anwendungen.

▶ Transaktionale und analytische Datenverarbeitung basieren auf denselben Daten. Es gibt keine Replikation, die zu unterschiedlichen Ergebnissen im transaktionalen System und den analytischen Auswertungen führt.

▶ Die systemunterstützte Geschäftsprozesskonfiguration (auch *Business Configuration*) unterstützt das Projektteam bei der initialen Auswahl der relevanten Geschäftsprozesse und bei der detaillierten Einstellung von Abläufen. Nach dem Go-Live regelt die Anwendung die späteren Change Requests. Im Gegensatz zum traditionellen, tabellenbasierten Customizing ist die Konsistenz der Einstellungen durch das regelbasierte System zu jedem Zeitpunkt sichergestellt.

▶ Erweiterbarkeit über Web-Services: Alle betriebswirtschaftlichen Funktionen exponieren ihre Fähigkeiten über Webservices. Dies bietet Kunden und Partnern eine auf Standards basierende Erweiterung und gesonderte Funktionen, die nicht im Standard enthalten sind.

Daten- und Prozessmodelle

Grundlage aller SAP-Suiten sind die zum Einsatz kommenden Daten- und Prozessmodelle. SAP S/4HANA Cloud Edition, SAP Business ByDesign und SAP Business One nutzen jeweils auf ihr Marktsegment abgestimmte Modelle. Das zugrundeliegende Modell hat entscheidenden Einfluss auf die Einführungskosten und die Anforderungen an das Prozessverständnis und die Disziplin des implementierenden Unternehmens:

▶ Das Datenmodell von SAP S/4HANA basiert auf den Strukturen der SAP Business Suite. In dem zugrundeliegenden Modell wurden In-Memory-Optimierungen vorgenommen. So wurden alle Aggregate und Replikate entfernt. Stattdessen wurde das Modell um innovative betriebliche Konzepte erweitert. Die Folge ist ein deutlich schlankeres Datenmodell, dass dennoch die gesamte Semantik des Datenmodells der SAP Business Suite umfasst. Diese Designentscheidung wurde getroffen, um SAP-Bestandskunden, die heute die SAP Business Suite einsetzen, einen Wechsel vom aktuellen On-Premise-Modell der Business Suite hin zu SAP S/4HANA On-Premise oder in der Cloud zu ermöglichen. Ein weiterer Vorteil besteht darin, dass Integrationsszenarien zwischen SAP-Business-Suite-Systemen und S/4HANA-Systemen weitgehend ohne Mappings auskommen.

▸ Das Datenmodell von SAP Business ByDesign ist eine funktionale Teilmenge des SAP-Business-Suite-Datenmodells. Verfügbar sind hier nur die Strukturen, die von mittelständischen Unternehmen benötigt werden. So wurden z. B. Funktionen aus den Bereichen Global Risk & Compliance Management auf das Maß vereinfacht, wie es in mittelständischen Unternehmen erforderlich ist. Hier wurden (und werden in weiteren Releases) ständig Optimierungen zur Nutzung der In-Memory-Fähigkeiten von SAP HANA vorgenommen.

▸ Das ursprüngliche Datenmodell von SAP Business One stammt aus der Akquisition von Top Manage Israel 2002 (*http://www.topmanage.com/company/history/*). Aufbauend auf über 42 Jahren Erfahrung in der Entwicklung von Unternehmensanwendungen wurde SAP Business One von Grund auf neu konzipiert und speziell auf die veränderlichen und branchenspezifischen Anforderungen von kleineren Unternehmen zugeschnitten.

Funktionaler Umfang und Architektur von SAP S/4HANA Cloud Edition

SAP S/4HANA Cloud Edition wurde im Februar 2015 in New York angekündigt. Initial ist der betriebswirtschaftliche Umfang der Cloud-Variante primär auf Rechnungswesen/Finanzen konzentriert. Noch im Jahr 2015 folgen weitere logistische Prozesse. Die von SAP publizierte S/4HANA-Roadmap gibt einen Ausblick über das funktionale Wachstum in den nächsten Jahren.

Taktgeber für die Entwicklungsgeschwindigkeit der zwei Varianten von SAP S/4HANA (On-Premise Edition und Cloud Edition) ist die Marktnachfrage. Da SAP S/4HANA sich primär an Großunternehmen richtet, und diese Kunden eine eindeutige Präferenz für das On-Premise- und das Partner-Managed-Cloud-Liefermodell haben, liegt der Entwicklungsschwerpunkt zurzeit dort. | Nachfrage bestimmt Entwicklung

Architektonisch basiert SAP S/4HANA auf SAP HANA. Darauf setzt der SAP-NetWeaver-Web-Applikationsserver auf. Das aktuelle Release 7.60 enthält diverse Optimierungen für SAP HANA und das | SAP HANA

Cloud-Betriebsmodell sowie das Fiori-UI-Modell. Die Integration weiterer Cloud-Komponenten wie SAP Cloud for Customer oder SAP Cloud for Human Resources erfolgt über das HANA-Cloud-Integration-Layer. Diese Lösungen werden in Kapitel 7, »Cloud-Suiten«, näher vorgestellt.

Funktionaler Umfang und Architektur von SAP Business ByDesign

SAP Business ByDesign konzentriert sich in seiner Marktausrichtung auf mittelständische Unternehmen und Tochtergesellschaften von Großunternehmen. Außerdem gibt es eine Lieferform: die Public Cloud.

Hierfür mussten verschiedene Optimierungen am SAP-NetWeaver-Layer vorgenommen werden. 2010 und 2011 fanden insbesondere Umbauten hin zu einem reinen Multi-Tenancy-Modell statt. Sie waren erforderlich um das Produkt mit wettbewerbsfähigen Betriebskosten anzubieten. Gleichzeitig bietet dies Modell aber jedem Kunden die Möglichkeit, sein »eigenes« Coding innerhalb des ByDesign-Modells zu realisieren. Somit kann SAP Business ByDesign von Kunden, die dies wünschen, als Single-Tenancy-Instanz betrieben werden oder – und dies ist die Regel – in einer Multi-Tenancy-Umgebung. Der größte Unterschied zwischen beiden Betriebsformen besteht darin, dass im Single-Tenancy-Modell für jeden Kunden eine dedizierte Infrastruktur verwendet wird. Dies eröffnet Kunden eine größere Wahlfreiheit bei Down-Time-Fenstern, in denen spezifische Wartungsarbeiten ausgeführt werden können. In der Public Cloud Edition sind diese Fenster für alle Kunden auf einem System im Vorhinein festgelegt und nicht verhandelbar.

Komponenten Aus funktionaler Sicht deckt SAP Business ByDesign alle relevanten Komponenten ab (Finanzen, Personal, Projekte, Lieferanten, Fertigung und Kunden, siehe Abbildung 1.10).

Darüber hinausgehend sind diese verfügbaren Anwendungen (hier als *Deployment Units* bezeichnet) bereits untereinander integriert. Dem Kunden stehen somit neben den funktionalen Einzelfähigkeiten (z. B. Angebotsmanagement im Einkaufswesen) auch die integrierten Szenarien (z. B. Angebot bis Zahlung im Einkaufswesen) zur Verfügung. SAP Business ByDesign bietet 35 integrierte betriebswirtschaftliche Abläufe an (siehe Abbildung 1.11).

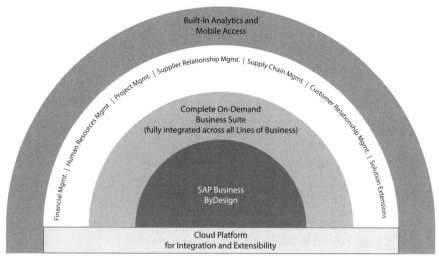

Abbildung 1.10 Komponenten von SAP Business ByDesign

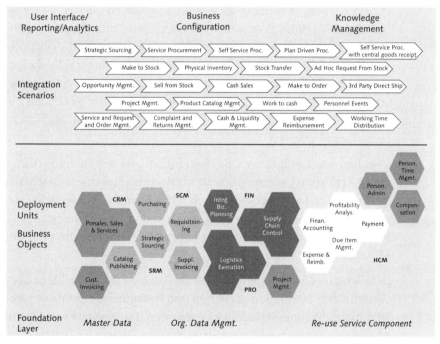

Abbildung 1.11 Integrierte betriebswirtschaftliche Abläufe

Funktionaler Umfang und Architektur von SAP Business One Cloud

Bei SAP Business One Cloud handelt es sich um ein Partner Managed Cloud-Modell. Partner oder Kunden betreiben die SAP Business One

Cloud in einer gemeinsam genutzten Systemumgebung. Funktional deckt SAP Business One alle zentralen Funktionen eines kleinen Unternehmens ab: von Einkauf, Verkauf, CRM und Servicemanagement über Bestandsführung, Materialbedarfsplanung bis hin zur Produktion. Mit Hilfe des offenen *Application Programming Interface* (API) wurden durch Entwicklungspartner Erweiterungen und Branchlösungen erstellt, die jetzt über das Partnernetzwerk global zur Verfügung stehen.

BI-Funktionen | Integrierte Business-Intelligence-Funktionen, von Ist-Berichten bis hin zu Prognosen, unterstützen den Kunden bei weitreichenden Entscheidungen.

Cloud-Suiten in Mutter-Tochter-Szenarien

Viele große SAP-Business-Suite-Kunden entwickeln Templates, um einen standardisierten Rollout der von ihnen benötigten Prozesse sicherzustellen. Dies senkt die Einführungskosten vor allem in kleinen Geschäftseinheiten deutlich. Dennoch wird oftmals ein Verhältnis zwischen der erforderlichen Rollout-Investition und der Größe der Markteinheit erreicht, dass den Rollout verhindert. In diesem Fall neigten vielen Unternehmen dazu, den betroffenen Gesellschaften Vorgaben zum Reporting zu machen, ihnen aber ansonsten die Entscheidung über die Einführung einer ökonomisch attraktiven Lösung zu überlassen.

Vor allem aus Compliance-Gesichtspunkten und wegen des Sarbanes Oxley Act haften Unternehmen für die Rechtmäßigkeit der Geschäftsführung ihrer Tochtergesellschaften (*http://de.wikipedia.org/wiki/Sarbanes-Oxley_Act*). Dies führt dazu, dass Kunden kostengünstigere Suiten von SAP suchen, die aber ein hohes Maß an Integration mit der SAP Business Suite garantieren.

Bei allen drei Cloud-Suiten von SAP ist dies der Fall: Sie verfügen über vordefinierte Integrationsszenarien und Instrumente, um firmenspezifische Integrationsszenarien zu entwerfen. Das Beispiel von Hilti in Abschnitt 2.3 beschreibt ein solches Einsatzszenario im Detail.

1.2.5 Erweiterbarkeit von Cloud-Suiten und die Nutzung der Cloud-Plattformen

Neben den im Standard enthaltenen Funktionalität haben Unternehmen oftmals weitergehende Bedarfe und Einführungspräferenzen:

seien es unternehmensspezifische Datenerweiterungen, Integrationsszenarien oder firmenspezifische Algorithmen. Abbildung 1.12 zeigt verschiedene Szenarien.

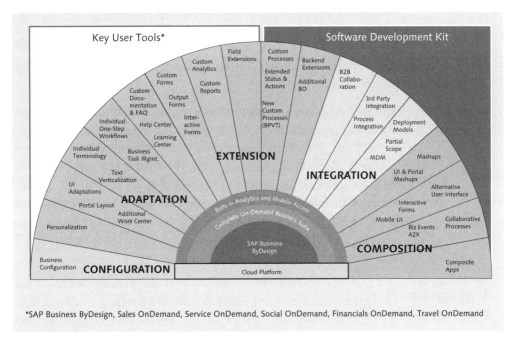

Abbildung 1.12 Erweiterungs- und Anpassungsszenarien

Wie exemplarisch an SAP Business ByDesign dargestellt (die thematischen Bereiche gelten analog für SAP S/4HANA und für SAP Business One Cloud), gibt es Konfigurations- und Anpassungsbedarfe sowie funktionale Erweiterungen, Integrationsszenarien und die Notwendigkeit bestehende Funktionen neu zu kombinieren.

Dabei ist es wichtig, möglichst viele dieser Anpassungsaufgaben von besonders geschulten Anwender im Unternehmen ausführen zu lassen, ohne auf Programmierung zurückzugreifen. Unternehmen benötigen diese schnelle Anpassbarkeit, um zügig auf Veränderungen in ihrem Geschäftsumfeld zu reagieren. Wenn für jede Aufgabe erst ein externer Berater beauftragt werden müsste, kann die erforderliche Anpassungsgeschwindigkeit nicht sichergestellt werden. Wenn dennoch firmenspezifische Aspekte durch zusätzliche Anwendungen realisiert werden sollen, bieten sich zwei Verfahren an, die wir in den folgenden Abschnitten vorstellen.

Anpassung durch Anwender

Side-by-Side-Extensibility und SAP HANA Cloud Platform

In diesem Fall nutzt der Kunde oder Partner die strategische Erweiterungsplattform SAP HANA Cloud Platform (HCP) als Entwicklungsumgebung und greift über Webservices auf vorhandene betriebswirtschaftliche Funktionen zu. Das Public Solution Model von SAP Business ByDesign fasst alle verfügbaren Webservices zusammen (*http://help.sap.com/saphelp_byd1502/en/PUBLISHING/Integration-Services.html*).

SAP HCP wurde entwickelt, um es Kunden und Partnern zu ermöglichen, eigene cloudbasierte Anwendungen zu entwickeln. Dies gilt sowohl für Erweiterungsszenarien bei On-Premise-Anwendungen als auch für neuartige entkoppelte Anwendungen. So verwendet z. B. die US National Football League SAP HCP, um Fans in Echtzeit Daten zum Spielverlauf bereitzustellen. Ein sehr ähnliches Szenario wurde beim CHIO Springreit-Championat in Aachen realisiert: Hier werden alle relevanten Informationen über das Championat, Pferde und Reiter über eine App bereitgestellt.

Life Cycle Management

Mit SAP HCP entscheidet der Kunde über alle Aspekte des Life Cycle Managements. Dieses Erweiterungskonzept bietet sich insbesondere für Unternehmen und Partner an, die bereits über Erfahrungen mit Java-Entwicklungsumgebungen verfügen und bereitstehende Frameworks einsetzen wollen. So entwickelte z. B. Accenture ihr Human Capital Management Audit als Erweiterung zu SAP Employee Central (siehe auch: *http://newsroom.accenture.com/news/accenture-to-offer-human-capital-management-audit-and-compliance-software-on-sap-hana-cloud-platform.htm*).

In-Application-Extensibility und SAP Cloud Applications Studio

Speziell für den Einsatz mit SAP Business ByDesign und SAP Cloud for Customer bietet SAP ein dediziertes Erweiterungskonzept: Es erlaubt die Entwicklung von Anwendungserweiterungen auf der »Innenseite« der Anwendung. die sich genau so verhalten und genau so aussehen, wie die Gesamtanwendung. Eine weitere Besonderheit dieses Verfahrens besteht darin, dass die Verantwortung für das Life Cycle Management im Falle eines Release-Wechsels bei SAP liegt. Die Anpassungs- und Erweiterungsmöglichkeiten stellen wir Ihnen in Kapitel 5 und in Kapitel 6 vor.

*In diesem Kapitel stellen Ihnen Roland Berger, der
1. FC Nürnberg und Hilti vor, wie sie bei der Einführung der
Cloud-Lösung SAP Business ByDesign vorgegangen sind und
welche Erfahrungen sie dabei gemacht haben.*

2 Einsatzszenarien und Entscheidungsgrundlagen: Fallbeispiele

Damit nicht alles nur graue Theorie bleibt, zeigen wir Ihnen in den folgenden Abschnitten, wie eine Unternehmensberatung, ein Fußballverein und ein Werkzeughersteller SAP-Cloud-Systeme eingeführt haben und welche Erfahrungen sie dabei machten.

2.1 Roland Berger Strategy Consultants: ERP-On-Demand-Software im Einsatz

So fängt die Geschichte an: Die einzig weltweit führende Strategieberatung europäischer Herkunft verlagert ihre Geschäftsprozesse in die Cloud von SAP.

Die Geschäftsstrategie bildet die Grundlage für den Erfolg jedes Unternehmens. Dabei kann ihre Entwicklung ein komplexes Unterfangen sein – muss es aber nicht!

Das Unternehmen

Mit über 50 Jahren Erfahrung steht Roland Berger seinen Klienten bei dieser Herausforderung zur Seite und ist heute eine der weltweit führenden Strategieberatungen. Mit 2.400 Mitarbeitern in 50 Büros verteilt auf 36 Länder ist Roland Berger in allen wesentlichen internationalen Märkten präsent. Roland Berger berät internationale Unternehmen, Dienstleister und öffentliche Organisationen in Fragen der Unternehmensstrategie, der Gestaltung von Prozessen und Organisationsstrukturen, sowie in Innovations- und Technologiefragen.

Dabei denkt und handelt die einzige weltweit führende Unternehmensberatung mit europäischer Herkunft und deutschen Wurzeln über Landesgrenzen hinweg. Um bei der raschen Globalisierung der Märkte am Ball zu bleiben und von den Wachstumschancen der Digitalisierung von Geschäftsprozessen zu profitieren, entschied sich Roland Berger für eine neue Systemlandschaft. Die teilweise bis zu 20 Jahre alten, fragmentierten Einzelsysteme entsprachen den Anforderungen des heutigen Geschäfts nicht mehr. Die Strategieberatung wagte einen spannenden Schritt und setzte auf SAP Business ByDesign (im Folgenden ByDesign), der ERP-Lösung von SAP in der Cloud.

2.1.1 Historisch gewachsene, heterogene IT-Landschaft wird durch Cloud-Lösung ersetzt

Ausgangssituation Die historisch gewachsene, heterogene IT-Landschaft, die aus CRM- und ERP-Lösungen unterschiedlicher Hersteller sowie selbstentwickelten Lösungen bestand, war am Ende des Lebenszyklus angelangt und konnte der Komplexität des internationalen Geschäfts der Strategieberatung nicht mehr gerecht werden (siehe Abbildung 2.1):

▸ Keine konsistente Datenhaltung aufgrund fehlender systemübergreifender Stammdaten.

▸ Keine Möglichkeit für Datenanfragen in Echtzeit.

▸ Keine Möglichkeit flexibler ad-hoc-Anfragen, da Änderungen von Abfragen und Reports Programmierungen erforderten.

▸ Kein Zugriff auf Standardreports von mobilen Endgeräten.

Abbildung 2.1 Ausgangssituation und Handlungsbedarf bei Roland Berger

Ziele Die neue IT-Landschaft sollte die notwendige zentrale Datenbasis schaffen, um Betriebsabläufe vom Einkauf über die Verwaltung von

Kundenbeziehungen bis hin zu Finanzbuchhaltung und Controlling eng miteinander zu verzahnen sowie sie standardisiert IT-gestützt durchführen zu können (siehe Abbildung 2.2).

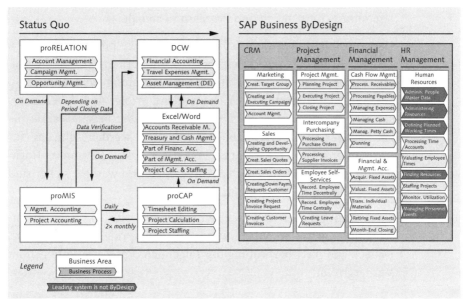

Abbildung 2.2 Fragmentierte Prozesse in Einzelsystemen werden in ein integriertes und cloudbasiertes ERP-System überführt.

Das Unternehmen begann bereits 2011 mit einem umfangreichen Auswahlverfahren – so wurden ursprünglich über 100 ERP-Lösungen evaluiert. Zu Beginn des Auswahlverfahrens lag der Fokus auf einer On-Premise-Lösung, d. h. einer ERP-Lösung, die im Rechenzentrum des Kunden installiert wird. Im Rahmen des Auswahlverfahrens zeigte sich jedoch schnell, dass die bestehenden On-Premise-ERP-Lösungen für den Mittelstand aus Sicht von Roland Berger nicht mehr zeitgemäß, zu unflexibel, oder viel zu aufwändig und damit zu teuer gewesen wären. Abgesehen davon sollte die Lösung zukunftsfähig sein, also kompatibel zu den IT-Megatrends Mobile und Cloud.

Auswahlverfahren

Damit war schnell klar, dass im Auswahlverfahren nach anderen Lösungen Ausschau gehalten werden musste; die Evaluierung wurde deshalb auf ERP-Cloud-Systeme ausgeweitet. Die Herausforderung bestand darin, einen Anbieter zu finden, der nicht nur Einzelprozesse wie beispielsweise CRM, sondern auch Intercompany-Prozesse abdecken konnte, und über hinreichend Implementierungserfahrung bei Kunden ähnlicher Größenordnung verfügte.

Cloud-Lösung   SAP erfüllte mit ByDesign, der Cloud-ERP-Suite für den Mittelstand zum damaligen Zeitpunkt als einziger Anbieter diese Anforderungen: Eine integrierte Cloud-Lösung, die auf Best-Practice-Industrie-Standardprozessen beruht und alle Daten in einem integrierten System ohne Schnittstellen und Prozessbrüche hält.

Dass sensible Daten wie beispielsweise Kunden- oder Projektnamen nicht mehr im eigenen Rechenzentrum, sondern in der Cloud gehalten werden, ist für die Unternehmensberatung kein Hindernis: Solange die Datenhaltung in Deutschland erfolgt und dabei insbesondere datenschutzrechtliche Vorschriften wie beispielsweise die zur Auftragsdatenverarbeitung eingehalten werden, gibt es für Roland Berger keinen Grund zur Annahme, dass die Daten im Hochleistungsrechenzentrum der SAP in St. Leon-Rot weniger sicher sind als im eigenen Rechenzentrum.

Pilotprojekt   Um wirklich sicher zu gehen, dass mit ByDesign die richtige Entscheidung getroffen wird, wurde ein Pilotprojekt durchgeführt. Dabei stand die Überprüfung der folgenden drei Anforderungen im Vordergrund:

- Abdeckung der im Lastenheft formulierten funktionalen Anforderungen von Roland Berger zu 80 % (am Beispiel des Rollouts in Österreich)
- Anbindung von ByDesign an das Personalstammdatensystem Peoplesoft HCM
- Möglichkeit der Konfiguration der lokalen Anforderungen für die Landesversion eines nicht von SAP bereits lokalisierten Landes (Beispiel: Tschechien)

Ergebnisse   Das Pilotprojekt wurde im Sommer 2012 erfolgreich abgeschlossen. Es zeigte sich, dass es mit der Cloud-Software ByDesign möglich ist, eine Landesversion für ein nicht lokalisiertes Land mit sehr überschaubarem Aufwand zu erstellen: Basierend auf den Erfahrungen des Pilotprojekts entfallen dabei über 50 % des Aufwands auf die Analyse der jeweiligen rechtlichen und steuerlichen Spezifika eines Landes und jeweils 25 % auf die Einstellung der erforderlichen Parameter im System sowie auf das Testen des Landestemplates. Da im Gegensatz zu früher keine Programmierung mehr erforderlich ist, kann Roland Berger mit ByDesign in einem neuen Land je nach Komplexität der lokalen Gegebenheiten in etwa acht bis zwölf Wochen live gehen – Zeiträume, die in der Welt von On-Premise-ERP-Systemen undenkbar gewesen wären.

2.1.2 Der Einsatz von SAP Business ByDesign

Ziel der Einführung sind auch standardisierte und einheitliche Geschäftsprozesse an allen Standorten weltweit. Im Gegensatz zu anderen Kunden setzt Roland Berger ByDesign nicht als Hybrid-Lösung zusammen mit einer ERP-On-Premise-Lösung, sondern als eigenständige ERP-Lösung ein.

Infolgedessen muss ByDesign sämtliche Geschäftsprozesse vom Einkauf, über die Verwaltung von Kundendaten, bis hin zu Finanzen und Controlling abdecken; und das nicht nur in den einzelnen Standorten in jedem Land, sondern auch in der Unternehmenszentrale. Außerdem müssen sämtliche Transaktionen zwischen den Landesgesellschaften abgebildet werden können, da internationale Projekte, die in unterschiedlichen Ländern oder mit Beratern aus verschiedenen internationalen Büros stattfinden, die Regel sind.

Aufgaben

Zusätzlich müssen die Prozesse einer Unternehmenszentrale wie z. B. die Finanzkonsolidierung, Inventur oder die Erstellung erforderlicher Dokumente im Rahmen des Monats- bzw. Jahresabschlusses unterstützt werden. Abbildung 2.3 zeigt eine Übersicht der Prozesse.

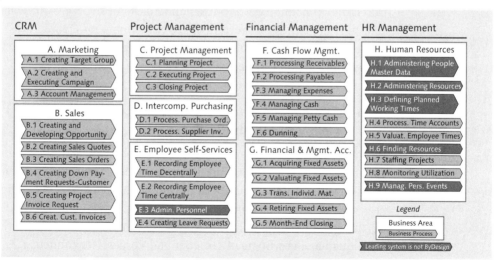

Abbildung 2.3 Prozesse im Fokus der Einführung von SAP Business ByDesign bei Roland Berger

Die Kernprozesse bei Roland Berger sind CRM, Projektmanagement, Finanz- und HR-Management. ByDesign löst fragmentierte, papiergebundene Prozesse durch vollintegrierte, elektronische Prozesse ab, einschließlich z. B. einer Genehmigung durch den Vorgesetzten.

2.1.3 Nutzung von Best-Practice-Industrie-Standardprozessen reduziert Aufwand

Um Geschäftsprozesse standortübergreifend zu vereinheitlichen, wurden die Standardfunktionen der ERP-On-Demand-Software genutzt. Nur in wenigen Ausnahmen passte Roland Berger die Abläufe durch kundenindividuelle Felder an seine Anforderungen an. Dabei sind die Erweiterungen keine Programmierungen, sondern lediglich Einstellungen und damit vollständig Release-sicher. Dies reduziert den Implementierungs- und späteren Wartungsaufwand signifikant. Nur in Ausnahmefällen mussten unternehmensspezifische Add-ons entwickelt werden, die die Standard-Funktionalität ergänzen. Umfangreiche Anpassungen an der Software, wie man sie noch aus Zeiten der alten On-Premise-Welt kennt, gehören somit bei Roland Berger der Vergangenheit an.

Vorteile der Standardimplementierung

Selbst kleine Auslandsstandorte, die nur über wenige Mitarbeiter verfügen, können künftig durch die SAP-Lösung im SaaS-Betrieb vollwertige ERP-Funktionen nutzen. Dazu ist keine Implementierung vor Ort erforderlich, da der Zugriff über das Internet erfolgt. Durch die Einhaltung des Produktstandards kann sichergestellt werden, dass die bei ByDesign typischerweise einmal im Quartal erfolgenden Updates ohne großen Test- oder unternehmensspezifischen Anpassungsaufwand eingespielt und genutzt werden können.

2.1.4 Durchgehende und standardisierte Prozesse bringen viele Vorteile für die Nutzer

Die Mitarbeiter von Roland Berger profitieren von den Vorzügen durchgängiger Geschäftsprozesse und der Möglichkeit des mobilen Datenzugriffs. Manuelle und papiergebundene Arbeitsschritte, die bisher Medienbrüche verursachten, fallen weg. Das bedeutet zukünftig transparente und effiziente Betriebsabläufe sowie verbesserte Datenqualität. Berechtigte Mitarbeiter und Vorgesetzte können jederzeit auf die On-Demand-Lösung zugreifen, Informationen und Kennzahlen abrufen oder Daten wie ihre Arbeitszeiten oder ihre Reisekostenabrechnung erfassen – egal ob im Büro oder unterwegs.

International standardisierte und durchgängige Geschäftsprozesse bringen zahlreiche weitere Vorteile mit sich:

Vorteile standardisierter Prozesse

- ▶ Daten stehen jedem Mitarbeiter mit entsprechenden Berechtigungen in Echtzeit zur Verfügung und können ohne Rücksprache mit Kollegen in anderen Zeitzonen unmittelbar verarbeitet werden. Projektmanager etwa haben selbst und jederzeit Zugriff auf Projektkennzahlen, während sie in der Vergangenheit einmal im Monat den »Projektstatusreport« vom Controlling erhielten.

- ▶ Führungskräfte können auf ausgewählte Standardreports über mobile Endgeräte zugreifen. Bereichsverantwortliche etwa können mit wenigen Klicks den aktuellen Stand der Gewinn- und Verlustrechnung ihres Bereiches auf dem iPad aufrufen. Der Wegfall solcher Anfragen führt zu einer Entlastung der Controlling-Abteilung.

- ▶ Die Geschäftsführung kann Ad-hoc-Reports nutzen, um aktuelle Entwicklungen genauer zu hinterfragen. Kritische Zeit wird gewonnen, außerdem erhöht sich die Entscheidungsqualität wegen der verbesserten Informationsgrundlage.

- ▶ Die erforderlichen Informationen für wichtige Entscheidungen stehen unmittelbar zur Verfügung, so kann beispielsweise die voraussichtliche Projektprofitabilität bereits in der Angebotsphase während der Verhandlungen mit dem Kunden kalkuliert werden.

- ▶ Durchgehend elektronische Prozesse können deutlich schneller, effizienter und sicherer durchgeführt werden. Die Reisekostenabrechnung etwa war vor der Einführung von ByDesign sehr aufwändig: Belege wurden kopiert, in einem Formular addiert, per Hauspost an die Finanzabteilung gesendet und dort manuell bearbeitet. Der neue Prozess läuft nun workflowgestützt und bis zur Genehmigung papierlos ab. Mitarbeiter erfassen Belege per Foto mit ihrem Smartphone und versenden den Reisekostenantrag elektronisch. Auch die Bearbeitung durch die Reisekostenabrechnungsexperten erfolgt durchgängig in ByDesign. Mitarbeiter können den Status ihrer Reisekostenabrechnung online verfolgen und ggf. Rückfragen direkt über das System stellen.

> ▸ Backoffice-Prozesse wie die Buchung von Rechnungsbelegen werden durch eine voreingestellte Kontenfindung unterstützt und Buchungen werden automatisch in den hinterlegten Rechnungslegungswerken wie Local GAAP, HGB oder Controlling HGB oder IFRS vorgenommen. Dadurch stehen aktuelle Unternehmenszahlen jederzeit richtig aufbereitet zur Verfügung.

> ▸ Informationen sind schneller und akkurater verfügbar, etwa weil Kontaktdaten von unterwegs direkt mit den integrierten CRM-Funktionen erfasst und zentral verwaltet werden. Die Adressen wichtiger Ansprechpartner sind sofort im System und nicht erst nach der Erfassung von Visitenkarten im Backoffice Wochen später.

2.1.5 Einfache Lokalisierung dank Standard-Länder-template

Für die Roland Berger-Büros in circa 20 Ländern mussten jeweils eigene lokalisierte Versionen erstellt werden, weil für diese Länder zum Zeitpunkt des Rollouts keine von SAP bereitgestellten Standard-Templates vorlagen.

Landesversionen erstellen Die erste eigene Landesversion, die alle relevanten Geschäftsprozesse der Strategieberatung abdeckt, wurde für Tschechien im Rahmen des Pilotprojekts entwickelt. Dabei wurden landestypische Spezifika wie Rechnungslegungsgrundsätze, Kontenplan, elektronische Zahlungsdateien, Formulare oder lokale Währungen angepasst. Außerdem erhielt die lokale Version Formulare, relevante Reports und gesetzlich vorgeschriebene Ausgabeformate in der Landessprache. Gleichzeitig wurden die lokalen Compliance-Anforderungen im Hinblick auf Datensicherheit und Datenschutz erfüllt.

Das Vorgehen der »schlanken Lokalisierung« bei Roland Berger ist dreistufig (siehe Abbildung 2.4):

> ▸ Ein Teil der Funktionalität wie beispielsweise Kontakt- und Opportunity-Management kann in allen Ländern eingesetzt werden und erfordert weder eine besondere Prüfung noch Anpassung.

> ▸ Einige Funktionen erfordern landesspezifische Einstellungen wie z. B. Steuersätze oder Wechselkurse. Diese Einstellungen können unmittelbar im Produktstandard vorgenommen werden. Das Roland-Berger-Standard-Template fasst diese Einstellungen zusam-

men, so dass die im Rahmen der Lokalisierung einzustellenden Parameter schnell identifiziert und überprüft werden können.

▶ Ein geringer Teil der Funktionalität erfordert spezielle Anpassungen, die nur für ein bestimmtes Land erforderlich sind und nicht mit Standardeinstellungen generiert werden können. Hierunter fällt beispielsweise die Erfassung lokaler Steuerschlüssel, Generierung von elektronischen Zahlungsdateien, Import/Buchung der Bankauszüge oder Anpassung der Kundenrechnungsvorlagen. Solche Anpassungen des Länder-Standardtemplates müssen bei späteren Produktupdates jeweils separat getestet werden.

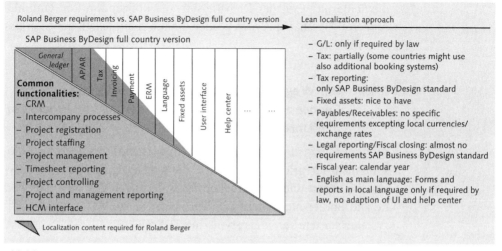

Abbildung 2.4 Lokalisierungsansatz von Roland Berger

Die Lokalisierung für Tschechien nahm nur wenige Wochen in Anspruch. Im Rahmen des unternehmensweiten Rollouts auf weitere, nicht von SAP lokalisierte Länder wird daher nach demselben Ansatz verfahren.

2.1.6 Technischer Betrieb, Wartung und Aktualisierung aus einer Hand

Da der Betrieb und die Wartung einer On-Premise-Software sehr personalintensiv sind, wäre für Roland Berger die Integration aller Auslandsstandorte – vor allem der kleineren – sehr aufwändig gewesen. Zusätzlich sprachen der Implementierungsaufwand und die Kosten deutlich für eine Cloud-Lösung. Denn bei der On-Demand-

Software übernimmt SAP nicht nur die Wartung, sondern auch den Betrieb und die Aktualisierung der Software. Im Rahmen von Updates werden nicht nur Fehler behoben oder neue Funktionalitäten im Cloud-Produktstandard bereitgestellt, sondern für vollständig lokalisierte Länder werden auch gesetzliche Änderungen, etwa bei Steuerschlüsseln, automatisch angepasst. Roland Berger erspart sich damit nicht nur den Aufwand des Einspielens dieser Änderung, sondern auch die häufig nicht minder aufwändige Recherche und Abstimmung der richtigen Werte mit lokalen Behörden. Das entlastet die interne IT-Organisation und die Fachbereiche erheblich. So können sich die Mitarbeiter auf ihre Kernaufgaben konzentrieren: die Steuerung externer Dienstleister, die Konzeption und Optimierung von Geschäftsprozessen oder die internationale Expansion des Unternehmens.

2.1.7 Der Weg in die Cloud als Herausforderung und Chance zur nachhaltigen Veränderung von Prozessen und Unternehmenskultur

Ausgangspunkt des Projekts war die zwingend erforderliche Ablösung nicht-integrierter Altsysteme, die sich am Ende ihres Lebenszyklus befanden und die aktuellen Anforderungen des Geschäfts von Roland Berger nicht mehr erfüllen konnten. Die Ablösung der Altsysteme startete somit als »typisches IT-Projekt«.

Chancen nutzen | Die Strategieberatung erkannte jedoch bald, dass sich Chancen jenseits der erforderlichen Ablösung von Altsystemen boten: So wurde zu Projektbeginn sehr viel Zeit für ein umfassendes Prozess-Redesign verwendet. Bestehende Prozesse wurden auf ihre Notwendigkeit hin hinterfragt und oft stellte sich heraus, dass bestimmte Prozesse nur so gemacht wurden, weil sie immer so gemacht wurden. Das gleiche galt für Kennzahlen, die im Rahmen des Projekts ausnahmslos in Frage gestellt wurden. Wurde bislang die Kennzahl Projektproduktivität als Näherung für die Projektprofitabilität verwendet, stellt das neue System die Kennzahl Projektprofitabilität unmittelbar zur Verfügung – so konnte auf eine Produktivitätskennzahl verzichtet werden.

Dieses Beispiel zeigt, dass es sich bei der Einführung einer ERP-On-Demand-Software nicht um ein klassisches IT-Projekt handelt, bei dem in der IT-Abteilung Systementwicklung oder Customizing betrieben wird. Die IT wird vielmehr zum Prozessberater der Fachbereiche und zum Treiber des Prozess-Redesigns. Die IT hat damit eine große Chance, sich weiterzuentwickeln und nicht mehr nur als Entwickler, sondern als Prozessoptimierer und Gestalter von Veränderungen im Unternehmen wahrgenommen zu werden. Somit kann die Unternehmens-IT auch attraktive Perspektiven für ihre Mitarbeiter bieten.

Obwohl das Projekt sorgfältig geplant und durchgeführt wurde, stellte sich die Veränderung der Unternehmenskultur als größere Aufgabe als zunächst vermutet heraus: Die Anwender müssen nicht nur in der Bedienung des neuen Systems geschult werden, sie müssen die neuen Prozesse und Kennzahlen verstehen und verinnerlichen. Das gilt insbesondere, wenn Mitarbeiter Kennzahlen in Echtzeit abrufen können und damit plötzlich eine bislang unbekannte Transparenz für das Kerngeschäft geschaffen wird.

Unternehmenskultur verändern

Diese neue Transparenz schafft Chancen für schnelle und flexible Geschäftsentscheidungen, die in der Vergangenheit nicht hätten getroffen werden können. Somit wurde aus einem klassischen IT-Projekt ein Projekt zur Prozessoptimierung und zur Veränderung der Unternehmenskultur in Bezug auf Flexibilität, Geschwindigkeit und Transparenz. Die interne IT hat in diesem Veränderungsprozess eine Schlüsselrolle.

2.2 SAP Business ByDesign beim 1. FC Nürnberg

»Es gibt viele Fußballvereine, aber nur einen Club.«

»Der Club – Fußballkultur seit 1900«: der 1. FC Nürnberg ist einer der traditionsreichsten Fußballvereine Deutschlands und jahrzehntelanger Rekordmeister. Der 1. FC Nürnberg wird seit den »Goldenen Zwanzigerjahren«, in denen der 1. FCN 1920, 1921, 1924 und 1927 allein viermal Deutscher Meister wurde und zahlreiche Nationalspieler stellte, *Der Club* genannt. Er wurde am 4. Mai 1900 gegründet. 30 Jahre und über 1.000 Spiele bestritt er im Fußballoberhaus. Neun deutsche Meistertitel und vier DFB-Pokalsiege errang der 1. FCN, den jüngsten 2007. Der Verein hat mit seiner über 115-jährigen bewegenden Vereinshistorie im deutschen Fußball für die Stadt und

Das Unternehmen

die Metropolregion Nürnberg als Sympathieträger und Botschafter eine herausragende Bedeutung.

Die Geschäftsstelle des 1. FC Nürnberg, mit Jugendinternat im Nachwuchsleistungszentrum und Clubmuseum, ist seit 2012 das Zuhause des Clubs. Sie ist Teil des Sportpark Valznerweiher, der professionelle Trainingsbedingungen bietet. Mannschaft und Nachwuchs-Teams von der U10 bis U21 trainieren auf zwölf Rasenplätzen. Beim Club und seinen Tochterunternehmen arbeiten 326 Mitarbeiter in Voll- und Teilzeit. In über 664 offiziellen Fan-Klubs sind mehr als 40.000 Anhänger organisiert. 15.000 Fans haben sich dem Verein als Mitglieder angeschlossen, darunter die Mini-Clubmitglieder im Kids-Club. Rund 300 Firmen zählen zu den wirtschaftlichen Partnern des 1. FC Nürnberg.

2.2.1 SAP Business ByDesign als Gesamtlösung, die der Schnelllebigkeit und Komplexität der Fußballbranche gerecht wird

Die traditionellen Fußballvereine der Vergangenheit haben sich sowohl im sportlichen als auch im finanziellen Bereich zu professionellen Fußballunternehmen weiterentwickelt. Die komplexen Anforderungen der Fußballbranche bringen bestehende ERP- und CRM-Systeme zunehmend an ihre Grenzen.

So benötigen moderne Fußballunternehmen teilweise mehrere Systeme von unterschiedlichen Anbietern um ihren operativen Geschäftsbetrieb zu bewältigen. Dazu gehören neben klassischen Finanzbuchhaltungssystemen beispielsweise auch Lösungen für das Ticketing, die Mitgliederverwaltung, Kassensysteme im Stadion sowie den Fan-Shops und viele weitere.

Zielsetzung Vor diesem Hintergrund musste der Club eine Gesamtlösung finden, die zum einen der Schnelllebigkeit und Komplexität der Fußballbranche gerecht wird und zum anderen sämtliche Informationen per Knopfdruck in Echtzeit zur Verfügung stellt: ob zur Entscheidungsfindung beziehungsweise wegen der Berichtspflichten gegenüber dem Aufsichtsrat und der Deutschen Fußball Liga (DFL).

Infolgedessen entschied sich der Club im März 2012, die damaligen ERP- und CRM-Systeme schrittweise durch die Cloud-ERP-Suite SAP Business ByDesign (im Folgenden ByDesign) abzulösen. Dies geschah in enger Zusammenarbeit mit KPMG. Danach wurde zusammen mit SAP an der konsequenten Weiterentwicklung der Sportlösungen für die kommenden Jahre gearbeitet.

2.2.2 Ablösung der alten On-Premise-ERP-Lösung durch SAP Business ByDesign

Nachdem der Club die Lizenzierungsunterlagen bei der DFL fristgerecht abgegeben und beantragt hatte, begann im Frühjahr 2012 der Implementierungsprozess. Abbildung 2.5 zeigt die Planung der Neueinführung.

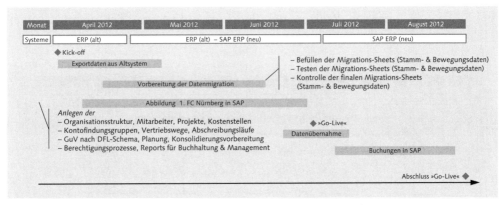

Abbildung 2.5 Projektplan der SAP-Business-ByDesign-Einführung beim Club

Der Export der Altdaten aus der alten On-Premise-ERP-Lösung erfolgte über die GDPdU-Standardschnittstelle. Die Datenmigration stellte den Club durch die von SAP professionellen Datenmigrationssheets beziehungsweise Datenvalidierung vor keine großen Herausforderungen, obwohl Organisationsstruktur, Profit Center, Kostenstellen und Kontenpläne geändert wurden. Am aufwändigsten war hingegen, die Altdatenbasis unter betriebswirtschaftlichen und steuerlichen Gesichtspunkten zu würdigen, zu bereinigen und gegebenenfalls anzureichern.

Der Club strukturierte als Pilotkunde die branchenspezifischen Anforderungen in Zusammenarbeit mit SAP. Bei der Abbildung der Unternehmensprozesse innerhalb von ByDesign fiel insbesondere auf, dass die branchenspezifischen Strukturen eines Fußballunternehmens durch die Flexibilität von ByDesign abgedeckt werden konnten.

Eigene Sport-
lösung entwickelt

Somit profitieren in der Zukunft neben dem Club auch allen weiteren Nutzern der ByDesign-Sportlösung, insbesondere von den standardisierten Berichten für die Finanzberichterstattung im Rahmen des Lizenzierungsverfahrens der DFL und der UEFA.

2.2.3 SAP Business ByDesign als Kernbaustein der Sportlösung beim Club

Für das nationale Lizenzierungsverfahren der DFL und seit Kurzem für das europaweite Klub-Lizenzierungsverfahren der UEFA ergeben sich unterschiedliche Mindestanforderungen an die vergangenheitsbezogenen, zukunftsbezogenen und ergänzenden Finanzinformationen im Rahmen der Berichterstattung von Fußballunternehmen (siehe Abbildung 2.6).

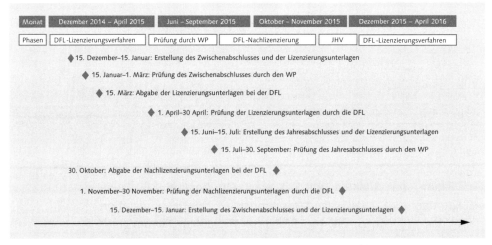

Abbildung 2.6 Phasen im Rahmen des Lizenzierungsverfahrens

Diese müssen in Deutschland der DFL Mitte März und Mitte September zur Verfügung gestellt werden, um ein insolvenzbedingtes Ausscheiden eines Fußballunternehmens während der laufenden Saison möglichst auszuschließen.

Besonderheiten   Besonderheiten, die sich aus den finanziellen Kriterien des Lizenzierungsverfahrens ergeben, betreffen neben der Bilanz insbesondere die GuV. Darin werden Positionen, die sich aus dem deutschen Handelsrecht ergebend, um weitere branchenspezifische Positionen wie »Umsatzerlöse aus Spielbetrieb« oder »Personalaufwand aus Spielbetrieb Lizenzmannschaft« ergänzt. Darüber hinaus umfasst die GuV eines Fußballunternehmens zum Stichtag sowohl die vergangenheitsbezogenen als auch die zukunftsbezogenen Finanzinformationen. Demzufolge vermischen sich Ist- und Planzahlen innerhalb der Finanzberichterstattung. ByDesign bietet standardmäßig in der Planung weitreichende Funktionen sowie Berichte, um diesen Anforderungen gerecht zu werden.

Einen besonders großen Mehrwert stellt in der Planung die Möglichkeit der Datenerfassung per bidirektionaler Schnittstelle über das Microsoft-Excel-Add-in dar. Dies ermöglicht den Abteilungsleitern unabhängig vom Fachbereich Controlling eine selbstbestimmte Finanzplanung ihres Verantwortungsbereichs.

2.2.4 Fast Close und Audit Readiness mit SAP Business ByDesign

Neben den Besonderheiten an die Finanzberichterstattung ergibt sich aus dem Lizenzierungsverfahren ein enger Zeitrahmen für die Erstellung und Prüfung des Konzernabschlusses beim Club (siehe Abbildung 2.7).

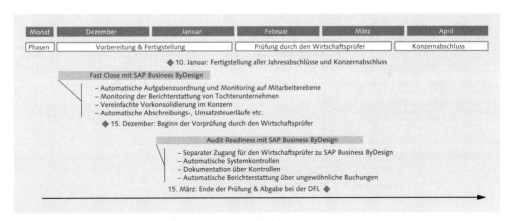

Abbildung 2.7 Erstellung und Prüfung des Konzernabschlusses

ByDesign unterstützt den Club standardmäßig dabei, die Finanzinformationen bereits wenige Tage nach dem jeweiligen Bilanzstichtag an den Wirtschaftsprüfer zu übergeben. Die Arbeiten zur finalen Erstellung des Einzel- und Konzernabschlusses profitieren insbesondere von dem integrierten Prozessmanagement im Sinne eines *Fast Close*. Die abschlussrelevanten Aufgaben werden sowol den verantwortlichen Mitarbeitern des Clubs als auch den externen Wirtschaftsprüfern

Fast Close

direkt in ByDesign systemseitig zugeteilt und die termingerechte Einhaltung über eine Monitoring-Funktion überwacht.

Neben den Rechnungslegungsprozessen werden in ByDesign die IT-Systemprüfung sowie Prozessanalysen abgebildet. Die Anwendungs-, Benutzer- und Zugriffsverwaltung beziehungsweise die IT-Compliance unterstützen dabei die IT-Revision des Clubs bei der Konfiguration und Überwachung von Berechtigungskonzepten, -konflikten sowie -änderungen.

2.2.5 Die Cloud als Chance für Fußballunternehmen

Nach fünf Spielzeiten in der Bundesliga musste der Club den erneuten Abstieg in die 2. Bundesliga nach der Saison 2013/14 sowohl sportlich als auch finanziell hinnehmen. Dies war in der Saison 2014/15 mit einem Umsatzeinbruch von über 30 Prozent verbunden. Im Gegensatz zu traditionellen Unternehmen stellte jedoch nicht die GuV sondern die Liquidität die Fußballunternehmen vor besondere Herausforderungen (siehe Abbildung 2.8).

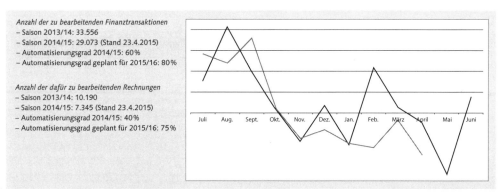

Abbildung 2.8 Liquiditätsverlauf im Ligavergleich

Betrachtet man den in Abbildung 2.8 dargestellten Liquiditätsverlauf sowie die dafür zu bearbeitenden Rechnungen und korrespondierenden Zahlungen, stellt man fest, dass diese unabhängig davon sind, ob der Club in der 1. bzw. 2. Bundesliga spielt. ByDesign ermöglicht es dem Club, den Automatisierungsgrad der zu bearbeitenden Transaktionen sukzessive zu erhöhen und somit die Effizienz weiter zu steigern.

Fazit   Betrachtet man die im Jahr 2012 getroffene Entscheidung für ByDesign, kann man heute resümieren, dass man besonders in schwierigen wirtschaftlichen Zeiten von den sehr guten Standard-prozessen wesentlich profitiert. Beispielsweise wäre hier zu nennen, dass sowohl die Umsatz- als auch die Kostenverantwortung unabhängig vom Fachbereich Controlling wieder in die einzelnen Fachbereiche verlagert werden können.

Allen Mitarbeitern vom Vorstand bis zum Jugendtrainer ist es per App auf ihren Smartphone möglich, Rechnungen, Reisen, Spesen und Stunden zu erfassen bzw. auf Basis eines vordefinierten automatischen Prozesses zu genehmigen.

Die Cloud-ERP-Suite ByDesign bietet dem Club eine hervorragende Basis, sich in der Fußballbranche weiterhin zu etablieren, seine internen Potenziale in Zukunft noch weiter auszuschöpfen und von den SAP-Sports-&-Entertainment-Lösungen für die Team-Performance und das Veranstaltungsmanagement zu profitieren.

2.3 ERP-Nutzung bei der Hilti Gruppe

Viele internationale Konzerne stehen vor einer Herausforderung bei der Anbindung kleinerer Niederlassungen an ihre zentrale ERP-Lösung. Während der große Funktionsumfang der SAP Business Suite in der Zentrale benötigt und genutzt wird, ist er für die kleineren lokalen Organisationen mit nur wenigen Mitarbeitern überdimensioniert. Vollintegrierte, unternehmensweit genutzte ERP-Lösungen bieten eine Vielzahl an Vorteilen – von Prozessstandardisierung bis hin zur Implementierung von Businessprozessen, die mehrere Organisationseinheiten überspannen. Multinational agierende Unternehmen kommen mit einer solchen Lösung jedoch oftmals an einen Punkt, an dem diese Vorteile durch verschiedene komplexitätsbedinge Nachteile aufgewogen werden. So sind z. B. die im Folgenden aufgeführten Probleme typische Nebeneffekte einer zentralen ERP-Lösung in multinational agierenden Unternehmen:

Ausgangssituation

▸ Widersprechende rechtliche Anforderungen verschiedener Ländern verringern die Stabilität und begrenzen die Weiterentwicklungsmöglichkeiten für das ERP-System.

▸ Rollouts in relativ kleinen Landesorganisationen erzeugen nicht nur Down-Time für alle Organisationseinheiten, sondern auch bringen auch potentielle Risiken mit sich, z. B. durch die Aktivierung landesspezifischer Funktionen.

▶ Die für große Organisationseinheiten notwendige Komplexität und die damit verbundenen Kosten machen einen kosteneffizienten Einsatz in kleineren Organisationseinheiten schwierig bis unmöglich.

Aus diesen Gründen ist der Einsatz mehrere ERP-Lösungen unterschiedlicher Ausprägung bei vielen Unternehmen auch heute notwendig. Zunehmende Popularität gewinnen hierbei integrierte Multi-Tier-ERP-Lösungen (siehe auch: Castellina, Nick: *SaaS and Cloud ERP Oberservations – Is Cloud ERP Right for You?* Aberdeen-Group. Dezember 2012). Diese Systemkonstellationen liefern zum einen die notwendige Flexibilität in der Unterstützung einzelner Organisationseinheiten, stellen aber gleichzeitig eine tiefgreifende Integration der Unternehmensprozesse sicher. Der Aufbau stellt Unternehmen jedoch oftmals vor eine Vielzahl von Fragestellungen zur Systemauswahl, zur Tiefe der Prozessintegration über die Systemgrenzen hinweg sowie zu einer aufwandsadäquaten Implementierung der Lösung.

Im Folgenden werden wir zunächst die Rahmenbedingungen für die ERP-Nutzung bei Hilti darstellen und hier auch die Notwendigkeit einer Multi-Tier-ERP Lösung begründen. Anschließend werden wir auf den Auswahlprozess für ein zweites ERP-System für Hilti sowie auf die angewendeten Auswahlkriterien eingehen. Vor einer abschließende Bewertung inklusive Ausblick werden wir noch detaillierte Informationen zur Implementierung von SAP Business ByDesign bei Hilti geben.

Hintergrund und Anforderungen | Die Hilti Aktiengesellschaft wurde 1941 in Schaan (Liechtenstein) gegründet und erzielt einem Umsatz von 4,5 Milliarden Schweizer Franken (2014). Das Unternehmen ist ein Weltmarktführer im Bereich der Befestigungs- und Abbruchtechnologie für die professionelle Bauindustrie. Hilti sieht sich hierbei nicht nur als Zulieferer von Produkten, sondern vielmehr als Partner seiner Kunden, der durch das Angebot von Systemlösungen spezifische Problemstellungen des Kunden lösen möchte. Hilti ist in mehr als 120 Ländern präsent und hat mit dem Direktvertriebsmodell ein Alleinstellungsmerkmal unter den Wettbewerbern, das direkten Kundenkontakt und hohe Kundennähe gewährleistet. Daraus ergeben sich weltweit täglich rund

200.000 Kundenkontakte. Die Prozessintegration erstreckt sich von der Grundlagenforschung über Produktentwicklung und Fertigung bis hin zum Vertrieb. Hilti benötigt also ein ERP-System, das globale Standardprozesse und Datenstrukturen unterstützt.

Als Konsequenz der Fokussierung auf globale Prozesse und Daten wurde in allen acht Produktionswerke, den 50 größten Vertriebsniederlassungen sowie am Hilti-Hauptsitz in Liechtenstein die SAP Business Suite eingeführt. Alle Standorte (mit 28 unterstützten Sprachen) befinden sich auf einer Systeminstanz. Hiermit konnte eine stabile und umfassende Lösung für große und mittlere Organisationseinheiten innerhalb von Hilti gefunden werden.

Mit jeder weiteren Integration einer Landesgesellschaft (im weiteren Verlauf auch als Marktorganisation bzw. MO bezeichnet), ergibt sich jedoch ein weitaus komplizierteres Bild auf Nutzen und Risiken. Für die jeweilige neu MO gibt es einen hohen Zusatznutzen, zugleich ergeben sich jedoch für alle bereits implementierten MOs geringe aber merkliche Risiken (z. B. Stabilität, Down-Time für Rollouts). Darüber hinaus reduziert sich die Flexibilität bezüglich der Weiterentwicklung der Geschäftsprozesse (z. B. durch Abhängigkeiten von heterogenen rechtlichen Anforderungen).

Um keinen Einfluss von MOs mit kleinerem Umsatz auf die Geschäftsfähigkeit umsatzstarker MOs zu riskieren, entschied man sich für den Einsatz einer zweiten ERP-Suite. Ein zentraler Fokus bei der Wahl des ERP-Systems war gemäß der oben beschriebenen Ausgangslage die Möglichkeit, eine Multi-Instanz-Lösung umzusetzen. Gleichzeitig sollte jedoch an der Vision einer zentraler Administration, Wartung und Anpassung im Sinne einer globalen Prozessharmonisierung mit starker Integration zur SAP Business Suite festgehalten werden. Das aus diesen Anforderungen entstehende Spannungsfeld, auf das im weiteren Verlauf näher eingegangen wird, war die zentrale Herausforderung bei der Suche nach dieser zweiten ERP-Suite.

Zielsetzung

2.3.1 Die Rahmenbedingungen

Die Betrachtung einer zweiten ERP-Suite neben der etablierten SAP Business Suite war motiviert durch zwei maßgebliche Faktoren: zum einen durch die sich ansonsten abzeichnenden und im Speziellen durch rechtliche Anforderungen getriebenen Risiken für die bereits integrierten Organisationen und zum anderen durch den hohen Implementierungsaufwand im Vergleich zur Organisationsgröße der noch einzugliedernden, kleineren Landesgesellschaften unter Berücksichtigung einer adäquaten Prozesskomplexität.

Rechtliche Anforderungen Rechtliche Anforderungen in Wachstums- und Schwellenländern müssen unabhängig vom Implementierungsrisiko umgesetzt werden. Bei einer zentralen SAP-Business-Suite-Installation überträgt sich dieses Risiko – wie oben bereits angedeutet – jedoch auf alle Landesgesellschaften. Es kann nicht nur direkten Einfluss auf das bestehende Geschäft der kleineren, spezifischen Landesgesellschaft nehmen, sondern alle anderen Gesellschaften betreffen.

Implementierungsaufwand Für die Implementierung der SAP Business Suite in einer Landesgesellschaft, sind aufgrund definierter Prozesse und Strukturen Implementierungszeiten von weniger als sechs bis neun Monaten kaum zu realisieren. Die übliche Teamstärke der Implementierungsteams würde zudem die Mitarbeiterzahl von kleinen Landesgesellschaft oftmals überschreiten. Dies verdeutlicht weiter, dass ein Umdenken erforderlich war.

Parallel konnten mit der Implementierung von Lean-CRM-SaaS-Applikationen in kleineren Landesgesellschaften sehr gute erste Resultate erzielt werden. Ein begrenzter aber ausreichender Funktionsumfang in Kombination mit einem guten, intuitiven User Interface hat zu vielversprechenden Ergebnissen geführt. Einerseits hatten die kurzen Implementierungszyklen direkte Auswirkungen auf Ressourceneinsatz und Kosten. Andererseits wurden innerhalb kürzester Zeit gute Nutzungszahlen auch bei Nicht-Kernprozessen erreicht, was Beleg dafür ist, dass diese Applikationen schnell in die täglichen Arbeitsprozesse integriert werden konnten.

In allen Überlegungen über eine zweite ERP-Suite bei Hilti stand eine Forderung jedoch im Zentrum: die Integration in die zentrale SAP Business Suite. Nur so können integrierte Cross-Company-Szenarien für Logistik, Reparaturservice sowie Financial Shared Services umgesetzt werden.

2.3.2 Die unterschiedlichen Architekturszenarien

Drei mögliche Szenarien wurden bei der Suche nach einer stark in die bestehende SAP Business Suite integrierten zweiten ERP-Suite betrachtet (siehe Abbildung 2.9):

1. eine parallele SAP Business Suite für die kleineren Landes- gesellschaften

2. ein alternatives SAP-ERP-Produkt mit bestehender Integration in die SAP Business Suite

3. eine Nicht-SAP-ERP-Lösung

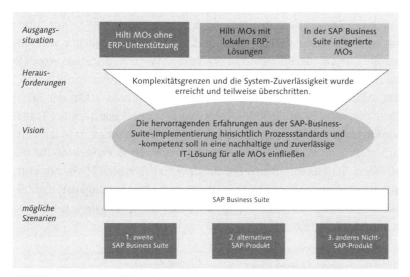

Abbildung 2.9 Die möglichen Szenarien einer zweiten ERP-Suite-Integration bei Hilti

Ein großes Augenmerk bei der Bewertung galt der Prozesskomplexi- Bewertungs-
tät und der sich dadurch ergebenden Einsatzmöglichkeit für die kriterien
Anwender in kleinen und mittelgroßen Landesgesellschaften. Es
wurde daher sehr sorgfältig darauf geachtet, sich an den Bedürfnissen der kleineren Märkte zu orientieren und nicht an den existierenden Möglichkeiten für größere MOs oder der existierenden SAP
Business Suite.

Die Anforderungen großer Organisationseinheiten mit entsprechen-
dem Transaktionsvolumen an den Grad der Automatisierung der pri-
mären aber auch sekundäre Geschäftsprozesse unterscheiden sich
substanziell von den Anforderungen kleincrer Organisationseinheiten. Eine ausgeprägte Prozessautomatisation mit verteilter Ausfüh-

rung in Form einer Workflow-Steuerung ist erst ab einem gewissen Transaktionsvolumen und einer damit verbundenen Organisationsgröße sinnvoll. Kleine Organisationen werden die Steuerungslogik im besten Fall als Overhead und Behinderung empfinden, im schlechtesten Fall stellt sie einen Risikofaktor für das Geschäft dar. So konnten wir beispielsweise beobachten, wie eine Vielzahl, für die kleineren Organisationseinheit unnötige, Prozessstatus bei den Mitarbeitern schnell zu einer gewissen Ignoranz gegenüber dem dokumentierten und – noch wichtiger – zu dokumentierenden Prozessstatus führt. In letzter Konsequenz führen solche Entwicklungen zu schwer analysierbaren und somit kaum steuerbaren Geschäftsprozessen.

Auch die Betrachtung der Aufwände war ein wichtiger Faktor. Hierbei sind Implementierungsaufwände ebenso zu bewerten wie laufende Kosten für Betrieb und Wartung. Weitere wichtige Aspekte sind die Nachhaltigkeit und Skalierbarkeit einer zweiten ERP-Suite. Das Marktumfeld, in dem die kleinen MOs agieren, ist in der Regel sehr dynamisch. Auf ein vergleichsweise schnell wachsendes Transaktionsvolumen muss genauso regiert werden können, wie auf Mitarbeiterzuwachs oder die Einführung neuer Serviceangebote für die Kunden. Daraus ergibt sich der Bedarf einer flexiblen IT-Architektur, die Veränderungen dieser Art zeitnah und ohne Sprungkosten abbilden kann. Abbildung 2.10 zeigt die Entscheidungskriterien für eine zweite ERP-Suite bei Hilti.

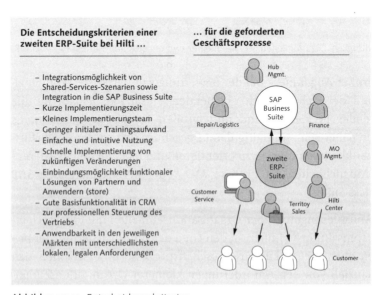

Abbildung 2.10 Entscheidungskriterien

2.3.3 Eine Cloud-Suite als mögliche Lösung

Bereits seit 2011 sind die Berücksichtigung von *Solid Core* und *Flexible Boundary* fester Bestandteil der Hilti-IT-Vision. Solid Core ist hierbei die Backbone-Applikation wie z. B. die SAP Business Suite. In der Flexible Boundary sind hingegen Cloud-Lösungen, die den Zugang zu Informationen und Daten aus dem Solid Core für eine breitere Anwenderbasis verfügbar machen können.

Was erwartet und teilweise schon Realität wurde, ist die Entwicklung von Cloud-Lösungen als fester Bestandteil des *Solid Core*. Cloud-Lösungen bieten in der Regel vergleichsweise hohe Agilität, sowie kurze und kosteneffektive Implementierungszyklen. Diese Eigenschaften prädestinieren sie für den Einsatz in volatilen Geschäftsumfeldern mit sich wiederholenden, zeitnah erforderlichen Prozess- und Serviceveränderungen.

Aktuelle Situation

Der einfache Zugriff auf die beim Anbieter betriebene Applikation über einen Webbrowser macht eine Cloud-Lösung für die Hilti-Anforderungen zusätzlich attraktiv. Die Kosten für Hardware und Software sowie die entsprechenden Aufwände für die Wartung und den Betrieb richten sich nach der individuellen Nutzung und sind daher gut skalierbar.

Sicherheit und Zuverlässigkeit sind im Zusammenhang mit Cloud Computing weitere wichtige Dimensionen. Bei einer entsprechenden Auswahl des Cloud-Partners und der sorgfältigen Definition der erwarteten Services sind diese Risiken jedoch beherrschbar.

Eine ERP-Cloud-Lösung erlaubt eine zeitnahe und dynamisch skalierbare Implementierung von Marktorganisationen ohne den vorherigen, zeit-, ressourcen- und Know-how-intensiven, Aufbau der notwendigen Governance-Strukturen (Application beziehungsweise Infrastructure Management etc.).

2.3.4 Die Entscheidung für SAP Business ByDesign

Mit der gezielten Positionierung in einem zweistufigen ERP-Modell (Two-Tier-ERP) im Rahmen der SAPPHIRE 2011 in Orlando ist SAP Business ByDesign in den Fokus des Auswahlprozesses bei Hilti gerückt. Im Rahmen der Evaluierung von SAP Business ByDesign lag der Schwerpunkt primär auf Komplexitätsreduzierung und der verfügbaren Standardfunktionalität, und nur sekundär auf einem Vergleich mit den verfügbaren Prozessen der Hilti-spezifischen SAP Business Suite.

Wichtige Anforderungen

Die für Hilti entscheidenden Integrationsszenarien in die SAP Business Suite waren bei SAP Business ByDesign gegeben. Diese umfassten sowohl Shared-Service-Szenarien im Bereich der Finanzen als auch integrierte Reparatur- und Kundenbelieferungsabwicklungen aus der SAP Business Suite. Die Möglichkeit, geeignete Reporting-Strukturen zu schaffen, ist mit der Integration in das globale SAP Business Warehouse ebenso gegeben wie die bereits etablierte Konsolidierung der Geschäftsergebnisse aller Hilti-Marktorganisationen in SAP BusinessObjects Financial Consolidation.

Durch das weiter wachsende »Ökosystem« aus ByDesign-Anwendern und -Partnern war auch ein Ausblick auf ein wachsendes Portfolio an verfügbaren Standardlösungen für zukünftige Anforderungen gegeben.

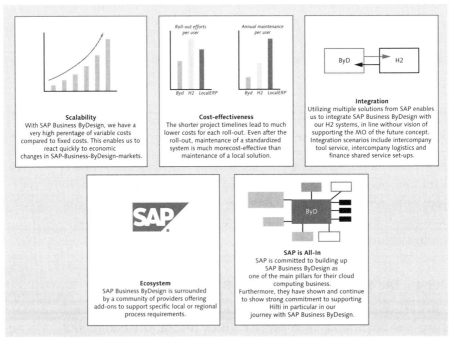

Abbildung 2.11 Vorteile von SAP Business ByDesign

SAP-Partnerschaft

Nicht zuletzt hat die Partnerschaft mit SAP den Ausschlag für die Entscheidung für SAP Business ByDesign gegeben. Entsprechend der geplanten Länder-Roadmap war abzusehen, dass zumindest einige kleinere landesspezifische Anpassungen durchzuführen sind. Im Rahmen eines *Co-Innovation-Projekts* zwischen SAP und Hilti wurde ein gemeinsamer Konsens für das Vorgehen bei den Lokalisierungen erarbeitet, um die erforderlichen Währungen, Steuersätze, Formulare und gesetzlichen Reports zu entwickeln und einzubinden.

2.3.5 SAP Business ByDesign bei Hilti

Nach der Entscheidung für SAP Business ByDesign als zweite ERP-Suite folgte die Ausarbeitung eines Implementierungsansatzes und einer daraus abgeleiteten Roadmap.

Aus der erfolgreich abgeschlossenen ERP-Implementierung in 50 Landesgesellschaften konnte viel Erfahrung hinsichtlich wichtiger und weniger wichtiger Funktionalität gesammelt werden. Eine wesentliche Erkenntnis war allerdings auch, dass die Faktoren Geschwindigkeit und Scope Management entscheidend für den Erfolg eines Rollouts sind.

Vier Stufen der SAP Business ByDesign Roadmap

Statt klassisch als erste Phase einer Implementierung eine vollständige Gap-Analyse zwischen den Prozess- und Funktionsanforderungen sowie den verfügbaren Lösungsansätzen in SAP Business ByDesign zu erstellen, wurde ein Vier-Stufen-Ansatz erarbeitet (siehe Abbildung 2.12). Dieser orientiert sich primär an den rechtlichen Anforderungen der Landesgesellschaften und den Möglichkeiten der gewählten ERP-Suite, mit dem Ziel, ein Maximum an Standardfunktionen nutzen zu können.

Auf der ersten Stufe wurde ein Schema mit drei unterschiedlichen Kriterien definiert, anhand derer die jeweiligen Landesgesellschaften auf Basis von Größe, rechtlichen Anforderungen, aktuellem ERP-System und weiteren Kriterien eingestuft wurden. Das Ergebnis war eine MO-Roadmap-Entwurf, unterteilt in verschiedene Rollout-Typen: **Stufe 1**

▸ **Typ 1 = Run ByDesign**: kleine Landesgesellschaften mit lokalem, nicht global gewartetem ERP-System ohne spezifische Lokalisierungsanforderungen basierend auf bestehender ByDesign-Funktionalität.

▸ **Typ 2 = Join ByDesign**: kleinere bis mittlere Landesgesellschaften mit gewartetem ERP-System (Nicht-SAP-Business-Suite) sowie geringen bzw. durch SAP abgedeckten Lokalisierungsanforderungen basierend auf der bestehenden ByDesign-Funktionalität.

▸ **Typ 3 = Adapt ByDesign**: mittlere Landesgesellschaften mit gewartetem ERP-System (SAP Business Suite) mit Lokalisierungsanforderungen abgedeckt durch SAP oder flexible Boundary Solutions (= Lösungen außerhalb von SAP Business ByDesign) basierend auf bestehender ByDesign-Funktionalität sowie spezifischer zu definierender Zusatzfunktionalität.

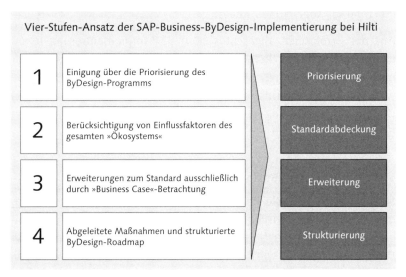

Abbildung 2.12 Vier-Stufen-Ansatz der SAP-Business-ByDesign-Implementierung

Stufe 2 Auf der zweiten Stufe wurden die durch SAP Business ByDesign nicht abgedeckten funktionalen Anforderungen betrachtet. Die leitende Frage war: »Was ist wirklich kritisch für den Geschäftserfolg und zu welchem Zeitpunkt muss eine systemunterstützte Funktionalität vorliegen?« Hierbei wurde auch betrachtet, ob die fehlenden Funktionalitäten zukünftig durch das ByDesign-Ökosystem abgedeckt werden können. Somit ergab sich in vielen Bereichen »nur noch« die Frage danach, wie diese Zeit überbrückt werden kann.

Stufe 3 Als dritte Stufe wurden die verbliebenen Lücken ausgewertet und unter Berücksichtigung des jeweiligen Business Case auf Notwendigkeit und Dringlichkeit bewertet. Hierbei wurden auch die drei Typen aus der ersten Stufe berücksichtigt, um funktionale Lücken im Kontext der MO-Größe sowie unter Berücksichtigung der Zeitachse zu diskutieren und im Bedarfsfall als Hilti-spezifische Lösung umzusetzen.

In der abschließenden vierten Stufe wurden detaillierte Implementierungsstandards mit Tasks, Roles & Responsibilities sowie Timelines für die jeweiligen Rollout-Typen definiert. Mit Hilfe dieser sollte eine Art von Industrialisierung geschaffen werden, die Implementierungszeiten von zwei bis drei Monaten ermöglicht. Um dies zu gewährleisten, wurden zusätzlich die funktionale Weiterentwicklung und die Implementierungsprojekte strikt getrennt. Stufe 4

Die Implementierungsmethodik für SAP Business ByDesign bei Hilti

Ein zentrales Ziel bei der Einführung von SAP Business ByDesign bei Hilti war die möglichst kurze Implementierung. Dies ist alleine schon durch die geringe Größe der Landesgesellschaften getrieben, die eine Implementierung über mehrere Monate nicht bewältigen könnten. Daher war die Notwendigkeit eines klar strukturierten und eng getackten Ansatzes, vergleichbar mit einem Wasserfallmodell, gegeben (siehe Abbildung 2.13). Alle notwendigen Daten, Vorbereitungen und Entscheidungen mussten demzufolge möglichst früh im Projekt bereit verfügbar sein, um unnötige Doppelarbeiten sowie Verzögerungen durch Entscheidungs- oder Change-Prozesse zu verhindern. Kurze Implementierungszeit

Die erste Phase der Implementierung von SAP Business ByDesign ist die *Preparation Phase*. Hierbei werden, basierend auf vordefinierten Fragenkatalogen, die rechtlichen Anforderungen in allen Bereichen erhoben und später analysiert. Das Ergebnis der Analyse wird mit SAP abgestimmt, damit die erforderlichen rechtlichen Anforderungen zeitgerecht umgesetzt werden können. Ein weiteres Augenmerk lag auch auf der notwendigen Datenqualität und entsprechenden Maßnahmen diese im Bedarfsfall entsprechend zu optimieren. Vorbereitung

Neben der rein funktionalen Analyse ist in dieser Phase auch die organisatorische Änderungsbereitschaft zu bewerten, um sicherzustellen, dass die erforderlichen Veränderungsprozesse nachhaltig umgesetzt werden können.

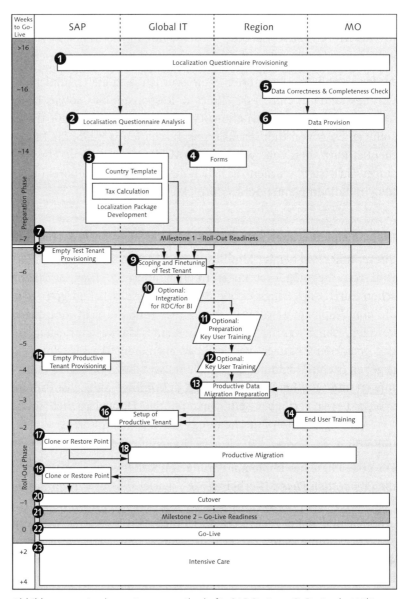

Abbildung 2.13 Implementierungsmethode für SAP Business ByDesign bei Hilti

Implementierung
der Prozesse

In der zweiten Phase erfolgt die eigentliche Umsetzung und Implementierung der Prozesse entsprechend der Spezifikation im ByDesign-System. Hierbei erfolgen nach dem Scoping und Finetuning der Aufbau einer Testumgebung mit realen Daten für das anschließende Training der Key User und den Tests der Prozesse. (Mit den

Scoping- und Finetuning-Aktivitäten werden in SAP Business By-Design die Prozesse auf die jeweiligen Anwenderanforderungen angepasst.) Parallel wird eine komplette Datenmigration vorbereitet, durchgeführt und von den Fachbereichen abgenommen. Die Datenübernahme im Rahmen des Cut-Over und der dadurch erreichte Go-Live-Meilenstein bilden den Abschluss dieser Phase.

Die *Intensive Care*-Phase als abschließende dritte Phase der Implementierung schließt sich direkt an den Go-Live an. In dieser steht das gesamte Projektteam (teilweise vor Ort) jederzeit für Fragen zur Verfügung, um einen reibungslosen und erfolgreichen Start mit SAP Business ByDesign sicherzustellen.

Abschluss

SAP Business ByDesign ist etablierter Bestandteil der IT-Strategie

Die Pilotimplementierung von SAP Business ByDesign in Hilti erfolgte in der zweiten Jahreshälfte 2012. Mitte 2015 arbeiten bereits 20 Marktorganisationen, verteilt auf vier Vertriebsregionen in Osteuropa, Südosteuropa, den Mittleren Osten und Lateinamerika, sowie ein regionales Tool Service Center in Südosteuropa mit SAP Business ByDesign.

Bereits im Rahmen der ByDesign-Implementierungen konnte durch die Einführung von Prozessstandards und neuen Funktionalitäten – z. B. einem CRM-Modul für das Vertriebsteam – die Prozesseffizienz in den MOs nachhaltig verbessert werden. Weitere Optimierungen konnten realisiert werden, nachdem mehrere MOs in einer Region auf SAP Business ByDesign umgestellt waren und damit eine gemeinsame IT- und Prozessplattform verfügbar war. Hilti-Kunden können nun aus einem regionalen Serviceportfolio mit besseren Leistungen und Produktverfügbarkeiten sowie entsprechenden Skaleneffekten für die interne Logistik- und Reparatur-Organisation bedient werden. Gleiches gilt auch für interne Serviceleistungen, wie Finanzen und Marketing. Ein Großteil ihrer Tätigkeiten kann nun wegen der gemeinsamen Plattform und den standardisierten Prozessen regional in sogenannten Shared Service Centern konsolidiert werden.

Effizienz steigern

Zusätzlich wurde die Prozesseffizienz durch die gezielte und spezifische Umsetzung selektiver Hilti-Erweiterungen zur Abdeckung aller wichtigen Geschäftsanforderungen verbessert. All diese Maßnahmen zusammen haben dazu geführt, dass SAP Business ByDesign sich in der Hilti-ERP-Landschaft als zweites ERP-System für kleine und mittlere Organisationen etabliert hat und inzwischen ein fester Bestandteil der Hilti-Strategie geworden ist.

Die Herausforderungen und Lessons Learned

Was waren die Besonderheiten dieser sehr erfolgreichen Implementierung von SAP Business ByDesign? Rückwirkend betrachtet war es die Herangehensweise in Kombination mit der Implementierungsgeschwindigkeit.

Die Implementierung wurde an ein junges Team übertragen, das nur begrenzten Bezug zu den Hilti-Prozessen der SAP Business Suite hatte. Hierdurch konnte gewährleistet werden, dass sich das Team auf die verfügbaren Standardlösungen in SAP Business ByDesign fokussiert hat ohne hierbei zu stark von den bereits verfügbaren Lösungen der SAP Business Suite geleitet zu werden.

Des Weiteren hat sich der Ansatz, möglichst rasch eine breite Anwender-Basis durch einen anfänglichen Fokus auf weniger komplexe Marktorganisationen einer Region zu schaffen, bestätigt. Dadurch konnte die anfängliche Skepsis gegenüber SAP Business ByDesign schnell in ein Interesse umgewandelt werden, um möglichst rasch von den Vorteilen einer ByDesign-Implementierung profitieren zu können.

Lokalisierung Ein erheblicher Teil der Hilti-Roadmap umfasste jedoch Länder, die noch nicht in SAP Business ByDesign lokalisiert wurden. Dadurch gab es auch Herausforderungen zu meistern: »Wieviel an manuellem Aufwand für gesetzliche Anforderungen, Prozesse und Reporting kann einer Organisation zugemutet werden und wieviel an Lokalisierungsfunktionalität muss implementiert werden?« Auch hier spielen wiederum die Größe der Organisation und deren Transaktionsvolumen eine entscheidende Rolle.

Wie bei allen ERP-Implementierungen muss auch bei der von SAP Business ByDesign vor Beginn darauf geachtet werden, dass die Organisation eine solche Veränderung bewältigen kann und dass deren strategische Ausrichtung aktiv unterstützt wird.

2.3.6 Ausblick

SAP Business ByDesign ist bei Hilti inzwischen etabliert und die initialen Aufwände amortisieren sich langsam. Die nun vorhandene Transparenz in den Regionen wird genutzt, gezielte Entscheidungen und Maßnahmen zu treffen, um den Service für die Kunden zu optimieren oder Prozessstandards über die Landesgrenzen hinaus zu etablieren. Mit der geschaffenen Basis von 20 Marktorganisationen auf SAP Business ByDesign wird bei Hilti nun gezielt das Serviceangebot für die Kunden in den Bereichen E-Commerce und Serviceintegration erweitert.

SAP Business ByDesign soll in weiteren Marktorganisationen implementiert werden, wenngleich sich der Schwerpunkt in den kommenden Monaten eher in Richtung Optimierung und Konsolidierung verschiebt. Durch die wachsende Gemeinschaft von ByDesign-Anwendern sowie das weiter wachsende Ökosystem ist zu hoffen, dass zukünftig noch weitere Wachstums- und Anwendungsmöglichkeiten entstehen werden.

TEIL II

Technologie

In diesem Kapitel werfen wir einen Blick »unter die Haube« der verschiedenen Cloud-Lösungen. Wir stellen Ihnen dazu die unterschiedlichen Betriebsmodelle vor und ordnen die Lösungen entsprechend ein. Zusätzlich zeigen wir, welche Cloud-Plattformen SAP zur Entwicklung und Integration bietet, und erläutern, was Sie bei der Sicherheit von Cloud-Anwendungen beachten sollten.

3 Infrastruktur und Sicherheit in der SAP Cloud

In Kapitel 1, »Die SAP-Cloud-Strategie«, haben wir Ihnen die Cloud-Strategie von SAP vorgestellt, in Kapitel 2, »Einsatzszenarien und Entscheidungsgrundlagen: Fallbeispiele«, haben Sie Fallbeispiele zur Einführung kennengelernt.

Wir wollen nun den Fokus wechseln und das Portfolio aus Kundensicht betrachten. Dazu möchten wir in diesem Kapitel folgende Fragen beantworten:

Wichtige Fragestellungen

▸ Was versteht SAP unter *Cloud*?

▸ Welche Cloud-Plattformen besitzt SAP?

▸ Was ist die SAP HANA Enterprise Cloud, und für wen ist sie gemacht?

▸ Wie können Sie eigene Anwendungen auf der SAP-HANA-Plattform erstellen?

▸ Wie sicher sind Ihre Daten in der SAP Cloud?

Zu diesem Zweck klären wir zunächst, was man unter *Multi-Tenancy* versteht und warum diese bei Cloud-Anwendungen eine so wichtige Rolle spielt. Wir grenzen die echten *nativen* Cloud-Anwendungen von den *Hosting-Angeboten* in der Private Cloud ab und ordnen die SAP-Lösungen den verschiedenen Technologien zu.

3.1   Private und Public Cloud

Potenziale und
Herausforderungen

Die meisten Kunden entscheiden sich für eine Cloud-Lösung, da die Kosten geringer und die Flexibilität höher als bei einer vergleichbaren On-Premise-Lösung sind. Der Cloud-Provider realisiert dies, indem er physische Ressourcen auf mehrere Kunden verteilt und so Skaleneffekte nutzt. Anschließend muss sichergestellt werden, dass der Kunde sicher auf seine Daten zugreifen kann. Entscheidend ist allerdings, dass er auch *nur* auf seine Daten zugreifen kann. Um dieses Problem zu lösen, haben sich mehrere Verfahren etabliert (siehe Abbildung 3.1).

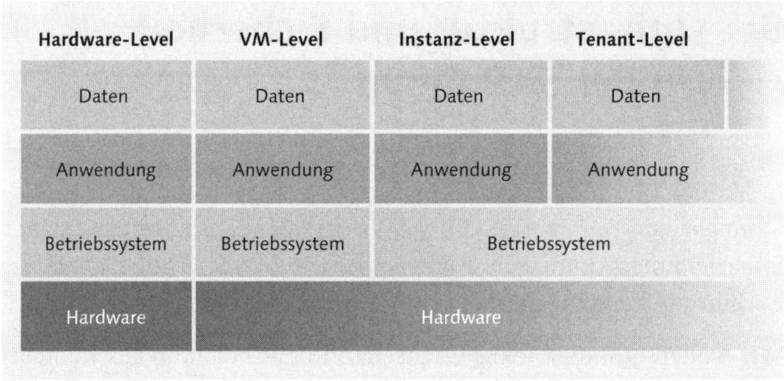

Hardware-Level	VM-Level	Instanz-Level	Tenant-Level
Daten	Daten	Daten	Daten
Anwendung	Anwendung	Anwendung	Anwendung
Betriebssystem	Betriebssystem	Betriebssystem	
Hardware	Hardware		

Abbildung 3.1 Trennung von Kundendaten

Hardware-Level   Die einfachste Variante ist es, alle Kunden auf dedizierte Hardware zu verteilen, in der Vergangenheit wurde dies auch als *Hosting* bezeichnet. Es eignet sich für sämtliche Anwendungen, da im Datenmodell keine Trennung zwischen verschiedenen Kunden vorhergesehen werden muss. Ebenso können sich sämtliche Customizing-Einstellungen sowie Code-Erweiterungen und Modifikationen nicht versehentlich auf andere Kunden auswirken.

Die Vorteile für den Kunden liegen darin, dass sämtliche Release-Zyklen frei wählbar sind, da es keine Abhängigkeiten zu anderen Kunden gibt. Mit diesem Modell ist allerdings nur ein Private-Cloud-Modell realisierbar, d. h., der Kunde erhält ein maßgeschneidertes Angebot mit dedizierten Ressourcen, das für eine bestimmte Nutzungsdauer (z. B. drei Jahre) fix ist. Die Flexibilität, jederzeit mehr Ressourcen nutzen zu können, entfällt damit genauso wie die Möglichkeit, aufgrund geringer Nutzung die Kosten dynamisch zu senken.

Sehr ähnlich verhält es sich, wenn man anstelle dedizierter physischer Hardware auf virtuelle Maschinen (VM) zur Trennung von Kundendaten setzt. Dieses Modell ist ebenfalls mit sämtlichen Anwendungen möglich und erlaubt es dem Cloud-Provider z. B., sehr effizient viele kleinere Kunden auf größeren Servern zu verwalten. Zusammen mit der Möglichkeit, virtuelle Maschinen bei Bedarf zwischen den Servern zu verschieben, kann man so eine deutlich höhere Auslastung der Server erreichen, was sich in geringeren Kosten widerspiegelt.

VM-Level

Dies ist aber immer noch ein Private-Cloud-Betriebsmodell, bei dem im Vorfeld ein maßgeschneidertes Angebot erstellt wird. Die Bezahlung erfolgt typischerweise nicht nach der tatsächlichen Nutzung, da die Hardwareressourcen einer virtuellen Maschine fix zugeordnet sind, unabhängig davon, ob diese in Anspruch genommen werden oder nicht.

Installiert man auf einem (physischen oder virtuellen) Betriebssystem eine Anwendung mehrfach, spricht man auch von Anwendungsinstanzen. Diese Variante ist allerdings nicht mit jeder Software möglich, etwa wenn diese feste Portbereiche oder Verzeichnisse verwendet, die bei mehreren Installationen kollidieren würden.

Instanz-Level

Mehrere Anwendungsinstanzen mit der SAP Business Suite

[zB]

Die SAP Business Suite unterstützt mehrere Anwendungsinstanzen bereits nativ. Zur Unterscheidung von Verzeichnissen und Datenbanken wird dabei die dreistellige System-ID (z. B. IDE) verwendet, bei Ports hingegen die numerische Instanznummer (z. B. SSL-Port-Präfix 43 + Instanznummer 00 ergibt 4300, mit Instanznummer 04 wäre es 4304).

Der Vorteil dieses Verfahrens ist, dass durch das gemeinsam verwendete Betriebssystem Ressourcen (v. a. Arbeitsspeicher) eingespart und diese flexibel auf die Anwendungsinstanzen verteilt werden können. Eine fixe Zuordnung von Ressourcen zu einer Instanz muss also nicht erfolgen.

Vorteile

Die größten Nachteile an diesem Modell sind, dass sich die Installationen potenziell gegenseitig beeinflussen können und ein Verschieben der Installation auf eine andere Maschine nur mit großem Auf-

Nachteile

wand möglich ist. Das Hinzufügen einer neuen Instanz ist dabei sogar aufwendiger als beim VM-Level, da hier der komplette Installationsprozess durchgeführt werden muss, während beim VM-Level einfach eine weitere Kopie der virtuellen Maschine gestartet werden kann. Zum Beispiel könnte nur eine der Instanzen für den Webzugriff den Standardport 443 für SSL verwenden, während die anderen Instanzen auf exotischere Ports zurückgreifen müssten. Ebenso ist es möglich, dass eine Instanz zeitweise fast alle Systemressourcen beansprucht und somit die anderen Instanzen ausbremst. Aufgrund der zahlreichen Nachteile sowie der nur geringen Einsparungen an gemeinsam genutzten Ressourcen findet diese Form der Datentrennung im Cloud-Geschäft keine Anwendung.

Tenant Level Bei der letzten Variante befinden sich auf einer Hardware mindestens ein Betriebssystem sowie jeweils eine Anwendungsinstallation, aber mehrere Mandanten. Man spricht in diesem Fall auch von *Multi-Tenancy*, d. h., die Anwendung verwaltet die Mandanten (= Tenants) selbst. Da es im Datenmodell dabei sowohl mandantenabhängige als auch mandantenunabhängige Daten geben muss, funktioniert diese Methode nicht bei jeder Anwendung.

[»] **Multi-Tenancy mit der SAP Business Suite**

Zwar ist die SAP Business Suite z. B. grundsätzlich mandantenfähig, allerdings befindet sich z. B. Customizing im mandantenunabhängigen Bereich. Würde man die Business Suite so einsetzen, dass jeder Cloud-Kunde einen eigenen Mandanten erhielte, würden sich alle Kunden das gleiche Customizing teilen. Ebenso würden sich die Kunden bei allen Code-Erweiterungen und Modifikationen in die Quere kommen, da diese auch übergreifend sind. Die Business Suite kann also mit dem bisherigen Datenmodell nicht als Multi-Tenancy-fähig im eigentlichen Sinn betrachtet werden.

Vorteile Die mandantenübergreifenden Daten werden dabei nur einmal für alle Kunden gespeichert und führen daher zu großen Einsparungen beim benötigten Speicherplatz. Die Ressourcen des Hosts stehen ebenfalls allen Mandanten gleichzeitig zur Verfügung und können flexibel genutzt werden. Lastspitzen in verschiedenen Mandaten zu verschiedenen Zeitpunkten können so effektiv ausgeglichen werden.

Zum Anlegen eines neuen Mandanten muss weder eine neue virtuelle Maschine gestartet noch eine zusätzliche Installation der Anwendung vorgenommen werden. Ebenso gibt es Skaleneffekte bei der

Wartung und Upgrades, denn diese Arbeiten wirken sich – einmal ausgeführt – direkt auf alle Mandanten aus. Multi-Tenancy ist daher eine wichtige Voraussetzung für ein Public-Cloud-Betriebsmodell, bei dem der Anwender nicht für reservierte Kapazitäten, sondern nur für die tatsächliche Nutzung zahlt.

Ein großer Nachteil der Multi-Tenancy sind die hohen Anforderungen an das Datenmodell: Alle kundenspezifischen Anpassungsmöglichkeiten vom Customizing bis zur Code-Erweiterung/Modifikation (siehe Kapitel 5, »Anpassungsmöglichkeiten«, und Kapitel 6, »Erweiterungen und Add-on-Entwicklung«) müssen im mandantenabhängigen Teil liegen. Darüber hinaus teilen sich die Mandanten die Software und damit auch deren Release. Ein Update bzw. Upgrade muss daher immer zeitgleich für alle Mandanten stattfinden und kann nicht durch einen einzelnen Kunden gesteuert werden. So zeigt sich auch, warum Multi-Tenancy und Public Cloud auch immer mit dem Ansatz *Software as a Service* (SaaS) einhergehen müssen, während bei der Private Cloud auch die Modelle *Infrastructure as a Service* (IaaS) und *Platform as a Service* (PaaS) denkbar sind.

Nachteile

Abbildung 3.2 zeigt die Cloud-Lösungen von SAP im Überblick. Neben den hier gezeigten eigenständigen Anwendungen gibt es noch weitere Zusatzlösungen, die in Abschnitt 3.1.4 beschrieben werden.

Überblick über die Cloud-Lösungen

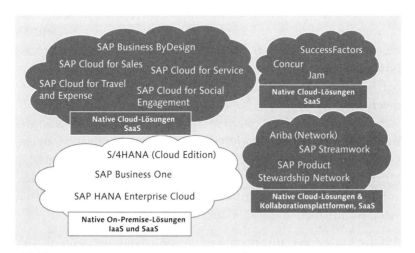

Abbildung 3.2 Die Cloud-Lösungen von SAP im Überblick

3.1.1 Native Public-Cloud-Anwendungen

Multi-Tenancy =
Public Cloud

SAP bietet eine Reihe von Cloud-Lösungen an, die teils selbst entwickelt, teils zugekauft oder von On-Premise-Lösungen portiert wurden. Wenn wir von *nativen* Cloud-Anwendungen sprechen, meinen wir dabei diejenigen, deren Datenmodell bei der Entwicklung bereits auf Multi-Tenancy ausgelegt wurde, um somit auch Public-Cloud-Szenarien abzudecken. Dazu gehören die von SAP entwickelte ERP Suite *SAP Business ByDesign* und deren Ableger *SAP Cloud for Sales*, *SAP Cloud for Service* und *SAP Cloud for Travel and Expense*, die Kommunikationsplattform *SAP Jam* sowie die Zukäufe *SuccessFactors*, *Ariba* und *Concur*. Hier ist der Cloud-Gedanke bereits von Anfang an in die Architektur der Software mit eingeflossen. Da es technisch aufgrund der Multi-Tenancy keine 1:1-Beziehung zwischen Ressourcen (z. B. Server) und Kunde gibt, skalieren diese Lösungen fast stufenlos.

Cloud-only

Eine weitere Gemeinsamkeit dieser Anwendungen ist, dass sich diese Lösungen *nur* in der Cloud betreiben lassen, d. h., es gibt keine On-Premise-Version als alternatives Betriebsmodell. Die verfügbaren nativen Cloud-Anwendungen von SAP stellen wir Ihnen nun jeweils kurz vor.

SAP Business
ByDesign

Die Lösung mit dem größten Funktionsumfang ist die ERP-Suite *SAP Business ByDesign*. Die unterstützten Geschäftsprozesse reichen dabei vom strategischen Einkauf bis zum Kundenservice, der genaue Funktionsumfang wird in Abschnitt 7.2, »SAP Business ByDesign«, beschrieben. Technisch entscheidend ist hier der Paradigmenwechsel im Hinblick auf Erweiterungen und Modifikationen. Während sich in der Business Suite beliebige ABAP-Erweiterungen (z. B. kundenindividuelle Programme) erstellen lassen, die dann mandantenübergreifend verfügbar sind, werden Erweiterungen für SAP Business ByDesign in einer Extraschicht kundenspezifisch abgelegt. Modifikationen sind dagegen überhaupt nicht möglich. Auch die Integration mit externen Systemen ist im Vergleich zur Business Suite eingeschränkt und verläuft fast ausschließlich über fest definierte Webservices, Nachrichten und XML-Dateien.

Auf der ByDesign-Plattform gibt es noch Anwendungen, die sich als Line-of-Business-Lösungen (LoB) positionieren. Sie basieren zwar auf der ByDesign-Plattform, unterscheiden sich aber hinsichtlich Funktionen und Oberflächen von der Cloud-Suite:

Bei *SAP Cloud for Sales* handelt es sich um eine solche Anwendung auf der ByDesign-Plattform. Wie der Name bereits andeutet, werden die typischen Vertriebsprozesse unterstützt. Im Mittelpunkt stehen dabei die Pflege von Kundendaten, die Erfassung von Leads, Opportunities und Angeboten sowie die Analyse dieser Daten. Eine Integration mit SAP ERP ist ebenso verfügbar wie Apps für den mobilen Zugriff. SAP Cloud for Sales wird in Abschnitt 8.2 ausführlich behandelt.

SAP Cloud for Sales

SAP Cloud for Service ist ebenfalls eine Lösung auf der ByDesign-Plattform. Zum einen können Mitarbeiter im Kundenservice auf die Kundendaten zugreifen und wissen, was der Kunde wann gekauft hat, ob er schon einmal ein Problem hatte und wie dort der aktuelle Status ist. Auf der anderen Seite ist auch ein Self-Service-Support-Portal enthalten, bei dem der Kunde Anfragen stellen oder deren Status überprüfen kann. Es kann entweder eine neue Wissensdatenbank aufgebaut oder eine vorhandene integriert werden. Eine Integration ins SAP-ERP-System ist ebenfalls möglich. SAP Cloud for Service wird in Abschnitt 8.3 ausführlich behandelt.

SAP Cloud for Service

Eine weitere Lösung auf der ByDesign-Plattform stellt *SAP Cloud for Travel and Expense* dar. Neben der reinen Reisekostenabrechnung sind hier auch die Verwaltung und Genehmigung von Reiseanträgen, eine Buchungsunterstützung, Apps für mobile Endgeräte sowie eine Integration zu SAP ERP enthalten. SAP Cloud for Travel and Expense wird in Abschnitt 11.1 genauer behandelt.

SAP Cloud for Travel and Expense

Komplettiert wird die »Cloud-for«-Reihe mit *SAP Cloud for Social Engagement*, das ebenfalls auf der ByDesign-Plattform basiert. Die Lösung bindet die sozialen Netzwerke in den Kundenservice ein, indem für eingehende Nachrichten an den Unternehmens-Account automatisch Tickets angelegt werden. Sie können so auf Facebook- und Twitter-Nachrichten aufmerksam gemacht werden, sie verfolgen, priorisieren und schließlich beantworten. Zur Beantwortung können Sie Vorlagen und eine Wissensdatenbank verwenden, die Konversationen können außerdem organisiert und gruppiert werden. SAP Cloud for Social Engagement wird in Abschnitt 8.4 ausführlich behandelt.

SAP Cloud for Social Engagement

Die Liste der übernommenen nativen Cloud-Anwendungen wird von SuccessFactors angeführt. Dabei handelt es sich um eine LoB-Anwendung für den Bereich Personalwesen. Es kann u. a. verwendet werden für: Planung von Personalprozessen, Mitarbeiteranwerbung, Integra-

SuccessFactors

tion neuer Mitarbeiter, Weiterbildung, Zielsetzung und Leistungsbeurteilung, Vergütung, Nachfolgeplanung und Personalentwicklung. SuccessFactors ist ebenfalls von Anfang an auf Multi-Tenancy
ausgelegt und wird in Kapitel 10, »Personal mit SuccessFactors«, ausführlich behandelt.

Ariba

Bei *Ariba* handelt es sich, wie auch bei SuccessFactors, um ein zuge-
kauftes Produkt von SAP, das unabhängig von SAP ERP arbeitet, aber
inzwischen eine Integration anbietet. Es handelt sich hier um einen
Marktplatz, auf dem man Kontrakte verwalten, neue Bezugsquellen
finden, Einkäufe abwickeln, Rechnungen stellen, Lieferanten verwalten oder Ausgaben analysieren kann. Neben SAP ERP werden auch
beliebige andere ERP-Systeme als Integrationsziele unterstützt. Ariba
spielt eine besondere Rolle, da hier zwar auch alle Kundendaten per
Multi-Tenancy gekapselt sind, dennoch ist explizit eine Kommunikation der verschiedenen Tenants untereinander vorgesehen (siehe
Abschnitt 3.1.2, »Kollaborationsplattformen«). Der Funktionsumfang von Ariba wird in Kapitel 9, »Einkauf vernetzen mit Ariba«, ausführlich behandelt.

Concur

In einer ähnlichen Position befindet sich das kürzlich zugekaufte
Concur. Mit der Anwendung können die Reisekostenabrechnung
und die Reisebuchung abgewickelt werden. Zusätzlich beinhaltet
Concur eine Business-Network-Komponente, die es von anderen On-
Premise-Lösungen unterscheidet. Auf die Unterschiede zu SAP Cloud
for Travel and Expense gehen wir in Abschnitt 11.2, »Concur«, ein.

SAP Jam

Mit *SAP Jam* bietet SAP eine universelle Kommunikationsplattform
an. Man kann es sich als »privates Facebook« vorstellen, das sowohl
von Mitarbeitern als auch externen Personen genutzt werden kann.
SAP Jam kann somit z. B. für Kommunikation in Kundenprojekten,
Marketingplanung, Kundendienst oder schlicht für abteilungsüber-
greifende Projekte verwendet werden. SAP Jam wird in Abschnitt
8.6 ausführlich behandelt.

3.1.2 Kollaborationsplattformen

Business Networks
= Public Cloud

Während bei den meisten Cloud-Anwendungen die Herausforderung darin besteht, möglichst viele Ressourcen gemeinsam zu verwenden und dabei die Kundendaten exakt zu isolieren, gibt es auch
Fälle, in denen diese hundertprozentige Trennung gar nicht gewollt

ist. Es handelt sich dabei um Plattformen, bei denen es gar keine verschiedene Tenants gibt, sondern alle Kunden in einer gemeinsamen Umgebung arbeiten. Wird ein neuer Kunde hinzugefügt, bekommt dieser nicht einen neuen Tenant, der meist auch noch zu konfigurieren ist, sondern er bekommt lediglich einen Zugang bzw. Account angelegt. Natürlich sind längst nicht alle Daten für alle Mitglieder des Netzwerks sichtbar – es gibt meist eine Trennung zwischen öffentlich, Freigabe für einen bestimmten Personenkreis und privat.

Eine solche Anwendung, die von SAP ebenfalls zugekauft wurde, ist das Geschäftsnetzwerk von Ariba. Die Anwendung unterstützt dabei den Einkaufs- bzw. Ausschreibungsprozess und dient anschließend auch als Plattform, über die potenzielle Geschäftspartner gefunden, Angebote übertragen und Aufträge übergeben werden können. Somit können weitere Medienbrüche eliminiert und der Integrationsgrad gesteigert werden. Eine ausführliche Beschreibung der Ariba-Funktionen finden Sie in Kapitel 9, »Einkauf vernetzen mit Ariba«.

Ariba Network

Mit *SAP StreamWork* gibt es ein weiteres Netzwerk, das den Aspekt der Kollaboration stärker in den Vordergrund stellt. Im Gegensatz zu SAP Jam, das eher für die Kommunikation sowie unternehmensinterne Verwendung geeignet ist, zielt StreamWork auf die unternehmensübergreifende Zusammenarbeit. Zur Zugriffskontrolle dienen dabei Projekte, denen einzelne Mitarbeiter und externe Personen zugeordnet werden. Innerhalb der Projekte können dann Dateien freigegeben, Umfragen erstellt oder mithilfe anderer Widgets wie »SWOT«-Analyse (Strenghts, Weaknesses, Opportunities, Threads), Pro- und Kontra-Listen etc. strukturiert Informationen zusammengetragen werden. Eine ausführliche Beschreibung der Funktionen von SAP StreamWork finden Sie in Abschnitt 8.5.

SAP StreamWork

Mit dem *SAP Product Stewardship Network* steht eine weitere Kollaborationsplattform online zur Verfügung, die zur Verwaltung von Produktnachhaltigkeitsdaten dient. Produkthersteller können Informationen, die für gesetzliche Bestimmungen wie RoHS (gefährliche Stoffe in Elektro- und Elektronikgeräten) oder die EU-Chemikalienverordnung REACH notwendig sind, erfassen und ihren Logistikpartnern zur Verfügung stellen. Der Vorteil dieser Community ist eine aktuelle Dokumentation ohne aufwendige bilaterale Kommunikation. Die Community ist auch für Nicht-SAP-Kunden zugänglich

SAP Product Stewardship Network

und grundsätzlich kostenlos. Möchte man allerdings Funktionen zur Massenpflege oder Massenabfrage verwenden, benötigt man die Professional-Version (125 EUR/Monat). Die Integration mit dem EHS-Modul On-Premise ist sogar nur in der Enterprise-Version enthalten (Preise nur auf Anfrage).

3.1.3 Native On-Premise-Anwendungen

VM-Level = Private Cloud

Wurde eine Anwendung nicht explizit für die Cloud entworfen und unterstützt daher keine Multi-Tenancy, lässt sie sich dennoch in der Cloud betreiben. Die Trennung von Kundendaten findet dann auf VM-Level statt, und es wird eine fixe Zuordnung von Ressourcen nötig. Dieses Modell wird meist *Private Cloud* genannt, da es eine (virtuelle) Maschine gibt, auf der nur ein einziger Kunde aktiv ist. Der große Vorteil aus Kundensicht ist es, dass er unabhängig entscheiden kann, wann ein Release-Wechsel durchgeführt wird. Zusätzlich besteht ein größerer Freiraum, was Modifikationen oder Add-ons betrifft.

Grundsätzlich muss in einem solchen Betriebsmodell festgelegt werden, welche Partei sich um die Wartung der verschiedenen Komponenten kümmert. Die Möglichkeiten reichen hier vom IaaS/Hosting über MCaaS/Managed Cloud bis zu SaaS/Full Cloud Service, wie in Abschnitt 3.2 beschrieben wird.

SAP Business One Cloud

Eine Anwendung, bei der es die Private Cloud bereits vor dem Cloud-Begriff an sich gab, ist *SAP Business One*. Da kleine Unternehmen typischerweise keine ausgeprägte IT-Ausstattung besitzen, wird der Betrieb gerne an Partner ausgelagert. Ende 2014 wurde das Thema wieder populär, da SAP Business One hier »out of the box« in Kombination mit der SAP-HANA-Datenbank auf Amazon Webservices (AWS) verfügbar gemacht wurde (*http://www.news-sap.com/ sap-business-one-version-sap-hana-now-available-amazon-web-services/*). Für die SAP Business One Cloud stehen damit alle Liefermodelle (IaaS, MCaaS, SaaS) zur Verfügung. Eine detaillierte Beschreibung der Funktionen von SAP Business One finden Sie in Abschnitt 7.1.

SAP HANA Enterprise Cloud

Während grundsätzlich alle SAP-On-Premise-Lösungen mithilfe eines IaaS-Providers wie AWS auch in der Private Cloud verfügbar sind, ändert sich am Lizenzmodell erst einmal nichts. Sie benötigen weiterhin die On-Premise-Lizenz von SAP und zahlen zusätzlich für Hardware (pro Monat/Jahr) sowie Support (je nachdem, ob IaaS, MCaaS oder SaaS).

Genau hier macht die SAP HANA Enterprise Cloud (im Folgenden HEC) einen Unterschied: Anstelle einer existierenden On-Premise-Lizenz (Bring your own License) *kann* man die Lizenz auch auf Subskriptionsbasis beziehen. So können hohe Vorauszahlungen nicht nur für die Hardware-, sondern auch für die Softwarekosten vermieden werden. Eine ausführlichere Beschreibung der HEC sowie deren Anwendungsszenarien finden Sie in Abschnitt 3.2, »SAP HANA Enterprise Cloud«.

Obwohl man SAP S/4HANA (im Folgenden schlicht S/4HANA) auch über die HEC betreiben kann, gibt es speziell hier auch eine (Public) Cloud Edition. Diese Cloud Edition der ERP-Lösung für mittelständische bis große Unternehmen wurde am 6. Mai 2015 auf der SAPPHIRE in Orlando angekündigt. Besonders interessant ist, wie SAP hier die Quadratur des Kreises gelungen ist, denn schließlich haben wir in Abschnitt 3.1, »Private und Public Cloud«, geklärt, warum SAP ERP eigentlich nicht Multi-Tenancy-fähig ist. Die Lösung dieses Rätsels findet sich in der SAP-HANA-Datenbank: Ab SPS09, das seit Anfang 2015 verfügbar ist, unterstützt diese Multi-Tenant Database Containers (*https://blogs.saphana.com/2015/01/27/sap-hana-multitenant-database-containers/*). So kann auf Datenbankebene eine hundertprozentige Trennung zwischen verschiedenen Kunden erfolgen, obwohl die Anwendung dies eigentlich gar nicht unterstützt. Zum derzeitigen Zeitpunkt ist davon auszugehen, dass es trotzdem einige Einschränkungen geben wird. Technisch kann man das daraus ableiten, dass z. B. nicht alle Einstellungen in der Datenbank liegen (wie Profilparameter). Auf der anderen Seite wird es wohl nur einen Webzugriff auf SAP ERP geben – primär über Fiori-Apps, zusätzlich aber auch über das Web GUI.

S/4HANA Cloud Edition

Allheilmittel SAP HANA Multi-Tenancy?

[«]

Die Multi-Tenancy-Fähigkeit von SAP HANA ist sicherlich der einfachste Weg, die Business Suite tauglich für die Public Cloud zu machen. Es sind nur wenige Veränderungen nötig (z. B. im Kernel, aber nicht in jedem einzelnen Programm, denn das Datenmodell bleibt unverändert), allerdings bleiben im Gegenzug die ganz großen Ressourcenersparnisse auf der Strecke: Daten, die für alle Kunden identisch sind (wie z. B. Standardprogramme, Belegarten, Texte …), müssen in jedem Tenant-Container redundant verfügbar sein.

3.1.4   Zusatzlösungen

Alle bisher vorgestellten Cloud-Anwendungen konnten eigenständig genutzt werden – sei es, um Geschäftsprozesse abzuwickeln oder um dort gemeinsam an Projekten zu arbeiten. Zusätzlich gibt es nun noch weitere SAP-Cloud-Anwendungen, die sich lediglich in Kombination mit anderen Produkten (sinnvoll) nutzen lassen. Diese Lösungen sollen der Vollständigkeit halber kurz erläutert, anschließend in diesem Buch allerdings nicht vertieft werden.

SAP Financial Services Network

Beim *SAP Financial Services Network* handelt es sich um eine Plattform, über die Kunden und Banken kommunizieren können. Nutzbar ist es allerdings nur in Kombination mit SAP ERP (bzw. damit auch mit S/4HANA). Mithilfe eines Konnektors können dann Kontoauszüge und ausgehende Zahlungen sowie deren Status zu/von der Bank übermittelt werden. Gegenüber einzelnen Punkt-zu-Punkt-Verbindungen zwischen Kunden und Banken können über dieses Netzwerk Skaleneffekte erreicht werden.

SAP E-Invoicing for Compliance OnDemand

Ähnlich positioniert sich *SAP E-Invoicing for Compliance OnDemand*. Da ein Austausch elektronischer Rechnungen auch ohne Middleware möglich wäre, liegt der Schwerpunkt hier auf Compliance. Damit ist gemeint, dass insbesondere bei länderübergreifenden Geschäften die elektronischen Rechnungen allen landesspezifischen Gesetzen entsprechen müssen. Darunter fallen sowohl die zur Verschlüsselung/Signatur verwendeten Zertifikate als auch Steuervorschriften und Archivierungsfristen. Aus technischer Sicht gibt es außerdem den Vorteil, dass Sender und Empfänger nicht das gleiche Format/Protokoll verwenden müssen. Eine Rechnung kann also z. B. per IDoc aus dem ERP-System an E-Invoicing for Compliance OnDemand verschickt werden, aber dem Kunden z. B. per EDI oder E-Mail und PDF zugestellt werden.

SAP Information Interchange OnDemand

Mit *SAP Information Interchange OnDemand* widmet sich SAP ebenfalls der B2B-Kommunikation. Das gerade vorgestellte E-Invoicing ist eine Teilfunktion des Produkts, dessen Vorteile werden aber nun auf die gesamte B2B-Kommunikation angewendet. Es werden also Skaleneffekte durch den Wegfall von Punkt-zu-Punkt-Verbindungen erzielt, und die Flexibilität hinsichtlich Übertragungsformaten und -protokollen wird gesteigert. Da das Produkt allerdings effektiv nur eine Schnittstelle ist, kann es nur dann eingesetzt werden, wenn bereits ein SAP-ERP-System genutzt wird.

Mit *SAP Supplier InfoNet* adressiert SAP das Supply Chain Management. In erster Linie geht es darum, Transparenz über die eigene Liefer- bzw. Kundenkette zu bekommen. Man wählt dabei selbst nur die direkten Lieferanten/Kunden aus, kann aber über eine entsprechende Funktion den Zugriff z. B. auf die Lieferanten des eigenen Lieferanten anfragen. Supplier InfoNet sammelt automatisch Daten aus öffentlich verfügbaren Quellen, z. B. über geographische, ökonomische und politische Ereignisse eines Landes oder Unternehmens, und ordnet sie – falls zutreffend, den Lieferanten zu. Besonders relevant sind dabei z. B. Insolvenzen oder Streiks innerhalb der eigenen Lieferkette. Dazu kommt von jedem Teilnehmer direkt aus dem angeschlossenen ERP-System bzw. aus Ariba eine Reihe von Kennzahlen wie Lieferzuverlässigkeit oder Lieferzeiten, die wiederum für die anderen Unternehmen der Lieferkette freigegeben werden können.

SAP Supplier InfoNet

Bei *SAP EHS Regulatory Documentation OnDemand* geht es darum, für die eigenen Produkte Sicherheitsdatenblätter und Etiketten zu erstellen. Die Lösung in der Cloud ermöglicht eine einfache Zusammenarbeit von Mitarbeitern innerhalb des Unternehmens, z. B. der Produktentwicklung, mit externen Personen z. B. aus der eigenen Lieferkette. Die Lösung ermöglicht dabei die Einhaltung gesetzlicher Richtlinien aus mehr als 100 Ländern, benachrichtigt den Kunden bei Änderungen und aktualisiert das Datenblatt entsprechend automatisch.

SAP EHS Regulatory Documentation OnDemand

In einem ähnlichen Umfeld bewegt sich *SAP Product Safety Management OnDemand*: Erstellung und Weitergabe von Sicherheitsdatenblättern, Stoffmengenverfolgung hinsichtlich des US-Gefahrstoff-Überwachungsgesetzes TSCA und der EU-Chemikalienverordnung REACH, korrekter Umgang mit Gefahrgut hinsichtlich Verpackung und Auslieferung sowie Kommunikation mit Kunden, Mitarbeitern und Behörden bezüglich der Produktsicherheit.

SAP Product Safety Management OnDemand

Das erklärte Ziel von *SAP Precision Marketing* ist es, dem Kunden im Einzelhandel personalisierte Angebote in Echtzeit zu machen. Wo bisher Cross-Selling z. B. durch geschickte Platzierung in den Regalen zum Einsatz kommt, soll in Zukunft über Smartphones oder andere Kanäle eine direkte Verbindung zum Kunden aufgebaut werden, um ihm besondere Angebote zu präsentieren. Technisch kann diese Lösung daher auch nicht »out of the box« verwendet werden, denn es muss sichergestellt werden, dass die Anwendung auch über eine

SAP Precision Marketing

passende Datengrundlage verfügt. Während es noch einfach sein kann, entsprechende Statistiken der Vergangenheit durch Auswertungen der PoS-Verkäufe (an den Kassen) zu erhalten, ist es schwieriger, zu wissen, was der Kunde aktuell kauft, bevor er an der Kasse ist. Im Werbevideo erstellt der Kunde daher mit einer App seine Einkaufsliste und scannt die Produkte jeweils, bevor er sie in den Einkaufswagen legt. So weiß das System, was der Kunde gerade kauft, und kann in Echtzeit Vorschläge anbieten.

SAP Lumira Cloud

Bei *SAP Lumira* handelt es sich um ein BI-Werkzeug (Business Intelligence), mit dem Geschäftsdaten ausgewertet werden können. Basierend auf verfügbaren Datenquellen (z. B. Excel-Dateien, relationalen Datenbanken, SAP HANA oder SAP BusinessObjects), können mit Lumira Charts und Tabellen erstellt werden, die anschließend zu managementtauglichen »Stories« kombiniert werden. Bei der Cloud-Version ist keine Desktop-Software nötig, die komplette Oberfläche befindet sich im Webbrowser. Die Stories, Datensätze und beliebige andere Dokumente können anschließend in der Lumira Cloud abgelegt werden. Es gibt eine kostenlose Variante mit einem Benutzer und 1 GB Speicherplatz, die Enterprise Edition enthält mindestens fünf Benutzer (jeweils 22 EUR pro Benutzer und Monat) sowie 5 GB Speicherplatz. Zusätzlicher Speicherplatz kostet ebenfalls 22 EUR pro GB und Monat.

Fazit

Die große Palette an Produkten zeigt, dass sich die »Cloud DNA« von SAP immer weiter verbreitet. Angefangen mit SAP Business By-Design, dem ersten nativen Cloud-Produkt, wurden sowohl weitere native Cloud-Lösungen entwickelt (wie z. B. Jam, StreamWork oder das Product Stewardship Network) als auch zugekauft (Ariba, Success-Factors, Concur). Inzwischen erreicht sie auch die nativen On-Premise-Anwendungen, die jetzt ebenfalls fast alle als Cloud-Lösung verfügbar sind. Für den Kunden bietet dies den Vorteil, dass er jeweils die Bereitstellungsform wählen kann, die seinen Bedürfnissen am besten entspricht.

3.2 SAP HANA Enterprise Cloud

SaaS für native On-Premise-Lösungen

Bei der *SAP HANA Enterprise Cloud (HEC)* handelt es sich nicht um eine Cloud-Lösung im engeren Sinne, sondern eher um eine Cloud-Bereitstellungsform für native On-Premise-Lösungen. SAP bezeichnet sie als »Private Managed Cloud«, was dem Software-as-a-Service-Ansatz entspricht. Für den Betrieb ist keine anfängliche Hardwareinvestition notwendig, dafür gibt es einen monatlichen Mietpreis. Falls bereits eine On-Premise-Lizenz für das entsprechende Softwareprodukt vorliegt (z. B. SAP Business Warehouse, BW), kann diese auch für die HEC verwendet werden (*Bring your own License* – BYOL). Ansonsten gibt es auch die Option, die Lizenz ebenfalls zu mieten (*Subscription*).

Die HEC zielt in erster Linie auf Innovations- und Transformationsprojekte, wie der Ergänzung der Systemlandschaft um spezialisierte Systeme (CRM, SRM, Event Ticketing etc.) oder Carve-outs, also Abspaltungen von Firmen. Im Falle von zusätzlichen Systemen sind meist weder bereits bestehende Lizenzen noch bestehende Hardwareinfrastruktur oder IT-Know-how vorhanden. Die HEC kann mit ihren geringen Investitionskosten, dem Subscription-Lizenzmodell sowie der Managed Cloud ihre Vorteile daher voll ausspielen. Bei Carve-outs müssten andernfalls ebenso neue Lizenzen und Hardware angeschafft werden. On-Premise-Rechenzentren lohnen sich außerdem aufgrund hoher Fixkosten typischerweise erst ab einer bestimmten Größe. Reduziert sich bei einem Carve-out zusätzlich die Anzahl der benötigten Systeme und Anwendungen, ist ein Betrieb in der Cloud allein aus Kostengründen bereits sinnvoll.

Außerhalb dieser beiden Szenarien kann die HEC auch bei bestehenden großen Unternehmen Sinn machen. So ist die Bereitstellungszeit, gerade wenn man existierende Verwaltungs- und Beschaffungsprozesse mit einbezieht, in einem Cloud-Szenario viel kürzer: SAP berichtet bei ersten Referenzkunden von einer Projektlaufzeit von etwa vier Wochen (*http://hana.sap.com/content/dam/website/saphana/en_us/PDFs/ebooks/SAP%20HANA%20Enterprise%20Cloud.pdf*).

Ein weiterer sehr verbreiteter Use Case sind Proof-of-Concept-Installationen oder Testsysteme: Plant man nicht, die Hardware über mehrere Jahre zu nutzen, sondern benötigt sie nur für einen bestimmten Zeitraum, wäre es unsinnig, dafür extra Hardware zu beschaffen.

In der HEC können die folgenden SAP-Produkte betrieben werden:

▶ SAP Business Suite powered by HANA

▶ SAP Business Warehouse

Zielgruppe

Anwendungsfälle

Unterstützte Produkte

▸ SAP HANA (Runtime/Base/Platform/Database Edition)

▸ SAP Fraud Management

▸ SAP Customer Value Intelligence

▸ SAP Audience Discovery and Targeting

▸ SAP Social Contact Intelligence

Alleinstellungs-merkmale

Möchte man eines dieser Produkte in der Cloud betreiben, bleibt nur die HEC oder eine Partner Managed Cloud. Der Vorteil der HEC gegenüber einer Partner Managed Cloud wiederum ist das Subscription-Lizenzmodell. Eine Ausnahme bildet dabei SAP ERP, das in Form der S/4HANA Cloud Edition auch als Public-Cloud-Version verfügbar ist. Die S/4HANA Cloud Edition ist aber auch nur dann eine Alternative, wenn man mit den Einschränkungen – etwa vorgegebene Release-Wechsel oder ausschließlicher Webzugriff – leben kann. Die verfügbaren Produkte in der HEC werden nach und nach erweitert und können z. B. in der HEC-FAQ (*http://hana.sap.com/content/dam/website/saphana/en_us/PDFs/SAP_HEC_FAQ.pdf*) eingesehen werden.

Fazit

Die HEC erlaubt einen schnellen Einstieg in die SAP-Welt, ohne dafür hohe Investitionen zu benötigen. Sie ist immer dann interessant, wenn entweder kaum Infrastruktur vorhanden ist oder verschiedene Ressourcen (Zeit, Geld, Know-how) besonders knapp sind. In der HEC lassen sich fast alle On-Premise-SAP-Lösungen betreiben, die auf SAP HANA basieren. Im Vergleich zum klassischen Outsourcing/Hosting bzw. der Partner Managed Cloud gibt es das Subscription-Lizenzmodell sowie einen Support für Hardware und Anwendung aus einer Hand. Am Ende entscheiden Kosten/Nutzen über die Wahl zwischen HEC und dem On-Premise-Betrieb.

3.3   SAP-Cloud-Plattformen

Alle bisher vorgestellten Lösungen zeichneten sich dadurch aus, dass es sich um Anwendungen handelte, mit denen bestimmte Geschäftsprozesse bzw. Aufgaben bewältigt werden konnten. Die Anwender dieser Lösungen finden sich – nach der initialen Implementierung – stets in den Fachbereichen wieder. Neben diesen fertigen Lösungen bietet SAP auch eine Reihe von Plattformen an, deren Zielgruppe stets die IT ist. Wir unterschieden hier zwei Arten von Plattformen:

1. **Entwicklungsplattformen:** Entwickler können hier eigene Anwendungen erstellen, die dann auf den gleichen Plattformen wie die
   nativen Cloud-Anwendungen aus Abschnitt 3.1.1, »Native Public-
   Cloud-Anwendungen«, laufen.

2. **Integrationsplattformen:** Die IT steht oft vor der Herausforderung, verschiedene LoB-Cloud-Lösungen untereinander oder mit
   bestehenden On-Premise-Systemen zu verbinden. Hier helfen die
   Integrationsplattformen, Daten zwischen den Systemen in Echtzeit auszutauschen und den Übergang zwischen den verschiedenen Systemen für den Benutzer möglichst einfach zu gestalten.

Tabelle 3.1 zeigt die verschiedenen Plattformen der SAP im Überblick. Die einzelnen Produkte werden in den folgenden Abschnitten
jeweils detailliert vorgestellt.

Lösung	Verwendungszweck
SAP HANA Cloud Platform	Cloud-Apps und Erweiterung von On-Premise-Lösungen
SAP HANA One	native SAP-HANA-Entwicklung
SAP Cloud Appliance Library	schnelle Bereitstellung verschiedener SAP-Systeme in der Cloud
SAP Cloud Applications Studio	Erweiterung von Cloud-Lösungen
SAP HANA Cloud Integration	Datenaustausch Cloud – Cloud oder Cloud – On-Premise
SAP HANA Cloud Portal	(gemeinsame) Weboberflächen für Daten-quellen On-Premise und in der Cloud

Tabelle 3.1 Die Cloud-Plattformen von SAP im Überblick

3.3.1 Entwicklungsplattformen

In diesem Abschnitt stellen wir Ihnen die fünf verschiedenen Entwicklungsplattformen mit ihren Vor- und Nachteilen vor.

SAP HANA Cloud Platform

Bei der *SAP HANA Cloud Platform* (HCP) handelt es sich um ein Plat-
form-as-a-Service-Angebot, das ursprünglich unter dem Namen *SAP
NetWeaver Cloud* verfügbar war. Es richtet sich an Entwickler, die auf
der In-Memory-Plattform eigene Anwendungen entwickeln oder

SAP-Anwendungen erweitern wollen. Wie Sie in Abbildung 3.3 sehen, können im Wesentlichen drei Arten von Entwicklungen damit realisiert werden:

1. Java-Anwendungen

2. Webanwendungen (z. B. mit SAPUI5)

3. native SAP-HANA-Entwicklung mithilfe der Extended Application Services (XS)

Hilfsmittel Die Anwendungen können dabei auf eine Reihe von Services zurückgreifen, die von der HCP bereitgestellt werden. Hier gibt es z. B. den Document Service, mit dem die Anwendungen Dateien ablegen können, oder den Persistence Service, der eine relationale Datenbank verfügbar macht. Es gibt aber auch Services zur Benutzerverwaltung (SAP Cloud Identity) oder zur Anbindung von On-Premise-Systemen über einen Netzwerktunnel (SAP HANA Cloud Connector).

Abbildung 3.3 Dashboard der SAP HANA Cloud Platform

Um die entsprechenden Anwendungen zu erstellen, stehen verschiedene Werkzeuge zur Auswahl:

▶ **Java: Eclipse IDE for Java EE Developers**
Eclipse ist eine Java-basierte Entwicklungsumgebung für Windows, Linux und Mac. Für die Entwicklung mit der HCP wird ein Plug-in (SAP HANA Cloud Tools for Java) bereitgestellt, das in Eclipse installiert werden muss, um z. B. die Verbindung zur HCP herzustellen und Anwendungen in der Cloud debuggen zu können.

▶ **SAP HANA XS: Eclipse IDE for Java EE Developers/Web IDE**
Native HANA-XS-Entwicklungen wie Tabellen, Attribute/Analytic/ Calculation Views, Entscheidungstabellen, Flow Graphs etc. sind ebenfalls mit Eclipse möglich. Dafür müssen die SAP HANA Cloud Platform Tools sowie die SAP HANA Tools als Plug-in installiert werden. Ersteres sorgt für die Verbindung zur SAP-HANA-Datenbank und baut automatisch einen Datenbanktunnel auf, um die Instanz hinter der HCP-Firewall zu erreichen. Letzteres beinhaltet die Editoren, um die verschiedenen nativen SAP-HANA-Objekte bearbeiten zu können.

Zusätzlich ist eine Web IDE verfügbar, um die gängigsten Objekte auch ohne eine lokale Eclipse-Installation anlegen und bearbeiten zu können. Die aktuelle SAP HANA-Version der HCP ist Revision 85, dort ist die Anzahl der unterstützten Objekttypen noch überschaubar. Bereits ab Revision 90 ist der Funktionsumfang aber deutlich erhöht worden und umfasst z. B. zusätzlich das Bearbeiten von Calculation Views und Analytic Privileges. Abbildung 3.4 zeigt beispielhaft, wie die Modellierung von Views mit der Web IDE ab Revision 90 durchgeführt werden kann.

▶ **HTML5/SAPUI5: Git/Web IDE**
Für die Entwicklung von Webseiten werden alle Tools unterstützt, die eine Git-Schnittstelle zur Versionsverwaltung haben. So kann auch hier wiederum Eclipse genutzt werden.

Möchten Sie komplett auf lokale Tools bzw. Installationen verzichten, bietet SAP auch eine Web IDE an, das allerdings auch die Git-Schnittstelle benutzt. Die Web IDE bietet für neue Webseiten eine Reihe von auf SAPUI5 basierenden Vorlagen, die als Basis für ein neues Projekt verwendet werden können. Abbildung 3.5 zeigt das Web UI beim Anlegen eines neuen Projekts auf Basis einer Standardvorlage.

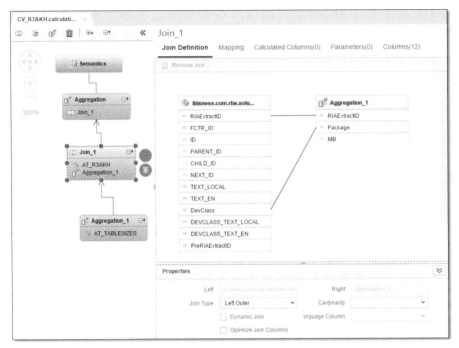

Abbildung 3.4 Web IDE für HANA-XS-Entwicklungen (Ausschnitt)

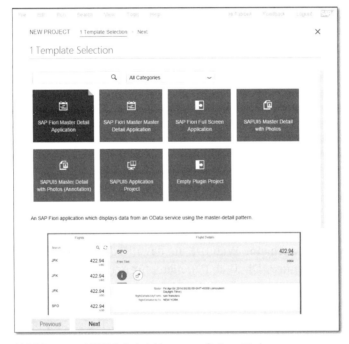

Abbildung 3.5 HTML5-Entwicklung – verfügbare Vorlagen

Etwas verwirrend ist auf den ersten Blick die Tatsache, dass es sowohl mit der HANA-XS-Entwicklung als auch mit der HTML5-Entwicklung möglich ist, Webanwendungen z. B. mit SAPUI5 zu entwickeln. Welche der beiden Funktionen die richtige ist, hängt davon ab, welche Daten in der App verwendet werden sollen:

Besonderheiten

- Möchten Sie mit der App auf die Daten innerhalb der HCP zugreifen, muss die Anwendung über die HANA-XS-Entwicklung erstellt werden. In diesem Fall müssen Sie ebenfalls die OData-Services für Ihre Daten manuell anlegen, indem Sie eine *.xsodata*-Datei erstellen.

- Möchten Sie mit der App auf Daten direkt aus Ihren On-Premise-Systemen zugreifen, die über den SAP HANA Cloud Connector an die HCP angebunden sind, muss die Anwendung über die HTML5-Entwicklung erstellt werden. In diesem Fall greifen Sie auf die im Backend bereits existierenden OData-Services zu.

Zum Ausprobieren gibt es einen kostenlosen Trial Account, der zeitlich unbefristet ist, allerdings steht Ihnen damit z. B. lediglich 1 GB In-Memory-Speicher zur Verfügung. Für mehr Ressourcen benötigen Sie dann das Starter, Extensions oder Standard Package. Wie aus Abbildung 3.6 hervorgeht, beginnen die Preise dafür bei 539 USD und gehen bis 3.932 USD. Sie erhöhen sich eventuell, wenn zusätzliche CPU-Kerne, In-Memory-Speicherplatz, Nutzer oder Traffic erforderlich sind (*http://hcp.sap.com/content/dam/website/saphana/en_us/hcp/ SAP-HANA-App-Services-Pricing-Comparison.pdf*). Sie sollten berücksichtigen, dass Developers und Starter nicht für den produktiven Betrieb zugelassen sind und Extensions keine In-Memory-Datenbank beinhaltet und somit dort keine HANA-XS-Entwicklung möglich ist.

Kosten

Developers	Starter	Extensions	Standard
FREE	starting at **$ 539** per month	starting at **$ 1337** per month	starting at **$ 3932** per month
Develop JAVA or native SAP HANA applications or extensions with a shared SAP HANA instance	Dedicated SAP HANA instance for developing larger applications or extensions	Build & Run unlimited extensions to your cloud or on-premise applications	Build and Run unlimited custom JAVA or native SAP HANA applications

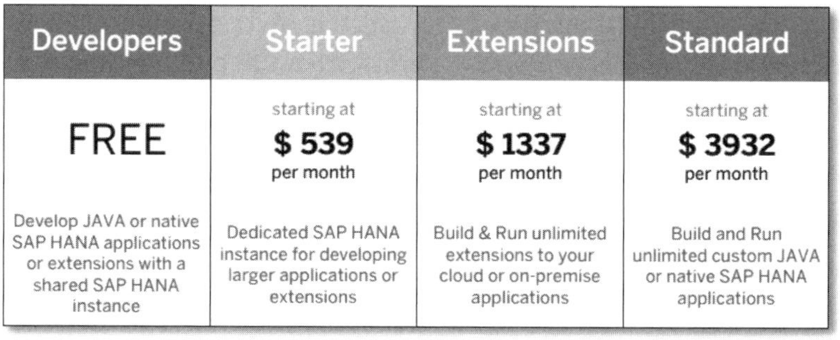

Abbildung 3.6 Preise der SAP HANA Cloud Platform

Fazit Die SAP HCP ist der schnellste und günstigste Einstieg in die Entwicklung auf Basis der SAP-HANA-Plattform. In der Developers-Variante fallen tatsächlich keine Kosten an; und es stehen alle Features zur Verfügung – wenn auch nur mit beschränkten Ressourcen. Positiv ist ebenfalls, dass man sich um keinerlei administrative Aufgaben wie Updates, Backups oder Sicherheit kümmern muss. Die HCP kann also als Public Cloud bzw. Full Cloud Service bezeichnet werden.

SAP HANA One

Virtuelle Appliance Bei *SAP HANA One* handelt es sich um eine virtuelle Appliance. Die Größe ist mit 60 GB fest vorgegeben, und die Software ist bereits vorinstalliert. Anders als bei der HEC oder der HCP wird die Appliance allerdings nicht im SAP-Rechenzentrum betrieben, sondern bei AWS oder seit Juli 2015 auch bei IBM Cloud Automated Modular Management (AMM) gehostet. Mit SAP HANA One können alle nativen HANA-XS-Entwicklungen durchgeführt werden, wie das auch bei der HCP (ausgenommen dem Extensions Package, das kein SAP HANA enthält) der Fall ist.

Implementierung Während bei der HCP keine Implementierung im eigentlichen Sinne notwendig ist, kann man SAP HANA One nicht einfach durch die Anmeldung mit einem SAP-Benutzeraccount nutzen. In Betrieb genommen wird HANA One z. B. über den AWS-Marketplace (*https://aws.amazon.com/marketplace/pp/B009KA3CRY*). Bei diesem Prozess wird eine neue Instanz angelegt, auf der bereits HANA One installiert ist. Zusätzlich wird z. B. automatisch die Konfiguration der Firewall vorgenommen. Nach dem initialen Aufsetzen der Instanz muss über den Webbrowser die SAP HANA One Console aufgerufen werden. Dort müssen AWS-Zugangsdaten (Access Key und Secret Access Key) eingegeben sowie Kennwörter für die verschiedenen Benutzer-Accounts (Datenbank- und Betriebssystem-User) angelegt werden. Zum Zeitpunkt der Implementierung erhält der Kunde die jeweils neueste verfügbare Version von Datenbank und Betriebssystem (SUSE Linux Enterprise), ist ab dann aber selbst für deren Aktualisierung verantwortlich.

Werkzeuge Zur Entwicklung von HANA-XS-Anwendungen sowie der Modellierung stehen grundsätzlich die gleichen Werkzeuge wie bei der HCP zur Verfügung. Bei Eclipse ist allerdings das Plug-in SAP HANA

Cloud Platform Tools nicht nötig, da die Datenbank nicht über einen Tunnel, sondern direkt (über Port 30015) angesprochen wird. Möchten Sie diesen Port nicht öffentlich zugänglich machen, können Sie entweder in der AWS-Firewall einen Adressfilter erstellen oder mithilfe weiterer AWS-Ressourcen eine VPN-Verbindung zwischen AWS-Netzwerk und Firmennetzwerk aufbauen. Bei Letzterem sollten Sie allerdings die zusätzlich verursachten Kosten nicht vergessen.

Für SAP HANA One fallen grundsätzlich keine Fixkosten an, allerdings müssen die normalen Preise bei AWS für die verwendeten Ressourcen bezahlt werden. Hinzu kommen Lizenzkosten in Höhe von 0,99 USD pro Stunde, die direkt über den AWS-Marketplace eingezogen werden. Möchten Sie sich nicht für mindestens ein Jahr binden, fallen insgesamt also Kosten von ca. 3 USD pro Stunde an. Ein kommerzieller Einsatz ist mit dieser Lizenz erlaubt, eine Integration z. B. zu einem SAP-ERP-System wie bei der HCP hingegen nicht enthalten. Während die Lizenzkosten grundsätzlich fix sind, bietet AWS neben dem On-Demand-Preismodell zwei weitere Möglichkeiten an. Obwohl Spot-Pricing zwar typischerweise die geringsten Kosten pro Stunde verursacht, ist es unzuverlässig/unvorhersehbar und weitaus komplizierter zu implementieren. Ohne Mehraufwand lassen sich allerdings Reserved Instances nutzen. Planen Sie langfristig (für ein Jahr bzw. drei Jahre), lassen sich die Kostensätze leicht senken, wie an einigen Beispielen deutlich wird:

Kosten

- Vergleichspreis ist das On-Demand-Modell für die Instanz c3.8xlarge in Irland: 2,212 USD/h bzw. 1.659 USD/Monat (750h/Monat) + Lizenzkosten

- ein Jahr Dauerbetrieb »no upfront«: 1,476 USD/Stunde bzw. 1.107 USD/Monat + Lizenzkosten

- ein Jahr Dauerbetrieb »all upfront«: 11.053 USD/Jahr bzw. 921 USD/Monat + Lizenzkosten

- drei Jahre Dauerbetrieb »all upfront«: 22.272 USD/drei Jahre bzw. 619 USD/Monat + Lizenzkosten

Falls Sie keinen Dauerbetrieb planen, stellen die Medium- und Light-Varianten ebenfalls eine Alternative dar, bei denen gegen eine vergleichsweise geringe Einmalzahlung der Stundensatz ebenfalls etwas günstiger wird.

Besonderheiten Wie bereits erwähnt, ist der Kunde für die Aktualität des Betriebssystems und der Anwendung selbst zuständig. Abgesehen von der einfacheren Implementierung, entspricht dies am ehesten dem IaaS-Betriebsmodell. Die Besonderheit bei SAP HANA One ist allerdings die SAP HANA One Console (siehe Abbildung 3.7). Damit lassen sich fast alle administrativen Aufgaben ausführen:

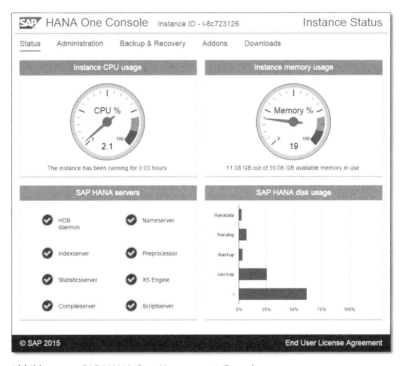

Abbildung 3.7 SAP HANA One Management Console

▸ **Status**
In der Sicht STATUS werden die Auslastung von CPU und RAM, der freie Speicherplatz auf den verschiedenen Festplatten sowie der Status aller SAP-HANA-Prozesse angezeigt. Man erkennt hier insbesondere schnell, wenn z. B. der Speicherplatz auf der Backup-Festplatte knapp wird.

▸ **Administration**
In der Sicht ADMINISTRATION finden sich Informationen zur aktuellen Version, dem zugeordneten AWS-Account sowie der Gültigkeitsdauer der SAP-HANA-Lizenz. Außerdem können mithilfe der AWS-Zugangsdaten das Kennwort für den SYSTEM-Benutzer zurückgesetzt und die Zugangsdaten aktualisiert werden.

▶ **Backup & Recovery**

In der Sicht BACKUP & RECOVERY werden alle vorhandenen Backups angezeigt. Man kann neben dem Datum auch den Dateipfad, den Status, die Dauer des Backups oder dessen Größe einsehen. Mit einem Klick sowie der Eingabe des SYSTEM-Kennworts kann außerdem ein neues Backup erstellt oder ein vorhandenes zur Wiederherstellung verwendet werden.

▶ **Addons**

Die ADDONS-Sicht ist das Herzstück der Management Console. Damit lassen sich neue Releases der SAP-HANA-Datenbank einspielen. Mit nur einem Klick auf INSTALL (siehe Abbildung 3.8) lässt sich die neue Revision herunterladen und installiert sich automatisch. Dies führt dazu, dass man weder spezielle Betriebssystem- noch SAP-Basis-Kenntnisse für ein Upgrade der Datenbank benötigt.

Abbildung 3.8 Installieren von Updates mit der SAP HANA One Management Console

Bei SAP HANA One handelt es sich um eine IaaS-Lösung, deren Implementierung und Upgrade allerdings stark durch die Management Console unterstützt werden. Ein Betrieb ist somit auch ohne IT- bzw. größeres Hintergrundwissen möglich. Sie stellt die günstigste Variante für native SAP-HANA-Entwicklungen dar, die auch im produktiven Einsatz verwendet werden sollen. Wer die zusätzlichen Services der HCP sowie deren Anbindung an On-Premise-Systeme nicht benötigt, da er sowieso eine eigenständige Anwendung auf der SAP-HANA-Plattform bauen möchte, ist bei SAP HANA One richtig aufgehoben.

Fazit

SAP Cloud Appliance Library

Bibliothek von
VM-Images

Die *SAP Cloud Appliance Library* (CAL) ist eine Bibliothek aus vielen verschiedenen vorinstallierten SAP-On-Premise-Produkten. Sie lässt sich derzeit mit den IaaS-Providern AWS und Microsoft Azure verbinden. Anschließend kann man dort eine virtuelle Maschine mit einer Lösung aus der Bibliothek anlegen. Der Kunde muss die Installation also nicht selbst vornehmen und spart entsprechend Zeit ein. Die CAL stellt außerdem eine Weboberfläche zum Starten, Stoppen, Terminieren und Sichern angelegter Instanzen zur Verfügung, es muss also nicht mehr die entsprechende Oberfläche des IaaS-Providers verwendet werden.

Kosten

Die verfügbaren Produkte teilen sich in die beiden Gruppen kostenlose Testversionen und kostenpflichtige Vollversionen auf. Bei den Testversionen wird kein CAL-Abonnement vorausgesetzt, die entsprechende Lösung besitzt außerdem eine temporäre dreimonatige Lizenz. Von den Vollversionen können – ein CAL-Abonnement vorausgesetzt – grundsätzlich nur die Produkte verwendet werden, für die der Kunde bereits eine gültige Lizenz besitzt (BYOL). Eine Mietoption für die Lizenz wie bei der HEC gibt es nicht. Die Kosten für das CAL-Abonnement ergeben sich aufgrund der gleichzeitig aktiven Instanzen. Pro Instanz kostet die CAL pro Monat 750 EUR. Sowohl bei den kostenlosen Testversionen als auch den kostenpflichtigen Vollversionen muss man aber die Kosten des IaaS-Providers bezahlen. Derzeit umfasst die CAL 59 verschiedene SAP-Produkte, darunter 18 Testversionen und 41 kostenpflichtige Lösungen.

Besonderheiten

Das Betriebsmodell ist ähnlich wie bei SAP HANA One eine IaaS mit vereinfachter Implementierung, da die Anwendung bereits vorinstalliert ist. Anders als bei SAP HANA One gibt es allerdings keinerlei Unterstützung beim Upgrade-Prozess. Stattdessen ist es vorgesehen, die bestehende Lösung durch eine neue Instanz mit höherem Release zu ersetzen. Aus diesem Grund gibt es auch einige Duplikate unter den 59 Lösungen wie z. B. SAP HANA Platform Edition Revision 90 sowie Revision 93 oder SAP ERP 6.0 EHP 7 sowohl auf SAP HANA SP6 als auch auf SP9.

Anwendungsfälle

Eine kostenlose Lösung ist die SAP HANA Developer Edition. Im Prinzip ist diese identisch mit SAP HANA One, sie bietet allerdings keine Unterstützung für Upgrades und darf nicht für produktive Szenarien genutzt werden. Auf der anderen Seite spart man sich die

0,99 USD/h für die Lizenzkosten und verwendet eine günstigere AWS-Instanz mit weniger CPUs bzw. Hauptspeicher. Die empfohlene Größe r3.xlarge hat zwar nur vier CPU-Kerne und 30,5 GB RAM, kostet dafür aber auch nur 0,49 USD/h im On-Demand-Modus. Durch die Verwendung von Zeitplänen zum Starten/Stoppen der Instanz sowie Reserved Instances lassen sich diese Kosten sogar noch weiter senken.

Ein anderer Anwendungsfall betrifft vor allem SAP-Partner oder Berater. Man zahlt für ein Abonnement bei SAP CAL für eine Instanz 750 EUR pro Monat und spart sich viel Zeit bei der Installation einer Lösung. Bezieht man nun nur eine einzige Lösung und nutzt diese im Extremfall jahrelang, zahlt man Monat für Monat 750 EUR, ohne einen direkten Nutzen aus SAP CAL zu ziehen. Umgekehrt betrachtet, lohnt sich SAP CAL also besonders dann, wenn man häufig andere Produkte aus der Bibliothek nutzen möchte, aber nicht gleichzeitig. Diese Situation kommt insbesondere bei Beratern oder SAP-Partnern vor, die in speziellen Projektsituationen Test- oder Entwicklungssysteme benötigen, diese aber nicht dauerhaft vorhalten wollen.

SAP CAL hat sehr spezielle Einsatzszenarien, von denen hier im Vergleich mit HCP und SAP HANA One vor allem die SAP HANA Developer Edition interessant ist. Sie ist zwar nicht komplett kostenlos wie das Developers-Paket der HCP, bietet dafür aber 30 bzw. 60 GB In-Memory-Speicher statt nur 1 GB und erlaubt es somit auch, Apps unter realistischeren Bedingungen (Stichwort *Big Data*) zu testen als in der HCP. Fazit

SAP Cloud Applications Studio

Die letzte Entwicklungsplattform stellt SAP Business ByDesign dar. Es handelt sich dabei aber nicht um eine reine Entwicklungsplattform, denn das Produkt ByDesign ist stets die Grundvoraussetzung. Die Eigenentwicklungen mit dem SAP Cloud Applications Studio können also nicht eigenständig verwendet werden. Daraus folgt, dass der Hauptzweck Erweiterungen und Add-ons sind, die das Datenmodell und die Programmiersprache nutzen, um den Standard sinnvoll zu ergänzen. Das SAP Cloud Applications Studio wird in Kapitel 6, »Erweiterungen und Add-on-Entwicklung«, ausführlich behandelt. ByDesign-Entwicklungsplattform

3.3.2 Integrationsplattformen

Unter Integrationsplattformen verstehen wir Cloud-Plattformen, die bestehende Cloud- und On-Premise-Anwendungen verknüpfen.

SAP HANA Cloud Integration

Datenflüsse
verbinden

Bei *SAP HANA Cloud Integration* handelt es sich um eine Middleware, die eine Integrationsschnittstelle zu fast allen Cloud- und On-Premise-Lösungen von SAP bietet. Sie kann für den Austausch einzelner Informationen in Echtzeit, aber auch für ETL-Prozesse verwendet werden. Um die Kommunikation zwischen den verschiedenen Systemen und Datenmodellen zu ermöglichen, wird spezifischer Content in Form von Mappings benötigt.

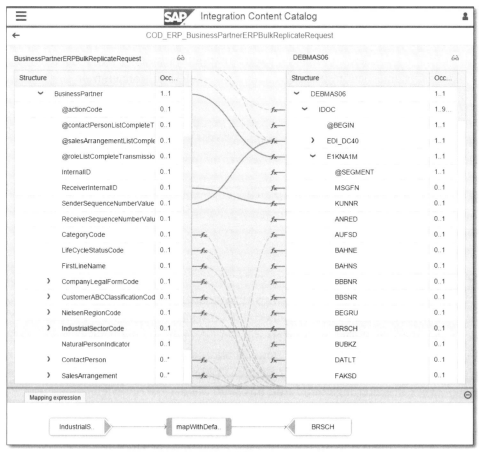

Abbildung 3.9 Übertragen von Geschäftspartnern aus Cloud for Customer nach SAP ERP mit SAP HANA Cloud Integration

»Out of the box« wird derzeit ein Austausch zwischen Cloud for Customer mit On-Premise-CRM/ERP sowie SuccessFactors mit On-Premise-HCM bzw. den Drittanbieter-Tools SHL und PeopleAnswers unterstützt. Abbildung 3.9 zeigt beispielhaft das Mapping von Feldern zwischen der Datenstruktur in Cloud for Customer (links) und dem daraus resultierenden IDoc für SAP ERP (rechts).

SAP-Vorlagen

Der vorhandene Content kann auch als Vorlage für eigene Szenarien verwendet werden und wird in Zukunft weit mehr Szenarien »out of the box« unterstützen. SAP HANA Cloud Integration läuft in der SAP HANA Cloud und soll künftig als Service in die SAP HANA Cloud Platform eingebunden werden.

Eigene Szenarien

SAP HANA Cloud Portal

SAP HANA Cloud Portal soll dem Benutzer eine einzige einheitliche Oberfläche bieten, obwohl dieser Aufgaben in mehreren Cloud- und/oder On-Premise-Systemen ausführen muss. Es handelt sich um die Public-Cloud-Version des SAP Enterprise Portals, besitzt aber eine eigene Code-Line. In dieser Form ist das SAP HANA Cloud Portal als Service innerhalb der HCP verfügbar. Es kann genutzt werden, um schnell und einfach Webseiten zu erstellen. Dabei kann auf die übrigen Services der HCP – z. B. Services zur Benutzeranmeldung, zur Backend-Integration oder den Mail-Service – zugegriffen werden. Eine Integration mit SuccessFactors und SAP Jam ist ebenfalls verfügbar.

Einheitliche Oberfläche

Um möglichst schnell ansprechende Oberflächen zu erstellen, gibt es einen Marktplatz mit verschiedenen Vorlagen, in die anschließend *Widgets* eingebaut werden können. Bei den Widgets kann es sich, wie in Abbildung 3.10 dargestellt, z. B. um Textfelder, Inhalte aus sozialen Netzwerken, Videos, Dokumente, Bilder, Aufzählungen oder Menüs handeln. Leider ließ in den Tests die Benutzerfreundlichkeit bei den Details zu wünschen übrig. So gibt es z. B. keine Option, um Änderungen rückgängig zu machen oder Elemente automatisch auszurichten, man kann also derzeit nur zwischen Vollbild oder einer manuellen Positionierung mit der Maus wählen. Es bleibt zu hoffen, dass in Zukunft auch Layouts Einzug in den Content-Katalog halten werden.

Abbildung 3.10 Widgets zur Website im SAP HANA Cloud Portal hinzufügen

Fazit

Ein vollständig integriertes System war schon immer die Stärke von SAP. Mit den Cloud-Plattformen sorgt SAP nun auch dafür, dass auch Cloud-Lösungen nicht zu Insellösungen werden. Die Cloud-Entwicklungsplattformen können hier z. B. den Schritt hin zu mobilen Geräten vereinfachen, während die Integrationsplattformen dafür sorgen, dass Geschäftsprozesse über Anwendungsgrenzen hinweg funktionieren. Die LoB-Anwendungen besitzen daher für SAP-Bestandskunden gegenüber den Wettbewerbern einen klaren Mehrwert.

3.4 Sicherheit in der SAP Cloud

Wie wir bisher gesehen haben, kann es viele gute Gründe für einen Betrieb von SAP-Software in der Cloud geben. Zu den größten Vorbehalten potenzieller Kunden gehören allerdings Bedenken zur Sicherheit in der Cloud. Verursacht werden diese Sicherheitsbedenken dadurch, dass man die Kontrolle über die eigenen Daten ein Stück weit abgibt. So stellt man sich die Frage, ob z. B. Konstruktionszeichnungen aus StreamWork, aber auch Informationen über Mitarbeiter (SuccessFactors) bzw. Kunden (Cloud for Sales) nicht in die falschen Hände geraten können, wenn sie in der Cloud abgelegt werden.

Wenn wir die Sicherheit in der SAP Cloud beurteilen wollen, müssen wir auf verschiedene Faktoren schauen. Im Mittelpunkt steht dabei meist das Rechenzentrum, in dem die Anwendung betrieben wird. Hier gilt es, physischen Zugriff für Dritte genauso einzuschränken, wie Datenverlust durch Stromausfall, Feuer, Wasser oder defekte Hardware auszuschließen.

Danach steht die Datenübertragung zwischen der Cloud und dem eigenen Unternehmen im Fokus, denn auch dort könnten potenziell Daten mitgelesen werden oder gegebenenfalls sogar Angriffsvektoren auf das On-Premise-Netzwerk geöffnet werden.

Zuletzt sollte man prüfen, wie sicher die Anwendung selbst ist. Dazu gehört auch die Frage, wer sich um Sicherheitsupdates kümmert, welche Benutzerauthentifizierungsverfahren angeboten werden und welche weiteren Einstellungen es zur Sicherheit gibt.

Mögliche Angriffspunkte

3.4.1 Physische Sicherheit im Rechenzentrum

Wenn wir über die Sicherheit im Rechenzentrum sprechen, müssen wir zuerst einmal klären, um welche Rechenzentren es konkret geht. Die SAP-Cloud-Lösungen erstrecken sich über 39 Rechenzentren, die über die ganze Welt verteilt sind (*http://global.sap.com/corporate-en/ our-company/policies/cloud/pdf/list-of-data-centers-for-cloud-services.pdf*). Kunden aus Deutschland hingegen interessieren sich in erster Linie für einen Betrieb innerhalb Deutschlands, da dort die gleichen Datenschutzgesetze gelten, wie es On-Premise auch der Fall wäre. Wir werden uns in diesem Kapitel auf das Rechenzentrum in St. Leon-Rot konzentrieren, da sich alle in diesem Buch behandelten Cloud-Lösungen dort betreiben lassen.

Rechenzentrum in St. Leon-Rot

Um die Verfügbarkeit von Rechenzentren beurteilen zu können, teilt man sie in sogenannte *Tier Level* ein. Während es bei Tier 1 keinerlei Redundanz bezüglich Energieversorgung oder Kühlung gibt, ist dort z. B. keine Wartung während des Betriebs möglich. Tier 2 sieht

Verfügbarkeit

bereits einfache Redundanz vor, während Tier 3 auch dauerhaft mit doppelten Versorgungswegen arbeitet. Zusätzlich gibt es ab Tier 3 mehrere Brandabschnitte, und Tier 4 lässt gar keine Single Points of Failure mehr zu. Während alle SAP-Rechenzentren mindestens Tier 3 sind, handelt es sich in St. Leon-Rot sogar um ein Tier-4-Rechenzentrum.

Sicherheit vor Ort

Die *Stromversorgung* erfolgt hier also über zwei verschiedene Netzbetreiber und Kraftwerke. Falls die Stromversorgung dennoch unterbrochen wird, werden zuerst USV-Systeme anspringen, die den Betrieb nahtlos für bis zu 15 Minuten übernehmen können. Damit überbrücken sie die Zeit, bis die Notfall-Dieselgeneratoren anspringen. Der Dieseltreibstoff reicht dann wiederum für 48 Stunden, außerdem stellen Lieferverträge für Nachschub einen dauerhaften Betrieb sicher. Sollte ein *Feuer* ausbrechen, steht eine Inergen-Löschanlage zur Verfügung, die das Feuer durch Verdrängung des Sauerstoffs löscht, ohne z. B. durch Wasser weitere Schäden zu hinterlassen. Zur Zugriffskontrolle wird das Gebäude rund um die Uhr *bewacht*. Müssen *SAP-Mitarbeiter* zu Support-Zwecken auf Kundendaten zugreifen, erhalten sie dafür spezifische Einmalkennwörter an speziellen Terminals. Der Zugriff ist außerdem maximal 60 Minuten gültig. Es gibt also auch keine SAP-Angestellten, die dauerhaft Zugriff auf die Daten haben (*http://www.sapdatacenter.com/article/security_data_protection/*).

Backup-Strategie

Um im Falle eines Brandes oder einer Fehlfunktion jederzeit auf Backups zugreifen zu können, wird jeden Tag ein komplettes Backup angefertigt. Zusätzlich werden mehrmals täglich Delta-Backups erstellt, die wie die vollständigen Backups auch verschlüsselt an ein zweites Rechenzentrum übertragen werden. Für die HEC wird hier z. B. das Rechenzentrum in Amsterdam genutzt.

Zertifizierungen

Um diese und viele weitere Maßnahmen zu dokumentieren und nachzuweisen, lässt SAP regelmäßig Auditierungen durchführen. Dabei besitzt das Rechenzentrum in St. Leon-Rot derzeit folgende Zertifikate (*http://www.sapdatacenter.com/article/security_certificates*):

- Verfügbarkeit: ISO 23301 (ersetzt das ebenfalls vorhandene BS25999)
- Informationssicherheits-Managementsystem: ISO 27001
- Internationale Berichtsstandards: ISAE 3402 SSAE16, SOC1, SOC2
- Qualitätsmanagement: ISO 9001
- Energieeffizienz: Energieeffizientes Rechenzentrum (TÜV Rheinland), außerdem 0 CO_2-Emissionen durch Kauf von Erneuerbare-Energie-Zertifikaten

Besonders interessant sind die hohen Standards und Zertifikate für zugekaufte Lösungen wie Ariba. Dort konnte vor der Akquisition kein einziges Zertifikat vorgewiesen werden – lediglich die Aussage, man halte sich an die Vorschriften aus ISO 27002 – jedoch ohne ISO 27001-zertifiziert zu sein.

Spätestens seit den Snowden-Enthüllungen ist auch mögliche Industriespionage durch Geheimdienste ein potenzieller Angriffspunkt. Amerikanische Unternehmen, wie z. B. Microsoft müssen wegen des FISA (*http://en.wikipedia.org/wiki/Foreign_Intelligence_Surveillance_Act_of_1978_Amendments_Act_of_2008*) und Freedom Acts Daten (auch jene, die auf europäischen Servern liegen) den US-Behörden zur Verfügung stellen. Das Unternehmen darf dabei lediglich halbjährlich die Größenordnung der eingegangenen Anfragen veröffentlichen (*https://www.congress.gov/114/bills/hr2048/BILLS-114hr2048enr.pdf*: Seite 28, SEC. 604. PUBLIC REPORTING BY PERSONS SUBJECT TO ORDERS), den Endkunden allerdings nicht direkt informieren, dass seine Daten weitergegeben wurden. Das gilt für alle Firmen, die ihren Hauptsitz in den USA haben. Dieses Risiko ist somit für SAP-Anwendungen kaum relevant, sollte aber bei Ariba und SuccessFactors, die beide ihren Hauptsitz in den USA haben, bedacht werden. Zusätzlich ist es natürlich möglich, dass sich Geheimdienste wie die NSA unerlaubterweise in die Netzwerke einhacken, um Daten abzugreifen. Dieses Risiko besteht allerdings grundsätzlich bei allen Netzwerken, auch für Firmennetzwerke mit On-Premise-Anwendungen.

Industriespionage

> **Wussten Sie, dass Sie mit der SAP Cloud auch das Klima schützen?** [«]
>
> Das Rechenzentrum in St. Leon-Rot ist so effizient, dass es sowohl vom TÜV das Premium-Zertifikat für Energieeffizienz als auch den ersten Platz beim Deutschen Rechenzentrumspreis erhalten hat. Zusätzlich werden für die verbrauchte Leistung Erneuerbare-Energie-Zertifikate eingekauft, sodass der Betrieb keinerlei klimaschädliche CO_2-Emissionen verursacht.

3.4.2 Netzwerk und Datenübertragung

Rechenzentrum Um das Eindringen von Geheimdiensten und anderen Hackern zu verhindern, werden mehrere Firewalls, die von verschiedenen Herstellern stammen, verwendet. Durch mehrere redundante Internetverbindungen wird außerdem der Effekt von DoS-Attacken eingeschränkt. Komplettiert wird die Abschirmung des Netzwerks nach außen durch Reverse Proxies, die die Netzwerktopologie verstecken, und ein Intrusion Detection System zur frühzeitigen Erkennung von Angriffen.

Transportsicherheit Die Kommunikation zwischen Cloud-Dienst und Client ist bei allen Cloud-Anwendungen mit SSL/TLS verschlüsselt, um »Mithören« oder Man-in-the-Middle-Attacken zu verhindern.

On Premise Möchte man On-Premise-Systeme mit Cloud-Systemen verbinden, entsteht dabei ein neuer Angriffspunkt in der On-Premise-Firewall. Um dies zu vermeiden, setzt der SAP HANA Cloud Connector (siehe Abbildung 3.11) das »Reverse-Invoke«-Verfahren zur Initiierung eines SSL-VPN-Tunnels ein. Dabei wird die Verbindung stets aus dem On-Premise-Netzwerk hin zur HCP hergestellt. Es muss daher in der Unternehmensfirewall kein eingehender Port geöffnet werden.

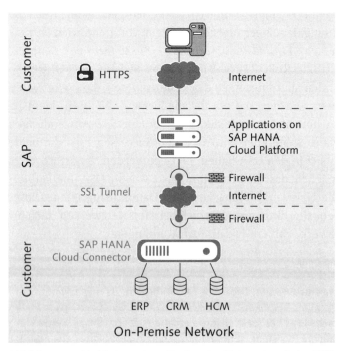

Abbildung 3.11 Verbindung eines On-Premise-Netzwerks mit der HCP

3.4.3 Anwendung

Weitere Aspekte bezüglich der Sicherheit betreffen die Anwendung selbst. So sind z. B. alle Firewalls nutzlos, wenn durch einen Programmfehler über die Weboberfläche unter bestimmten Voraussetzungen das Auslesen von Login-Daten möglich wäre. Um solche Exploits so unwahrscheinlich wie möglich zu machen, sollten stets alle aktuell verfügbaren Sicherheitspatches für Anwendung und Betriebssystem eingespielt werden. In diesem Punkt sind daher SaaS-Anwendungen in der Cloud sogar sicherer als On-Premise-Lösungen und IaaS-Modelle, da der Cloud-Provider dieses übernimmt und die Anwendung daher stets auf dem aktuellen Stand ist.

Patches

Ein weiteres Problem können Brute-Force- oder Wörterbuchattacken sein. Um die Erfolgswahrscheinlichkeit zu senken, bieten fast alle Cloud-Anwendungen Einstellungen, um z. B. Anforderungen an die Kennwortkomplexität festzulegen. Ein längeres Kennwort erschwert Brute-Force-Angriffe, Kennwörter mit Groß- und Kleinschreibung, Zahlen und Sonderzeichen kommen hingegen auch in Wörterbüchern seltener vor. Noch besser sind allerdings Single-Sign-on-Verfahren, die auf Zertifikaten basieren. SAP Business ByDesign bietet z. B. sowohl das Erstellen benutzerspezifischer Zertifikate als auch das Verwenden existierender SSO-Zertifikate an.

Sonstige Einstellungen

Ebenso sollten Sie auf folgende Einstellungen achten:

Beispiele

▶ **Auto-Logout**
Sollte nach 30 bis 60 Minuten Inaktivität erfolgen. So kann vermieden werden, dass an einem nicht gesperrten Client-Rechner eine aktive Session vorgefunden wird.

▶ **Kennwortgültigkeit**
Muss das Kennwort alle ein bis drei Monate gewechselt werden, steigt die Chance, dass erbeutete Kennwörter inzwischen nicht mehr gültig sind. Vor allem wenn Kennwörter nicht im Klartext, sondern nur verschlüsselt erbeutet werden, kann zum Entschlüsseln eine signifikante Zeit benötigt werden, nach der das Kennwort dann bereits ungültig ist.

▶ **Zwei-Faktor-Authentifizierung**
Vergleichbar mit dem Mobile-TAN-Verfahren des Onlinebankings kann der zweite Faktor entweder ein physischer oder ein Softwaretoken sein. Sofern verfügbar, sollte dies mindestens für Administrator-Accounts aktiviert werden.

▸ **Berechtigungsvergabe**
Oftmals ist es bequemer, Standardrollen mit üppigen Berechtigungen anstelle spezifisch angepasster Berechtigungen zu vergeben. Ein Anwender sollte aber nur die minimal erforderlichen Berechtigungen besitzen, um potenziellen Missbrauch einzuschränken.

▸ **Segregation of Duties**
SAP Business ByDesign prüft z. B. standardmäßig typische »Vier-Augen«-Regelungen ab. Auf diese Weise soll z. B. verhindert werden, dass Anwender Kontodaten bearbeiten und gleichzeitig Rechnungen freigeben können.

Fazit Diese Liste umfasst nur einige wichtige Faktoren und könnte durchaus noch fortgeführt werden. Die wichtige Botschaft ist allerdings, dass Sie die in der Anwendung verfügbaren Einstellungen prüfen und so selbstverständlich nutzen sollten, wie Sie auch Ihre Haustür abschließen, wenn Sie das Haus verlassen. Beachten Sie alle diese Punkte, steht einem sicheren Betrieb von Cloud-Software nichts mehr im Wege!

SAP-Cloud-Lösungen haben den Anspruch, kostengünstig, leicht einzuführen und trotzdem anpassungsfähig zu sein. Auch sind sie Miet- bzw. On-Demand-Lösungen, der Betrieb und die Administration verbleiben also bei SAP. Auf die Auswirkungen auf den Einführungsprozess und die kontinuierliche Nutzung gehen wir in diesem Kapitel ein.

4   Implementierung und Upgrade

Dieses Kapitel beschäftigt sich mit den Herausforderungen und neuen Möglichkeiten, die SAP-Cloud-Lösungen hinsichtlich Implementierungs- und Upgradeprojekten mit sich bringen. Diese Aspekte werden am Beispiel unserer Projekte mit der Cloud-Suite SAP Business ByDesign (siehe Abschnitt 7.2) durchgearbeitet. Zusätzlich werden Besonderheiten anderer Cloud-Lösungen angeführt. Eine ausführlichere Darstellung, insbesondere der Entscheidungsphase vor der Implementierung von SAP Business ByDesign, finden Sie im glcichnamigen Buch von Hufgard und Rauff, das ebenfalls bei SAP PRESS erschienen ist, auf den Seiten 89–228.

Abschnitt 4.1 behandelt die Startvoraussetzungen für die Erstimplementierung. Wie ist das grundsätzliche Vorgehen? Welche Projektdimensionen müssen bedacht werden? Diese Fragen werden hier geklärt, denn erst, wenn der Projektzeitplan steht und ein Systemzugang existiert, kann das Cloud-Projekt wirklich starten.

Voraussetzungen

In Abschnitt 4.2, »Produktivbetrieb«, stehen die Werkzeuge und Inhalte im Mittelpunkt, die über alle Phasen hin zum Produktivstart führen. Wie kann ein Projekt die Leistungsfähigkeit der Instrumente für sich nutzen? Abschnitt 4.2.3, »Kritische Projektierungsfaktoren«, hebt den wichtigen Schritt des Übergangs zum Produktivbetrieb hervor. Was ist beim Produktivstart zu beachten? Was müssen die Anwendungsexperten des einführenden Unternehmens gelernt haben und beherrschen, um erfolgreich die Nutzung der Lösung voranzubringen?

Kritische Projektierungsfaktoren

Upgrade In Abschnitt 4.3, »Upgrade«, geht es also um den frühen Produktivbetrieb und das erste Upgrade, das gnadenlos alle Versäumnisse in der Projektierung aufdeckt.

4.1   Erstimplementierung

Wann spricht man von einer *Implementierung*? Grundsätzlich könnte auch einfach von einer schnellen Softwareeinführung oder nur einem Einführungsprojekt gesprochen werden.

[»]
Implementierung

Implementierung bedeutet, dass ein Projektteam die Projektplanung auf dem System oder innerhalb der Organisation umsetzen will. Naturgemäß kann dies nicht gleichzeitig geschehen und auch nicht für alle Bereiche des Unternehmens zum gleichen Zeitpunkt. Deswegen muss ein solches Projekt in Phasen und Aufgaben unterteilt werden, und die Zeiten und Ressourcen dafür müssen geplant werden.

Implementierungsprojekt Im folgenden Abschnitt wird das Vorgehensmodell eines Implementierungsprojekts dargestellt, um die Ziele und Ergebnisse der einzelnen Phasen zu verstehen. Abschließend werden die Projektdauer und ihre Einflussfaktoren näher betrachtet.

4.1.1   Vorgehensmodell

Phasen, Aufgaben und Meilensteine Das von SAP vorgeschlagene Einführungsmodell für SAP Business ByDesign ist klassisch »wasserfallartig« strukturiert. Abbildung 4.1 zeigt das Projekt zur Erstimplementierung und die enthaltenen Phasen, Aufgaben und Meilensteine. Dort sind lediglich die vier Hauptphasen des Implementierungsprojekts zu sehen, was jedoch über die Realitäten hinwegtäuscht und die neuen Möglichkeiten der Systemimplementierung in der Cloud verschweigt. Viele Aktivitäten weisen z. B. zeitliche Überlappungen auf und finden teilweise schon in der Evaluierungsphase mit dem Anwendungsunternehmen statt. Schon zu diesem Zeitpunkt gesammelte Erkenntnisse können in die späteren Implementierungsphasen durchgereicht werden.

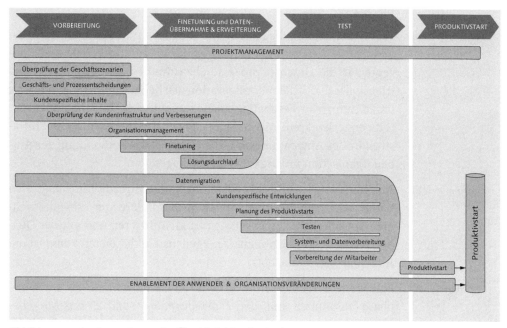

Abbildung 4.1 Implementierung im Überblick (Quelle: SAP)

Informationen zur Aufbauorganisation sowie eine Vielzahl an Stamm-daten sollten zudem schon aus einer sehr frühen Situationsanalyse vorhanden sein. Auch die im Anforderungsabgleich gesammelten Entscheidungen über den Projektumfang (Scoping) erlauben einen schnellen Vorstoß zum Lösungsdurchlauf, um eine frühzeitige Ab-nahme des Konzepts und der Lösung erreichen zu können.

Situationsanalyse

Das Vorziehen von Aufgaben in die Entscheidungsphase durch alle Beteiligten ist in einem konkreten Cloud-Projekt möglich. Dies gilt für folgende Projektaufgaben, die zu einem hohen Anteil, insbeson-dere bei standardnahen Anforderungen, schon frühzeitig erledigt sein können:

Vorziehen in Entscheidungs-phase

▸ bis zu 100 % der Überprüfung der Geschäftsszenarien

▸ bis zu 80 % der Geschäfts- und Prozessentscheidungen und des Organisationsmanagements

▸ bis zu 50 % des Lösungsdurchlaufs und der Überprüfung der Infrastruktur des Anwendungsunternehmens

▸ bis zu 30 % der Datenmigration und des Finetunings

▸ bis zu 20 % der Machbarkeit der individuellen Entwicklungen

Phasen

Vorbereitung

Was bedeuten nun die Phasen und Aufgaben im Einzelnen? Zunächst gibt es die *Vorbereitung*, bei der es darum geht, die Ziele und Konzepte für die Geschäftsprozesse abzustimmen, im Scoping der betriebswirtschaftlichen Konfiguration (siehe Abschnitt 5.1) oder als organisatorische Festlegung zu dokumentieren. Hier beginnen bereits erste konkrete Maßnahmen, etwa die Überprüfung der Infrastruktur des Anwendungsunternehmens und die Abbildung der Aufbauorganisation im Organisationsmanagement.

Datenmigration

Abbildung 4.1 zeigt außerdem, dass der Stream *Datenmigration* schon sehr früh beginnen muss, insbesondere um die unternehmensspezifischen Ausgangsdaten zu identifizieren und mit der Qualitätssicherung zu beginnen. Der Meilenstein der ersten Phase ist die Abnahme eines Konzepts.

Finetuning

Eine weitere überlappende Aktivität ist das *Finetuning*, das die Folgephase zusammen mit der *Datenübernahme* und *Erweiterung* bestimmt. Man könnte diese Phase auch als betriebswirtschaftliche Konfiguration und Erweiterung bezeichnen, da die Aspekte Finetuning und Datenübernahme im Rahmen des Work Centers BETRIEBSWIRTSCHAFTLICHE KONFIGURATION auch im System bearbeitet werden (siehe Abschnitt 5.1). Konkret geht es um die Verabschiedung und das Einpflegen der Organisationsstruktur bis hin zu einem ersten Lösungsdurchlauf im System. Die Arbeit basiert dabei auf dem durchgeführten Finetuning und erfolgt unter Zuhilfenahme von Beispieldaten.

Test

Schließlich durchläuft das Projekt die Testphase, wenn die Beteiligten die Datenmigrationsaktivitäten und unternehmensspezifischen Entwicklungen so weit vorangetrieben haben, dass die Anwender die Prozesse mit Echtdaten und allen angepassten Elementen testen können.

Abnahme

Der letzte Meilenstein ist die Abnahme für den Produktivstart, was voraussetzt, dass ein Produktivsystem bereitsteht, die Datenmigration mehrfach durchgetestet worden ist und die Anwender entsprechend vorbereitet wurden.

Einarbeitung

Das sogenannte *Enablement* oder die Einarbeitung der Anwender und die notwendigen Organisationsveränderungen laufen parallel, sind also aus der Perspektive des Implementierungsprojekts ebenfalls ein Aufgabenblock (siehe Abbildung 4.1). Allerdings kann sich diese Aktivität auch noch in mehrere Phasen gliedern. Der Produktivstart (siehe Abschnitt 4.2.1) ist eine eigene Phase, bei der es letztlich darum geht, die abschließenden Aktivitäten durchzuführen und alle Mitarbeiter an das System und in die produktive Nutzung zu bringen.

Drei Konfigurationszyklen bei SuccessFactors BizX Suite   [«]

Im Vorgehensmodell der Cloud-Lösungen für Personalmanagement der SAP-Lösung SuccessFactors wird empfohlen, die Konfiguration der Lösung nicht nur einmal, sondern gleich in drei Zyklen zu durchlaufen. So haben Anwenderunternehmen mehrmals die Möglichkeit, die Lösung so zu konfigurieren, wie sie benötigt wird. Dadurch sollen eine flexible Anpassung der Lösung gewährleistet und spätere Anpassungen und die damit verbundenen Kosten vermieden werden.

Tabelle 4.1 zeigt die Workshops, mit denen Sie das erfolgreiche Erreichen eines Meilensteins entsprechend absichern können. Diese Workshops sind gleichzeitig auch als Kontrollpunkte zu verstehen, ob das entsprechende Ziel zeitgerecht erreicht wurde. Der Projekt-Kick-off ist der Startschuss für das Projektmanagement, der Geschäftsszenario-Workshop liefert Informationen zu den grundsätzlichen Geschäftsprozessen. Das Organisationsmanagement folgt daraufhin an dritter Stelle. Die Datenmigration sollte auch sehr früh begonnen werden. Weiter geht es dann mit dem Finetuning-Workshop zur Initialisierung der Konfigurationsaktivitäten im System. Darauf folgt ein Workshop zur Planung des Produktivstarts und zum Testen.

Workshops

All diese Workshops sollten zusammen mit den verantwortlichen Mitarbeitern des einführenden Unternehmens durchgeführt werden und haben den Zweck, alle Projektbeteiligten zu informieren und im Hinblick auf Ziele, Status und Vorgehensweise auf den gleichen Stand zu bringen.

Zusätzlich können in diesen Präsenztagen auch Abnahmekontrollpunkte mit erledigt werden. Sie stellen die Meilensteine im Projekt dar und haben folgende Ziele:

Meilensteine

▸ Abstimmung zwischen Projektteam und Management ermöglichen

▸ Entwicklungsfortschritt des gesamten Projekts beurteilen

▶ Probleme identifizieren, bevor der Zeitplan oder das Budget negativ beeinflusst werden

Nr.	Workshop	Beschreibung
1	Projekt-Kickoff	Einführung für das Projektteam. Kommunizieren von Projektzielen, Umfang, Zeitplan und Einführungsansatz; Starten des Einführungsprojekts; Präsentieren der Systemlandschaft.
2	Geschäftsszenario	Präsentieren und Überprüfen der kritischen Geschäftsszenarien und Vorstellen dieser Geschäftsszenarien im System.
3	Organisations-management	Überprüfen des Konzepts und der Funktionalität des Organisationsmanagements (OM). Planen des OM und Starten des Aufbaus der Organisationsstruktur im ByDesign-Testsystem.
4	Datenmigration	Überprüfen des Konzepts der Datenmigration, Durchführen und Diskutieren datenbezogener Entscheidungen, die früh im Projekt getroffen werden müssen.
5	Finetuning	Überprüfen des Konzepts des Finetunings, Verwendung der Aufgabenliste zur Vorbereitung des Produktivstarts und Prüfen, wie detaillierte Informationen zum Finetuning gefunden werden können.
6	Planung des Produktivstarts	Vorbereiten des Projektteams für den Produktivstart. Überprüfen des Produktivstartzeitplans und Vorbereitung aller Prozesse und Aktivitäten rund um das System, die Daten und betroffenen Personenkreise.
7	Testen	Überprüfen des Testfortschritts und des Testplans. Lernen, wie Standardtestszenarien angepasst und ausgeführt werden. Verstehen, wie Testmeldungen im integrierten Support angelegt und verwaltet werden.

Tabelle 4.1 Einführungsworkshops (Quelle: SAP)

Kontrollpunkte Die Kontrollpunkte zur Abnahme sind sehr wichtig für die Zusammenarbeit zwischen Implementierungspartner und Anwenderunternehmen (siehe Tabelle 4.2). Insbesondere sollte dabei die Geschäftsführung eingebunden werden.

Kontrollpunkt	Beschreibung
Abnahme des Konzepts	Stellen Sie durch das Überprüfen der Geschäftsszenarien und der Anforderungen sicher, dass der Projektlösungsumfang mit den Zielen übereinstimmt.
Abnahme der Lösung	Verringern Sie das Projektrisiko durch den Abgleich mit der Erwartungshaltung hinsichtlich der Projektziele und des Adressierens aller offenen Entscheidungen.
Abnahme für den Produktivstart	Stellen Sie sicher, dass der Anwender in der Lage ist, kritische Prozesse erfolgreich durchzuführen, und seine geschäftlichen Ziele erfüllt sind. Stellen Sie die Gesamtbereitschaft für den Produktivstart fest. Entscheiden Sie, ob die letzten Aufgaben zum Produktivstart eingeleitet werden können.

Tabelle 4.2 Abnahmekontrollpunkte (Quelle: SAP)

Somit wird das Konzept in einer frühen Phase abgenommen, die Abnahme der Lösung und die Abnahme für den Produktivstart folgen. Der Kontrollpunkt Abnahme der Lösung kümmert sich um letzte offene Anforderungen bzw. die Fragen, ob alle Projektziele adressiert sind oder es noch Risiken gibt. Die Abnahme für den Produktivstart impliziert, dass alle gesetzten Ziele des Projekts erfolgreich umgesetzt wurden und die gemeinsame Zuversicht aller Beteiligten besteht, dass der Produktivstart unter annehmbarem Risiko möglich ist.

4.1.2 Projektdimensionen

Für ein Implementierungsprojekt müssen unterschiedlichste Aspekte bedacht und einige Entscheidungen getroffen werden. Es verfügt über folgende Dimensionen:

▸ **Aktionsbereiche:** System und Prozesse, Mitarbeiterakzeptanz und Datenqualität

▸ **Adaptionsrichtung:** Anpassung der Software oder/und der Organisation

▸ **Arbeitsteilung:** Implementierungsdienstleister und Anwender

Für diese drei Dimensionen müssen in jedem Projekt zu Beginn bestimmte Festlegungen getroffen und es muss eine Bestandsaufnahme durchgeführt werden.

Wechselwirkungen Zwischen den Dimensionen gibt es auch Wechselwirkungen; so muss bei einer stärkeren Organisationsveränderung mehr für die Mitarbeiterakzeptanz getan werden. Bei einer schlechten Qualität der Ausgangsdaten ist die Konsequenz, dass die Anwender mehr Zeit mit eigenen Mitarbeitern in die Überarbeitung der Altdaten investieren müssen.

Aktionsbereiche

Aufgaben im Rahmen der Implementierung beziehen sich nicht nur auf das System und die Geschäftsprozesse, sondern es gilt, noch zwei weitere Aktionsbereiche im Zusammenspiel zu beachten. Zunächst geht es um die Mitarbeiterakzeptanz, also darum, alle betroffenen Personen im Unternehmen, die einen Beitrag zur Einführung leisten müssen, in das Projekt einzubeziehen. Die Mitarbeiter müssen motiviert werden, sie müssen die neuen oder geänderten Geschäftsprozesse kennenlernen und in die Lage versetzt werden, im Tagesgeschäft mit dem System und den Daten zu arbeiten. Sie sind letztlich die »Hauptfiguren« in einem Einführungsprojekt.

Daten Ein weiterer kritischer Faktor sind die Daten, wie z. B. Kunden- oder Materialstammdaten. Sie müssen aus Altsystemen extrahiert und migriert werden. Dies sollte möglichst korrekt und mit der Zielsetzung erfolgen, die Daten zu bereinigen. Es gilt, die relevanten und genutzten Datensätze zu identifizieren und auf ein möglichst gutes Qualitätsniveau zu bringen. Datenbereitstellung und -qualitätssicherung sind eine nicht zu unterschätzende Herausforderung für ein mittelständisches Anwenderunternehmen, da Implementierungsdienstleister oder Softwarehersteller dabei nur bedingt helfen können, nämlich bei der Migration ins Zielsystem. Sie können hier z. B. Templates zur Verfügung stellen oder auf Vollständigkeit und Konsistenz der Daten achten. Die Durchführung der inhaltlichen Qualitätssicherungsmaßnahmen liegt aber hauptsächlich in der Verantwortung des Anwenderunternehmens.

System und Prozesse implementieren Hauptaufgabe eines Einführungsprojekts bleibt es, System und Prozesse zu implementieren. Trotzdem müssen für eine erfolgreiche Einführung auch die beiden anderen Dimensionen einbezogen werden.

Der Projektleiter kann in allen drei Aktionsbereichen sofort mit Maßnahmen bzw. der Bestandsaufnahme beginnen, um die Projektziele zu erreichen. Worin die jeweiligen Ziele bestehen, zeigt folgende Auflistung:

- **Systembereitstellung und Geschäftsprozesse:**
  - Stellen Sie sicher, dass die Geschäftsprozesse auf dem System anforderungsgerecht ablaufen werden.
  - Stellen Sie sicher, dass die Systemeinstellungen und Funktionen der Zielsetzung des Projekts entsprechen.
  - Stellen Sie durch das Testen aller Geschäftsprozesse sicher, dass das System richtig arbeitet.

- **Datenverfügbarkeit und -qualität:**
  - Stellen Sie sicher, dass alle notwendigen Daten in das Cloud-System migriert werden.
  - Stellen Sie sicher, dass alle notwendigen Daten ohne Fehler korrekt migriert werden.
  - Stellen Sie sicher, dass die migrierten Daten innerhalb der Tests mit den Testszenarien getestet werden.

- **Organisation und Mitarbeiterakzeptanz:**
  - Stellen Sie sicher, dass das Cloud-System die relevanten Geschäftsprozesse des Tagesgeschäfts abdeckt!
  - Stellen Sie sicher, dass alle Anwender mit dem neuen oder geänderten Geschäftsprozess vertraut sind.
  - Stellen Sie sicher, dass alle Anwender vorbereitet sind und die für ihre Jobs notwendigen Schritte im System ausführen können.

Keinen dieser Aktionsbereiche darf ein Projektleiter vernachlässigen. Für jeden Bereich müssen Status und Ziele verfolgt werden.

Adaptionsrichtung

Für die Implementierung stellt sich bei der Einführung einer Cloud-Unternehmenssoftware die Frage, wo und wie die geforderten Soll-Ziele umgesetzt werden müssen. In Abbildung 4.2 sind die beiden Adaptionsrichtungen dargestellt:

▸ **Muss das Projektteam die Organisation anpassen?**
Es kann notwendig sein, eine Reorganisation durchzuführen, um die Potenziale der Software auszureizen und Anforderungen umzusetzen.

▸ **Muss das Projektteam die Software anpassen oder ergänzen?**
Die Softwarelösung wird mit Adaptionswerkzeugen auf die Anforderung ausgerichtet oder notfalls auch ergänzt.

In vielen Situationen müssen Software und Organisation gleichzeitig adaptiert werden, um das angestrebte Ziel zu erreichen.

Abbildung 4.2 Adaptionsrichtungen

Häufig besteht der Vorbehalt, dass sich Organisationen verbiegen müssen, um eine Standardsoftware einzusetzen. Das muss jedoch keinesfalls zwangsläufig der Fall sein.

Potenziale nutzen | Es kann und sollte angestrebt werden, dass die Mitarbeiter mit den Potenzialen der neuen Software möglichst geschickt und zielorientiert umzugehen lernen. So muss in einer Aufbauorganisation festgelegt werden, wer der verantwortliche Anwendungsexperte ist und wie Aufgaben verteilt sind, die im Rahmen der Prozesse zu lösen sind. Es muss geregelt werden, wer z. B. die Verantwortung für Urlaubsgenehmigungen oder Eskalation trägt und wer Zugriff auf welche Auswertungen und Arbeitsbereiche haben darf.

Diese Aspekte sind vorgegeben, da die Cloud-Software neue oder andersartige Prozesse mit mehr Informationen und einer formalisierten Vorgangsbearbeitung zur Verfügung stellt. Anpassung heißt deswegen zunächst, dass die Organisation mit den neuen Möglichkeiten umzugehen lernen sollte und alte Pfade verlassen muss. Während der Vertriebsmitarbeiter früher Excel-Angebotsdokumente verschickt hat und die Abarbeitung eher zufällig und auf Zuruf in Outlook stattfand, erfolgt nun eine integrierte Angebotsbearbeitung z. B. im System SAP Cloud for Sales. Die Ablauforganisation passt sich dahingehend an, dass sie einen integrierten Ablauf und neue Instrumente erhält, die den Prozess steuern. Ohne Frage ist dies eine Verbesserung für das Unternehmen; für die Mitarbeiter hingegen bedeutet es zunächst einmal Einarbeitungsaufwand und Reorganisation.

Organisationsentwicklung

Zur Organisationsgestaltung wird mit SAP Business ByDesign – wie auch in anderen SAP-Cloud-Lösungen – auch ein eigenes Instrumentarium mitgeliefert, das genau solche Steuerungen ermöglicht und Aufgabenverteilung sowie Aufgabenmanagement festlegt.

Organisationsgestaltung

Es ist also abschließend noch einmal festzustellen, dass das Unternehmen keinesfalls jedes organisatorische Konzept der Software übernehmen muss, ohne es im Einzelfall zu hinterfragen. Auch der umgekehrte Fall – eine Anpassung der Software, sodass sie 1:1 den Anforderungen des Unternehmens entspricht – ist denkbar, aber ebenfalls nicht ohne kritische Bewertung zu empfehlen.

Das Projektteam sollte immer hinterfragen, ob es sinnvoll ist, alte Strukturen zu übernehmen, oder ob es hier nicht auch eine bessere Möglichkeit gibt, das Unternehmen organisatorisch ein Stück weit zu verändern – bevor die Software über Gebühr verbogen wird.

Organisation überdenken

Arbeitsteilung

Es gibt eine Reihe von Aufgaben und Verantwortlichkeiten, die beim Anwendungsunternehmen liegen müssen oder können. Umgekehrt existiert aber auch eine Vielzahl an Aufgaben, die bei SAP als Rechenzentrumsbetreiber oder einem Implementierungspartner liegen sollten oder müssen. Diese Aufgabenteilung muss im Vorfeld definiert sein und ist insbesondere bis zum Projekt-Kick-off-Workshop zu klären.

Kosten

Falls es hier Wünsche des Anwenderunternehmens gibt, manche seiner Aufgaben durch einen Dienstleister übernehmen zu lassen, ist dies auch eine Kostenfrage und erhöht den Dienstleistungsaufwand, der extern anfällt. In der folgenden Aufzählung werden die vorgeschlagenen Rollen im Projekt dargestellt:

Rollen im Projekt

▶ Die *Projektsponsoren* sind die verantwortlichen Manager, die Budget und Projektziele im Blick haben. Sie müssen insbesondere am Anfang und bei kritischen Änderungen die Entscheidungen treffen.

▶ Die beiden *Projektleiter* sind gemeinsam für das Projekt verantwortlich und lenken die Anwendungsexperten bzw. die Service Adviser. Der Projektleiter des Dienstleisters ist auch verantwortlich für die Kommunikation mit SAP.

▶ Die *Service Adviser* führen die Projektaufgaben und Workshops durch. Sie arbeiten die Anwendungsexperten des einführenden Unternehmens ein.

▶ Die *Anwendungsexperten* – auch Key User genannt – arbeiten im Projektteam zusammen mit den externen Service Advisern und sind später in ihrem Arbeitsbereich für die Einarbeitung der *Endbenutzer* verantwortlich.

Je nach Arbeitsteilung können sich die Verantwortlichkeiten im Projekt verlagern. Die Datenmigration liegt im Normalfall bei den Anwendungsexperten, kann aber auch stärker durch den Service Adviser vorangetrieben werden.

Support, Hosting und Service Center

Die weiteren Funktionen von SAP sind neben *Support* und *Hosting* auch die *Service Center*; von hier werden je nach Projektbedarf auch Spezialisten und Unterstützung zur Verfügung gestellt.

Aufseiten des Partners oder der SAP liegen Aufgaben, die einmalig zu erledigen sind und ein gewisses Expertenwissen verlangen, z. B. die Durchführung der Datenmigration. Außerdem gehören Kontrolltermine oder das Vorbereiten des Produktivstarts – der Punkt, an dem alles zusammenlaufen muss und die einzelnen Teilströme miteinander synchronisiert werden müssen – ebenfalls zu den Aufgaben, die Expertenwissen voraussetzen.

> **Einmalige Aktivitäten dem Implementierungspartner übertragen** **[+]**
>
> Die Erfahrung aus Projekten zeigt, dass sich Anwender anfangs mehr Kann-Aufgaben zutrauen, als sie dann in der Lage sind, durch eigene Ressourcen zu stemmen. Die möglichst schnelle Einführung einer Cloud-Lösung im Allgemeinen verlangt auch parallel verfügbare Mitarbeiterkapazitäten. Diese Mitarbeiter zur Verfügung zu stellen, verschiedene Kann-Aufgaben abzuwickeln und gleichzeitig unter Volldampf am laufenden Tagesgeschäft mitzuwirken funktioniert häufig nicht.
>
> Es gibt zwei Möglichkeiten, um hier zu reagieren: Entweder wird ein Projektablauf gestreckt bzw. auf die »Saure-Gurken-Zeit« gelegt, oder möglichst viele »Kann«-Aktivitäten mit einmaligem Charakter werden dem Implementierungspartner übertragen.

4.1.3 Projektzeitplanung

Eine realistische zeitliche Abfolge der Phasen und Aufgaben sehen Sie in Abbildung 4.3. Es handelt sich dabei um einen echten Projektplan für eine sehr umfangreiche Einführung der Cloud-Suite SAP Business ByDesign in praktisch allen Unternehmensbereichen inklusive der Produktion beim Sondermaschinenbauer Kübrich Ingenieure.

Dabei wurde Anfang April das Konzept abgenommen, also die Vorbereitungsphase abgeschlossen. Dann waren fünf bis sechs Wochen angesetzt, um die Umsetzung am System vom Finetuning bis zum Lösungsdurchlauf zu bewältigen. Die Datenmigration lief über die Gesamtperiode. Auch unternehmensspezifische Ergänzungen umzusetzen dauerte bis Mitte Mai. Einen Monat nach Abnahme der Lösung, am 10. Juni, waren Datenmigration und Testaktivitäten abgeschlossen. Für die letzten drei Wochen bis zum 10. Juli war ausreichend Zeit vorhanden, um den Produktivstart einzuleiten.

Projektplan für eine Cloud-Suite

Insgesamt waren nach Abnahme des Konzepts im Beispiel aus Abbildung 4.3 drei Monate für die Implementierungsmaßnahmen vorgesehen. Diese Zeitspanne bezog sich auf eine Gesamteinführung mit nahezu allen Bereichen von SAP Business ByDesign.

Gesamteinführung

Das Besondere an diesem Projekt waren starke Organisationsveränderungen, die Einbeziehung und Pilotierung einer CAD-Schnittstelle und der Wunsch der Firma Kübrich Ingenieure, alle Projektaktivitäten auf Donnerstage und Freitage zu konzentrieren, was den Projektverlauf streckte.

Besonderheiten

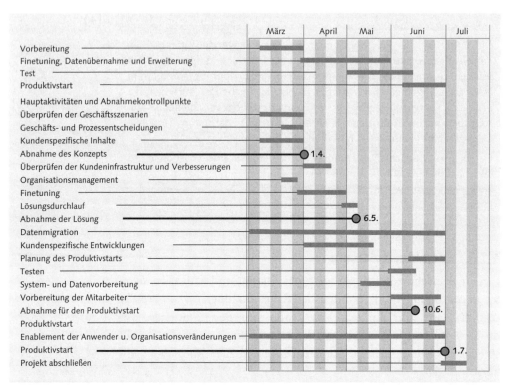

Abbildung 4.3 Projektzeitplanung Cloud-Maximalprojekt

Fachbereichs-einführung
SAP-Cloud-Projekte, die nur einen Prozessbereich wie CRM (Customer Relationship Management) betreffen, können auch in wenigen Wochen durchgeführt werden. Das liegt daran, dass wesentlich weniger inhaltliche Veränderungen vorzunehmen und auch wesentlich weniger Personen beteiligt sind. Hauptplanungsfaktoren eines CRM-Projekts (siehe SAP Cloud for Customer in Kapitel 8, »Kundenbeziehungen und Zusammenarbeit«) sind Umfang bzw. Qualität der Kundenstammdaten und die Verfügbarkeit der Anwendungsexperten des Unternehmens.

Dezentrale Projekt-abwicklung
Allerdings gibt es auch gegenläufige Effekte bei der Einführung einer Teilbereichs- oder Abteilungslösung. Eine dezentrale Projektabwicklung an einer zentralen IT vorbei erscheint bei Cloud-Lösungen im Bereich des Möglichen. Trotzdem gibt es Themen, die beachtet und zentral koordiniert werden müssen – nicht nur in Großunternehmen.

Versteckte Risiken und Kosten von Fachbereichslösungen	[«]

Auf folgende Punkte sollten Sie bei allen Projekten achten, auch bei kleineren Fachbereichsimplementierungen:

▸ Datenschutz und Sicherheitsrisiken müssen ausreichend berücksichtigt werden.

▸ Die (doppelte) Erfassung von Daten ist ein klassisches Problem, da sie nicht nur ineffizient ist, sondern auch unter dem Aspekt der Dokumentationspflichten bewertet werden muss.

▸ Auch Fragen der Datenmigration und langfristigen Datenhaltung kann nicht jede Abteilung für sich alleine entscheiden.

▸ Spätestens bei Entwicklung, Test und Wartung von Schnittstellen muss systematisch vorgegangen und IT-Kompetenz einbezogen werden.

▸ Grundsätzlich ist der dezentrale Kompetenzaufbau bei Anwendungsexperten auch ein Kostenfaktor, für den die Suche nach abteilungsübergreifenden Synergien sinnvoll ist.

Einführung in einem Dienstleistungsunternehmen

Bei einer 9-Wochen-Einführung bei einem Dienstleistungsunternehmen vergingen zunächst zwei Wochen für die Systembereitstellung (siehe Tabelle 4.3). Die Vorbereitungsphase wurde dann im Zeitraffer von zwei Tagen erledigt. Dies lag an der standardnahen Einführung und den bereits im Vorfeld gesammelten Informationen und getroffenen konzeptionellen Entscheidungen. Zehn Tage dauerte die zweite Phase und war auch denkbar kurz, da keine unternehmensspezifischen Erweiterungen vorgesehen waren. Im Zeitraum von neun Tagen konnte getestet werden. Das Produktivsystem wurde danach aufgebaut und konnte weitere 14 Tage später produktiv verwendet werden.

Projekttypen + Faktoren	CRM	Dienstleister	Projektfertiger
Fachthemen	21	44	65
Anwender	10	56	30
Schnittstellen	Outlook	–	CAD
Projektlaufzeit	4 Wochen	9 Wochen	14 Wochen

Tabelle 4.3 Projektschwerpunkte und -laufzeiten

Bedingungen für schnelle Einführung

Generell kann davon ausgegangen werden, dass Einführungen bei einem Dienstleister bzw. von Dienstleistungsprozessen wie in Tabelle 4.3 bei zwei Monaten Laufzeit liegen können, wenn alle Beschleunigungsmöglichkeiten, die eine Cloud-Lösung wie SAP Business ByDesign bietet, ausgereizt werden. Wenn das Datenmigrationsvolumen überschaubar ist und Geschäftsprozesse standardnah eingesetzt werden, sind die Verfügbarkeit der Mitarbeiter des Anwenderunternehmens und die Systembereitstellung in der Cloud die limitierenden Faktoren bei der Einführung.

Einflussfaktoren

Verallgemeinert man die Erkenntnisse aus Tabelle 4.3 mit den drei extrem unterschiedlichen Projekttypen, dann verlängert eine höhere Anzahl der Geschäftsprozesse und der involvierten Mitarbeiter die meisten system- und prozessbezogenen Teilschritte eines Projekts. Der Zusammenhang ist nicht linear, sondern eher degressiv. Das bedeutet: Jeder zusätzlich einbezogene Prozess und Mitarbeiter kostet weniger an weiterem Aufwand und Zeit.

Sondereffekte

Doch leider gibt es einige Sondereffekte, die die Projektzeitplanung darüber hinaus beeinflussen und schwieriger machen:

- Organisationskonzepte für bisher nicht abgedeckte Bereiche, z. B. Ablösung Excel-basierter Prozesse
- Viele Prozessvarianten existieren innerhalb eines Prozesses, z. B. für Großkunden oder unterschiedliche Produktlinien.
- Organisationsveränderungen treten auf, die gleichzeitig mit der Implementierung umgesetzt werden sollen.
- hohes Datenvolumen bei schlechter Datenqualität der Ausgangsdaten
- Schnittstellen zu Fremdsystemen
- spezielle Anforderungen an Formulare und Berichte
- Anwenden neuer betriebswirtschaftlicher Konzepte der Unternehmenssoftware, die bisher den Mitarbeitern unbekannt waren, z. B. bedarfsgesteuerte Planung

Konzernumfeld

Die oben aufgeführten Werte verändern sich auch nicht wesentlich im Konzernumfeld. Von einer ByDesign-Einführung in fünf Wochen bei einer amerikanischen Tochter berichtet z. B. EVONIK Industries (siehe *http://www.cio.de/a/evonik-duest-kurz-in-die-sap-cloud, 3105717*). Dort gibt es allerdings andere Strategien, wie z. B. die Zielsetzung, eine internationale Tochtergesellschaft mit einer Lösung auszustatten.

Alles in allem ist eine partnerschaftliche Vorgehensweise bei der Projektplanung empfehlenswert. Mit der frühen Evaluierung am System sinkt das Risiko des Anwenders enorm. Die meisten Aufgaben sind in den meisten Cloud-Lösungen durch die betriebswirtschaftliche Konfiguration (siehe Abschnitt 5.1) auf einen sicheren und werkzeugbasierten Pfad gepolt. Wie in jedem Projekt können allerdings unvorhersehbare Probleme auftreten, die Zeitreserven notwendig machen.

Partnerschaftliche Vorgehensweise

4.1.4 Systembereitstellung

Die erste Frage, die sich im Zusammenhang mit einem Cloud-Projekt stellt, ist, wie das Anwendungsunternehmen Zugriff auf sein Cloud-System erhält. In einem Fall waren die ersten zwei Wochen der Vertragslaufzeit im Dienstleisterprojekt dadurch bestimmt, verantwortliche Personen festzulegen und den Zugriff auf das System herzustellen. Einige Probleme traten hier auf: E-Mails wurden durch Spam-Filter blockiert, oder die Ansprechpartner erhielten wichtige Informationen, ohne sich dessen bewusst zu sein.

Zugriff

Ansprechpartner frühzeitig benennen	**[+]**
Sie sollten gleich zu Beginn des Projekts die Ansprechpartner im Unternehmen und bei SAP-Hosting benennen und miteinander bekannt machen, den Informationsfluss festlegen und die Erwartungen formulieren. Nach der Kaufentscheidung sollte so zügig ein Projekttestsystem verfügbar sein.	

Wer bereits Projekterfahrung mit »großen« ERP-Projekten hat, dem ist klar, dass Test- und Produktivsysteme getrennt sein müssen. Ebenso müssen Datenmigrations- und Integrationstests vorab erfolgreich durchgeführt werden, um ein hohes Qualitätsniveau für Stammdaten und Prozesse zu erreichen.

Getrennte Systeme

Dieser Anspruch gilt auch für eine Cloud-Lösung, insbesondere wenn dort unternehmenskritische Daten liegen, die meist auch gesetzlichen Dokumentationspflichten (z. B. zehn Jahre für steuerlich relevante Unterlagen) oder dem Datenschutz personenbezogener Daten unterliegen. Daneben war es das Ziel, den Aufwand gering zu halten und die Durchgängigkeit der betriebswirtschaftlichen Konfiguration sicherzustellen.

[+] | **Einbeziehung des Datenschutzbeauftragten**

Die DSAG empfiehlt, den Datenschutzbeauftragten bei folgenden Punkten mit einzubeziehen (siehe *https://www.dsag.de/fileadmin/media/Leitfaeden/080909_Datenschutz-Leitfaden.pdf*, S. 19):

▶ datenschutzrelevante Stammdaten und Geschäftsprozesse ermitteln und festlegen

▶ Informationsfluss personenbezogener Daten bei Anwendungsschnittstellen, insbesondere zu anderen Programmen, untersuchen

▶ Informationsfluss der vorgesehenen Berichte und Auswertungen auf Datenschutzgesichtspunkte hin prüfen

▶ Berechtigungskonzept unter Datenschutz- und Datensicherheitsgesichtspunkten beurteilen

▶ Migration und Altdatenübernahme definieren

Allgemeine Systeme

Vor *Vertragsunterschrift* kann mit einem *allgemeinen System* gearbeitet werden, um dort schon Informationen über den Lösungsumfang des Unternehmens im sogenannten *Konfigurationsprofil* zu sammeln. Das bedeutet, schon vor Beginn und Vertragsabschluss werden Informationen erfasst, die bis hin zum Produktivsystem durchgereicht werden.

Testsystem

Nach Vertragsabschluss erhält der Kunde sein *Testsystem* (bei Multi-Tenancy-fähigen Lösungen ist dies ein Tenant von vielen in einem System). Das Projektteam kann dort die Konfiguration aktivieren, und die Service Adviser (Einführungsberater) können die ersten Implementierungsaktivitäten durchführen.

Produktivsystem

Nicht allzu lange, nachdem ein erster Lösungsdurchlauf erfolgreich durchgeführt wurde, kann oder sollte ein *Produktivsystem* angefordert werden, das konfigurative Daten aus dem Testsystem übernimmt. Es werden keine Bewegungsdaten aus dem Test- ins Produktivsystem übernommen, da dieses ab jetzt nur noch für die Echtdaten genutzt werden darf. Im Produktivsystem müssen nun auch die finalen Basisdaten im Organisationsmanagement und im Finetuning angelegt werden. Dies bezieht sich insbesondere auf Einstellungen, die im Zusammenhang mit Stammdaten stehen. Es dürfen jetzt auch die echten Stammdaten mit konfigurativem Charakter (z. B. Produkthierarchien) vollständig angelegt werden. Danach kann auf dieser Basis auch ein *Migrationstestsystem* (eine Kopie des Produktivsystems) angefordert werden.

Zu jedem Zeitpunkt kann erneut eine Kopie des Produktivsystems gezogen werden. Der Integrationstest läuft ebenfalls in diesen kopierten Systemen ab. Bis zum Produktivstart bleibt die Kopie die Hauptumgebung, um nachzuvollziehen, ob alles ausreichend getestet ist und sich als ablauffähig darstellt. Am Ende dieser Phase wird das Produktivsystem mit allen Daten versorgt, und die ersten Echtbuchungsaktivitäten können durchgeführt werden.

Kopie des Produktivsystems

Möglichst früh Produktivsystem anfordern

Es kann früh vom Test- auf das Produktivsystem gewechselt werden, wenn es bezüglich des Lösungsumfangs oder der Prozessgestaltung keine Unklarheiten gibt. In den Kopien des Produktivsystems kann das Projektteam dann besser und ausgiebiger die migrierten Daten testen. Andererseits ist es sinnvoll, länger im Testsystem zu bleiben, wenn alternative (Prozess-)Konzepte validiert werden müssen.

[+]

4.2 Produktivbetrieb

Drei Themen bestimmen die Produktivsetzung. Zum einen der *Produktivstart* mit allen systembezogenen Maßnahmen. Zum anderen muss die *Einarbeitung* der Anwendungsexperten und Endbenutzer abgeschlossen werden. Zum Dritten ist ein Blick auf den frühen *Produktivbetrieb* notwendig, um dem Anwenderunternehmen hilfreich und gezielt bei Anlaufproblemen zur Seite zu stehen. In dieser Phase – etwa nach vier Wochen – wechselt SAP in ihrem Betreuungsmodell in die Support-Phase.

4.2.1 Produktivstart

Der Produktivstart ist eine Synchronisationsaufgabe für alle bisher durchgeführten Aktivitäten vonseiten des Projektteams und vonseiten der Mitarbeiter des Unternehmens. Alle Beteiligten müssen jetzt darauf vorbereitet werden, sich mit dem System vertraut zu machen und ihre ersten Aktivitäten in der richtigen Reihenfolge durchzuführen.

Reihenfolge

Zum Produktivstart müssen einerseits alle Migrationsdaten im Produktivsystem vorliegen, anderseits muss jeder Mitarbeiter wissen, was seine Aufgabe ist. Es sollten erste Live-Transaktionen im Produktivsystem gebucht werden. Der Endbenutzter muss dies im Bewusstsein tun, alle Prozesse so durchzuführen, wie er sie getestet hat.

Produktivbedingungen

Wichtig ist, dass sie nun auch unter Produktivbedingungen ordnungs- oder erwartungsgemäß ablaufen.

Letzte Änderungen Der Unterschied zur Testphase besteht insbesondere darin, dass noch einmal das System gewechselt worden ist und eventuell letzte Änderungen am Produktivsystem vorgenommen wurden. So kann es hier aufgrund dieser Übertragung noch einmal kleinere Synchronisationsprobleme geben, oder es kann auch vorkommen, dass Mitarbeiter bestimmte Prozesse in einer anderen Reihenfolge abarbeiten, die sie vorher in einem Testszenario nicht vollkommen unter echten Bedingungen durchgeführt haben.

Produktivgehen Das »Produktivgehen« an sich ist relativ unspektakulär. Das System ist mit seinen Daten ausgestattet, deren Upload in einer Datenmigrationskopie mehrfach getestet worden ist. Jetzt sollten alle im Test überprüften Geschäftsvorfälle abgearbeitet und verbucht werden können. Dies bedeutet, das Anwendungsunternehmen erfasst seinen ersten Kundenauftrag, sein erstes Projekt, schreibt seine ersten Rechnungen und vollzieht die Daten in der Buchhaltung nach.

Tagesgeschäft An dieser Stelle stellt sich verstärkt die Frage, ob alle Geschäftsvorfälle berücksichtigt wurden und ob es im Tagesgeschäft bisher unbekannte Fälle in der Nutzung des Systems gibt. Diese bislang unentdeckten Nutzungsfälle können auftreten, wenn Sonderthemen oder Ausnahmefälle des Tagesgeschäfts leicht zu übersehen sind oder neu konzipierte Abwicklungen unerwartete Seiteneffekte erzeugen, die geklärt und eliminiert werden müssen.

Aus diesem Grund ist es empfehlenswert, sich auch in den drei Monaten nach dem Produktivgehen die Möglichkeit offenzuhalten, Gestaltungen anzupassen oder zu vereinfachen, wenn sie sich im täglichen Betrieb nicht bewähren oder darüber hinaus ausgebaut werden sollten.

Produktivstart-Phase bis zu einem Monat Der Produktivstart ist kein Tag, kein Zeitpunkt, sondern definiert sich so, dass letztlich sukzessive alle Mitarbeiter in die Nutzung des Systems einsteigen. Der Produktivstart ist deswegen berechtigterweise eine Phase, die bis zu einem Monat dauern kann. Das ist in dem Sinne zu verstehen, dass in diesem Zeitraum z. B. zum ersten Mal die Umsatzsteuervoranmeldung durchgeführt wird, die an das Finanzamt gesendet wird. Das Produktivsystem sollte früh angefordert werden, da erst darin die Umgebung für das beginnende produktive Arbeiten implementiert werden kann.

Ideal wären hier eine selektive Übernahme von Stammdaten aus dem Testsystem und eine Aktivierung oder ein periodisches Nachladen von migrierten Daten aus anderen Systemen – durchaus auch in größeren Paketen, deren Konsistenz durch den größeren Umfang abgesichert ist (z. B. das Finanzwesen mit allen Kontodaten).

Die Forderung für die Vorbereitung des Produktivsystems muss deswegen lauten, mehr Zeit für betriebswirtschaftliche Gestaltung mit dem Anwendungsunternehmen und weniger Zeit mit operativen Aufgaben oder dem Anfordern von Systemen verbringen zu müssen. Das Projektteam sollte nicht gezwungen sein, durch die erneute Erfassung von Daten im Produktivsystem falsche Schwerpunkte in seiner Arbeit zu setzen.

Betriebswirtschaftliche Gestaltung

4.2.2 Einarbeitung

Beim Projekt ist es eine wichtige Teilaufgabe, die Anwendungsexperten aufseiten des Unternehmens zum einen in die Lage zu versetzen, mitzuarbeiten und zum anderen zum Produktivstart am Ende des Projekts ihre permanente Aufgabe als Benutzerbetreuer übernehmen zu *können*. Um dies zu gewährleisten, ist es zunächst notwendig, die richtigen Mitarbeiter zu identifizieren, um sie dann auf die Projektierungsvorgehensweise vorzubereiten.

Anwendungsexperten identifizieren

Abbildung 4.4 zeigt die Einarbeitungsziele und mögliche Instrumente oder Aufgaben, um das Wissen zu erwerben ❶.

Einarbeitungsziele und Instrumente

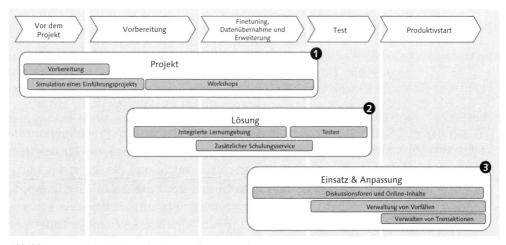

Abbildung 4.4 Einarbeitung der Anwendungsexperten

Die ausgewählten Anwender müssen grundsätzlich in der Lage sein, mit den Workshops umzugehen und die einzelnen Projektphasen zu verstehen. Für den Anwendungsexperten ist die Datenmigration von großer Bedeutung; dies impliziert, dass er dieses Thema von Anfang an richtig betreiben muss. Darüber hinaus sind die Projekt-Workshops definiert und dokumentiert. Hier geht es für die Anwendungsexperten auch darum, zu verstehen, was ihre Hauptaufgabe ist, wie der Implementierungsansatz insgesamt aussieht und wo ihre Verantwortlichkeiten liegen.

Cloud-Lösung kennenlernen
Die zweite Herausforderung ist es, die Lösung kennenzulernen ❷. Hier stützt sich die Einarbeitung der Anwendungsexperten insbesondere auf die integrierte Lernumgebung, um dann schließlich in den Testprozessen die Feuertaufe im Umgang mit dem System zu erleben. Zusätzliche Schulungsservices könnten hier von Interesse sein.

Es gibt zusätzlich Kurse oder Webinare, die die Anwendungsexperten belegen können und die zu bestimmten Themen grundsätzliche Informationen liefern. Es gibt weitere Materialien, die Geschäftsszenarien erklären – sowohl sehr detailliert einerseits als auch in übersichtlicherer Form andererseits.

Schließlich dient dies alles dazu, in die Testphase einschwenken zu können, um dort die vordefinierten Testinhalte, die Onlinehilfe und Kontextinformationen etc. auch nutzen zu können. Eine Sonderaufgabe wäre es hier für den Dienstleister, der neue Geschäftsprozesse für das Anwendungsunternehmen entwickelt hat, auch die Testpläne entsprechend anzupassen und unternehmensspezifische Testszenarien mit den Anwendungsexperten zu definieren. Es ist nicht sehr sinnvoll, mit Standardtestszenarien zu arbeiten, wenn das Unternehmen hier ganz eigene Wege geht oder spezielle Anforderungen hat. Zusätzliche Schulungsservices können auf den spezifischen Testszenarien aufbauen, sind aber natürlich kostenpflichtig.

Einsatzfähigkeit aufrechterhalten
Schließlich müssen in der dritten Phase bis zum Produktivstart die Anwendungsexperten in die Lage versetzt werden, die Einsatzfähigkeit der Cloud-Lösung aufrechtzuerhalten und die Anpassungsmöglichkeiten des Systems sinnvoll auszureizen ❸. Sie müssen insbesondere mit den Diskussionsforen und Onlineinhalten umgehen können, aber auch mit der Verwaltung von Vorfällen. Letzteres bedeutet eine Einordnung und Weiterreichung von Systemproblemen. Dazu stehen je nach Cloud-Lösung verschiedene Instrumentarien zur Verfügung.

Es existieren sogenannte *Business Center*, zu denen jeder Anwendungsexperte Zugang mit eigenem Schulungsplan besitzt (siehe *https://www.sme.sap.com/irj/sme/?language=de*).

4.2.3 Kritische Projektierungsfaktoren

In einem Cloud-Einführungsprozess lastet der Druck auf dem Anbieter als Hosting-Dienstleister, der die Systeme z. B. für Datenmigrationstests zeitgerecht zur Verfügung stellen muss. Es gilt daher, eventuell bestehende Reibungsverluste bei SAP zu minimieren, um mehr Zeitreserven für die betriebswirtschaftliche Interaktion mit Anwendern, Key Usern und der Geschäftsführung des die Cloud-Lösung einsetzenden Unternehmens zu schaffen.

Systeme rechtzeitig zur Verfügung stellen

Für das Anwenderunternehmen und seine Mitarbeiter ist es wichtig und hilfreich, dass sie sich bei der Erstimplementierung (siehe Abschnitt 4.1) auf einen kompetenten *Implementierungspartner* verlassen können, um nicht zu viel Zeit und Einarbeitung bei einmaligen Aktivitäten, der Einrichtung grundsätzlicher Verbindungsmöglichkeiten zu SAP und beim Aufbau des Systems zu verlieren.

Kompetenter Implementierungspartner

Das Einführungsprojekt an sich wird naturgemäß von der Software selbst bestimmt – also davon, welche Instrumente die Software bietet, um die verschiedenen Aufgaben, die erfüllt werden müssen, möglichst effizient und zielorientiert umzusetzen. Wir stellen fest, dass auch Cloud-Software eine Vielzahl an *Implementierungswerkzeugen* als integrale Bestandteile mit sich bringt. Die betriebswirtschaftliche Konfiguration (siehe Abschnitt 5.1), die durchgängig die Anforderungen und Entscheidungen über den Lösungsumfang vom Anforderungsabgleich bis zu den Tabellen durchschleust, ist ein zentrales Implementierungswerkzeug, das konsequent eingesetzt werden sollte.

Werkzeuge richtig nutzen

Das Projektteam des Anwenderunternehmens sollte bis zum Produktivstart seine wertvolle Zeit in das Verständnis *moderner betriebswirtschaftlicher Konzepte* investieren. Es beginnt damit, die Anforderungen abzugleichen und sukzessive zu verfeinern, um eine neuartige, integrierte Abwicklung im System mit den zur Verfügung stehenden Methoden und Werkzeugen schnell erkennbar zu machen. Dies gilt einerseits für prozessorientierte Themen vom Kundenbeziehungsmanagement bis zur Fakturierung, aber auch für integrierte Kostenrechnung oder für Zeiterfassung entlang der Prozesskette, die eine

Betriebswirtschaftliche Konzepte verstehen

völlig neue Kostentransparenz in mittelständischen Unternehmen ermöglichen. Dazu gehören z. B. auch neue analytische Möglichkeiten, um der Geschäftsleitung ein klares Bild der Unternehmenssituation vermitteln zu können, und weitere Innovationen wie die Einbindung sozialer Netzwerke.

[+] | **Besonderheiten bei der Einführung von Cloud-Lösungen**

Sie sollten folgende Besonderheiten bei Einführungsprojekten mit SAP-Cloud-Lösungen beachten:

- Die neuen Methoden und Technologien bieten viele Möglichkeiten, den Einführungsprozess massiv zu beschleunigen. Sie verlangen allerdings auch von allen Beteiligten ein Umdenken und eine maximale Verfügbarkeit der zugrunde liegenden Cloud-Infrastruktur.

- Integrative, moderne betriebswirtschaftliche Abwicklungsmöglichkeiten können mit SAP-Cloud-Lösungen umfassend eingeführt werden. Der Schwerpunkt der Projektaktivitäten verlagert sich dabei zunehmend auf betriebswirtschaftliche Gestaltungsfragen.

- Berater können sich für ein Anwenderunternehmen stärker auf den betriebswirtschaftlichen Inhalt konzentrieren und diesen gezielter vermitteln, da Instrumente angeboten werden, die eine eigenständige Einarbeitung, bis hin zum Nachvollziehen der Prozesse am System, und frühes Feedback unterstützen.

- In komplexeren Systemlandschaften ist die Einbindung der Cloud-Lösungen eine organisatorische und technische Herausforderung. Andere Support-Konzepte, Sicherheitsfragen und Datenintegration verlangen dort Zusatzaufwand.

- Neue betriebswirtschaftliche Konzepte stoßen gerade in mittelständischen Unternehmen auf »gewachsene« Organisationsstrukturen, die zunächst einmal aufgebrochen und strukturiert werden müssen, um mit den Möglichkeiten einer Cloud-Lösung auch positiv und nutzenorientiert agieren zu können.

4.2.4 Nachsteuern im frühen Produktivbetrieb

Ob die kritischen Erfolgsfaktoren eines Projekts wirkungsvoll berücksichtigt wurden, zeigt sich im frühen Produktivbetrieb. Es können verschiedene Schwierigkeiten auftreten, bei denen wir Folgendes empfehlen:

▸ **Änderungsmanagement**

Es kann vorkommen, dass der Prozessablauf nicht passend ist, und Änderungen durchgeführt werden müssen.

Zuerst stellt sich hier die Frage, ob Änderungen am Projektumfang noch zulässig sind und was in diesem Zusammenhang möglich oder schwierig ist. Grundsätzlich ist eine Änderung in jeder Projektphase, also auch im Produktivbetrieb, möglich. Man muss sich nur darüber klar werden, dass eine späte Änderung die Kosten und den Aufwand massiv beeinflussen kann.

Das bedeutet einerseits, die Flexibilität der Systeme, auch die Flexibilität des Einführungsvorgehens, sollte so organisiert sein, dass noch vor dem Produktivstart grundsätzliche Änderungen möglich sind. Dem Anwendungsunternehmen muss allerdings auf der anderen Seite klar sein, dass das Projekt dadurch aufwendiger wird und schon im ersten Lösungsdurchlauf oder spätestens in der Testphase hätte deutlich werden müssen, worin hier seine besondere oder abweichende Anforderung besteht.

Jetzt muss ein Experte die Möglichkeiten klären und die Auswirkungen abschätzen. Die Durchführung der Änderung kann sofort oder nur über ein Änderungsprojekt möglich sein. Es gibt dabei eine Reihe von Einschränkungen bezüglich des Löschens von Daten, die mit dem Vorhandensein von Echtdaten verbunden sind.

▸ **Pragmatismus**

Es kann darüber hinaus passieren, dass neue oder geänderte Anforderungen im Tagesgeschäft auftreten, die das System nicht gänzlich erfüllt.

Pragmatismus ist auch ein wichtiger Lösungsansatz. Hier geht es darum, nicht Perfektionismus vom System zu fordern, sondern für eine erste Implementierung auch mit einer achtzigprozentigen Lösung zurechtzukommen. Ein kleiner manueller Zwischenschritt, eine zusätzliche Erfassung, eine Information in einem Zusatzfeld, das von den Prozessbeteiligten organisatorisch weiterverarbeitet wird, kann viele Probleme umschiffen, für die man zunächst keine unmittelbare Lösung im System findet. Nur wo gesetzliche oder grundsätzliche geschäftliche Anforderungen nicht abgedeckt sind, besteht akuter Handlungsbedarf.

▸ **Einbindung aller Beteiligten**

Nach dem Produktivstart kann es zu Beschwerden von Mitarbeitern kommen, die nicht am Projekt und den Tests beteiligt waren.

Deswegen sollten auch frühzeitig alle Mitarbeiter informiert und einbezogen werden, bis hin zum Betriebsrat oder eventuell wichtigen Geschäftspartnern. Die Anwendungsexperten sollten die Geschäftsprozesse verstehen und unterstützen. Sie können die Mitarbeiter auch nach der Produktivsetzung betreuen. Außerdem sollten Berater bei Rückfragen zur Verfügung stehen. Erfahrungsgemäß gibt es bei jeder derartigen Einführung einer integrierten Software Akzeptanzprobleme, gerade bei Mitarbeitern, die am Anfang der Prozessketten agieren. Ihre Mitwirkung muss durch Information, Einbindung und klare Managementvorgaben gewonnen werden.

▸ **Erfolgreiche Datenmigration**

Ein weiteres Problem kann aus schlechter Qualität der migrierten Daten resultieren.

Die Überarbeitung der Stammdaten ist insbesondere bei schlecht gepflegten oder unübersichtlichen Ausgangsdaten sehr wichtig. Wenn die Datenqualität zu Beginn sehr schlecht ist, ist dies der kritische Faktor für den gesamten Nutzungsprozess. Dem Anwenderunternehmen hilft hier nur Ehrlichkeit zu sich selbst.

▸ **Erfolgreiche Tests**

Es kann passieren, dass sich Abläufe im Tagesgeschäft nicht als stabil erweisen, da sie nicht getestet wurden.

Testen ist immer eine etwas stupide Aufgabe, zu der man Endanwender nur schwer motivieren kann. Aber nur, wenn die Tests unter realistischen Bedingungen und von den wirklichen Anwendern, die dafür verantwortlich sind, durchgeführt werden, können sie einen erfolgreichen Produktivitätsstart garantieren. Die Probleme, die man in den Tests nicht erkennt, werden nur auf die produktive Zeit verschoben. Dort bricht unter Umständen Hektik aus, wenn dadurch wichtige Aktionen, wie z. B. das Drucken von Rechnungen oder Meldungen an das Finanzamt, unnötig verschoben werden oder unter Stress ausgeführt werden müssen.

▸ **Intensivierung der Nutzung**

Es kann vorkommen, dass die Anwender das System nicht nutzen und bestimmte Abläufe nicht durchgeführt werden.

Klare Vorgaben und Regelungen müssen dafür sorgen, dass Informationen wie Angebote, Aufgaben oder Rückmeldungen konsequent im System erfasst werden. Dies kann auch durch Analysen nachvollzogen werden. Nachdem die Erstimplementierung nun durchgeführt worden ist, steht auch schon die nächste Aufgabe an, nämlich die Intensivierung der Nutzung. Auf jedes Einführungsprojekt folgt ein Projekt, bei dem es darum geht, die Einarbeitung und die Nutzungsintensität zu erhöhen. Nach drei Monaten sollten an sich alle Prozesse beherrscht werden. Nach spätestens einem Jahr werden auch die letzten implementierten Prozesse, z. B. der Jahresabschluss im Finanzwesen, durchgeführt. Das bedeutet, dass es auch dann noch bestimmte Aspekte geben kann, die für den Anwender neu sind.

Nach der Erstimplementierung kann es dann, je nach Einführungsplanung, mit der zweiten Implementierungsphase weitergehen. Ansonsten sind als Nächstes die Erweiterung des Systems durch Zusatzentwicklungen oder andere Integrationslösungen relevant. Zu diesen Punkten erhalten Sie Informationen in Kapitel 6, »Erweiterungen und Add-on-Entwicklung«. Ebenso kann es durch eigene Änderungswünsche zu einem weiteren Projekt kommen. Darüber hinaus wird SAP regelmäßig eine neue Version mit neuen Fähigkeiten liefern, die es zu bewerten und nutzen gilt.

Zweite Implementierungsphase oder Änderungsphase

Nach dem Produktivstart gibt es neue Rollen für die Zusammenarbeit. Das Anwendungsunternehmen hat seine Lernumgebung im System. Der Kontakt zwischen den Endbenutzern und den Anwendungsexperten ist organisiert; die Anwendungsexperten fungieren als Benutzerbetreuer und werden über Änderungsbedarfe oder Schwierigkeiten in der Praxis informiert. Sie treten dann z. B. bei regelmäßigen Terminen mit ihrem *Kunden-Engagement-Manager* bei SAP in Kontakt, erhalten von ihm Informationen über Aktualisierungen und Produkterweiterungen und beschäftigen sich damit, wie das Unternehmen mehr aus seiner Lösung herausholen kann.

Support-Phase

Die Support-Mitarbeiter der SAP stehen für die Vorfälle zur Verfügung und fungieren auch als Schnittstelle mit anderen SAP-Organisationen, um ein Problem zu lösen. Das SAP Business Center ist eine allgemeine Bibliothek inklusive Foren und liefert weitere Materialien, die dem Anwendungsexperten aufseiten des Unternehmens zur Verfügung stehen.

Support-Pakete
Besonders variantenreich ist das Support-Modell für SAP Success-Factors. Es gibt drei verschiedene Support-Pakete, die sich in Umfang und Kosten unterscheiden.

▸ Das Gratis-Paket *Standard-Support* enthält viele grundlegende Support-Features wie etwa Telefon-, Web- und Chat-Support sowie die sogenannten *VIP-Webinare*.

▸ Die nächsthöhere Support-Stufe ist das Paket *Premium Experience Plan*. Es bietet zusätzliche Funktionen, wie einen mehrsprachigen Support, einen speziellen Support für Employee Central und Payroll Cloud Services, einen periodischen Checkpoint (zweiwöchig) und andere Features.

▸ Die höchste Stufe wird *Platinum Experience Plan* genannt. Sie enthält zusätzlich zu den Features des Premium-Supports noch weitere Funktionen. So werden ein wöchentlicher Checkpoint, ein strategisches Account Management, VIP-Events und weitere Support-Funktionen angeboten.

Community
Darüber hinaus haben SuccessFactors-Kunden Zugang zu einer Community-Seite (siehe *http://www.successfactors.com/en_us/solutions/support/offering.html* bzw. *https://connect.successfactors.com/Community/Pages/splash.aspx?redirectreason=notregistered&referer=https%3A%2F%2Fcommunity.successfactors.com%2F*).

4.3   Upgrade

Erfreulicherweise ist dieser Abschnitt sehr kurz, da das Upgrade der Cloud-Lösungen von SAP weitgehend automatisiert im Hintergrund durchgeführt wird.

4.3.1   Automatisiert ablaufendes Upgrade

Rund um das Upgrade – hier am Beispiel der Cloud-Suite SAP Business ByDesign – ist es wichtig, Informationen zu folgenden Themen zu beachten:

▸ wichtige Termine

▸ Informationen über Änderungen und Neuerungen

▸ geänderte Systemvoraussetzungen

Die Anwendungsunternehmen werden im Upgrade-Prozess zunächst nur über die Terminplanung informiert und können diese mit SAP abstimmen. Es steht dann im Zeitraum von ca. drei bis einer Woche vor Produktiv-Upgrade eine bereits höher gestufte Testumgebung (Upgrade einer Kopie des Produktivsystems) zur Verfügung, die überprüft werden muss. Bei dieser Gelegenheit können aber auch Release-Neuerungen bewertet werden.

Terminplanung abstimmen

[«]

Terminplanung

Für ein Unternehmen wie IBIS ergaben sich beim Upgrade die folgenden Eckpunkte. Die Zeitangaben sind, ausgehend vom Upgrade-Termin, rückwärtsterminiert:

▶ **Fünf Wochen vorher: Lösungsumfang und Finetuning einfrieren**
  Von diesem Tag bis nach dem Produktiv-Upgrade sollten keine Änderungen am Lösungsumfang oder Finetuning des Produktivsystems vorgenommen werden. Sollten Änderungen dennoch notwendig sein, sollte ein Service Adviser der SAP vorab kontaktiert werden.

▶ **Vier Wochen vorher: Aktualisierung mit Korrekturen wird gestoppt.**
  Ab diesem Datum wird die Versorgung mit Korrekturen des Produktivsystems vorübergehend eingestellt.

▶ **Drei Wochen vorher: Die Kopie des Produktivsystems wird aktualisiert.**
  Um die Geschäftsprozesse zu überprüfen, wird für den Anwender eine Kopie des Produktivsystems auf dem neuen Release zur Verfügung gestellt.

▶ **Eine Woche vorher: Freigabe**
  Spätestens an diesem Tag benötigt SAP die Freigabe, um das Produktiv-Upgrade termingerecht durchzuführen.

▶ **Drei Tage (Wochenende): Produktiv-Upgrade**
  Das Produktiv-Upgrade des Produktivsystems wird durchgeführt. Dazu wird im Normalfall ein Wochenende genutzt.

Der zweite Punkt, über den Sie sich bei einem Upgrade informieren sollten, sind Änderungen und Neuerungen, etwa zwischen den Versionen.

Alle Information über Änderungen und Neuerungen, die auf das Anwenderunternehmen und seine Mitarbeiter nach dem Upgrade zukommen, finden die Anwendungsexperten im SAP Business Center (siehe *https://www.sme.sap.com/irj/sme*), z. B. einen Überblick und die detaillierte Dokumentation zu Änderungen und Neuerungen. Die Unterlagen stehen nach dem Upgrade auch in Ihrer Systemhilfe zur Verfügung. Im System selbst erscheint beim Einloggen nach

Änderungen und Neuerungen

dem Upgrade die in Abbildung 4.5 dargestellte Übersicht. Beim Wechsel auf die Version 1502 waren 24 Neuerungen und weitere meist länderspezifische Änderungen besonders zu beachten.

Abbildung 4.5 Änderungen und Neuerungen im Überblick

Abbildung 4.6 zeigt, dass es im Finanzmanagement u. a. den neuen Bericht »Statistik für Zahlungsdifferenzgrund« gibt. Darüber hinaus wird auf eine länderspezifische Änderung im EU-Umsatzsteuergesetz hingewiesen.

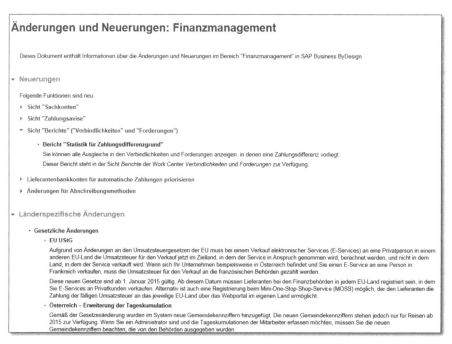

Abbildung 4.6 Länderspezifische Änderung und neuer Bericht

Auf einige wesentliche legale oder technische Änderungen wird der Anwender explizit per E-Mail hingewiesen. Es handelt sich dabei um Informationen, die für die Anwendungsexperten und Endanwender für die tägliche Arbeit ab dem ersten Tag nach dem Upgrade sehr wichtig sind. Der dritte Aspekt ist der, sich über die geänderten Systemanforderungen zu informieren. Zum Beispiel wurden mit dem Feature Pack 2.6 die Microsoft-Office-Version 2003 oder vorangegangene Versionen nicht mehr unterstützt.

Legale oder technische Änderungen

Etwas anders ist die Vorgehensweise bei der Cloud-Lösung *Success-Factors*. Der Upgrade-Zyklus bei *SuccessFactors* ist vierteljährlich, dies ist innerhalb der SAP Cloud der kürzeste Zyklus, der auch für die S/4HANA Cloud Edition gewählt wurde. Von den kurzen Aktualisierungszeiten verspricht man sich, dass das Produkt innovativ sein kann und dass sinnvolle Erweiterungen dem Unternehmen schneller zur Verfügung gestellt werden. Jedes Upgrade-Release wird dem System direkt über den Cloud-Provider hinzugefügt. Falls keine der neuen Funktionen benötigt bzw. durch die Konfiguration aktiviert wird, verändert sich nichts am System.

Upgrade-Zyklus: drei Monate

Diese Vorgehensweise funktioniert allerdings nicht immer ohne Implikationen für den Anwender. In betriebswirtschaftlichen Systemen sind manche Upgrades verpflichtend, da sie legale Änderungen beinhalten. Auch kann es zu Seiteneffekten und Problemen kommen, die wiederum die Frage aufwerfen, ob man nach einem Upgrade weiterarbeiten kann, ohne zu testen. Für manche Anwender ist dies ein Grund, die eigenständige und teurere Private Edition zu nutzen, da sie dort nach wie vor den Upgrade-Zyklus selbst bestimmen können.

Upgrade-Zyklus selbst bestimmen

Je nach Support-Paket verläuft die Durchführung des Upgrades bei *SuccessFactors* unterschiedlich. Während beim Standard- und beim Premium-Paket die Durchführung über Web und Community in Eigeninitiative des Endnutzers ablaufen, wird dem Inhaber eines Platinum-Support-Pakets ein individuell zugeschnittenes und personalisiertes Upgrade zur Verfügung gestellt (siehe *http://sapexperts.wis-pubs.com/SAP%20and%20SuccessFactors%20An%20Overview*).

Support-Paket und Upgrade

[»] | **In Beratung nach dem technischen Upgrade investieren?**

Nach dem Upgrade stehen die neuen Möglichkeiten des aktuellen Releases unmittelbar aktiv oder noch passiv zur Verfügung:

▶ Unmittelbar aktiv sind die Änderungen in den genutzten Work Centern und Prozessen ersichtlich, wo Anwender etwa mit neuen Feldern oder Buttons konfrontiert sind. Hier besteht Schulungs- und Erklärungsbedarf für den Endbenutzer.

▶ Viele Neuerungen bleiben zunächst »passiv«, da sie nicht aktiviert sind. Sie stehen im betriebswirtschaftlichen Katalog und anderen Gestaltungswerkzeugen bereit und müssen dort je nach Bedarf aktiviert werden.

Für alle Neuerungen sollten die Nutzungsmöglichkeiten untersucht und bewertet werden. Auf Basis eines Änderungsprojekts kann der Lösungsumfang auch im Produktivbetrieb erweitert werden.

4.3.2 Änderungsprojekte

In der Cloud-Suite SAP Business ByDesign wechselt nach dem Produktivgehen das Work Center BETRIEBSWIRTSCHAFTLICHE KONFIGURATION in den Änderungsmodus. Die weiteren Einführungsphasen sind Änderungsprojekte.

Kontinuierliche Anpassung | Die zentrale Innovation (siehe Abschnitt 5.1, »Betriebswirtschaftliche Konfiguration«), die SAP Business ByDesign dabei erfüllt, ist, dass Änderungen im Finetuning und im Lösungsumfang durch die Werkzeuge des betriebswirtschaftlichen Katalogs und seiner Regelbasis genauso abgesichert werden wie bei der Erstimplementierung. Die kontinuierliche Anpassung nach dem Upgrade findet somit mit den gleichen Werkzeugen statt, die der Anwendungsexperte bei der Erstimplementierung kennengelernt hat. Tabelle 4.4 zeigt drei Kategorien von Änderungsprojekten mit unterschiedlichem Aufwand.

Minimale Eingriffe in Prozesse/System	Mittlerer Eingriff in Prozesse/System	Vertiefter Eingriff in Prozesse/System
▶ Geringer Zeitaufwand < 30 min ▶ Bsp.: Anlegen neuer Felder oder Pflege laufender Einstellungen	▶ Zeitaufwand < 2 Std. ▶ Bsp.: Change Request und Test zum Ändern des Schwellwerts der Angebotsgenehmigung	▶ Zeitaufwand > 1 Tag ▶ Bsp.: Change Projects zum Freischalten neuer Lösungsfunktionen mit erweiterter Bearbeitung oder umfassender Datenmigration

Tabelle 4.4 Drei Kategorien von Änderungsprojekten

Bei einem *mittleren Eingriff* können Finetuning-Aktivitäten ausgewählt und zusammengestellt werden. Die Vorgehensweise, dies
nach dem Upgrade zu ändern, ist sinnvoll, wenn der Anwendungsexperte konkrete Einstellungen ändern will, die nicht über die laufenden Einstellungen zugänglich sind.

Falls der Lösungsumfang erweitert werden soll, ist dies ein *vertiefter
Eingriff*. Dort können, wie im Scoping der Erstimplementierung,
weitere Lösungselemente ausgewählt werden. Auch die Abwahl ist
zulässig, wenn nicht gegen Konsistenzregeln verstoßen wird.

> **Änderungsprojekt nach dem Upgrade** [«]
>
> Die Definition des Änderungsprojekts ist gleichbedeutend mit einem
> betriebswirtschaftlichen Upgrade, insbesondere wenn es um Erweiterun-
> gen nach dem Upgrade geht. Neue Fachthemen und Funktionen stehen
> dann hier im erweiterten betriebswirtschaftlichen Katalog zur Auswahl
> bereit.

Beim Abschließen eines Änderungsprojekts werden die zu einer
Änderung zusammengefassten Elemente aufgeführt. Danach können
die Änderungsaktivitäten angegangen werden. Die Schritte sind mit
denen einer Erstimplementierung vergleichbar. Die Anforderung
eines Testsystems, das heißt, eine Kopie des Produktivsystems, um
Änderungen vorher zu testen, ist möglich, kann aber auch über-
sprungen werden. Am Ende werden die Änderungen eines Projekts
komplett ins Produktivsystem übertragen.

Änderungen im Produktivsystem

Für die Klassifizierung von Änderungen können drei Merkmale
einer Änderung herangezogen werden:

Klassifizierung von Änderungen

▸ die Auswirkung oder der Impact: Was folgt aus der Änderung?

▸ der zeitliche Aspekt: Ist es eine einmalige Änderung, oder kann sie
  immer wieder auftreten?

▸ die Umsetzungsform: Handelt es sich um eine Einzeländerung
  oder um ein Änderungsprojekt?

Ergänzend zu der hier vorgeschlagenen Klassifizierung können bei
Bedarf weitere betriebswirtschaftliche Kriterien herangezogen wer-
den, die sich z. B. mit der Auswirkung auf Kosteneinsparungen und
Unternehmenserfolg oder mit der Wechselwirkung zu Kunden oder
Lieferanten beschäftigen. Es können auch Risikoaspekte herangezo-
gen werden, die es notwendig machen, die Entscheidung für eine

Änderung auf unterschiedlichen Managementebenen abzusichern; vom Mittelmanagement bei veränderter Aufgabenzuordnung bis hin zu einem Aufsichtsrat bei einer Unternehmensstrukturänderung.

[+] **Besser mehrere überschaubare Änderungsprojekte als Großänderung**

Die Komplexität eines Änderungsprojekts sollte gering und überschaubar gehalten werden, um es möglichst schnell zu realisieren.

Zusammenfassend können wir feststellen, dass Cloud-Lösungen zwar einige Einschränkungen bei Änderungen haben, was in der Natur der gemeinsam genutzten Infrastruktur liegt. Insgesamt bieten die modernere modulare Architektur, die vielen Anpassungsmöglichkeiten auf unterschiedlichsten Ebenen und die Integrationstechnologien aber mehr Optionen bei Änderungsprojekten.

Die Anpassungsfähigkeit einer Cloud-Software ist entschei-
dend für ihre anforderungsgerechte Gestaltung. Aus Anbie-
tersicht muss dazu ein Spagat zwischen Flexibilität und
Standardisierung vollzogen werden, da die Kosten der Cloud
möglichst niedrig sein sollten. In diesem Kapitel stellen wir
Ihnen dafür die betriebswirtschaftliche Konfiguration vor.

5　Anpassungsmöglichkeiten

Die Anpassung von Standardanwendungssoftware wird normalerweise durch den Begriff *Customizing* (abgeleitet von *custom made*,
englisch für maßgearbeitet) umschrieben. Doch muss die *angefertigte
Lösung* zukünftige Veränderungen der Organisation dynamisch nachvollziehen können. Als Begriff drückt *Adaption* diese erweiterte Zielsetzung besser aus. Adaption bedeutet *Anpassung an die Umwelt*. Bei
den SAP-Cloud-Lösungen gibt es dafür einen *Business Adaptation
Catalog* (siehe Abschnitt 5.1.2, »Betriebswirtschaftlicher Katalog«)
und weitere Adaptionsverfahren, die ohne Code-Anpassungen auskommen.

Die Realisierung eines ersten regelbasierten Anpassungs- bzw. Kon-
figurationswerkzeugs, das Bestandteil einer Softwarearchitektur ist,
war erst mit der Entwicklung der völlig neuen SAP-Softwaregenera-
tion möglich. Vorreiter war dabei die Cloud-Suite SAP Business
ByDesign (Zenke und Eichin 2008, Thome und Hufgard 2008), die
erstmalig mit einer Regelbasis für die betriebswirtschaftliche Konfiguration (siehe Abschnitt 5.1) ausgestattet war. Auf diesem technischen Fundament ist ein »Scoping« (siehe Abschnitt 5.1.1) des Projektumfangs möglich. Der dafür konzipierte betriebswirtschaftliche
Katalog (siehe Abschnitt 5.1.2) beinhaltet die Aufgabengebiete und
Konfigurationsregeln der Unternehmenssoftware (Hufgard und Krüger 2012, S. 156–168). Die Hauptaufgabe dieser Wissensbasis ist die
Sicherstellung der Integration entlang der Prozesse und zwischen
den Aufgabengebieten.

Vom Customizing
zur Adaption

Regelbasierte
Konfiguration

Die Anpassungswerkzeuge der SAP-Cloud-Lösungen unterscheiden sich sehr stark. Die Geschäftsprozesslösungen bieten naturgemäß mehr und andere Möglichkeiten als die Kollaborations- und Netzwerkplattformen. Tabelle 5.1 zeigt die Unterschiede.

SAP-Cloud-Lösung	Auswahl (Configure)	Anpassung (Adapt)	Ergänzung (Extend)
Cloud for Customer	regelbasiert	Finetuning	ja
ByDesign	regelbasiert	Finetuning	ja
S/4HANA	geführt	je nach Betriebsmodell	SAP HANA Cloud Platform
SuccessFactors	parameterbasiert	Provisioning, Admin-Tools	ja
Jam	Zugang	Rechte	nein
Ariba	Zugang	Rechte	nein
Concur	Zugang	Rechte	nein

Tabelle 5.1 Adaptionswerkzeuge ohne Programmierung

Keine Programmierung

Die oben dargestellten Möglichkeiten sind Werkzeuge mit Benutzeroberflächen, die Anpassungen ohne Programmierung erlauben. Sie wenden sich an betriebswirtschaftliche Anwendungsexperten, also Key User. Die Erweiterungs- und Integrationsmöglichkeiten mit den Software Development Kits werden in Kapitel 6, »Erweiterungen und Add-on-Entwicklung«, vorgestellt.

5.1 Betriebswirtschaftliche Konfiguration

Technische Konfiguration

Bei einer technischen Konfiguration werden Einstellungen zur Installation im laufenden Betrieb einer Unternehmenssoftware vorgenommen, um sie in einen fehlerfreien und einsatzfähigen Zustand zu versetzen bzw. um diesen zu erhalten. Freier Speicherplatz oder verfügbare Browserversionen sind einfach feststellbar und damit auch in einer Skriptsprache als Konfigurationslogik abbildbar. Einige Cloud-Lösungen nutzen diese Verfahren, um die Umgebungsbedingungen auf den Endgeräten zu prüfen.

Bei der betriebswirtschaftlichen Konfiguration, die sich mit der Parametrisierung von Prozessen, Organisationsstrukturen oder Stammdaten beschäftigt, ist die automatische Ermittlung der Anforderungs- und Rahmenparameter ungleich schwieriger, da sie situativen und subjektiven Einflüssen sowie einem ständigen organisatorischen Wandel unterliegen. Wie hoch soll die Genehmigungsgrenze für ein Kundenangebot sein? Soll eine Kreditlimitprüfung durchgeführt werden? Für all diese Entscheidungen ist daher eine Anforderungsanalyse notwendig, aus der ein möglichst effektiver Durchgriff auf die betriebswirtschaftliche Gestaltung der Unternehmenssoftware möglich sein muss. Ein solcher Ansatz wird insbesondere in SAP Business ByDesign verfolgt und deshalb daran exemplarisch vorgestellt.

Prozesse, Organisationsstrukturen oder Stammdaten

Mit der Systembereitstellung eines auszugestaltenden Testsystems beginnt die Arbeit an der eingebauten betriebswirtschaftlichen Konfiguration. Einen Überblick liefert das gleichnamige Work Center in SAP Business ByDesign (siehe Abbildung 5.1). Dort finden alle Implementierungsaufgaben statt. Der Button PROJEKTUMFANG BEARBEITEN ❶ bietet den Einstieg zum Scoping des Lösungsumfangs, der sinnvollerweise schon beim Anforderungsabgleich vordefiniert wurde und nun weiter verfeinert oder, wenn notwendig, an den geänderten Projektumfang für die erste Implementierung angepasst werden muss.

Work Center »Betriebswirtschaftliche Konfiguration«

Abbildung 5.1 Work Center »Betriebswirtschaftliche Konfiguration«

Projektumfang und
Aufgabenliste

Der Button AUFGABENLISTE ÖFFNEN ❷ bietet den Einstieg in die Folgephasen FINE-TUNING, DATENÜBERNAHME und ERWEITERUNG, TEST sowie PRODUKTIVSTART.

[»] **Forschungshintergrund »Betriebswirtschaftliche Konfiguration«**

Eine Erkenntnis der Untersuchung komplexer Modularsoftware im Bereich Produktion war, dass die Einstellung der Parameter auf die Ebene von Geschäftsprozessen verlagert werden sollte, um nicht falsche Schlüsse aus der isolierten Betrachtung von Teilmodulen zu ziehen (Mertens 1991, S. 570). Auf Basis der Arbeiten von Thome und Hufgard (Thome und Hufgard 1994, 1996) wurde erstmals ein Werkzeug für die Anforderungsanalyse von SAP R/3 mit integrativen Konfigurationsregeln konzipiert, entwickelt und vielfach eingesetzt (Hufgard 1997). Dieses Vorgängerwerkzeug (*Live Kit Structure*) wurde in einer Entwicklungskooperation zwischen Siemens und IBIS Prof. Thome in Ergänzung zu SAP R/3 realisiert. Es kann als Vorbild der betriebswirtschaftlichen Konfiguration gelten und ist immer noch im Einsatz.

5.1.1 Scoping

Entscheidungen
absichern

Was bedeutet *Scoping* bzw. den Projektumfang bestimmen? Dahinter steht ein regelbasierter betriebswirtschaftlicher Katalog, der Entscheidungen bis zu Konfigurationstabellen im System durchreicht. An der Oberfläche sieht es für das Projektteam so einfach wie die Konfiguration eines Autos im Internet aus; im Hintergrund arbeiten einige Regelwerke und Automatismen, die Entscheidungen absichern und die Produktivität erhöhen. Die wichtigsten Fähigkeiten des Scopings sind:

▸ Als Ergebnis des Scopings wird automatisch ein umfangreiches Blueprint-Dokument generiert.

▸ Eine Aufgabenliste der relevanten Aktivitäten wird automatisch erzeugt. In den meisten Fällen müssen die bereits vorkonfigurierten Inhalte nur geprüft werden, z. B. aus rechtlichen Gründen.

▸ Auf Basis des ausgewählten und auf Konfigurierbarkeit geprüften Lösungsumfangs können weitere betriebswirtschaftliche Optionen gewählt werden. Empfehlungen und Konfigurationsregeln beschleunigen und sichern Entscheidungen ab.

Software-
potenziale
ausreizen

Generelles Ziel des Scopings ist es, aus dem maximalen Lösungsumfang eine passende Auswahl zu treffen. Dabei gilt es, Anforderungen des Anwenderunternehmens und Fähigkeiten der Standardsoftware in einem Adaptionsprozess abzugleichen, damit die Potenziale der Software ausgereizt und der Anteil von Ergänzungsentwicklungen möglichst gering gehalten werden.

Die betriebswirtschaftliche Konfiguration und insbesondere das Scoping ist auch der Dreh- und Angelpunkt für Erweiterungen und Änderungen des Lösungsumfangs – sowohl vor, während, als auch nach der Implementierung in der produktiven Nutzung. Im Folgenden sind die Wirkungen der Konfiguration, die durch das Scoping gesteuert werden, zusammengefasst (Hufgard und Krüger 2012, S. 166–168).

Erweiterungen und Änderungen

Business-Konfiguration [«]

Die Business-Konfiguration kann folgende Auswirkungen haben:

► Entscheidungen im Scoping werden durch die Konfiguration direkt in Systemeinstellungen umgesetzt.

► Die Absicherung der Konfigurationsentscheidungen durch Berücksichtigung der Abhängigkeiten stellt die Baubarkeit der Lösung sicher.

► Länder- und Branchenorientierung können über Vorauswahl und Regeln konfigurationsgerecht umgesetzt werden.

► Reduktion der Komplexität der Unternehmenssoftware durch Regeln – Unnötiges wird weglassen, nur Relevantes wird aktiviert.

► Grundeinstellungen werden vorgeschlagen und können akzeptiert oder überarbeitet werden.

► Nachhaltigkeit wird durch die Verfügbarkeit der Entscheidungen im Scoping für *Change* oder *Upgrade* erzeugt.

Folgende Empfehlungen gelten für das Scoping im Projekt:

Konsequenzen für die Projektierung

► Pflichten- oder Lastenhefte im Vorfeld selbst zu erstellen ist nicht mehr notwendig. Das Scoping erlaubt eine systematischere und effizientere Anforderungsanalyse und -dokumentation.

► Der Entscheider und die Anwendungsexperten sollten in die Workshops einbezogen werden. Der Implementierungspartner darf die Auswahl des Lösungsumfangs nicht alleine im Hintergrund vornehmen.

► Das Projektteam muss den Katalog und die grundsätzlichen Fähigkeiten des Work Centers BETRIEBSWIRTSCHAFTLICHE KONFIGURATION frühzeitig kennenlernen.

▸ Den Entscheidungsprozess im Scoping muss ein erfahrener Solution Advisor moderieren. Insgesamt sollten je nach Projekttyp ein bis drei Tage dafür reserviert werden.

▸ Kritische und relevante Prozesse werden mit dem Scoping identifiziert und konfiguriert. Die Prozessgestaltung ist Thema der Prozessevaluierung am System.

▸ Zusätzliche Anforderungen sollen im Workshop gesammelt, dokumentiert und priorisiert werden.

▸ Die Komplexität der Daten des Anwendungsunternehmens muss ebenfalls identifiziert werden, um den konkreten Aufwand für die Datenmigration einschätzen zu können.

Die wichtigsten Elemente, die das Scoping per Konfiguration aktiviert, sind Aktivitäten in der AUFGABENLISTE für das Implementierungsprojekt (siehe Abschnitt 5.1.3).

5.1.2 Betriebswirtschaftlicher Katalog

Herzstück des Scopings ist der betriebswirtschaftliche Adaptionskatalog (BAC – *Business Adaptation Catalog*), der die Fähigkeiten der Unternehmenssoftware SAP Business ByDesign repräsentiert. Er ist auch Träger der Konfigurationsregeln, die Integration und Machbarkeit der Unternehmenslösung automatisiert absichern.

Katalogstruktur Abbildung 5.2 zeigt links die Struktur des Katalogs mit dem Fachbereich MARKETING, darunter die Fachthemen MARKTENTWICKLUNG und KAMPAGNENMANAGEMENT. Die dritte Ebene enthält Funktionen, wobei es sich auch um Prozesse, Stammdaten oder Analysen handeln kann. Im KAMPAGNENMANAGEMENT sind die KAMPAGNENDURCHFÜHRUNG, ZIELGRUPPEN und ANALYSEN FÜR KAMPAGNENMANAGEMENT aufgeführt.

▸ AUSWAHL DURCH SYSTEM AUFGEHOBEN bedeutet, dass sich die Elemente regelbasiert aktivieren, weil sie – wie z. B. die Zielgruppen für das Kampagnenmanagement – unbedingt notwendig sind.

▸ Bei einer möglichen Auswahl, die vom Benutzer bestätigt werden muss, würde AUSWAHL DURCH BENUTZER angezeigt werden.

Regeln Die Absicherung der Auswahl erfolgt durch Konsistenz- und Integrationsregeln. Nach jeder Auswahlentscheidung werden die zusätzlich notwendigen Fachthemen und Funktionen automatisch aktiviert.

Eine derartige Auswahl ist demnach immer »baubar«, da die softwaretechnischen Abhängigkeiten berücksichtigt werden. Wird ein Konflikt erzeugt, zeigt das System Ansatzpunkte für die Lösung an.

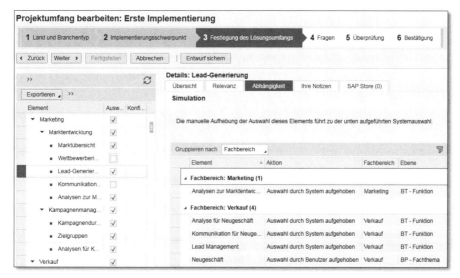

Abbildung 5.2 Auswahlsimulation eines Fachthemas

Lösungsumfang: Fachbereiche, Fachthemen, Funktionen und Optionen [«]

Die bisher dargestellten Elemente des Katalogs legen den Lösungsumfang fest:

▶ Die *Fachbereiche* wie Marketing und Verkauf dienen nur zur Gliederung des Katalogs und sind vergleichbar mit *Unternehmensbereichen*.

▶ Die *Fachthemen* wie Kampagnenmanagement oder Neugeschäft bestimmen den Projektumfang und sind relativ unabhängige Stammdatengruppen, Geschäftsprozesse oder Funktionsbereiche, die man deswegen auch als *Einführungspakete* bezeichnen kann.

▶ *Funktionen* sind die inhaltlichen Aspekte der Fachthemen. Sie können auch Stammdaten, Prozessvarianten, Kommunikation oder Analysen repräsentieren.

▶ *Optionen* sind Fragen, die das Ausgestalten einer Funktion ermöglichen. Sie zeigen auch betriebswirtschaftliche Varianten auf, wenn es mehrere Gestaltungsmöglichkeiten gibt.

Abbildung 5.3 zeigt vier Fragen zur Funktion KUNDENMANAGEMENT. Dabei geht es um zusätzliche Möglichkeiten bei der Ausgestaltung der Kundenstammdaten mit Geschäftspartnerarten und Vertriebs-

Optionen

wegen. Zur Frage der Kreditlimitprüfung sind die Details dargestellt. Darin lassen sich weiterführende Informationen zur Option selbst, Integrationsbeziehungen zu anderen Elementen des BACs und die damit verbundene automatisierte bzw. manuelle Auswahl anderer Fachthemen, Funktionen bzw. Optionen anzeigen. Dazu gibt es die Möglichkeit, eigene Notizen zu hinterlegen und sich über eventuell passende Zusatzangebote im SAP Store (siehe Kapitel 6, »Erweiterungen und Add-on-Entwicklung«) zu informieren.

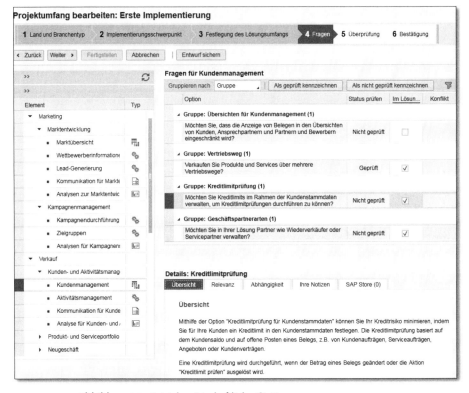

Abbildung 5.3 Betriebswirtschaftliche Optionen

Die Anzahl der Fragen zu den betriebswirtschaftlichen Optionen beträgt ungefähr vier pro Funktion im Katalog. Im Gegensatz zu einer Checkliste müssen bei Weitem nicht alle Fragen zu den Optionen beantwortet werden, da sie durch Regeln wegfallen oder schon ausgewählt sein können. In einem großen Projekt mit 63 Fachthemen standen z. B. nur 336 Fragen zur Prüfung an (Hufgard und Krüger 2012, S. 161). Das sind weniger als 40 % der Gesamtmenge. Dieser Effizienzgewinn erlaubt eine schnellere Anforderungsanalyse.

Tabelle 5.2 zeigt die Elemente des Katalogs mit ihrer Anzahl und Aufgabe. Die Inhalte des Katalogs sagen auch viel über die Potenziale und die Fähigkeiten im jeweils aktuellen Release aus.

Anzahl der Katalogelemente

Elemente des Katalogs BAC	Aufgabe	Feature Pack 15.02
Länder	Vorauswahl	19
Fachbereiche	Strukturierung	19
Fachthemen (Einführungspakete)	erste Auswahlebene im Scoping	68
Funktionen (Inhalte der Fachthemen)	zweite Auswahlebene im Scoping	284
Optionen (Detailfragen zu Funktionen)	dritte Auswahlebene im Scoping	1.210

Tabelle 5.2 Elemente des Business Adaptation Catalogs (BAC – Stand 2015)

Für die bereits in Kapitel 4 dargestellten Projekttypen sind in Tabelle 5.3 die Größenordnungen der aktivierten Katalogelemente aufgeführt. Ein kleines Projekt erhält so auch einen überschaubaren Projektrahmen, den die betriebswirtschaftliche Konfiguration für ihn zusammenstellt. Die Skalierbarkeit, die der Katalog erlaubt, sorgt für Übersicht und ermöglicht die Fokussierung auf relevante Aufgaben im Projekt und in den konfigurierten Geschäftsprozessen.

Faktoren	CRM	Dienstleister	Projektfertiger
Fachbereiche	8	15	19
Fachthemen	21	44	65
Funktionen	61	157	247
Optionen	163	540	856
Aufgabenliste	18 %	52 %	84 %

Tabelle 5.3 Aktivierte Elemente der betriebswirtschaftlichen Konfiguration nach Katalogumfang

5.1.3 Aufgabenliste

Eine projektspezifische Aufgabenliste wird auf Basis des festgelegten Projektumfangs von der betriebswirtschaftlichen Konfiguration automatisch erzeugt. Tabelle 5.4 zeigt die fünf wichtigsten Elemente, die das Scoping aktiviert.

Einstellungen vornehmen

Im Rahmen der Aufgabenliste, die für die Implementierung steuernden Charakter hat, gibt es eine Teilmenge von Konfigurationssichten, für die konkrete Einstellungen vorgenommen werden können. Die weiteren Aufgaben haben einen Link auf die Anwendung, beinhalten Vorlagen oder dienen der Projektsteuerung.

Automatisch konfigurierte Elemente	Verwendung	Größenordnung
Aufgabenliste	Implementierung	50–400
Konfigurationssichten	Finetuning	30–250
Einstellungen	Konfiguration	300–1.500
Work Center	Aufbauorganisation	15–80
Prozessvarianten	Ablauforganisation	30–210

Tabelle 5.4 Wirkung der automatischen Konfiguration

Konfigurationstabellen automatisch füllen

Inhalte mit konkreten Werten für Konfigurationstabellen sind ebenfalls Teil des Ladeprozesses nach dem Scoping. Ein Teil dieser Einstellungen sind Vorschlagswerte, die das Projektteam prüfen, übernehmen oder ändern kann. Auch die Sichtbarkeit der Work Center und die zwischen den Prozesskomponenten agierende Prozesssteuerung werden durch die Konfiguration bestimmt, um die Komplexität bedarfsgerecht zu kontrollieren. Die Größenordnungen in Tabelle 5.4 zeigen die wahrscheinliche Unter- und Obergrenze des Aktivierungsumfangs für einen kleinen bis großen Projektumfang an.

Neben den aufgeführten Elementen wird noch eine Reihe weiterer Objekte, wie Formulare, Analysen oder Dokumentation, in SAP Business ByDesign konfiguriert.

[»] **Änderbarkeit der Aufgabenliste im Projekt**

Die automatische Konfiguration und die Generierung der Aufgabenliste wird auch *Deployment* genannt. Sie kann, technisch gesehen, mehrmals durchlaufen werden. Erweiterungen sind auch in späten Phasen problemlos möglich. Die Rücknahme des Lösungsumfangs kann in bestimmten Fällen und bei vorhandenen Daten durch das System blockiert sein.

Phasendarstellung

Nachdem die Aufgabenliste erzeugt wurde, zeigt sich eine phasenorientierte Darstellung der einzelnen Einträge wie in Abbildung 5.4. Logischerweise ist zu Beginn noch keine Aufgabe zurückgemeldet. Das in dieser Abbildung dargestellte Projekt befindet sich schon in der Datenmigrationsphase.

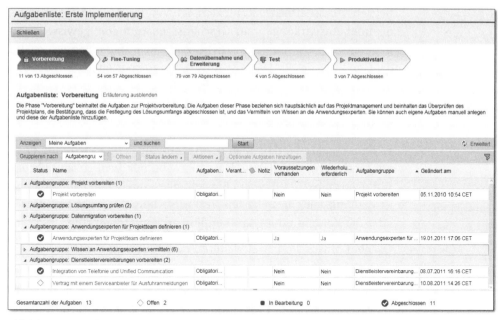

Abbildung 5.4 Aufgabenliste der Vorbereitungsphase

Mit der angepassten Aufgabenliste erhalten Mitarbeiter Zugang zum System und können mit ihren Projektaufgaben beginnen. Die weiteren Spalten der Tabelle geben Hinweise auf Zweck und Wechselwirkung der Aufgaben:

Projektaufgaben beginnen

- Die AUFGABENGRUPPEN gliedern die Tätigkeiten.

- Die AUFGABENART zeigt die Relevanz: obligatorisch, optional oder ein Meilenstein zur Projektkontrolle.

- VORAUSSETZUNGEN VORHANDEN zeigt, ob und welche Aufgaben vorher erledigt sein müssen.

- WIEDERHOLUNGEN ERFORDERLICH weist darauf hin, dass die Aufgabe im Produktivsystem erneut durchgeführt werden muss, wie hier das Thema ANWENDUNGSEXPERTEN FÜR PROJEKTTEAM DEFINIEREN.

Außerdem kann der Projektleiter Verantwortliche festlegen, Notizen pflegen oder sogar eigene Aufgaben ergänzen. Hinter jeder Aufgabe verbirgt sich der Einstieg in eine Pflegeoberfläche und eine Dokumentation; Vorgehen und Benutzerführung sind übersichtlich und einheitlich. Trotzdem ist die Aufgabenliste nicht ohne Weiteres für einen Mitarbeiter beim Anwenderunternehmen nutzbar, da sie

Anwendungsexperten ausbilden

betriebswirtschaftliches Kontextwissen voraussetzt und die Erkenntnis über Auswirkungen auf Geschäftsszenarien eine gewisse Einarbeitung verlangt. Das realistische Ziel einer Implementierung ist, dass am Ende des Projekts die Anwendungsexperten des Kunden mit den wichtigsten Aufgaben der betriebswirtschaftlichen Konfiguration umgehen können, die auch für Änderungen im laufenden Betrieb notwendig sind.

Es hat sich gezeigt, dass man die Aufgabenliste im Finetuning überwiegend zügig abarbeiten kann. Es gibt nur wenige komplexere Abfolgen zu beachten, wenn Einstellungen aufeinander aufbauen. So ist das Anlegen eines eigenen Verkaufszyklus mit mehreren Phasen oder die Kontenfindung im Handling erklärungsbedürftig.

Reihenfolge und Phasen

Darüber hinaus sind zwei weitere Erkenntnisse zu nennen:

▸ Die Reihenfolge der Finetuning-Aktivitäten sollte weitgehend eingehalten werden. Die Abarbeitung ist im Work Center BETRIEBSWIRTSCHAFTLICHE KONFIGURATION gut und sinnvoll sortiert dargestellt.

▸ Die Phasenzuordnung ist allerdings mitunter unscharf. So können manche Aktivitäten einer Phase noch offen sein, obwohl dahinterliegende Aufgaben bereits gestartet sind.

[»]

Stammdaten mit konfigurativem Charakter

Die Basisstammdaten oder Grunddaten – z. B. Produkthierarchien – verhalten sich ähnlich wie das Finetuning, sind aber Bestandteil der Anwendung und als Aufgaben unter der Phase DATENÜBERNAHME zu finden. Wichtig ist es, diese beiden Aspekte nicht zu trennen, sondern die konfigurativen Grunddaten in der Finetuning-Phase mitzuerledigen. Dazu zählen insbesondere viele Elemente in der Logistik und Produktion wie Transportzonen, Logistiklayout und Prozessmodelle.

5.2   Anpassungswerkzeuge

Standardisierung vs. Flexibilität

Aufgrund zunehmender wirtschaftlicher Dynamik auf globalen Märkten sowie der Wertschätzung unternehmensspezifischer organisatorischer Routinen wird der Flexibilität betriebswirtschaftlicher Anwendungssoftware nach wie vor ein hoher Stellenwert eingeräumt. Dies ist allerdings für die Anbieter von Cloud-Anwendungen eine schwierige Anforderung. Durch die Bereitstellung einer einzelnen Softwareinstanz für mehrere Kunden (Multi-Tenancy) und kürzere, verpflichtende Upgrade-Zyklen (aktuell i. d. R. quartalsweise) tendieren SaaS-Anwendungen eindeutig zu einer höheren Standardisierung und weniger Möglichkeiten zur Implementierung kundenindividueller Funktionen. Folglich sind viele dieser Anwendungen oft nur in bedingtem Maße anpassbar, um die Stabilität und Aktualität der gemeinsamen Code-Basis zu gewährleisten. Sollen trotzdem umfangreiche Werkzeuge zur System-Individualisierung bereitgestellt werden, müssen Cloud-Software-Architekturen in eine stabile Kernanwendung und einen parallelen Konfigurations- und Erweiterungsbereich separiert werden. Nur so kann die Standardsoftware sauber von kundenindividuellen Anpassungen und Erweiterungen getrennt werden (siehe Abschnitt 6.1.3, »SAP Cloud Applications Studio«, Unterabschnitt »Erweiterungskonzept«).

Eine regelbasierte Konfiguration – wie in Abschnitt 5.1, »Betriebswirtschaftliche Konfiguration«, beschrieben – erleichtert die initiale Einführung einer Cloud-Lösung erheblich. Aber auch im anschließenden Verlauf ihres produktiven Einsatzes sind immer wieder Anpassungen notwendig. Je weitgehender diese über Konfigurationsmasken (Parameter) durchgeführt werden können, desto schneller und agiler kann das Anwenderunternehmen neue Anforderungen umsetzen. Dies hat auch SAP erkannt, und der Adaptionsfähigkeit ohne Programm-Code wird besonders im Cloud-Umfeld nunmehr ein hoher Stellenwert eingeräumt (siehe dazu auch das Interview mit Stan Swete, Workday CTO, on Configurability unter *https://www.youtube.com/watch?v=0kusruarcF4*). Einige wichtige Vertreter dieser Adaptions- und Konfigurationswerkzeuge stellen wir Ihnen im Folgenden vor.

Systeme ohne Programmierung anpassen

Unabhängig von den konkreten Möglichkeiten der einzelnen Cloud-Lösungen zeigt Tabelle 5.5 vorab zur Orientierung einige Kernaspekte der im Folgenden behandelten Anpassungswerkzeuge.

Wichtige Aspekte der System-anpassung

Werkzeug	Wichtige Funktionen
Anwendungs-verwaltung	▸ Steuerung verfügbarer Module ▸ (De-)Aktivierung von Masken und Funktionen
Benutzeroberfläche	▸ Design, Layout und Anzeige ▸ Integration externer Anwendungen

Tabelle 5.5 Grundlegende Anpassungs- und Erweiterungsszenarien

Werkzeug	Wichtige Funktionen
Daten und Dokumente	▸ Anlage kundenspezifischer Datenfelder ▸ Pflege von Code-Listen ▸ Datenexport und -import ▸ Anpassung von Ausgabedokumenten
Reporting	▸ Anlage von Datenquellen und Views ▸ Erstellung und Zuordnung von Berichten ▸ Modellierung von Kennzahlen
Webservices	▸ Integration von Drittsystemen ▸ Schnittstellenverwaltung
Workflow	▸ Geschäftsregeln und Fehlermeldungen ▸ Aufgabensteuerung ▸ Genehmigungen

Tabelle 5.5 Grundlegende Anpassungs- und Erweiterungsszenarien (Forts.)

5.2.1 SAP Business ByDesign und LoB-Lösungen

SAP-Business-ByDesign-Plattform

Die folgenden Ausführungen beziehen sich in erster Linie auf die Anpassungswerkzeuge der Cloud-Suite SAP Business ByDesign (siehe Abschnitt 7.2). Da die Line-of-Business-Anwendungen SAP Cloud for Customer und SAP Cloud for Travel and Expense auf der gleichen Anwendungsarchitektur basieren und lediglich funktionale Auslagerungen von SAP Business ByDesign darstellen, sind die Einstellungen und Werkzeuge dort im Prinzip analog vorhanden. Die Nomenklatur der Menüpunkte ist dabei auch weitgehend deckungsgleich.

In Anlehnung an die in Tabelle 5.5 definierten Anpassungs- und Erweiterungsszenarien werden im Folgenden einige der wichtigsten Adaptionswerkzeuge exemplarisch vorgestellt.

Änderungen und Finetuning von Geschäftsprozessen

Konfiguration im laufenden Betrieb

Nachdem ein System eingeführt und konfiguriert wurde (Das haben wir in Abschnitt 4.1, »Erstimplementierung«, und Abschnitt 5.1, »Betriebswirtschaftliche Konfiguration«, beschrieben.), treten in der Regel früher oder später Situationen ein, in denen Änderungen am Lösungsumfang und/oder grundlegenden Einstellungen vorgenommen werden müssen. Für Änderungen, die einen relativ großen Einfluss auf die gesamte Geschäftsorganisation haben – wie etwa die Aktivierung weiterer funktionaler Module – ist die Anlage eines sogenannten *Änderungsprojekts* notwendig, in dem der Scoping-Prozess analog zur ersten Implementierung erneut durchlaufen wird.

Ein Änderungsprojekt kann in der Sicht IMPLEMENTIERUNGSPROJEKTE des Work Centers BETRIEBSWIRTSCHAFTLICHE KONFIGURATION über den Button NEU erstellt werden. Im ersten Schritt des geführten Dialogs können Sie in einer Vormerkungsliste vorab Finetuning-Aktivitäten selektieren, die im Rahmen des Änderungsprojekts durchgeführt werden sollen. In Schritt 2 stehen anschließend optional von SAP vordefinierte Änderungsszenarien (z. B. Land hinzufügen) zur Auswahl, die im Fall einer Aktivierung automatisch bestimmte Konfigurationselemente in der resultierenden Aufgabenliste generieren.

Änderungsprojekte

Die folgenden Schritte werden analog zum Implementierungsprojekt abgearbeitet – d. h. Module und Funktionen sind in diesem Zuge (de-)aktivierbar, wobei logische Abhängigkeiten durch die im Business Adaption Catalog integrierte Konsistenzprüfung berücksichtigt werden. Ist die Projekteinrichtung abgeschlossen, kann die Umsetzung beginnen, indem die resultierenden Aufgaben nacheinander abgearbeitet werden. Dazu wird optional ein Testsystem als Kopie des Produktivsystems angefordert, in dem die Konfigurations-, Migrations- und Testaktivitäten durchgeführt werden können. Mit Abschluss des Änderungsprojekts werden schließlich alle vorgenommenen Änderungen in das Produktivsystem übernommen (siehe auch Hufgard, Krüger: *SAP Business ByDesign*, S. 222–226).

Sind die geplanten Änderungen allerdings nicht so gravierend, dass ein Änderungsprojekt notwendig ist, können diese über Konfigurationselemente der betriebswirtschaftlichen Konfiguration direkt geändert werden. Diese finden sich in der Übersicht des Work Centers BETRIEBSWIRTSCHAFTLICHE KONFIGURATION. Dort können Administratoren nach Konfigurationselementen suchen. Typische Finetuning-Aktivitäten sind etwa die Anpassung von Genehmigungsroutinen, Kontenfindungsprozesse, die Aufgabensteuerung in Projekten, Änderungen des Produktportfolios und der Vertriebsorganisation oder Prozessanpassungen in Logistik und Produktion. Die Spalte SOFORTIGE ÄNDERUNG der Ergebnisliste zeigt an, ob die Aktivität im laufenden Produktivbetrieb durchgeführt werden kann. Ist dies der Fall, kann das Konfigurationselement über den Button SOFORT ÄNDERN geöffnet und direkt bearbeitet werden (Hufgard, Krüger, S. 216–221).

Finetuning von Geschäftsprozessen

Workflow- und Aufgabensteuerung

Steuerung
von Geschäfts-
prozessen

Die Aufgabensteuerung dient der Verteilung und Ausführung einzelner Arbeitsschritte in Geschäftsprozessen. Dabei werden Organisationseinheiten, Systemnutzern oder Nutzergruppen nach bestimmten Regeln Aufgaben, Benachrichtigungen oder Alarmmeldungen zugesandt. Tabelle 5.6 zeigt die drei wichtigsten für Endbenutzer relevanten Aktivitätskategorien der Aufgabensteuerung in SAP Business ByDesign.

Aktivitätskategorie	Anwendungsfall
Aufgabe	Anwender oder Anwendergruppen erhalten Mitteilungen über zu erledigende Aufgaben. Dies kann etwa die Prüfung, Änderung oder Vervollständigung von Geschäftsbelegen betreffen. Darüber hinaus können Aufgaben zur Klärung von Diskrepanzen zwischen Anforderungen und Ergebnissen eines Prozessschritts, zur Entscheidung zwischen mehreren möglichen Alternativen oder auch zur Erteilung von Genehmigungen eingesetzt werden.
Alarm	Alarme werden ausgelöst, wenn die Einhaltung bestimmter Fristen oder Termine bei der Ausführung eines Prozesses in Gefahr ist. Dies kann etwa die Reaktion auf eine Kundenanfrage oder die Genehmigung einer Spesenabrechnung betreffen.
Benachrichtigung	Benachrichtigungen dienen der Information von Mitarbeitern über ausgeführte Prozessschritte oder das Erreichen von Meilensteinen. Der Mitarbeiter kann diese bestätigen, es muss diesbezüglich allerdings keine konkrete systembezogene Aktivität ausgeführt werden.

Tabelle 5.6 Aktivitätskategorien der Aufgabensteuerung

Aufgaben, Benach-
richtigungen und
Alarmmeldungen

Aufgaben, Benachrichtigungen und Alarme dienen also der (automatisierten) Steuerung operativer Prozesse. Sie unterstützen den Fluss aufeinanderfolgender Arbeitsschritte und sichern die Einhaltung von Fristen und Konsistenzkriterien. Sie werden entweder automatisch vom System generiert oder von einem Benutzer angelegt und einem Mitarbeiter zugeordnet bzw. weitergeleitet. Letzteres kann z. B. direkt aus einem Geschäftsbeleg heraus über den Button Neu und die anschließende Wahl eines Typs (Aufgabe/Benachrichtigung/Alarmmeldung) erfolgen. Im Produktivbetrieb finden sich die eingehenden Hinweise im Arbeitsvorrat des Work Centers Startseite unter dem Menüpunkt Aufgaben der betreffenden Benutzer wieder.

Die Zuordnung von Aufgaben, Benachrichtigungen und Alarmen zu Mitarbeitern erfolgt weitgehend automatisch durch das System anhand der definierten Organisationsstruktur bzw. anhand der hinterlegten Regeln zur Arbeitsverteilung. Ergibt sich jedoch aufgrund von Änderungen in der Organisationsstruktur (z. B. werden neue Einheiten oder Mitarbeiter hinzugefügt, anders zugeordnet oder entfernt) die Notwendigkeit, nicht zugeordnete Verantwortlichkeiten zu verteilen, kann dies über das Work Center Organisationsmanagement im Bereich Arbeitsverteilung erledigt werden. Die Verteilung erfolgt dort anhand von Arbeitskategorien, die in erster Linie Fachbereichen bzw. deren Funktionen (z. B. der Rechnungsprüfung) entspringen, die wiederum weitgehend mit der Betitelung von Work Centern kongruent gehen und in der Regel in unmittelbarem Bezug zu einem bestimmten Geschäftsobjekt (z. B. der Lieferantenrechnung) stehen. Diese Aufgabenkategorien können dort bestimmten Organisationseinheiten und für feingranulare Justierungen auch einzelnen Mitarbeitern zugeordnet werden.

Änderung von Regeln zur Arbeitsverteilung

Benutzeroberfläche anpassen

SAP Business ByDesign bietet in Bezug auf die Benutzeroberfläche einige Freiheitsgrade. Grundsätzlich wird zwischen benutzer- und systemspezifischen Anpassungen unterschieden. Über den Menüpunkt Personalisieren im Top-Menü ganz oben können Anwender einige Einstellungen vornehmen, die einzig für ihren Benutzer-Account gelten. Einerseits sind dies globale Einstellungen wie Zeit- und Datumsformate oder das Hintergrundbild der Software, andererseits kann über Diese Sicht die aktuelle Maske verändert werden. Wie in Abbildung 5.5 zu sehen ist, öffnet sich dazu am rechten Bildrand ein Sidecar-Menü, über das folgende Anpassungen vorgenommen werden können.

Benutzeroberfläche individualisieren

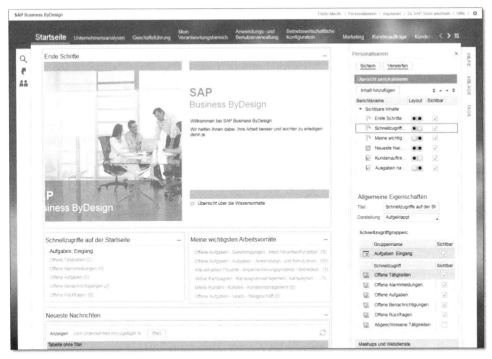

Abbildung 5.5 Layout personalisieren in SAP Business ByDesign

▶ **Layout verändern**
Die Oberflächen von SAP Business ByDesign sind in einem Grid-Layout strukturiert, also in vertikal aufeinanderfolgenden Zeilen, die wiederum in einzelne Spalten gegliedert werden können. Die Anordnung der einzelnen Zeilen untereinander sowie der Spalten nebeneinander kann frei verändert werden. Zudem können die Inhalte der Spalten ein- oder ausgeblendet werden.

▶ **Inhalte hinzufügen/entfernen**
Die Inhalte der Layout-Zellen können ebenfalls in einem gewissen Rahmen verändert werden. Grundsätzlich gibt es pro Sicht ein vordefiniertes Set an funktionalen Komponenten, die an der betreffenden Stelle angezeigt werden können. Außerdem besteht die Möglichkeit, sogenannte *Mashups* einzubinden, die externe Oberflächen oder Anwendungsfragmente direkt in das Layout integrieren (z. B. Google Maps).

▶ **Felder und Spalten ein-/ausblenden**
In Eingabebereichen und Tabellen können Formularfelder und Spalten einfach per Mausklick ein- bzw. ausgeblendet oder alter-

nativ angeordnet werden. Zusätzlich sind weitere Anzeigeeigenschaften einer Tabelle (z. B. die Anzahl der sichtbaren Zeilen), berechnete Spalten oder Sortierreihenfolgen ebenfalls editierbar.

Administratoren können alle genannten Funktionen auch über den Anpassungsmodus ausführen. Dieser kann ebenfalls über das Top-Menü ganz oben aktiviert werden, wenn die entsprechende Berechtigung vorliegt. Einstellungen, die vom Administrator über Anpassen • Layout bearbeiten vorgenommen werden, gelten anschließend systemweit für alle Benutzer.

Anpassungsmodus

Kundenspezifische Felder anlegen

Oftmals erfordert die spezifische Abwicklung eines Geschäftsprozesses in einem Unternehmen die Ein- und Weitergabe zusätzlicher Informationen in Oberflächen der Standardanwendung. Dazu dienen kundenspezifische Felder.

Neue Datenfelder hinzufügen

In SAP Business ByDesign kann ein Administrator ein kundenspezifisches Feld anlegen, indem er es einer bestimmten Maske hinzufügt. Dies erfolgt ebenfalls über den Anpassungsmodus (siehe Abschnitt *Benutzeroberfläche anpassen*). Der Administrator öffnet über Anpassen • Layout bearbeiten ein Sidecar-Menü auf der rechten Seite und dort den Bereich Kundenspezifische Felder. Hier können nun Felder verschiedener Typen (z. B. Text, Datum oder Dezimalzahl) angelegt werden.

Das neue Feld wird automatisch dem der Oberfläche nahe liegenden Geschäftskontext (z. B. Kopfdaten des Geschäftsobjekts Kundenauftrag) zugeordnet und entsprechend auf anderen Oberflächen mit Bezug zu diesem Kontext zur Einbindung verfügbar gemacht. Über den Button Weitere Verwendung kann es auch in anderen Szenarien mit Bezug zu diesem Objekt wie etwa einer Datenquelle, einem Bericht oder einem Ausgabedokument (z. B. Auftragsbestätigung, Excel-Export) verwendet werden.

Ausgabedokumente anpassen

Die Generierung von Dokumenten zur Fixierung und Weitergabe eines bestimmten Geschäftsbelegs ist eine gängige Funktion in Systemen für Geschäftsanwendungen. Die Bearbeitung des Layouts und die Einbindung von Systemdaten in diese Dokumente erfolgt in SAP

Druckformulare anpassen

Business ByDesign über den Menüpunkt FORMULARVORLAGEN (Work Center ANWENDUNGS- UND BENUTZERVERWALTUNG, Bereich GESCHÄFTSFLEXIBILITÄT). Dort können Vorlagen für Ausgabedokumente verwaltet werden. Für geringfügige Änderungen steht das integrierte Tool *Einfacher Formulareditor* zur Verfügung. Umfassendere Änderungen können mit dem externen Tool *Adobe LiveCycle Designer* umgesetzt werden. Dieses kann ebenso wie das zusätzlich benötigte *Add-in für Adobe LiveCycle Designer* über die Sicht ANWENDUNGS- UND BENUTZERVERWALTUNG • GESCHÄFTSFLEXIBILITÄT • DOWNLOAD CENTER heruntergeladen werden.

Adobe LiveCycle Designer

Mit diesem Tool lassen sich umfangreiche Änderungen an den sogenannten *Formularvorlagen* vornehmen. Dazu gehören etwa das Layout von Titeln, Logos, Feldern und Tabellen sowie Einstellungen zur Schriftart oder auch die Steuerung der angezeigten Daten aus dem betreffenden Geschäftsobjekt (z. B. Auslieferung bzw. Lieferschein). Es wird empfohlen, immer ein entsprechendes Standardformular abzuändern, anstatt ein komplett neues anzulegen. Zur externen Bearbeitung werden Formularvorlagen exportiert, mit dem Adobe LiveCycle Designer bearbeitet und anschließend wieder importiert. Aktive Formularvorlagen finden sich im operativen Betrieb u. a. jeweils in der Registerkarte AUSGABEHISTORIE der Detailsicht eines Geschäftsobjekts (z. B. Auftragsbestätigung im Kundenauftrag) wieder.

Einbindung kundenindividueller Daten

Für Ausgabedokumente besteht ebenfalls die Möglichkeit, kundenspezifische Felder einzubinden, die dem gleichen Geschäftsobjekt zugeordnet sind wie das Ausgabedokument. Felder aus anderen Geschäftskontexten sowie komplexere Berechnungen, Sortierungen oder Verarbeitung in Skript-Code können über eine Kombination des ByDesign Cloud Applications Studios (SDK) und einer in den LiveCycle Designer eingebetteten JavaScript-Implementierung umgesetzt werden.

Integrationsschnittstellen und Webservices

SAP Business ByDesign bietet umfangreiche Möglichkeiten zur Kommunikation über webbasierte Schnittstellen. SAP unterscheidet dabei zwischen *Webservices* und *Integrationsszenarien*. Tabelle 5.7 zeigt die aktuell verfügbare Anzahl dieser Schnittstellen in den verschiedenen Cloud-Lösungen auf der ByDesign-Plattform.

SAP-Cloud-Lösung	Integrationsszenarien	Webservices
SAP Business ByDesign	70	208
SAP Cloud for Customer	15	134

Tabelle 5.7 Vordefinierte Webservices

Integrationsszenarien bezeichnen in diesem Kontext offene APIs (z. B. E-Commerce Web Shop Integration, B2B Business Transaction Document Exchange) oder fertige Integrationspakete zum Austausch von Geschäftsdaten mit externen Anwendungen oder Systemen (z. B. MS Outlook, Google Drive, SAP BW, SAP ERP, DATEV). Mit Webservices sind hier einfache CRUD-Operationen oder Remote Function Calls auf Geschäftsobjekte (z. B. Kundenaufträge) gemeint, die in unterschiedlichen Geschäfts- bzw. Integrationsszenarien eingesetzt werden können (siehe Abschnitt 6.1.3, »SAP Cloud Applications Studio«).

Integrationsszenarien und Webservices

Integrationsszenarien bieten also vorgefertigte Schnittstellen, die in der Regel auch ohne Programmierkenntnisse implementiert werden können. Die meisten Webservices sind dagegen eher generischer Natur und müssen im jeweiligen Szenario in geeigneter Weise eingesetzt und gegebenenfalls auf technischer Ebene verarbeitet werden.

Werden neue Schnittstellen für kundenindividuelle oder nicht abgedeckte Prozesse benötigt, können diese auch mit dem zugehörigen SDK individuell entwickelt, konfiguriert und aktiviert werden.

Kundenindividuelle Schnittstellen

Analytics

Analytische Inhalte dienen der Steigerung der Transparenz über die betriebswirtschaftlichen Prozesse, die mit einem System unterstützt werden, sowie der Entscheidungsunterstützung. SAP Business ByDesign verfügt über ein umfangreiches integriertes Berichtswesen. Im Work Center UNTERNEHMENSANALYSEN findet sich die Administrationsumgebung für Datenquellen, Berichte und Kennzahlen (KPIs).

Datenquellen, Berichte und KPIs

Die Erstellung analytischer Auswertungen beginnt mit einer oder mehreren Datenquellen. Diese bieten eine multidimensionale Sicht (*View*) auf Daten aus Geschäftsobjekten (z. B. Mitarbeiter, Organisationseinheit, Kundenauftrag). Darin können Merkmale und Kennzahlen definiert werden. Alternativ ist auch eine Vielzahl vordefinierter

Datenquellen verfügbar, die als Grundlage für darauf aufbauende Datenquellen oder Berichte genutzt werden können.

Merkmale und Kennzahlen
Kennzahlen zeichnen sich durch ihren numerischen Charakter (z. B. Beträge, Mengen, Prozentwerte) bzw. die Möglichkeit aus, Kalkulationen mit diesen durchführen zu können (z. B. Summe, Maximum, Durchschnitt). Merkmale dagegen sind lediglich beschreibende Attribute wie etwa eine ID, ein Name oder eine Statusausprägung. Sie können operativ zur Verknüpfung, Filterung oder Gruppierung von Daten eingesetzt werden. Kalendarische Daten weisen Charakteristika beider Typisierungen auf. Sie können z. B. mit Größer-/Kleiner-Operatoren eingeschränkt, aber nicht addiert werden. Die Einschränkung einer Kennzahl auf bestimmte Merkmale wie Jahr und Land ermöglicht betriebswirtschaftliche Vergleiche (z. B. Erlös in Deutschland im Jahr 2014 vs. Erlös in den USA 2014). Durch die Kombination inhaltlich vergleichbarer Kennzahlen können Kennzahlenraster zum Vergleich verschiedener KPIs in einer analytischen Sicht erstellt werden.

Berichte
Berichte enthalten eine Zusammenstellung von Merkmalen und Kennzahlen für analytische Auswertungen. Über den Berichtseditor können durch Einschränkung oder Gruppierung der Daten verschiedene Perspektiven (*Sichten*) auf die Daten erstellt werden. Diese können dann in tabellarischer oder grafischer Form (z. B. Linien-, Balken- oder Kreisdiagramm) Work Centern bzw. bestimmten Benutzeroberflächen zugeordnet werden, um die strategische oder operative Geschäftstätigkeit zu unterstützen.

5.2.2 SuccessFactors

SuccessFactors HCM Suite
Die Cloud-Lösung SuccessFactors besteht aus mehreren technischen Komponenten. Das Kernprodukt ist die SuccessFactors HCM Suite, die ursprünglich auf die Steuerung von Geschäftsprozessen (*Business Execution*) mit besonderem Fokus auf die Mitarbeiter eines Unternehmens ausgelegt war. In der Folgezeit wurden Lösungen von Drittanbietern zugekauft und als Module in das Kernprodukt integriert. Beispiele für technische Module sind etwa *EmployeeCentral*, *Learning* oder *Onboarding*. Mittlerweile bietet die HCM Suite umfangreiche Funktionen zu den folgenden Hauptprozessen des Personalmanagements:

- Rekrutierung von Mitarbeitern

- operatives Personalmanagement (performance- und zielorientiert)

- Personalentwicklung und Weiterbildung (siehe auch Kapitel 10, »Personal mit SuccessFactors«)

Aufgrund der unterschiedlichen technischen Basis können die Anpassungsmöglichkeiten je nach Modul voneinander abweichen. Trotzdem wurde und wird seitens SuccessFactors bzw. SAP weitgehend dafür gesorgt, Konzepte und Werkzeuge in den Modulen möglichst einheitlich zu gestalten bzw. zu vereinheitlichen (Weiterführende Informationen dazu erhalten Sie in Grubb, A. et al.: *SuccessFactors with SAP ERP HCM*. Boston: SAP PRESS 2013.).

Grundsätzlich kann in SuccessFactors zwischen der technischen Aktivierung und Steuerung von Anwendungsfeatures (*Provisioning*) und der Konfiguration von Benutzerrollen und inhaltlichen Geschäftsregeln (*Admin Tools*) unterschieden werden.

Provisioning

Die technische Verwaltung von Anwendungsparametern erfolgt über eine separate Oberfläche, die sich außerhalb der SuccessFactors-Anwendung befindet und *Provisioning* genannt wird (siehe Abbildung 5.6).

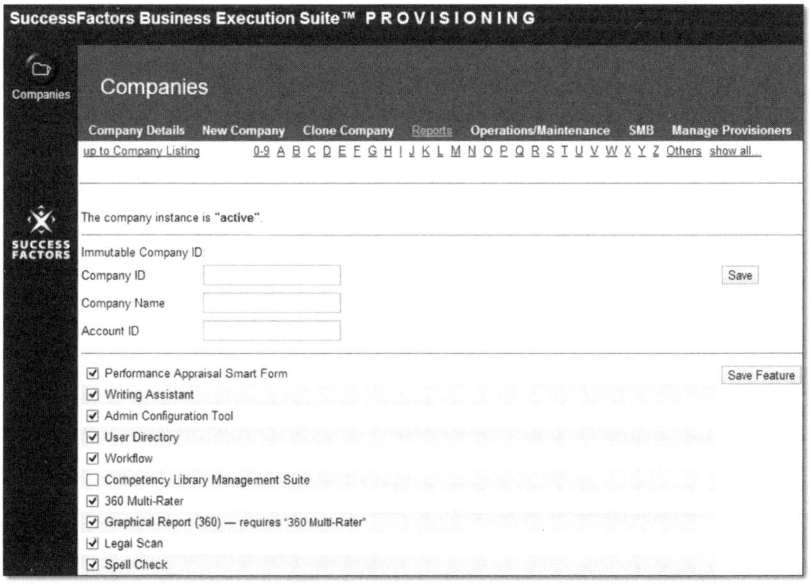

Backend-Administration

Abbildung 5.6 Backend-Administration in SuccessFactors

Dieses Backend-Konfigurationstool ist in erster Linie für Berater und Administratoren mit besonderer Expertise im SuccessFactors-Umfeld gedacht. Es dient vornehmlich der (De-)Aktivierung von Modulen und Funktionen, der Konfiguration technischer Komponenten sowie der Finetuning-Steuerung über XML-Konfigurationsdateien. In Tabelle 5.8 sind einige Beispiele aufgeführt:

Funktion	Komponenten
Aktivierung	▶ Module (Employee Central, Recruiting etc.) ▶ Funktionen (Talent Search, Metadata Framework etc.) ▶ Technische Schnittstellen (OData, APIs, SOAP-Web-services etc.)
Konfiguration	▶ Systemintegration (Payroll, SAP ERP HCM etc.) ▶ Technische Parameter (Sessions, Dateigrößen, Zugangsrestriktionen etc.)
Steuerung	▶ Stammdatenmigration (Mitarbeiter, Benutzer-rollen etc.) ▶ Import/Export von Objektkatalogen (Geschäftsziele, Kenntnisse etc.)

Tabelle 5.8 Anwendungsgebiete der Backend-Konfiguration

Admin Tools

System-administration

Die Schaltzentrale für Geschäftsregeln und Anwendungseinstellungen in der SuccessFactors HCM Suite sind die *Admin Tools*. Die in Abbildung 5.7 dargestellte Startseite der Admin Tools bietet umfangreiche Möglichkeiten zur Konfiguration und Steuerung der betreffenden SuccessFactors-Anwendung. Sie ist in die beiden Hauptbereiche COMPANY PROCESSES & CYCLES und MANAGE EMPLOYEES unterteilt. Diese Aufteilung spiegelt die zentrale Ausrichtung der Anwendung um die Kernaspekte Geschäftsprozesssteuerung (*Business Execution*) und Mitarbeiterverwaltung (*HRM*) wider.

Je nach Modul und Provisioning-Einstellungen können die verfügbaren Menüpunkte der Admin Tools variieren. Deswegen stellen wir Ihnen im Folgenden nur eine Auswahl der wichtigsten Werkzeuge vor. Darüber hinaus erläutern wir in Abschnitt 6.1.3, »SAP Cloud Applications Studio«, technische Anpassungsmöglichkeiten für die SuccessFactors HCM Suite, die deutlich über eine grafisch geführte Systemkonfiguration durch Anwendungsadministratoren hinausgehen.

Abbildung 5.7 SuccessFactors Admin Tools

Kundenindividuelle Links einbinden

Über das Admin Tool CONFIGURE CUSTOM NAVIGATIONS können Links zu internen und externen URLs an diversen Stellen der Benutzeroberfläche der SuccessFactors HCM Suite hinterlegt werden. Bevor das Tool genutzt werden kann, muss es vorab im Provisioning aktiviert werden. Anschließend kann über ADMIN TOOLS • COMPANY SETTINGS darauf zugegriffen werden.

Kundenindividuelle Links

Ein zusätzlicher Menüpunkt wird durch die in Tabelle 5.9 aufgeführten Parameter definiert.

Parameter	Beschreibung
Label	Text des Links; gegebenenfalls mit Übersetzungen
ID	eindeutiger Identifikationsschlüssel
Ziel-URL	Navigationsziel des Links; gegebenenfalls mit URL-Parametern zur Weitergabe von Kontextinformationen (z. B. User-ID)
Link-Typ	intern; extern; extern in neuem Fenster
Ort	Menü oder Oberfläche
Zugriffsrechte	optionale Einschränkung auf bestimmte Benutzerrollen

Tabelle 5.9 Navigationstypen für kundenindividuelle Links

Calibration

Eine Kernfunktion von SuccessFactors ist das operative Management von Teams. Dabei spielen Leistungsbewertungen und davon abhängige variable Vergütungen eine zentrale Rolle. Um die Bewertungen unternehmensweit vergleichbar zu machen, müssen in jeder Abteilung einheitliche Bewertungsstandards eingesetzt werden. *Calibration* ist ein Prozess, in dem alle Team-Manager die Profile und Bewertungen ihrer Mitarbeiter abstimmen und in Einklang bringen. Tabelle 5.10 zeigt alle Anwendungsgebiete in Bezug auf die Bewertung von Mitarbeitern.

Anwendungsgebiet	Kennzahlen
Performance Management	▸ Grad der Zielerfüllung ▸ Kompetenz ▸ Leistung
Succession Elements	▸ Risiko der Kündigung ▸ Folgewirkung des Verlusts
Compensation	▸ Verhältnis Gehalt/Marktwert ▸ Vergütungslevel auf Gehaltsstufe
Employee Profile	▸ Gesamtpotenzial ▸ Leistung ▸ Kompetenzen ▸ Ziele

Tabelle 5.10 Calibration – relevante Bewertungskennzahlen

Im Prozess der Calibration werden Daten aus verschiedenen Abteilungen zentralisiert. Anschließend können Manager Visualisierungs- und Kommunikationstools nutzen, um die Daten auf eine möglichst objektive Basis zu bringen. Diese vereinheitlichten Daten werden anschließend wieder zurück in die dezentralen Einheiten geschrieben. So lassen sich unternehmensweite Bewertungsstandards realisieren.

Die interaktiven Grafiken zur Mitarbeiterbewertung können unter ADMIN TOOLS • MANAGE CALIBRATION TEMPLATES konfiguriert und angepasst werden. Dort werden die Auswertungsdaten und deren Visualisierungen definiert, die später in sogenannten *Calibration Sessions* von den zuständigen Managern diskutiert werden.

Job Profiles

Die Definition, Pflege und Besetzung von Mitarbeiterstellen ist ein wichtiger Kernprozess des Personalwesens. Verschiedene Beschreibungsdimensionen für Arbeitsstellen und Mitarbeiterprofile ermöglichen die Erstellung aussagekräftiger Stellenprofile und die Eignungsprüfung von Mitarbeitern in Bezug auf eine bestimmte Position.

Umfangreiche Stellen- und Mitarbeiterprofile

Administratoren können die verfügbaren Inhalte zur Beschreibung einer Stelle unter COMPANY SETTINGS • MANAGE JOB PROFILE CONTENT verwalten. Tabelle 5.11 zeigt die dort editierbaren Beschreibungsdimensionen.

Merkmalsdimension	Beschreibung
Families and Roles	hierarchischer Katalog von Mitarbeiterrollen
Certification	relevante Zertifikate, z. B. PMI, QM, Audit
Competency	Fähigkeiten, z. B. Kommunikation
Employee Condition	Verfügbarkeit (Länder, Arbeitszeit, Reisen)
Education – Degree	Bildungsabschluss, z. B. M. Sc., Dr. rer. nat.
Education – Major	Fachgebiet, z. B. IT-Projektmanagement
Interview Question	Frage für ein Vorstellungsgespräch
Job Responsibility	Aufgabe im Rahmen einer Stelle
Physical Requirement	Aspekt der körperlichen Belastbarkeit
Relevant Industry	Branchenerfahrung
Skill	Kompetenz/Fähigkeit, z. B. JavaScript

Tabelle 5.11 Dimensionen zur Stellenbeschreibung

Die Struktur und die Inhalte für diese Stellenattribute können von einem Administrator editiert werden. Je umfangreicher und relevanter die verfügbaren Einträge für diese Beschreibungsdimensionen sind, desto wahrscheinlicher werden relevante Stellenbeschreibungen erstellt und können mit passenden Mitarbeitern besetzt werden.

Attributlisten in Form von Katalogen können natürlich auch exportiert und importiert werden. Dies erfolgt über den Pfad COMPANY SETTINGS • MANAGE JOB PROFILE CONTENT IMPORT/EXPORT. Diese Funktion ermöglicht z. B. die Verwendung anerkannter Standards.

5.2.3 S/4HANA Cloud Edition

Im Frühjahr 2015 kündigte SAP eine neue Produktreihe namens S/4HANA an. Auf Basis der SAP-HANA-Plattform werden zukünftig nach und nach modernisierte Module für die Business Suite veröffentlicht. Diese sind auch als Public Cloud Services beziehbar, später sollen hybride Versionen folgen. Neben besserer Performance und neuen Oberflächen soll vor allem eine geführte Konfiguration analog zu derjenigen in SAP Business ByDesign (siehe Abschnitt 5.1.1, »Scoping«, und Abschnitt 5.1.2, »Betriebswirtschaftlicher Katalog«) als zentrale Innovation darin enthalten sein, die Systemanpassungen im Gegensatz zum Customizing der Business Suite deutlich vereinfachen und über Konsistenzchecks absichern soll. Aktuell wird das S/4HANA-Modul *Simple Finance* angeboten (Weiterführende Informationen dazu finden Sie in Krüger, J.: *SAP Simple Finance – An Introduction.* Bonn: Rheinwerk Verlag 2015.), und *Simple Logistics* soll 2015 noch folgen (*http://www.sapfoto.at/phocadownload/sap_it_summit_2015/Thema_7/7_s4log_sap.pdf*). Da sich diese Produkte noch in einem frühen Stadium der Markteinführung befinden und keine gesicherten Informationen zur expliziten Funktion der geführten Konfiguration verfügbar sind, wird dieses Thema an dieser Stelle nicht weiter vertieft. Weiterführende Informationen zur S/4HANA-Innovationswelle finden Sie in Abschnitt 7.3, »SAP S/4HANA Cloud Edition«.

Geschäftsmodelle sind vielfältig, Unternehmen entwickeln sich dynamisch, und der Fortschritt in der Informationstechnologie eröffnet regelmäßig neue Möglichkeiten. Die Erweiterung einer Business-Software mit individueller Programmlogik ist daher gängige Praxis. SAP-Cloud-Lösungen bieten professionelle Werkzeuge für die Entwicklung, Verwaltung und Integration funktionaler Erweiterungen.

6 Erweiterungen und Add-on-Entwicklung

Die Standardisierung von Geschäftsprozessen ist eine der großen Errungenschaften von SAP. Viele betriebswirtschaftliche Kernfunktionen wie etwa die Finanzbuchhaltung erfordern im Prinzip für alle Unternehmen gleichartige Software. Für diese betriebswirtschaftlichen Kernfunktionen hat SAP standardisierte Lösungen entwickelt und über Jahre hinweg evolutionär verbessert. Damit stellen sie Best Practices für die betreffenden Anwendungsfälle dar und werden laufend an neue Anforderungen angepasst. Es ist daher grundsätzlich ratsam, diese so flächendeckend wie möglich einzusetzen und Adaptionsmöglichkeiten voll auszuschöpfen, bevor Sie eine Ergänzung oder Modifikation des Systems in Betracht ziehen. Diese bergen sowohl in der Entwicklungsphase als auch und insbesondere in der nachgelagerten, laufenden Wartung und Pflege unnötige Aufwände und Risiken. Folglich sollten unternehmensspezifische Prozesse bevorzugt an die vorliegenden Standards angepasst werden und nicht umgekehrt.

Standardanwendungen sind Best Practices

Trotzdem gibt es natürlich individuelle Prozesse und Szenarien, die in ihrer besonderen Ausprägung notwendig, aber in den Standardmodulen nicht abbildbar sind. Diese Fälle sind entweder sehr speziell, sodass die Entwicklung einer standardisierten Lösung mangels potenzieller Abnehmer für SAP nicht wirtschaftlich wäre, oder so innovativ, dass sie den Weg in den Mainstream für Geschäftsanwendungen (noch) nicht gefunden haben. In beiden Fällen bietet sich für

Individuelle Erweiterungen

Anwenderunternehmen die Chance, sich durch individuelle Add-on-Software von Wettbewerbern zu differenzieren und effizientere oder qualitativ überlegene Lösungen zu entwickeln.

Dieses Kapitel zeigt die Werkzeuge, mit denen Sie SAP-Cloud-Lösungen erweitern können, erläutert den Umgang mit individuellen Add-ons und beleuchtet abschließend deren Potenziale und Einschränkungen.

6.1 Entwicklungswerkzeuge

Extension Frameworks

Der Übergang von Konfigurations- zu Entwicklungswerkzeugen ist fließend. Einige Werkzeuge ermöglichen die Erstellung und Verwaltung umfassender funktionaler Erweiterungen über administrative Benutzeroberflächen. Diese Werkzeuge bezeichnen wir im Folgenden mit dem Terminus *Extension Framework (EF)*. Mit einem EF lassen sich gut formalisierbare Erweiterungen wie z. B. die Anlage neuer Datenfelder, vorlagenbasierte Benutzeroberflächen oder einfache Validierungsprüfungen erstellen. Obwohl sie keine Programmierung erfordern, sind sie in ihrer Anlage sehr technisch und sollten daher vorrangig von informationstechnologischen Experten genutzt werden. Das SuccessFactors Metadata Framework (siehe Abschnitt 6.1.2, »SuccessFactors«) ist ein solches Extension Framework.

Vollwertige Entwicklungs-umgebungen

Die explizite Handhabung von Programm-Code ist schließlich die Einstiegspforte zu vollwertigen Entwicklungsumgebungen. Die gängigsten Bezeichnungen für diese Anwendungen sind *Integrated Development Environment (IDE)* oder *Software Development Kit (SDK)*, wobei beide Begriffe quasi synonym sind. Derartige Werkzeuge enthalten zusätzlich zu den Funktionen eines EF speziell für die codebasierte Entwicklung ausgelegte Komponenten wie besondere Texteditoren, Compiler, Debugger etc. Das SAP Cloud Applications Studio (siehe Abschnitt 6.1.3) und das SAP HANA Cloud SDK (siehe Abschnitt 6.1.4, »Werkzeuge für die SAP HANA Cloud Platform«) sind die hier vorgestellten Vertreter dieser Kategorie.

6.1.1 Überblick

Die verfügbaren Entwicklungswerkzeuge zur Erweiterung einer SAP-Geschäftsanwendung hängen jeweils eng mit der betreffenden Plattformarchitektur zusammen.

SAP-Cloud-Plattformen

Tabelle 6.1 zeigt die Entwicklungswerkzeuge für diese drei Plattformen sowie die jeweils direkt zugehörigen Cloud-Lösungen.

Entwicklungswerkzeuge	Plattform	Cloud-Lösungen
▶ Metadata Framework	▶ SuccessFactors-Platform	▶ SuccessFactors HCM Suite
▶ SAP Cloud Applications Studio	▶ SAP Business ByDesign Platform	▶ SAP Business ByDesign ▶ SAP Cloud for Customer ▶ SAP Cloud for Travel and Expense
▶ SAP HANA Tools ▶ SAP HANA Cloud Platform Tools ▶ SAPUI5 Development Toolkit	▶ SAP HANA Cloud Platform	▶ S/4HANA ▶ SAP Business ByDesign ▶ SuccessFactors ▶ etc.

Tabelle 6.1 Entwicklungswerkzeuge im Überblick

Das SAP Cloud Applications Studio und das Metadata Framework ermöglichen die Entwicklung und Verwaltung nativer Erweiterungen (Add-ons) im Sinne einer *In Application Extensibility*. *Nativ* bedeutet an dieser Stelle, dass sowohl für die Applikationsschicht als auch bei der Gestaltung der Benutzeroberfläche die gleichen Komponenten und Muster wie in der jeweiligen Geschäftsanwendung eingesetzt werden. Zudem erfolgt der Betrieb nativer Add-ons zusammen mit der erweiterten Standardlösung auf der gleichen Server-Infrastruktur. Folglich können diese Add-ons nahtlos in die Geschäftslogik der betreffenden Cloud-Lösung integriert werden, und der Endanwender nimmt im Idealfall gar nicht wahr, dass es sich um eine Zusatzentwicklung handelt, da kein optischer oder semantischer Bruch im Workflow entsteht.

Native Erweiterungen

Die SAP HANA Cloud Platform dagegen ist per Definition eine eigenständige Plattform, die nicht in unmittelbarem Zusammenhang zu einer bestimmten Geschäftsanwendung aus dem SAP-Produktport-

Externe Erweiterungen

folio steht. Sie erfordert eine separate technische Instanz, und darauf betriebene Anwendungen haben einen höheren Grad der Eigenständigkeit. Daher muss deren Integration in Geschäftsanwendungen über Webschnittstellen erfolgen und entspricht damit eher dem Integrationsmuster einer losen Kopplung bzw. einer *Side-by-Side-Extensibility*.

Aufgrund der Fokussierung auf Erweiterungen bzw. Add-ons behandelt dieses Kapitel vorrangig die nativen Erweiterungsszenarien. Die umfangreichen Funktionen und Möglichkeiten der SAP HANA Cloud Platform werden in einem kompakten Überblick aufgezeigt.

6.1.2 SuccessFactors

Anwendungen der SuccessFactors-Plattform können mit verschiedenen Werkzeugen bzw. Extension Frameworks erweitert werden. Änderungen und Add-ons werden ausnahmslos über grafische Modellierungstools durchgeführt, d. h., es ist keine individuelle Programmierung notwendig.

Metadata Framework

Erweiterungs-
werkzeug

Das *Metadata Framework* (MDF) ist ein Extension Framework zur Entwicklung von Erweiterungen für SuccessFactors-Lösungen. Der volle Funktionsumfang, den wir im Folgenden beschreiben, ist nur in der Lösung *Employee Central* verfügbar, andere SuccessFactors-Komponenten sind aber in der Regel auch damit erweiterbar, und die Abdeckung der MDF-Funktionen über die gesamte Success-Factors-Suite wird tendenziell ausgeweitet.

Das MDF ist ein UI-basiertes Online-Tool und ermöglicht die Anpassung von Geschäftsobjekten, die Implementierung individueller Geschäftslogik sowie in begrenztem Rahmen auch die Erstellung gänzlich neuer, nativer Anwendungen. Die folgende Liste zeigt die wichtigsten Features des MDF:

▶ Erstellung, Konfiguration und Verwaltung von Geschäftsobjekten

▶ Hinzufügen kundenindividueller Felder zu Standardobjekten

▶ Definition kundenspezifischer Geschäftslogik (*Business Rules*)

▶ Erstellung und Modifikation von Workflow-Routinen

▶ Anlage und Konfiguration von Oberflächen für Geschäftsobjekte

▶ Verwaltung von Zugriffsrechten (*Role-Based Permissions*)

▶ Import und Export von Geschäfts- und Metadaten

Geschäftsobjekte   **[«]**

Geschäftsobjekte bzw. *Business Objects* sind ein aus der objektorientierten Programmierung entlehntes Konzept zur inneren Strukturierung von Geschäftsanwendungen. In diesem Sinne wird zwischen einem Geschäftsobjekt als Typdefinition (Klasse) und einer konkreten Instanz unterschieden, also z. B. *Kunde* als Objekttyp und als instanziierter Kunde *Max Mustermann*.

Geschäftsobjekte kapseln semantisch zusammengehörige Datenfelder und Methoden zur Manipulation von Geschäftsdaten. Dabei repräsentieren sie meist Entitäten aus der Geschäftswelt wie etwa Kunden, Produkte, Aufträge oder Rechnungen. Die wichtigsten semantischen Typen sind Transaktionsbelege (Auftrag, Rechnung ...), Stammdatenobjekte (Kunde, Maschine ...) und Buchungsbelege (Offener Posten, Hauptbucheintrag ...).

Kundenindividuelle Geschäftsobjekte

Mit dem MDF können Sie neue technische Objekte erstellen. Die Anzahl der kundenindividuellen Objekte pro Tenant ist wie folgt – abhängig vom gemieteten Produkt – beschränkt (siehe Tabelle 6.2):

Neue Geschäftsobjekte anlegen

Produkt	Max. Anzahl
Employee Central	25
SAP HANA Cloud Platform, Standard Edition	50
SAP HANA Cloud Platform, Enterprise Edition	75

Tabelle 6.2 Limits für kundenindividuelle Geschäftsobjekte

Nach der Spezifikation genereller Attribute können einem neuen MDF-Objekt Datenfelder hinzugefügt werden. Tabelle 6.3 zeigt die verfügbaren Datentypen:

Datentypen

Datentyp	Beschreibung
String	Text mit definierbarer maximaler Länge bis 255 Zeichen
Number	positiver Integer
AutoNumber	inkrementierende laufende Nummer
Decimal	Dezimalzahl

Tabelle 6.3 Datentypen im SuccessFactors Metadata Framework

Datentyp	Beschreibung
Boolean	boolescher Wert (Yes | No)
Date	kalendarisches Datum
DateTime	Zeitpunkt in einer Zeitzone
Picklist	Liste mit fixen Einträgen (individualisierbar)
Translatable	Übersetzung für einen Text
Data Source	dynamische Liste für AutoComplete-Funktionen
Generic Object	Auswahlliste von Instanzen eines kunden-individuellen Objekts
Foundation Object	Auswahlliste von Instanzen eines Standard-geschäftsobjekts
User	Referenz auf einen Systemnutzer

Tabelle 6.3 Datentypen im SuccessFactors Metadata Framework (Forts.)

Einbindung in
Genehmigungs-
prozesse

Ein Objekt kann in einen *Workflow* eingebunden werden. Workflows bezeichnen im Kontext von SuccessFactors Genehmigungsprozesse. Diese Funktionalität fügt ein weiteres Statusfeld (Genehmigungsstatus) hinzu. Über dieses und die hierarchische Organisationsstruktur des Unternehmens können in der Folge Änderungen von Objekten kontrolliert werden, bzw. ein neuer Kommunikationsfluss entsteht. Typische HCM-spezifische Anwendungsszenarien für den Einsatz von Genehmigungsprozessen sind z. B. Urlaubsanträge, die Einstellung neuer Mitarbeiter oder Gehaltserhöhungen.

Oberflächen

Oberflächen
anpassen

Die Verwaltung von Benutzeroberflächen erfolgt über das *Configurable UI Tool*. Für jedes MDF-Objekt wird automatisch eine Benutzeroberfläche mit allen im Objekt definierten Feldern generiert. Dieses Standard-UI kann anschließend verändert werden. Übliche Anpassungen sind das Hinzufügen oder Entfernen von Feldern, die Konfiguration von Feldeinstellungen und Regeln oder die alternative Anordnung im Layout.

Neue Benutzer-
oberflächen
erstellen

MDF *Portlets* sind ein weiterer Oberflächentyps. Es handelt sich dabei um UI-Fragmente wie z. B. Eingabeformulare, in denen Eingabesteuerelemente (z. B. Textfeld, Kalenderauswahl, Dropdown-Liste) für Felder in MDF-Objekten angeordnet werden können. Im Kontext von Reporting-Anwendungen bezeichnen Portlets auch einzelne

Charts auf Kacheln, die zu analytischen Dashboards kombiniert werden können. Diese Portlets können im Rahmen von Erweiterungsszenarien neu erstellt und an verschiedenen Stellen in die Oberflächen von SuccessFactors-Anwendungen integriert werden.

Geschäftslogik (Business Rule Engine)

Regeln ermöglichen die Ausführung logischer Operationen in Abhängigkeit von bestimmten Ereignissen mit Bezug zu Datenfeldern in Geschäftsobjekten. Diese Ereignisse (auch *Hooks* genannt) beziehen sich auf den Lebenszyklus eines Geschäftsobjekts oder auf die unmittelbare Änderung eines Datenfeldes. Im ersten Fall treten sie bei der Erstellung, Änderung und beim Löschen eines Objekts ein, also z. B. bei einem Klick auf einen SPEICHERN- oder LÖSCHEN-Button. Datenfeldspezifische Ereignisse werden dagegen bereits bei der Änderung eines Datenfeldes auf der Benutzeroberfläche ausgelöst, bevor eine Persistenzoperation durchgeführt wurde.

Auslösende Ereignisse

Regeln werden nun durch die Verknüpfung bedingter Anweisungen (IF | ELSE) und logischer Operatoren (z. B. IS EQUAL TO, IS GREATER THAN) in Kombination mit Variablen definiert. Sie können z. B. die Änderung eines Datenfeldes (SET [VARIABLE] TO) abhängig von einer Eintragung in einem anderen Feld steuern. Alternativ ist auch das Anstoßen eines Genehmigungsprozesses möglich.

Implementierung von Geschäftsregeln

Tabelle 6.4 zeigt die wichtigsten Anwendungsfälle für Geschäftsregeln.

Szenario	Aufgabe
Propagation	automatische Synchronisierung von Daten zwischen verschiedenen Datenfeldern im System
Calculation	berechnete Datenfelder (z. B. aktuelles Alter eines Mitarbeiters)
Validation	Prüfen von Benutzereingaben vor einer Speicheroperation. Dabei können individuelle Fehlermeldungen ausgegeben werden.
Time off	Regeln zur Berechnung der verfügbaren Urlaubstage
Eligibility	regelbasierte Determinierung des Anspruchs einzelner Mitarbeiter auf Boni und Prämien

Tabelle 6.4 Anwendungsszenarien für Geschäftsregeln

Szenario	Aufgabe
Default values	dynamische, regelbasierte Vorbefüllung von Feldern abhängig vom Kontext
Workflow	ereignisgesteuertes Versenden von Benachrichtigungen, Alarmen oder Genehmigungsmeldungen an Verantwortliche bzw. Vorgesetzte

Tabelle 6.4 Anwendungsszenarien für Geschäftsregeln (Forts.)

Zusätzlich können auch individuelle Regeln bzw. Regeltypen erstellt werden. (Detaillierte technische Informationen finden Sie in der Dokumentation des MDF unter *https://websmp209.sap-ag.de/~sapidb/ 011000358700000319392014E*; Voraussetzung ist, dass ein S-User vorhanden ist.)

Integrationsszenarien und Webservices

Schnittstellen und Systemintegration

SuccessFactors bietet ein umfangreiches Set an Schnittstellen zur webbasierten Kommunikation und Integration. Typische Szenarien sind etwa die Anbindung von On-Premise-HCM- oder ERP-Systemen zum Austausch von Stammdaten oder zur Implementierung systemübergreifender Geschäftsprozesse.

Die SFAPI bietet diverse objektbasierte SOAP-Webservices, die direkt implementiert und auch über die Dell-Boomi-Plattform verwaltet werden können. Zusätzlich sind auch REST-Services über das OData-Protokoll verfügbar.

[»] **SOAP und REST**

Simple Object Access Protocol (SOAP) ist ein XML-basierter Standard für Webservices. Eine SOAP-Schnittstelle wird durch die explizite Definition der verfügbaren Service-Operationen, Metadaten und Einstellungen implementiert. Diese Informationen werden in einer WSDL-Datei (Web Service Description Language) fixiert. Jede Änderung erfordert eine Neugenerierung und Einbindung dieser Datei.

Representational State Transfer (REST) ist ein Architekturmuster für Webservices. REST gibt kein bestimmtes Nachrichtenformat vor, d. h., neben XML könnte auch JSON, CSV oder RSS eingesetzt werden. Üblicherweise werden REST-Webservices ausschließlich über URL-Parameter gesteuert.

SOAP ist also ein umfangreicher Standard, *REST* ist ein Muster für schlanke, flexible Architekturen. SOAP wird oft für Schnittstellen zwischen größeren Systemen, REST für dynamische Webanwendungen und analytische Abfragen über HTTP eingesetzt.Die bessere Alternative ergibt sich jeweils direkt aus dem unmittelbaren Anwendungsfall und den eingesetzten Entwicklungswerkzeugen.

Geht es um die Gestaltung einer REST-Schnittstelle im SAP-Umfeld, sollte das *Open Data Protocol* (OData) als erste Wahl in Betracht gezogen werden. Es ist ein populärer, auf REST-Prinzipien basierender Standard zur Vereinheitlichung der Client-Server-Kommunikation und wird seitens vieler großer IT-Unternehmen wie auch SAP als wichtige Stütze zur Integration von Geschäftsanwendungen über Webservices umfangreich adaptiert.

Das Metadata Framework bietet eine benutzerfreundliche Möglichkeit, SuccessFactors-Anwendungen an individuelle Anforderungen anzupassen und mit zusätzlicher Funktionalität zu erweitern. Viele Aspekte der programmatischen Geschäftslogik wurden hier in grafische Werkzeuge überführt und ermöglichen so die Erstellung sauber definierter und nachvollziehbarer Erweiterungskomponenten. Es ist naheliegend, dass der Verzicht auf die explizite, code-basierte Programmierung an einer gewissen Stelle an ihre Grenzen stößt, und daher kann das MDF auch nur Anwendungsfälle mit begrenzter Komplexität abbilden. Zur Abwicklung und Implementierung von Szenarien, die darüber hinausgehen, stehen diverse Schnittstellen zur SAP HANA Cloud Platform zur Verfügung.

Fazit

6.1.3 SAP Cloud Applications Studio

Das *SAP Cloud Applications Studio* ist die Entwicklungsumgebung für alle Geschäftsanwendungen auf der ByDesign-Plattform (siehe Tabelle 6.1). Es ist ein vollwertiges Software Development Kit (SDK), das insbesondere auch die Erstellung und Verwaltung individueller Geschäftslogik in Form von Programm-Code erlaubt.

Aufbau des SDK

Das SAP Cloud Applications Studio besteht aus zwei Hauptkomponenten: einer SAP-spezifischen Ausgestaltung des Microsoft Visual Studios (*Developer Desktop*) als Schaltzentrale der Entwicklung und dem *UI-Designer*, einer Zusatzkomponente zur Gestaltung und Integration von Benutzeroberflächen.

Der Developer Desktop (siehe Abbildung 6.1) dient der Entwicklung und Verwaltung von Erweiterungen. Im voreingestellten Layout befinden sich drei Spalten mit folgenden Inhalten:

Developer Desktop

❶ My Solutions: Add-ons auf dem aktuell verbundenen Tenant

❷ Document Window: Code-Fenster (inklusive Fehlerkonsole)

❸ Project Explorer: Komponenten der aktuell geöffneten Erweiterung

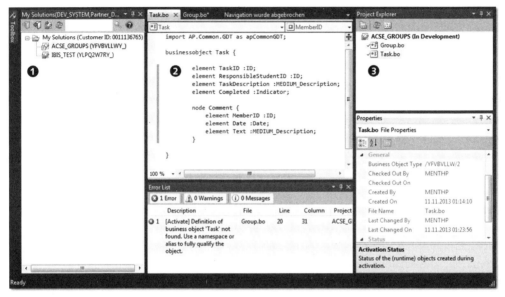

Abbildung 6.1 Developer Desktop

Funktionsbausteine für Add-ons

Komponenten sind Funktionsbausteine wie z. B. Geschäftsobjekte, Oberflächen, Webservices, Prozess- und Workflow-Definitionen oder Datenquellen für Analysen und Berichte. Tabelle 6.5 zeigt eine nach Kategorien gruppierte Auswahl der wichtigsten dieser Add-on-Komponenten.

Kategorie	Komponente
General	▸ Business Object
	▸ Code List Data Type
	▸ Print Form
	▸ Mass Data Run
Analytics	▸ Analytical Report
	▸ Data Source
	▸ Key Figure/KPI

Tabelle 6.5 Verfügbare Erweiterungskomponenten im SAP Cloud Applications Studio

Kategorie	Komponente
Business Configuration	► Business Configuration Set ► Implementation Project Template ► Tax Decision Tree
Extension	► Business Object Extension ► Embedded Component ► Process Extension Scenario
Mashups	► REST Mashup ► RSS/Atom Mashup ► SOAP Mashup
Screens	► Work Center ► Object Work List ► Quick Activity
Service Integration	► Webservice ► Communication Scenario ► XML File Input

Tabelle 6.5 Verfügbare Erweiterungskomponenten im SAP Cloud Applications Studio (Forts.)

Offensichtlich steht eine Vielzahl an Komponenten zur Verfügung, die innerhalb von Solutions (Add-ons) erstellt werden können. Grundsätzlich kann ein Add-on auch nur aus einer einzigen Komponente bestehen, üblicherweise werden aber in etwas umfangreicheren Erweiterungsszenarien, die über eine kleine Feldanpassung hinausgehen, auch regelmäßig mehrere Komponenten eingesetzt. Wird z. B. ein neues Geschäftsobjekt angelegt, entsteht anschließend in der Regel auch der Wunsch, dessen Instanzen in Datenquellen und Berichten einsehen und auswerten zu können.

Abbildung 6.2 zeigt den *User Interface Designer* (*UI Designer*), mit dem Oberflächen als Komposition aus vorgefertigten Layout- und Interaktionselementen erstellt werden können. Diese UI-Elemente – wie z. B. ein Kalender-Auswahlfeld oder eine Tabelle – können dabei in einem grafischen Editor angeordnet und konfiguriert werden (*WYSIWYG – What You See Is What You Get*).

User Interface Designer

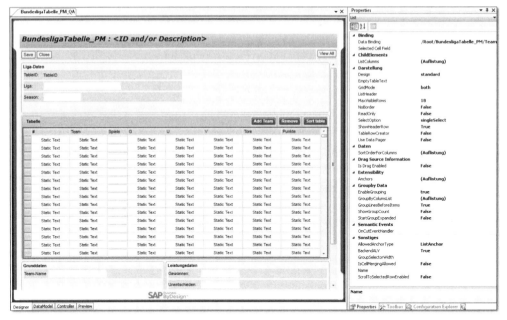

Abbildung 6.2 User Interface Designer

Erweiterungskonzept

Erweiterungs-
szenarien

Der Einsatz der Erweiterungskomponenten des SAP Cloud Applications Studios ermöglicht die Entwicklung von einfachen bis zu sehr umfangreichen Add-ons. Abbildung 6.3 zeigt eine Übersicht über die Möglichkeiten der Plattform.

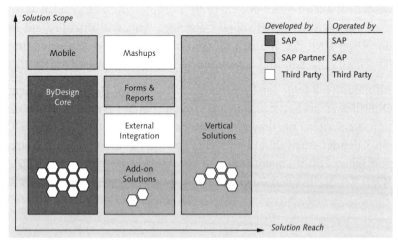

Abbildung 6.3 Verschiedene Add-on-Typen für die ByDesign-Plattform

Neben mobilen Anwendungen sowie Integrationsszenarien auf der Oberflächen- und Applikationsebene bietet das SDK vor allem die Möglichkeit, native Erweiterungen in Form von Add-ons sowie auch umfangreichere Branchenlösungen (*Vertical Solutions*) auf der ByDesign-Plattform zu implementieren.

Alle kundenindividuellen Add-ons befinden sich in einem separaten Erweiterungsbereich und sind damit logisch von der Kernlösung der Geschäftsanwendung getrennt. Es ist zwar möglich, an vielen Einstiegspunkten sehr unmittelbar in Standardgeschäftsprozesse bzw. die Verarbeitung von Geschäftsobjekten einzugreifen, der Programm-Code und jegliche technischen Konfigurationsparameter der Standardlösung sind allerdings weitgehend nicht einsehbar und niemals editierbar.

Trennung von Standardlösung und Add-ons

Diese Separation ist einerseits eine Voraussetzung für ein technisches Konzept namens *Multi-Tenancy*, bei dem sich mehrere Anwenderunternehmen eine Instanz der Software teilen, um Ressourcen effizienter auszunutzen (siehe Abschnitt 3.1.1, »Native Public-Cloud-Anwendungen«). Andererseits wird auf diese Weise sichergestellt, dass die eigenständige Funktionalität sowie die Upgrade-Fähigkeit der Standardlösung niemals durch individuelle Erweiterungen gefährdet werden. Trotzdem können natürlich an allen Schnittstellen zwischen Add-ons und dem Kernsystem im Zuge von Anpassungen auf einer der beiden Seiten Fehler auftreten, die die Funktionalität von Add-ons oder Standardprozessen beeinträchtigen können.

Deployment Units

Die ByDesign-Plattform wurde nach den Maßstäben einer service-orientierten Architektur (SOA) konstruiert. Hohe Modularität sowie flexible interne und externe Schnittstellen sind Kernforderungen dieses Paradigmas. Geschäftsmodule wie CRM, Logistik oder HR sind in logisch voneinander getrennte Einheiten, sogenannte *Deployment Units (DU)*, aufgeteilt.

Modularer Aufbau

Die Basiseinheit dieser Architektur sind Geschäftsobjekte, die jeweils einer bestimmten DU zugeordnet sind. Zum Beispiel befindet sich das Geschäftsobjekt SERVICEORDER in der Deployment Unit CRM oder das Geschäftsobjekt PAYMENT in der DU FINANCIALS. Geschäftsobjekte offerieren und konsumieren Dienste, wobei dies im Fall unterschiedlicher DUs auf Sender- und Empfängerseite auch intern über Webservices abgewickelt wird (Schneider 2012, S. 48).

In der Softwaretechnik wird dieses Integrationsschema als *lose Kopplung* (engl. *loose coupling*) bezeichnet. Änderungen in einer logischen Einheit haben im Gegensatz zu Szenarien mit direkteren Integrationsmodellen geringere oder keine technischen Auswirkungen auf verknüpfte Module, wodurch die Architektur robuster und gleichzeitig flexibler wird. Deployment Units bilden zudem die Grundlage für die hohe Adaptivität der Plattform in Bezug auf die im Mietmodell buchbaren Optionen, die in der Regel jeweils mit dem Einsatz bestimmter DUs konform gehen (Schneider 2012, S. 53).

Business Object Model

Repository Explorer

Alle für Partner und Kunden veröffentlichten Geschäftsobjekte (*Public Solution Model*) sind im sogenannten *Repository Explorer* einsehbar. Dieses Tool kann vom Developer Desktop aus gestartet werden und ermöglicht neben der Einsicht in Objekte und Datentypen sowie deren Dokumentation auch die direkte Ausführung von Datenbankabfragen.

Objektorientierung

Das Modell der ByDesign-Plattform ist objektbasiert, d. h., Operationen stehen immer in Zusammenhang mit einem oder mehreren Geschäftsobjekten. Im Gegensatz zur Objektorientierung im Sinne der Informatik fehlen allerdings bestimmte Konzepte wie etwa Vererbung oder die Möglichkeit, parametrisierbare Methoden und eigene Datentypen zu definieren. Actions (Methoden) werden zur Laufzeit aus einer bestimmten Objektinstanz heraus aufgerufen. Statische Methoden können in Erweiterungen nicht definiert werden (Schneider 2012, S. 75–78).

Deklarative Programmierung

Geschäftsobjekte und deren innere Struktur werden über die proprietäre Skriptsprache *Business Object Definition Language (BODL)* angelegt oder erweitert. Es handelt sich dabei um eine intuitive, deklarative Sprache, in der datentechnische Elemente ähnlich wie in einer besser lesbaren XML-Struktur definiert werden können. Die wichtigsten logischen Konstrukte innerhalb eines Geschäftsobjekts sind *Datenfelder*, *Unterknoten* und *Actions*. Diese bilden das Grundgerüst eines Geschäftsobjekts. Außerdem können über *Assoziationen* enge Verknüpfungen zu anderen Geschäftsobjekten angelegt werden. Listing 6.1 zeigt beispielhaft den Aufbau eines einfachen Geschäftsobjekts.

```
import AP.Common.GDT as apCommonGDT;

businessobject BundesligaTabelle_PM {

    element TableID:ID;
    element LeagueName:LANGUAGEINDEPENDENT_MEDIUM_Name;
    element Season:IntegerValue;
    element LastChangedDateTime:LOCAL_DateTime;

    message TableUpdated text "Table successfully updated";

    action CalculateTable raises TableUpdated;

    node Team [0,n] raises TeamAlreadyExists {
        element TeamID:ID;
        element TeamName:LANGUAGEINDEPENDENT_MEDIUM_Name;
        element CurrentRank:IntegerValue;
        element CurrentPoints:IntegerValue;
        element MatchesWon:IntegerValue;
        element MatchesLost:IntegerValue;
        element MatchesDrawn:IntegerValue;
        element GoalsScored:IntegerValue;
        element GoalsConceded:IntegerValue;

        message TeamAlreadyExists text "Team already exists in Table
        &1":LANGUAGEINDEPENDENT_SHORT_Name;

        node Player [0,n] {
            element PlayerID:ID;
            element PlayerFirstName:LANGUAGEINDEPENDENT_MEDIUM_Name;
            element PlayerLastName:LANGUAGEINDEPENDENT_MEDIUM_Name;

            node GoalScored [0,n] {
                element PlayerGoalID;
                association ToGoalScored to Match.Goal;
            }
        }
    }
}
```

Listing 6.1 Definition eines Geschäftsobjekts mit der BODL

Datenbanktabellen sind bei der Anwendungsentwicklung nicht explizit sichtbar. Das objektrelationale Mapping, also die Abbildung der Datenfelder einer Objektinstanz auf ein Datenbankschema sowie alle zugehörigen Persistenzoperationen inklusive Session Handling, Caching etc., werden automatisch von der BO Engine abgewickelt. Es besteht also für den Entwickler keine Notwendigkeit, irgendeine Form der Datenbankanbindung zu implementieren. Auch die CRUD-Operationen inklusive *Buffering* (Zwischenspeichern), *Lock Handling* (Zugriffsverwaltung auf Instanzebene) sowie einfache Validierungen bei Dateneingaben werden automatisch von der BO Engine verwaltet (Schneider 2012, S. 56–58).

Actions

Individuelle Funktionen

Actions beinhalten objektbezogenen Programm-Code zur Implementierung von Geschäftslogik bzw. zur Ausführung von Geschäftsprozessen. Im Sinne der Softwaretechnik handelt es sich um Methoden im weiteren Sinne. Von der Oberfläche aus betrachtet, werden sie üblicherweise durch das Anklicken eines Buttons ausgelöst.

Geschäftslogik

Actions werden in einer weiteren proprietären Skriptsprache, genannt *ABSL (Advanced Business Scripting Language)*, programmiert. Ebenso wie BODL ist sie an C# angelehnt und syntaktisch einfach zu erlernen. Actions sind jeweils einem Datenknoten eines Geschäftsobjekts zugeordnet und beinhalten ausführbaren Code, der üblicherweise Geschäftslogik mit Bezug zu ebendiesen Knoten – z. B. einer Angebotsposition – enthält. Ein Beispiel sehen Sie in Listing 6.2.

```
/* Calculate table. */

import ABSL;

// Reset team ranks
foreach(var teamInstance in this.Team) {
teamInstance.CurrentRank = 0;
}
// Start building table from rank 1 top-down
var currentRank = 1;

// Loop table ranks
foreach (var rank in this.Team) {
    var teamOnCurrentRank :BundesligaTabelle_PM.Team;

    // Loop potential teams for current rank
    foreach(var team in this.Team) {

        // Check if team hasn't been ranked yet
        if (team.CurrentRank.IsInitial() || team.CurrentRank == 0)
    {
```

```
// Check if the current rank is still empty
if (!teamOnCurrentRank.IsSet()) {

   // Set team on currently vacant rank
   teamOnCurrentRank = team;
   teamOnCurrentRank.CurrentRank = currentRank;
}
else {
   // Check if current team has more points than the
   // team on current rank
   if (team.CurrentPoints >
   teamOnCurrentRank.CurrentPoints) {

      // Set team on currently vacant rank
      team.CurrentRank =
      teamOnCurrentRank.CurrentRank;
      teamOnCurrentRank.CurrentRank = 0;
      teamOnCurrentRank = team;
   }
   // Check if current team has same amount of points as
   // the team on current rank
   else if (team.CurrentPoints ==
   teamOnCurrentRank.CurrentPoints) {

      // Check if current team has a better goal
      // difference than the team on current rank
      if ((team.GoalsScored - team.GoalsConceded) >
      (teamOnCurrentRank.GoalsScored - teamOnCurrent
      Rank.GoalsConceded)) {

         // Set team on currently vacant rank
         team.CurrentRank = teamOnCurrentRank.
         CurrentRank;
         teamOnCurrentRank.CurrentRank = 0;
         teamOnCurrentRank = team;
      }
      // Check if the goal difference is equal
      else if ((team.GoalsScored - team.GoalsConceded) ==
      (teamOnCurrentRank.GoalsScored - teamOnCurrentRank.
      GoalsConceded)) {

         // Check if the current team has scored
         // more goals
         if (team.GoalsScored >
         teamOnCurrentRank.GoalsScored) {

            // Set team on currently vacant rank
            team.CurrentRank =
```

```
                                    teamOnCurrentRank.CurrentRank;
                                    teamOnCurrentRank.CurrentRank = 0;
                                    teamOnCurrentRank = team;
                                }
                            }
                        }
                    }
                }
            }
            // Remember last update date/time
            teamOnCurrentRank.LastChangedDateTime =
            Context.GetCurrentSystemDateTime();

            // Calculate points of team on current rank
            teamOnCurrentRank.CurrentPoints = teamOnCurrentRank.MatchesWon
            * 3 + teamOnCurrentRank.MatchesDrawn;

            // Increment current rank
            currentRank = currentRank + 1;
        }

        // Order table by rank
        this.Team.OrderBy(n => n.CurrentRank);

        // Prompt update successful message
        raise TableUpdated.Create("S");
```

Listing 6.2 Beispiel-Code eines ABSL-Skripts

Datenverarbeitung   Es werden also Funktionen implementiert, die Logik zur Abwicklung von Geschäftsprozessen beinhalten. Die nicht-statischen Actions haben keine Input- und keine Output-Parameter. Stattdessen lesen sie Daten aus Geschäftsobjekten und beschreiben wiederum Datenfelder in diesen, üblicherweise in derjenigen Instanz, deren Objektklasse den Skript-Code enthält.

Datentypen   Im Gegensatz zur sehr strikten Datentypdefinition in BODL-Dateien mit über 3.500 verfügbaren Datentypen (*Global Data Types*) sind diese in ABSL-Skripten auf 14 Typen (*Basic Data Types*) wie etwa *Boolean*, *Date*, *Decimal*, *Integer* oder *String* reduziert.

Oberflächen

Navigations-konzept   Die Anwendungen der ByDesign-Plattform verfolgen ein mehrstufiges, einheitliches Navigationskonzept. Die oberste Ebene bilden dabei sogenannte *Work Center*. Diese beinhalten jeweils eine Reihe von

Funktionen, die zur Ausführung eines konkreten betriebswirtschaftlichen Aufgabenbereichs benötigt werden. Aktuell werden diese als Registerkarten in einer horizontalen Navigationsleiste am oberen Bildrand dargestellt und offenbaren ihre Menüeinträge, sobald der Anwender mit der Maus darüberfährt. Insgesamt sind aktuell ca. 70 dieser Work Center in SAP Business ByDesign verfügbar, wobei einem Mitarbeiter in der Regel nur einige wenige zugeordnet sind, die für seinen Verantwortungsbereich relevant sind.

Die nächste, niedrigere Navigationsebene innerhalb eines Work Center bilden sogenannte *Work Center Views*. Sie entsprechen einem Menüeintrag eines Work Centers und werden im zentralen Anzeigebereich der Anwendung in den Registerkarten des Work Centers angezeigt. Darin finden sich entweder Übersichten mit Berichten, Kennzahlen und offenen Aufgaben für den betreffenden Geschäftsbereich oder eine *Object Work List (OWL)*. OWLs sind Tabellen, die Instanzen von Geschäftsobjekten auflisten, die von dort aus wiederum neu angelegt oder bearbeitet werden können. Abbildung 6.4 zeigt das geöffnete Menü Kundenaufträge sowie die gleichnamige OWL im zentralen Anzeigebereich darunter.

Abbildung 6.4 Work-Center-Menü und Work Center View mit OWL

Oberflächentypen

Die weiteren Oberflächentypen werden üblicherweise aus einem Work Center View bzw. einer OWL angesteuert. Folgende Typen stehen i. d. R. in enger Beziehung zu einem konkreten Geschäftsobjekt:

- **Fact Sheet (FS)**
  dient der reinen Anzeige einer Objektinstanz, meist in Form einer kompakten Übersicht mit den wichtigsten Informationen

- **Quick Activity Floorplan (QAF)**
  einfache Sicht zur Durchführung einer dedizierten Aktion, z. B. das Anlegen eines neuen Angebots

- **Object Instance Floorplan (OIF)**
  Umfangreiche Sicht mit mehreren Tabs. Ermöglicht das Anzeigen und Bearbeiten von Datenfeldern in mehreren Unterknoten einer Geschäftsobjektinstanz.

- **Guided Activity Floorplan (GAF)**
  geführter Dialog zur Abwicklung von Aufgabensequenzen in mehreren, konsekutiven Teilschritten

Die vier gelisteten Oberflächentypen werden jeweils auf einer separaten Registerkarte geöffnet, wodurch auch mehrere Aktivitäten bzw. Transaktionen parallel ausgeführt werden können.

Oberflächen werden im Projekt Explorer des Developer Desktops als Elemente eines Add-ons definiert (siehe Tabelle 6.5) und können anschließend im UI Designer bearbeitet werden.

UI Designer

Grafischer Editor

Der *User Interface Designer* (UI Designer) ist ein Zusatz-Tool, das sich aus dem Developer Desktop starten lässt und sich in einem separaten Fenster öffnet (siehe Abbildung 6.2). Damit können Oberflächen (im Folgenden auch *Sichten* oder *Screens* genannt) erstellt werden. Der UI Designer ist auf oberster Ebene in vier Registerkarten gegliedert: Designer, Data Model, Controller und Preview.

Die Registerkarte Designer zeigt die zu erstellende Oberfläche und stellt sie ähnlich dar, wie sie letztlich zur Laufzeit im Frontend aussehen wird. Aus der sogenannten Toolbox, einem Side-Menu, können die genannten UI-Patterns (engl. auch *widgets* oder *controls* genannt) per Drag & Drop in die Oberfläche eingefügt werden. Dies sind etwa

Tabellen, Eingabefelder oder Buttons. Neben der Toolbox findet sich auf der rechten Seite zudem das Properties-Menü. Darin werden alle verfügbaren Einstellungen für das aktuell selektierte UI-Element angezeigt und können dort gegebenenfalls geändert werden.

Im rechten Side-Menu finden sich außerdem noch die Bereiche Configuration Explorer und Extensibility Explorer. Ersterer zeigt u. a. alle UI-Screens der Standardoberfläche von SAP Business By-Design. Dort kann etwa nach bestimmten Screens gesucht werden, um diese einzusehen und gegebenenfalls zu erweitern. Nach dem Öffnen eines Standard-Screens besteht die Möglichkeit, diesen über den Extensibility Explorer mit eigenen UI-Elementen zu erweitern. Die Voraussetzung dafür ist allerdings, dass an der betreffenden Stelle freigegebene Bereiche oder Einstiegspunkte (sogenannte *Anchors*) vorhanden sind, die ein Hinzufügen eigener Eingabe- oder Steuerungselemente erlauben. Es besteht somit die Möglichkeit, neue Eingabefelder, Buttons oder ganze Gruppen wie etwa neue Registerkarten in eine Standard-UI-Sicht zu integrieren.

Erweiterung von Standardoberflächen

Die Registerkarte Data Model dient der Verknüpfung der UI-Elemente mit Datenfeldern eines Geschäftsobjekts. Darin befinden sich zwei Listen, wobei eine die Datenfelder der Benutzeroberfläche und die andere alle im gewählten Geschäftsobjekt verfügbaren Felder anzeigt. Selektieren Sie nun je ein Feld aus einer der Listen und klicken auf den Button Bind, sind diese Felder in der Folge verknüpft, und die Daten aus einem Geschäftsobjekt werden im entsprechenden UI-Feld angezeigt, bzw. es besteht die Möglichkeit, die Geschäftsobjekt-Datenfelder über das Frontend persistent zu beschreiben.

Data Binding

Die Registerkarte Controller bietet diverse Funktionen zur Steuerung des UI-Verhaltens. Dort werden *Event Handler* angelegt und verwaltet. Ein Event wird in der Regel über einen Button ausgelöst und kann Actions des betreffenden Geschäftsobjekts ausführen. Bei der Erstellung eines Screens auf Basis eines Geschäftsobjekts werden etwa die Basisoperationen Save, Close, Edit und Create automatisch in entsprechende Event Handler eingebunden. Die zugehörigen Buttons sind ebenso auf der Registerkarte Designer bereits initial vorhanden. Neben Actions können auch diverse weitere Frontend-Operationen an einen Event Handler geknüpft werden. Der Controller ermöglicht also ein dynamisches Verhalten der Oberfläche und die Verbindung zwischen Frontend und Backend der Applikation.

Event Handling

Navigation Neben der Verwaltung der Event Handler kann auf der Registerkarte CONTROLLER auch die Navigation über systeminterne *In-* und *Outports* geregelt werden. Ein Inport definiert, welche eingehenden Parameter an die Sicht übergeben werden können und welcher Event Handler beim Ansteuern der betreffenden Sicht zu Beginn ausgeführt wird. Damit kann die Oberfläche je nach Kontext relevante Daten abrufen und gegebenenfalls dynamisch angepasst werden. In einem Outport werden ein Navigationsziel (anderer UI-Screen und Inport) und wiederum an den Ziel-Inport zu übergebende Parameter bestimmt (Weiterführende Informationen finden Sie bei Thomas Schneider: *SAP Business ByDesign Studio – Application Development.* Boston: SAP PRESS 2012.).

Webservices

Webservices *Webservices* bieten die Möglichkeit, von einem externen System aus bestimmte Operationen auszuführen. Diese dienen meist der Abfrage oder Manipulation von Objekten (CRUD), können aber auch komplexere Funktionen steuern. Die meisten Webservices in ByDesign sind synchrone SOAP-Services. REST-Services dagegen sind seltener vertreten, durch die Verbreitung des OData-Protokolls in SAP-Produkten wird deren Anzahl aber tendenziell wachsen. Webservices können im SDK über geführte Dialoge definiert, angepasst und aktiviert werden (siehe dazu auch Abschnitt 5.2.1, »SAP Business ByDesign und LoB-Lösungen«).

Beispiel: Field Service Management bei der KBA

Für einen besseren Einblick in die Möglichkeiten des SAP Cloud Applications Studios stellen wir Ihnen im Folgenden beispielhaft ein Kundenprojekt mit einem interessanten Erweiterungsszenario vor.

Koenig & Bauer AG Die Unternehmensgruppe Koenig & Bauer (KBA), gegründet 1817, ist mit dem breitesten Produktprogramm der Branche einer der größten Druckmaschinenhersteller der Welt. Kernkompetenz von KBA ist die Entwicklung und Herstellung technologisch innovativer und wirtschaftlicher Drucksysteme und dazugehöriger peripherer Anlagen.

KBA Deutschland GmbH Vertrieb und Service der Druckmaschinen erfolgen weltweit durch regionale Tochtergesellschaften, z. B. in Nordamerika, China, UK, Italien etc. (siehe z. B. *http://www.kba.com/unternehmen/struktur-ausrichtung/konzernstruktur/*). In Deutschland ist dies die KBA Deutschland GmbH, die seit 2012 SAP Business ByDesign einsetzt. Zur Ausführung des Kernprozesses der Serviceabwicklung für Bogenoffsetmaschinen wurde eine Erweiterungslösung entwickelt, die einen reibungslosen und effizienten Workflow gewährleistet.

Abbildung 6.5 zeigt den Prozess der Serviceabwicklung bei der KBA Deutschland GmbH in vier Schritten bzw. Spalten. Dabei sind beteiligte Geschäftsobjekte im Zeitverlauf entlang der Pfeile angeordnet. Die Objekte sind jeweils einer der drei Organisationseinheiten *Customer* ❶, *KBA Deutschland GmbH* ❷ oder *KBA-Sheetfed Solutions AG & Co. KG* ❸ in einer horizontalen Swimlane zugeordnet. Helle Objekte repräsentieren Standard-Geschäftsobjekte des Business-ByDesign-Systems, dunkle Objekte wurden über das Add-on hinzugefügt, und Komponenten der SAP Business Suite des Mutterkonzerns KBA AG sind weiß dargestellt.

Field Service Management

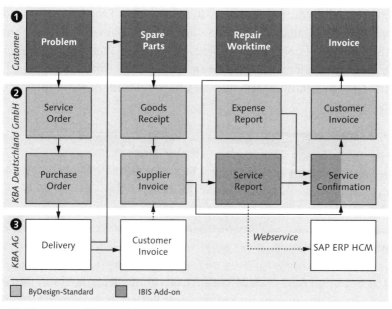

Abbildung 6.5 Add-on Field Service Management

Der Prozess beginnt mit einem Problem bzw. einer Serviceanfrage eines Unternehmens, das eine KBA-Druckmaschine einsetzt. Im daraus resultierenden Serviceauftrag werden Kundendaten und die erwarteten Aufwände festgehalten. Über das neu hinzugefügte Objekt *Service Report* können anschließend die tatsächlichen Arbeitszeiten der Monteure erfasst und zusammen mit weiteren Positionen

Serviceauftrag und Ersatzteile

wie Material-, Reise- oder Hotelkosten in eine oder mehrere Servicerückmeldungen überführt und an den Kunden verrechnet werden.

Mit dem Add-on *Field Service Management* der IBIS Business Consulting AG wurden seit 2013 über 10.000 Service-Reports erfolgreich abgewickelt. Durch die weitgehende Automatisierung der Abläufe wurden Fehler reduziert, Verwaltungsaufwände eingespart, und der Abrechnungsprozess wurde erheblich beschleunigt. Das Add-on wird daher aktuell auch im System der KBA North America Inc. ausgerollt.

Beispiel: IBIS-Multi-Project-Cockpit

Das *Multi-Project-Cockpit (MPC)* (siehe Abbildung 6.6) ist ein von der IBIS Prof. Thome AG entwickeltes, externes Erweiterungstool auf Basis von Microsoft Excel. Hintergrund ist, dass im Projektmanagement-Modul von SAP Business ByDesign zwar Projekte umfassend verwaltet und analysiert werden können, dies aber immer nur auf der Ebene eines einzelnen Projekts möglich ist. Werden Mitarbeiter oder Maschinen aber in mehreren Projekten gleichzeitig eingesetzt, ist eine projektübergreifende Ressourcen- und Aufgabenplanung notwendig.

Abbildung 6.6 Startseite des IBIS-Multi-Project-Cockpits

Analytische Datenquellen abfragen

Das ByDesign-Add-in für Microsoft Excel ermöglicht das Abrufen analytischer Datenquellen aus SAP Business ByDesign von einem lokalen Rechner aus. Das IBIS-MPC nutzt diese Schnittstelle, um Projektpläne aus mehreren Projekten in einer zentralen Übersicht darzustellen. Dazu dient eine Reihe zusätzlicher Datenquellen, die Projektdaten aggregieren und für verschiedene Auswertungsszenarien des MPC vorhalten. Diese Daten werden anschließend aus dem MPC-Excel-Tool heraus abgerufen und in mehreren Sheets visualisiert. Verschiedene Dashboards und Sichten ermöglichen dann die zentrale Planung und Steuerung aller laufenden und kommenden Projekte. Die MULTI-

PROJEKT-Sicht des MPC in Abbildung 6.7 stellt z. B. alle Projektaufgaben in einem einzigen Gantt-Diagramm dar.

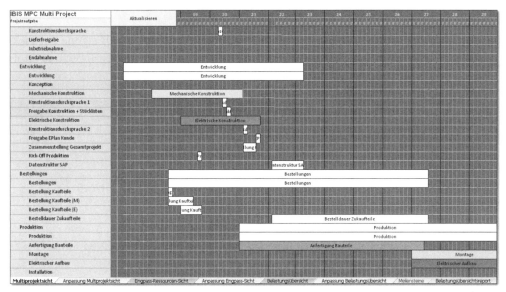

Abbildung 6.7 Projektaufgaben – aus mehreren Projekten aggregiert

Darüber hinaus erlauben weitere Perspektiven wie die ENGPASS-RESSOURCEN-SICHT oder die BELASTUNGSÜBERSICHT detaillierte Auswertungen in Bezug auf die Verfügbarkeit und Auslastung der Unternehmensressourcen im Zeitverlauf.

6.1.4 Werkzeuge für die SAP HANA Cloud Platform

Die SAP HANA Cloud Platform (HCP) besteht aus einer In-Memory-Datenbank mit einem integrierten Applikationsserver. Die drei Haupteinsatzszenarien sind die Entwicklung und der Betrieb folgender Anwendungstypen (weiterführende Informationen finden Sie z. B. bei Mattern, M., Croft, R.: *Business Cases mit SAP HANA*. Bonn: SAP PRESS 2014):

▸ externe Erweiterungen für Geschäftsanwendungen

▸ eigenständige funktionale Applikationen

Zur Umsetzung der Anwendungen stehen auf der HCP drei verschiedene Basistechnologien zur Verfügung (siehe auch Abschnitt 3.3.1, »Entwicklungsplattformen«):

Verfügbare Technologien

- SAP-HANA-Datenbank

- Web Apps (HTML5, CSS3, JavaScript, SAPUI5, Fiori etc.)

- Java EE

Entsprechend sind für jede dieser Technologien teils eigene Entwicklungswerkzeuge verfügbar. Tabelle 6.6 zeigt die verfügbaren Tools für die verschiedenen Ansätze.

Technologie	Tools
SAP HANA DB	- Eclipse - SAP HANA Tools for Eclipse
Web Apps	- Eclipse - SAP Development Toolkit for HTML5 - SAP Web IDE
Java EE	- Eclipse - SAP HANA Cloud Platform Tools for Eclipse - SAP HANA Cloud Platform SDK

Tabelle 6.6 Entwicklungswerkzeuge nach Basistechnologie (siehe auch https://tools.hana.ondemand.com/)

Eclipse Eclipse bildet also die Basis für die meisten Entwicklungsaktivitäten auf der SAP HANA Cloud Platform. Web Apps und einige analytische Datenquellen können alternativ auch mit der SAP Web IDE entwickelt werden, deren Funktionsumfang stetig ausgebaut wird. Da es sich bei Eclipse um eine weit verbreitete und bekannte Entwicklungsumgebung handelt, wird diese hier nicht im Detail beschrieben. Die folgenden Abschnitte zeigen die additiv verfügbaren Werkzeuge jeweils im Kontext der drei genannten Basistechnologien.

SAP-HANA-Datenbank

SAP HANA Tools Die SAP-HANA-Datenbank bietet umfangreiche Modellierungs- und Analyse-Tools zur Entwicklung, Verknüpfung, Bereitstellung und Auswertung von Datenquellen. Die folgende Liste zeigt einige wichtige Funktionen der SAP-HANA-Datenbank.

- Benutzer- und Rollenverwaltung

- Life Cycle Management

- Datenbankverwaltung

- analytische Datenmodellierung und -auswertung
- SQL-Skript-Persistenzprozeduren
- serverseitiges JavaScript

Zum Einsatz dieser Funktionen werden die SAP HANA Tools for Eclipse bzw. alternativ die SAP Web IDE benötigt. Die Entwicklung erfordert die Verbindung zu einer Entwicklungsinstanz der HCP. Die SAP HANA Tools bieten eine Fülle analytischer Funktionen, die auf der In-Memory-Datenbank ausgeführt werden können. Zur Entwicklung analytischer Anwendungen bietet sich die Verwendung des integrierten XS-Applikationsservers an, für den Webanwendungen erstellt werden können, die schließlich über Webservice-Schnittstellen (z. B. OData) mit der SAP-HANA-Datenbank interagieren. Zur Datenanalyse gibt es zusätzlich Technologien bzw. Werkzeuge für weitere, spezielle Anwendungsgebiete wie z. B. Statistik (Predictive Analytics Library), Geoinformation (SAP HANA Spatial) oder Text-Mining (Advanced Data Processing) (siehe auch *https://help.sap.com/hana*).

Web Apps

Mit der Veröffentlichung des HTML5-Standards und der enormen Dynamik der Webentwicklungsszene ist in den vergangenen Jahren ein klares Commitment von SAP zu diesen Technologien erkennbar. Dies zeigt sowohl die Veröffentlichung und stetige Erweiterung des SAPUI5-Frameworks als auch die UI-Modernisierungswelle für SAP-Anwendungen über die Fiori-Apps.

SAPUI5 ist ein auf HTML5, CSS3, JavaScript und jQuery basierendes Framework zur Entwicklung von Webapplikationen nach dem Model-View-Controller-Prinzip. Es beinhaltet eine Klassenbibliothek von UI-Elementen zur Eingabe und Visualisierung und von Daten (z. B. Layouts, Buttons, Eingabefelder, Tabellen, Diagramme etc.). Diese können in JavaScript, JSON oder XML-Notation definiert und zur Komposition von Oberflächen für Desktops, Tablets und Smartphones verwendet werden. Weiterführende Informationen zu SAPUI5 finden Sie z. B. in Antolovic, M.: *Einführung in SAPUI5*. Bonn: SAP PRESS 2014.

SAPUI5

Fiori-Apps basieren auf Elementen der SAPUI5-Bibliothek. Sie wurden und werden von SAP selbst entwickelt und dienen als mobil einsetzbare Alternativen oder Ersatz für klassische SAP-Oberflächen. Die neuen S/4HANA-Module wie *Simple Finance* werden ebenfalls

Fiori-Apps

alle in erster Linie mit Fiori-Oberflächen bestückt. Durch den Einsatz von Webstandards soll also in den kommenden Jahren die notwendige Transformation der SAP-Anwendungen hin zu einfachen, design-orientierten und responsiven Benutzeroberflächen vollzogen werden.

Entwicklungs-
werkzeuge

Zur Entwicklung und Ausführung von Web Apps mit Eclipse können Sie das UI Development Toolkit for HTML5 oder die SAP Web IDE verwenden, die mit der HCP mitgeliefert wird. Die Web IDE bietet im Gegensatz zu Eclipse SAPUI5-spezifische Zusatzfunktionen wie Code Completion oder einen einfachen Drag & Drop-Editor zur grafischen Modellierung von Oberflächen.

Ausblick

Im Kontext der HCP ist SAPUI5 also die erste Wahl für analytische Anwendungen. Es kann aber auch zur Entwicklung schlanker Web Apps in anderen (mobilen) Szenarien eingesetzt werden. Durch den Paradigmenwechsel hin zu offenen Webstandards kann SAP zudem auch langfristig auf innovative Beiträge aus der riesigen Community von Webentwicklern hoffen und hat einen entscheidenden Schritt zur Öffnung der SAP-Gemeinde vollzogen.

Beispiel: IBIS-S/4HANA-Innovationsanalyse

Die IBIS Prof. Thome AG ist ein Softwaredienstleister, spezialisiert auf die betriebswirtschaftliche Analyse von SAP-Systemen. Mit der S/4HANA-Innovationsanalyse können Unternehmen den Mehrwert von SAP HANA auf Basis tatsächlicher Nutzungsdaten ihres ERP-Systems (*IBIS RBE Plus*) beurteilen.

Die IBIS-S/4HANA-Innovationsanalyse (siehe Abbildung 6.8) ist eine analytische Web App auf Basis der SAP HANA Cloud Platform (HCP). Architektonisch umfasst sie sowohl analytische Strukturen auf Basis der SAP-HANA-Datenbank als auch eine SAPUI5-Web-App zur interaktiven Auswertung des betreffenden ERP-Systems sowie der damit verbundenen, konkreten Potenziale der SAP-HANA-Plattform.

Use Case

Mit der analytischen Anwendung kann der Entscheidungsprozess für (oder gegen) die Auswahl von Produkten im SAP-HANA-Umfeld mit harten Fakten unterstützt werden. Zu Beginn können strategische Ziele in verschiedenen Fachbereichen selektiert werden, die in den folgenden Auswertungen und Empfehlungen berücksichtigt werden.

Anschließend steht eine Reihe analytischer Sichten zu folgenden Themenbereichen zur Verfügung:

► Systemperformance und Bottlenecks

► Business Cases und SAP-HANA-Potenziale

► S/4HANA- und Fiori-Apps

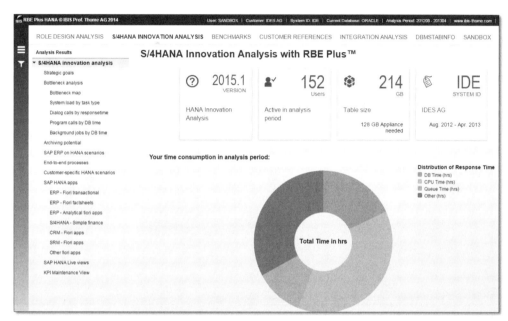

Abbildung 6.8 IBIS-S/4HANA-Innovationsanalyse

In Abbildung 6.9 ist mit der BOTTLENECK MAP beispielhaft eine dieser analytischen Sichten zu sehen. Diese zeigt detaillierte Informationen zur Performance einzelner SAP-Programme und Transaktionen im betreffenden System mit umfangreichen Drilldown-Möglichkeiten. Für die Determinierung der Größe und Einfärbung der angezeigten Segmente stehen jeweils 16 verschiedene Dimensionen (z. B. DIALOG STEPS, DB TIME PER CALL oder TABLESIZE) zur Auswahl.

Performance Bottlenecks

Bei der S/4HANA-Innovationsanalyse werden analytische Funktionen der SAP-HANA-Datenbank zur Modellierung von Datenquellen und Webservices eingesetzt und schließlich von einer SAPUI5-Web-App konsumiert, indem sie in das client-seitige Datenmodell eingebunden werden. Dieses Datenmodell kann schließlich auf Darstellungs- und Interaktionselemente (z. B. Tabellen oder Charts) projiziert werden. Auf diese Weise können die analytischen Daten in

Architektur

einer Webanwendung präsentiert, an kundenindividuelle Szenarien angepasst und dynamisch gefiltert werden. Da die Web App direkt auf dem SAP HANA Application Server (*XS Engine*) läuft, ist die Performance im Gegensatz zum Betrieb von Datenbank und App-Server in getrennten Schichten deutlich optimiert.

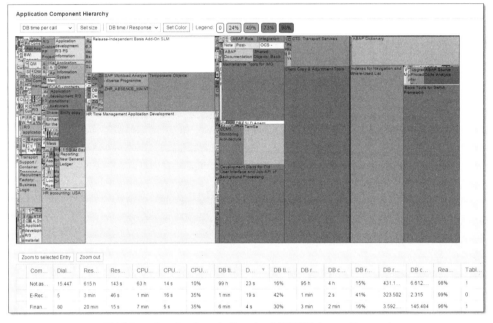

Abbildung 6.9 Bottleneck Map der S/4HANA-Innovationsanalyse

Java EE

Für eigenständige Applikationen mit signifikantem funktionalen Umfang steht auf der HCP auch ein Java-Stack zur Verfügung. Zur Entwicklung von Java-Anwendungen gibt es zwei Varianten: Java Web mit einem schlanken Subset der Java-EE-APIs (Servlet, JSP, JSTL, EL) und Java-EE-6-Web-Profile mit allen Java-EE-Web-Profile-APIs. Um in Java auf der HCP zu entwickeln, benötigen Sie das SAP HANA Cloud Platform SDK, das ebenfalls ein Add-in für Eclipse ist. Da die Entwicklung von Java-Anwendungen ein weites Feld ist, wird das Thema an dieser Stelle nicht weiter vertieft. Weiterführende Informationen finden Sie z. B. in Wood, J.: *SAP HANA Cloud Platform – Das Handbuch für Entwickler*. Bonn: SAP PRESS 2015.

Fazit Die HCP bietet also reichhaltige Möglichkeiten für die Entwicklung und den Betrieb von Add-ons und eigenständigen Anwendungen.

Wirklich empfehlenswert ist die HCP besonders für Szenarien, in denen die Vorteile der In-Memory-Datenbank bzw. HCP-spezifischer Features auch tatsächlich genutzt werden. Dies betrifft insbesondere analytische und datenintensive Anwendungen, aber auch solche mit komplexen Integrationsszenarien zu On-Premise- oder Cloud-Systemen der SAP (siehe Abschnitt 6.2.2, »Side-by-Side-Extensions«).

6.2   App-Bereitstellung

Die Erstellung, Verwaltung und Bereitstellung von Erweiterungen wird auch *Application Life Cycle Management (ALM)* genannt. Dieses umfasst u. a. folgende Aufgaben (siehe Rohloff, M.: *Standards und Best Practices für das Application Management*. In: *Application Management*. Heidelberg: dpunkt 2011):

Life Cycle Management

- ▸ Anforderungs- und Änderungsmanagement
- ▸ Konzeption, Entwicklung und Versionierung
- ▸ Dokumentation
- ▸ Transport, Deployment und (De-)Aktivierung
- ▸ Test- und Qualitätsmanagement
- ▸ produktiver Betrieb

Diese Aktivitäten unterscheiden sich, abhängig davon, welche der drei Plattformen eingesetzt werden, teilweise erheblich. Die Implikationen für das ALM bezüglich der nativen Erweiterungen (*In-App-Extensions*) sowie der HCP (*Side-by-Side-Extensions*) werden daher separat in Abschnitt 6.2.1 und in Abschnitt 6.2.2 beschrieben.

Unterschiedliche Plattformen

6.2.1   In-App-Extensions

Erweiterungen für Anwendungen auf der ByDesign- sowie der Success-Factors-Plattform werden auf der gleichen Tenant-Infrastruktur gehostet wie die jeweils erweiterten Geschäftsanwendungen selbst. Kundenindividuelle Add-ons werden dabei üblicherweise auf einem Development Tenant entwickelt, der eine Kopie des produktiven Tenants zu einem bestimmten Zeitpunkt (*Snapshot*) aus der nahen Vergangenheit ist. Generell verfügbare Erweiterungen für einen anonymen Markt (Vertrieb über SAP Store) werden auf einem Development Tenant des betreffenden Anbieters erstellt.

Native Erweiterungen

Einschränkungen Im Bereich der Anwendungsentwicklung müssen bereits zu Beginn die Einschränkungen der jeweils verfügbaren Komponenten und Entwicklungswerkzeuge von SuccessFactors bzw. SAP Business ByDesign berücksichtigt werden. Viele bekannte Konzepte aus der .NET-, Java- oder Webentwicklung sind in den nativen Erweiterungsszenarien nicht oder nur in eingeschränkter Form verfügbar. Die starke Integration in die Geschäftsanwendungen führt also zu einer deutlich geringeren Freiheit, und einfache Probleme erfordern gelegentlich besondere Maßnahmen. Die enge Kopplung führt auch dazu, dass besonderer Wert auf das Testmanagement gelegt werden sollte, da Standardprozesse durch direkte Eingriffe gegebenenfalls leichter lahmgelegt werden können.

Vorteile Andererseits können bereits vorhandene Funktionen der Geschäftsplattform genutzt werden und ersparen somit viele grundlegende Arbeiten, die bei der Entwicklung einer eigenständigen Applikation umgesetzt werden müssen. Durch die Verwendung diverser Objekte, Komponenten und Funktionen der Standardanwendung direkt in der Erweiterung wird bereits ein gewisser Rahmen vorgegeben, und Entscheidungsprozesse bezüglich der Anwendungsarchitektur entfallen. Das Deployment der nativen Erweiterungen ist zudem deutlich einfacher durchzuführen, da die Plattformanbieter strikte Muster für Add-on-Architekturen vorgeben. In der Folge sind Konsistenzchecks und Bereitstellungsprozesse über standardisierte Prozeduren umsetzbar. Schließlich werden auch gewisse Aufgaben des produktiven Betriebs wie z. B. die Benutzer- und Zugriffsverwaltung vereinfacht, da diese über die Mechanismen der Kernanwendung laufen und nicht erneut selbst implementiert werden müssen.

SAP Business ByDesign

Neues Add-on erstellen Add-ons für Geschäftsanwendungen der ByDesign-Plattform werden über das SAP Cloud Applications Studio erstellt und verwaltet. Dort kann auf einem Entwicklungs- oder Test-Tenant im Fenster MY SOLUTIONS über den Button CREATE SOLUTION eine neue Anwendung erstellt werden (siehe Markierung in Abbildung 6.10). Es gibt zwei verschiedene Erweiterungstypen: kundenspezifische Anwendungen und Anwendungen, die bei mehreren Unternehmen eingesetzt werden können (*Solution Templates* bzw. *Multi-Customer Solutions*). Erstere sind tatsächlich auf den Einsatz bei einem Kunden mit einer bestimmten Kundennummer beschränkt, Letztere können breiter vermarktet werden. Bei der Erstellung eines neuen Add-ons müssen Sie eine Deployment Unit (siehe Abschnitt 6.1.3, »SAP Cloud Applications Studio«) wählen, die den Namensraum bzw. das technische Modul determiniert, in dem die Lösung zu finden ist.

Nach der ersten Entwicklungs- und Testphase kann die Erweiterung erstmals zu einem Paket mit einer Versionsnummer (*Patch*) geschnürt und heruntergeladen werden. Zum Import einer Erweiterung in einen Test- oder Produktiv-Tenant wird dieser beim erstmaligen Deployment im Fenster MY SOLUTIONS oder im Fall eines Updates im IMPLEMENTATION MANAGER der betreffenden Anwendung jeweils über den Button UPLOAD eingespielt. Nach der Aktivierung aller Add-on-Komponenten über den Button ACTIVATE ist der technische Deployment-Prozess abgeschlossen.

Export und Deployment

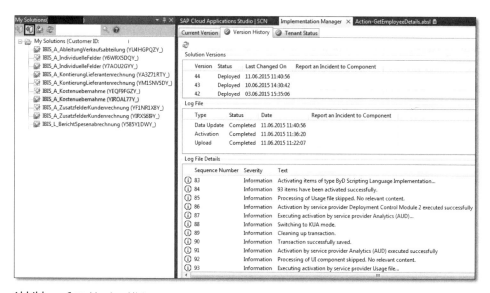

Abbildung 6.10 Version History

In Entwicklungs-Tenants ist ein neues Add-on automatisch aktiv. Test- und Produktiv-Tenants erfordern nach dem technischen Deployment eine Aktivierung über das Work Center BETRIEBSWIRTSCHAFTLICHE KONFIGURATION (siehe auch Abschnitt 5.1, »Betriebswirtschaftliche Konfiguration«). Die Aktivierung eines Add-ons erfolgt in der Regel über eine sogenannte *Business Option*. Diese wird über eine entsprechende *Business-Configuration*-Komponente während der Entwicklungsphase des Add-ons erstellt. Die Komponente verortet das Add-on thematisch an ein bestimmtes Geschäftsobjekt im *Busi-*

Aktivierung eines Add-ons

ness Adaptation Catalog. Im Schritt FRAGEN eines Implementierungs- oder Änderungsprojekts kann das Add-on über das Setzen eines Häkchens aktiviert werden (siehe auch Abschnitt 5.1.2, »Betriebswirtschaftlicher Katalog«). Diese betriebswirtschaftliche Aktivierung muss nur einmalig erfolgen. Jedes weitere Update der Lösung wird automatisch aktiv, sobald dieses erfolgreich eingespielt wurde.

| Updates über Patches | Änderungen bzw. neue Versionen müssen über die Anlage eines Patches erfolgen. Bei der erstmaligen Anlage eines Patches wird die Erweiterung in zwei Namensräume aufgespalten, wobei einer die Original- bzw. Vorversion und ein neuer die editierbare Patch-Version beinhaltet. Es kann während der Entwicklungs- und Testphase dann über die jeweilige Funktion IMPLEMENTATION MANAGER • ENABLE bzw. DISABLE zwischen beiden Lösungen hin- und hergeschaltet werden. |

| Deployment in Produktivsystemen | Wurden alle Tests erfolgreich beendet, kann die Lösung in den Produktiv-Tenant eingespielt werden. Dort gelten im Grunde die gleichen Aussagen wie für einen Test-Tenant, außer, dass dort keine Patch Solutions bzw. Patch-Namensräume, sondern lediglich aktive Versionen existieren. Weitere Informationen finden Sie in der aktuellen Dokumentation des SAP Cloud Applications Studios unter *http://help.sap.com/studio_cloud.* |

SuccessFactors

| Komponenten-basierte Erweiterungen | Im nativen SuccessFactors-Erweiterungsszenario gibt es keine Apps im Sinne eines geschnürten Bundles funktionaler Bausteine. Besteht eine Erweiterung aus einem Set von Komponenten wie z. B. neuen MDF-Objekten und Genehmigungs-Workflows, ist die semantische Zusammengehörigkeit dieser nur implizit durch das Wissen des Entwicklers vorhanden. Obwohl die Werkzeuge auf der SuccessFactors-Plattform also im Verhältnis zur einfachen Handhabung die Implementierung recht umfangreicher Funktionen ermöglichen, sind diese nativen Erweiterungsszenarien allerdings nicht dazu gedacht, Add-ons mit vielen funktionalen Komponenten und komplexen Abhängigkeiten zu entwickeln. Daher sollte ab einer gewissen Mächtigkeit einer Erweiterung der Einsatz der HCP in Betracht gezogen werden (siehe Abschnitt 6.2.2, »Side-by-Side-Extensions«). |

| Migrationstool für Add-ons | Auf der Ebene einzelner Erweiterungskomponenten gibt es mit der *Instance Synchronization* ein hilfreiches Tool zum Transport dieser |

Elemente von einem SuccessFactors Tenant zu einem anderen. Üblicherweise betrifft dies die Migration von einem Test- in einen Produktiv-Tenant. Dieser Vorgang erfolgt nach dem Push-Prinzip, d. h., der Administrator eines Test-Tenants kann Erweiterungsobjekte von dort aus online in einen Produktiv-Tenant einspielen.

Die folgende Liste zeigt einige der Komponenten, die über die Instance Synchronization zwischen SuccessFactors-Tenants migriert werden können.

Migrierbare Add-on-Komponenten

▶ UI Templates

▶ Ausgestaltungen analytischer Dashboards

▶ Systemeinstellungen

▶ Übersetzungen

▶ Stammdaten wie Kompetenzen, Rollen oder Bewertungsskalen

▶ Genehmigungs-Workflows

▶ Inhalte von Auswahllisten

▶ MDF-Objektdefinitionen, Geschäftsregeln und UI-Konfigurationen

6.2.2 Side-by-Side-Extensions

Die Erweiterung einer Geschäftsanwendung mit Anwendungen auf der SAP HANA Cloud Platform kann in vielen verschiedenen Szenarien eine sinnvolle Option sein.

Die folgende Liste zeigt einige Anwendungsszenarien für externe Add-ons (weiterführende Informationen: Wood, J.: *SAP HANA Cloud Platform*):

Erweiterungsszenarien mit der HCP

▶ analytische Apps, die die Möglichkeiten der SAP-HANA-Datenbank nutzen (z. B. Big Data, Statistik-Tools, Text Mining etc.)

▶ Apps, die mit mehreren Geschäftsanwendungen integriert sind

▶ mobile und mobil optimierte Prozesse

▶ Migration bereits existierender Anwendungen auf die HCP (z. B. Java-Anwendungen)

▶ neue funktionale Anwendungen, die aufgrund ihrer Größe und Komplexität eine eigene Infrastruktur benötigen

HCP Extension Package for SuccessFactors

HCP-Erweiterungs-
paket
Zur Erweiterung von SuccessFactors-Anwendungen über die Funktionen der SAP HANA Cloud Platform ermöglicht das HCP Extension Package die Erstellung und Konfiguration externer oder hybrider Anwendungen mit Objekten des MDF und funktionalen Komponenten auf der HCP. Über das HCP Extension Package können benötigte Komponenten wie das MDF, die SuccessFactors-OData-API oder Sicherheitseinstellungen automatisiert aktiviert und konfiguriert werden. Damit ist also entweder die Integration externer oder die Erstellung und Anbindung hybrider Add-ons (MDF in Kombination mit einer HCP-Anwendung) möglich. Einen Überblick über das HCP Integration Package for SuccessFactors finden Sie unter: *https:// www.sapappsdevelopmentpartnercenter.com/en/get-started/cloud-applications/successfactors-extensions/*.

Vorgehen
Die externe Erweiterung über die HCP erfolgt in sechs Schritten:

1. Deployment der Add-on-Lösung auf der HCP
2. Registrierung des Add-ons als autorisierter Webservice-Konsument im Provisioning der verknüpften SuccessFactors-Instanz
3. Registrierung des Add-ons als OAuth-Client zur Konfiguration der OData-Schnittstelle in der SuccessFactors-Instanz
4. Konfiguration der HTTP-Destinationen für Erweiterungslösungen in der SuccessFactors-Instanz
5. Starten der Add-on-Lösung auf der HCP
6. Integration der Add-on-Lösung in die SuccessFactors-Instanz

Technische Details finden Sie in der Dokumentation unter *https:// websmp206.sap-ag.de/~sapidb/012002523100013621492014E* (Voraussetzung: S-User vorhanden).

Fazit
Zusammenfassend ist die Bereitstellung nativer Anwendungen grundsätzlich einfacher zu handhaben, obliegt dafür aber auch strikten Einschränkungen. Side-by-Side-Extensions auf der HCP dagegen bieten, jeweils abhängig von der eingesetzten Technologie (SAP-HANA-Datenbank, Java, SAPUI5) die entsprechenden Möglichkeiten zur Applikationsverwaltung. Dadurch sind die Anwendungsverwaltung und -bereitstellung weitgehend unabhängig von der erweiterten Geschäftsanwendung. Im Gegenzug muss die Integration der Erweiterung in Geschäftsanwendungen über Webservices erfolgen.

6.3   Möglichkeiten und Grenzen

Die vorgestellten Werkzeuge unterstützen Sie in vielfältigen Erweiterungsszenarien für Geschäftsanwendungen aus der SAP Cloud. Je nach Plattform und Methode sind die benötigten Kenntnisse und die funktionalen Möglichkeiten ebenfalls sehr unterschiedlich.

Die SuccessFactors HCM Suite bietet für native Erweiterungsszenarien mit dem Metadata Framework und weiteren grafischen Administrationstools viele Möglichkeiten zur Erstellung oder Anpassung von Geschäftsobjekten und -prozessen. Mit der einfachen Handhabung und dem bewussten Verzicht auf Programm-Code in Erweiterungen gehen gewisse Einschränkungen einher, sodass sich jegliche zusätzliche Funktionalität in einem relativ begrenzten, vordefinierten Lösungsraum bewegen muss. Zudem besteht die SuccessFactors HCM Suite aus Komponenten verschiedenen technischen Ursprungs, und das MDF ist (noch) nicht für jedes dieser Module in vollem Umfang einsetzbar.

SuccessFactors

Native Erweiterungen für Geschäftsanwendungen auf der ByDesign-Plattform bieten die Möglichkeit, einfache oder auch funktional anspruchsvolle Anwendungen mit unmittelbarer Integration in Geschäftsprozesse einer SAP-Cloud-Lösung zu erstellen. Dabei steht im SAP Cloud Applications Studio eine Vielzahl von Erweiterungskomponenten zur Implementierung kundenindividueller Geschäftslogik bereit. Diese sind teilweise über grafische Editoren oder geführte Dialoge konfigurierbar, die Realisierung komplexer Logik kann schließlich über individuellen Programm-Code erfolgen. Das Erweiterungsmodell der ByDesign-Plattform ist in Bezug auf die Softwarearchitektur und die einsetzbaren Sprachen und Werkzeuge dabei sehr restriktiv, um die Stabilität und Konsistenz der Kernsysteme zu gewährleisten.

ByDesign-Plattform

Die SAP HANA Cloud Platform bietet schließlich für diverse Erweiterungsszenarien sehr mächtige, aber auch teilweise komplexe Werkzeuge zur Erstellung und Verwaltung von Anwendungen, die in ihrem Funktionsumfang weit über die zuvor genannten nativen Anwendungsszenarien hinausgehen können. Dabei sind Apps auf der HCP nicht auf ein zu erweiterndes System begrenzt, sondern können auch mit mehreren Geschäftsanwendungen gleichzeitig integriert werden. Die Schnittstellen zwischen Geschäftsanwendungen und der HCP müssen über Webservices realisiert werden, da sie auf

SAP HANA Cloud Platform

einer separaten logischen Ressource betrieben werden. Letztlich bietet die HCP also sehr umfangreiche Möglichkeiten, erfordert dafür aber auch ein höheres Maß an informationstechnologischem Knowhow, um diese auszuschöpfen.

TEIL III

Lösungsumfang und Einsatzmöglichkeiten

SAP war mit der integrierten ERP-Suite SAP R/3 in den 90ern sehr erfolgreich. In der Cloud-Welt sind aktuell die LoB-Lösungen im Markt stärker verbreitet. Siegt am Ende auch in der Cloud wieder die Suite oder werden die Lösungen nebeneinander bestehen bleiben?

7   Cloud-Suiten

Immer wieder gab es fachbereichsgetriebene Innovationswellen in der Unternehmens-IT. Die bekannteste war die E-Commerce-Welle Anfang der 2000er. Diese begann im Vertrieb und führte zur Einführung von Internetshops und Kundenserviceportalen. Mit dem Erfolg und anwachsenden Datendurchsatz dieser Fachbereichsanwendungen stieg auch die Notwendigkeit der *Integration* mit dem ERP-System. Vorhandene Abteilungsanwendungen gingen dann sukzessive in erweiterten ERP-Suiten auf.

Hintergrundwissen zur Integration   [«]

- ► 1990er-Jahre: Als Durchbruch für die Integration von Geschäftsprozessen gilt die Entwicklung der SAP-Software R/3, die 1992 *integrierte Geschäftsprozesse* erstmalig unternehmensweit umsetzte.

- ► 2000er: Die E-Commerce-Welle führte zur ERP-Software der zweiten Generation, die auch die unternehmensübergreifende *Kunden- und Lieferantenintegration* mit sich brachte.

- ► 2010er: Mit serviceorientierten Architekturen und Cloud Computing erscheint eine *Modularisierung und Virtualisierung* der monolithischen Unternehmenssoftware möglich.

Diese drei Entwicklungsstufen bauen aufeinander auf, d. h., die Abbildung integrierter Geschäftsprozesse sowie Kunden- und Lieferantenintegration sollten auch mit Cloud-Lösungen das Ziel sein.

Auf die SAP-Cloud-Lösungen übertragen bedeutet dies, dass Unternehmen nicht nur isolierte oder schwach integrierte Einzellösungen in der Cloud nutzen werden, sondern immer mehr Geschäftsszenarien dorthin verlagern wollen. Dieser Trend führt zu einer steigen-

Integration auch in der Cloud

den Nachfrage nach sogenannten *Cloud-Suiten*. Hierbei handelt es sich um Anwendungen, die eine große Anzahl von integrativen Geschäftsprozessen anbieten. Sie sind auch in der Lage, ein komplettes Unternehmen in die Cloud zu bringen.

- **Mittelständischen Unternehmen** bietet eine Cloud-Suite den Zugang zu moderner Unternehmenssoftware und Infrastruktur, die bisher unerschwinglich waren. Auch sind die Betriebskosten und -risiken geringer, da die professionellen Administratoren beim Cloud-Provider zentral für alle »Mieter« arbeiten.

- Für **Großunternehmen**, die viele kleinere Tochtergesellschaften an unterschiedlichsten internationalen Standorten haben, bieten sich durch Cloud-Suiten ebenfalls neue Perspektiven. Hier stehen größere Flexibilität bei Reorganisationen, einfachere Lokalisierung und übersichtlicher Support der Anwendungen im Vordergrund. Dies ist insbesondere eine Chance, die komplexen ERP-Zentralsysteme zu entlasten.

Cloud-Suite nach Unternehmensgröße Da die Bedarfe pro Marktsegment stark differieren, bietet SAP drei unterschiedliche Cloud-Produkte für große, mittlere und kleine Anwendungsunternehmen an (siehe Abbildung 7.1).

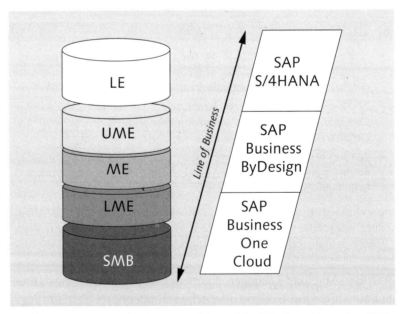

Abbildung 7.1 Das SAP-Cloud-Suite-Produktportfolio (LE = Large Enterprise, UME = Upper Mid Market Enterprise, ME = Mid Market Enterprise, LME = Lower Mid Market Enterprise, SMB = Small and Medium Businesses)

Das SAP-Cloud-ERP-Portfolio besteht aus folgenden Komponenten:

▸ SAP Business One Cloud, primär für kleinere Unternehmen (siehe Abschnitt 7.1).

▸ SAP Business ByDesign, primär für mittelständische Unternehmen (siehe Abschnitt 7.2)

▸ S/4HANA Cloud Edition, primär für Großunternehmen (*http://www.silicon.de/41612361/sap-s4hana-kommt-in-die-cloud/*, siehe auch Abschnitt 7.3)

Analog zu den Fachbereichsanwendungen werden Geschäftsprozesse aus allen Fachbereichen angeboten. Trotz der unterschiedlichen Historie versucht SAP, allen Cloud-Suiten dieselben Design-Richtlinien zugrunde zu legen, die auch als *Cloud Qualities* bezeichnet werden:

Cloud Qualities

▸ **In-Memory-Datenverarbeitung mit SAP HANA**
Datenbank für alle drei Cloud-Suiten ist die SAP-In-Memory-Datenbank SAP HANA, die die Forderung nach schnellerer Verarbeitung realisieren soll. Alle entscheidungsrelevanten Informationen stehen zu jedem Zeitpunkt zur Verfügung. Hintergrundverarbeitung oder Updateläufe »über Nacht«, um Daten zu aggregieren, existieren nicht mehr. So ist es auch möglich, dass die transaktionale und die analytische Datenverarbeitung auf denselben Daten basieren. Es gibt keine Replikation, die zu unterschiedlichen Ergebnissen im transaktionalen System und den analytischen Auswertungen führt.

▸ **Benutzeroberfläche HTML5**
Anwender nutzen browserbasierte Benutzeroberflächen. *HTML5* ist die präferierte Beschreibungssprache. Muster, die aus der Konsumentenwelt bekannt sind, stehen auch in Geschäftsprozessen zur Verfügung. So verhalten sich z. B. Einkaufsanwendungen ähnlich wie die bekannten Einkaufsportale der Konsumgüterwelt.

▸ **Mobility**
Mobile Anwendungen setzen ebenfalls auf browserbasierte Benutzeroberflächen. Sie erlauben die Darstellung von Inhalten in Abhängigkeit von unterschiedlichen Bildschirmformaten. Gerätespezifische »Container-Apps« ermöglichen den Zugriff auf Sensoren oder Anwendungen, die in Standard-HTML5 nicht möglich sind. Durch den Einsatz von dedizierten mobilen Plattformen

können darüber hinausgehende Fähigkeiten wie etwa Offline-Datenerfassung realisiert werden. Ihre Auslieferung erfolgt über gerätespezifische Anwendungen.

▶ **Business-Konfiguration**
Die systembasierte *Geschäftsprozesskonfiguration*, auch als Business-Konfiguration (siehe Abschnitt 5.1.1) bezeichnet, führt das Projektteam bei der Einführung der relevanten Geschäftsprozesse und bei der detaillierten Einstellung von Abläufen. Nach dem Produktivstart regelt diese Anwendung die darauffolgenden Change Requests. Im Gegensatz zum traditionellen tabellenbasierten Customizing ist die Konsistenz der Einstellungen durch das regelbasierte System zu jedem Zeitpunkt sichergestellt.

▶ **Erweiterbarkeit über Webservices**
Alle betriebswirtschaftlichen Funktionen exponieren ihre Fähigkeiten über *Webservices*. Dies bietet Anwenderunternehmen und Partnern eine auf Standards basierende Erweiterung und gesonderte Funktionen, die nicht im Standard enthalten sind.

Grundlage aller SAP-Cloud-Suiten sind die zum Einsatz kommenden Daten- und Prozessmodelle. S/4HANA, SAP Business ByDesign und SAP Business One Cloud nutzen unterschiedliche Modelle. Das zugrunde liegende Modell hat entscheidenden Einfluss auf die Einführungskosten und die Abdeckung der Anforderungen des implementierenden Unternehmens. Auch wird durch die Komplexität des Modells der Aufwand bezüglich der Einarbeitung bestimmt.

▶ **In-Memory-Datenmodell für S/4HANA**
Das Datenmodell von S/4HANA basiert auf den Strukturen der SAP Business Suite. Im Vergleich zu dieser wurden Verbesserungen für die In-Memory-Verarbeitung vorgenommen. Es wurden etwa alle sogenannten Aggregate und Replikate entfernt. Die Folge ist eine deutlich schlankere Tabellenstruktur mit weniger Tabellen, die dennoch die gesamten Inhalte des umfangreichen Datenmodells der SAP Business Suite umfasst. Diese Designentscheidung wurde getroffen, um SAP-Bestandskunden, die heute SAP Business Suite einsetzen, einen Wechsel vom aktuellen On-Premise-Betriebsmodell auf S/4HANA zu ermöglichen. Ein weiterer Vorteil besteht darin, dass Integrationsszenarien zwischen SAP-Business-Suite-Systemen und S/4HANA-Systemen weitgehend ohne Mappings auskommen.

▶ **Reduziertes Datenmodell für SAP Business ByDesign**
Ein reduziertes Datenmodell ist die Grundlage von SAP Business ByDesign. Es liefert eine inhaltliche Teilmenge des SAP-Business-Suite-Datenmodells. Das Auswahlkriterium für die Datenstrukturen und -inhalte bestand darin, ob diese von mittelständischen Unternehmen benötigt werden. So wurden z. B. Funktionen aus den Bereichen Global Risk & Compliance Management auf das Maß vereinfacht, wie es in mittelständischen Unternehmen erforderlich ist.

▶ **Eigenständiges Datenmodell für SAP Business One**
Das Datenmodell von SAP Business One ist nicht mit den SAP-Business-Suite-Datenmodellen verwandt, da SAP Business One auf der Akquisition von TopManage beruht.

Die Aspekte »Cloud Qualities« und »Datenmodelle« zeigen, dass die Cloud-Suiten der SAP zwar technologisch konvergieren, ihre Prozess- und Datenstrukturen aber starke inhaltliche Unterschiede aufweisen, die auf ihr Zielmarktsegment abgestimmt sind. In den folgenden drei Abschnitten sind die drei Suiten systematisch dargestellt, um die Eigenheiten und entscheidungsrelevanten Unterschiede herauszustellen. Dabei werden auch Szenarien und Beispielprozesse vorgestellt, um ein »Gefühl« für die Lösungen zu vermitteln.

7.1   SAP Business One

SAP Business One ist inzwischen zu einer umfangreichen Suite angewachsen. Der Ursprung der Anwendungssoftware liegt in einem klassischen On-Premise-ERP-System, das Mitte der 90er Jahre in Israel entwickelt und unter dem Namen TopManage vertrieben wurde. Anfang der 2000er übernahm SAP das Unternehmen und in diesem Rahmen auch das Produkt in das eigene Portfolio.

Ursprung: TopManage

Mit der Etablierung der SAP Cloud wurde auch SAP Business One als On-Demand-Software am Markt eingeführt. Diese Version bietet den gleichen Funktionsumfang wie die beim Anwendungsunternehmen installierte Version. Sie wird per SaaS-Modell von einem Service-Provider (SAP Hosting Partner) angeboten. Auf den Funktionsumfang wird im weiteren Verlauf dieses Kapitels eingegangen.

SAP Business One vs. SAP Business One Cloud

Anwenderunternehmen haben die Möglichkeit, SAP Business One nach Bedarf mit branchen- und unternehmensspezifischen Zusatzfunktionen zu erweitern. Die Softwarelösung ist derzeit neben der Bezeich-

Erweiterung

nung *SAP Business One Cloud* auch noch unter dem alten Begriff *SAP Business One OnDemand* verfügbar (siehe auch: *http://www.sap.com/ bin/sapcom/de_de/downloadasset.2014-07-jul-07-19.efficient-and-reliable-financial-processes-in-small-and-medium-sized-enterprises-pdf.html*).

SAP Business One mit SAP HANA

SAP Business One lässt sich inzwischen auf SAP HANA basierend beziehen (siehe Abschnitt 7.1.7). Aufgrund der Historie und der Struktur ist die Lösung allerdings nicht wie SAP Business ByDesign und S/4HANA zur neuesten Generation betriebswirtschaftlicher Informationssysteme zu zählen.

7.1.1 Zielgruppe und Einordnung

Lösung für kleine Unternehmen

SAP Business One besitzt hinsichtlich einer relativ schnellen Einführung und Anpassung an unterschiedliche Anforderungen großes Potenzial für kleine Unternehmen. Die Lösung ist für Unternehmensgrößen zwischen 10 und 100 Mitarbeitern ausgelegt. Der Grad der Anpassungsfähigkeit im Rahmen der Konfiguration erreicht nicht den von SAP Business ByDesign (siehe Abschnitt 7.2) – die im Standard abgedeckten Prozesse genügen aber den Anforderungen vieler kleiner Unternehmen.

7.1.2 Funktionsübersicht

Use-Case und Integrations-szenario

SAP Business One ist neben SAP Business ByDesign und SAP Business All-in-One Teil der Produktpalette für kleine und mittlere Unternehmen. Es stehen allerdings weitere Szenarien und Integrationsmöglichkeiten zur Verfügung:

▶ Stand-alone

▶ Integration von Tochtergesellschaften

▶ Integration des Geschäftsumfeldes

▶ Business One to Business One

Two-Tier-Modell

SAP setzt bei SAP Business One Cloud zusätzlich auf die Two-Tier-Strategie, um auch Tochterunternehmen von gegebenenfalls multinationalen Konzernen an das Muttersystem anzubinden. Der Vorteil beispielsweise gegenüber SAP Business All-in-One liegt in diesem Fall bei geringeren Implementierungskosten von SAP Business One.

Darüber hinaus können Nicht-SAP-Systeme, cloudbasierte Erweiterungen, soziale Netzwerke, Kollaborationswerkzeuge und Webservices in die On-Demand-Lösung integriert werden. In demselben Maße können auch unternehmensübergreifende Transaktionen über verschiedene Business-One-Installationslösungen hinweg sichergestellt werden.

Durch Anpassungs- und Erweiterungswerkzeuge können Prozesse an bestimmte Anforderungen angepasst werden, damit SAP Business One über verschiedene Branchen hinweg eingesetzt werden kann. Die Cloud-Lösung ist aktuell in 43 Ländern und in 27 Sprachen verfügbar. Die SAP Business One Roadmap finden Sie unter *https:// websmp102.sap-ag.de/saproadmaps* (S-User notwendig). Branchen und Länder

SAP Business One Cloud bildet – genau wie die On-Premise-Version – nahezu alle Kernprozesse für kleine und mittlere Unternehmen auf einer zentralen Datenbank ab (siehe Abbildung 7.2). Im Folgenden erläutern wir kurz die Funktionsbereiche. Betriebswirtschaftliche Einordnung

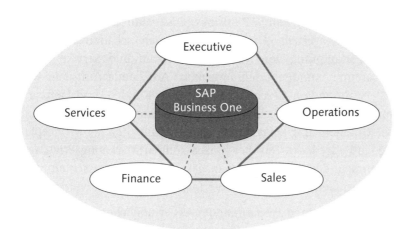

Abbildung 7.2 Funktionalität von SAP Business One
(http://www.thinkbits-support.de/thinkpress/einblick/sap-business-one/)

Die Lösung eröffnet vor allem im *Finanzmanagement* wichtige Vorteile für kleine Unternehmen. Eine durchgängige Steuerung des Rechnungswesens, automatisierte Datenverwaltung und Kontrolle der Fälligkeiten ein- und ausgehender Rechnungen sowie ein Überblick zum Cashflow werden gewährleistet. Die notwendigen Daten werden zentral gebündelt, sodass jederzeit eine Aussage über die aktuelle finanzielle Situation des Unternehmens möglich ist. Finanzmanagement

Des Weiteren unterstützt die Lösung alle gesetzlichen Pflichten wie z. B. SEPA und die E-Bilanz in den jeweiligen Ländern durch Anpassungen des Herstellers automatisch sowie fristgerecht. Integriert ist zudem die Anlagenbuchhaltung. Eine gemeinsame Schnittstelle zwischen der DATEV-Software einer Steuerkanzlei und der Business-One-Cloud-Lösung des Anwendungsunternehmens kann für wechselseitigen Datenaustausch sorgen. Die Two-Tier-Strategie ermöglicht zudem eine Anbindung von B1 an die SAP-Software der Muttersysteme, sodass eine einheitliche Rechnungslegung im gesamten Konzern möglich ist.

Lagerverwaltung und Produktionsplanung
Unternehmen können Materialengpässe und Fehlbestände mithilfe der *Lagerverwaltung und Produktionsplanung* vermeiden. Die Lagerverwaltung ermöglicht die Pflege der Artikelstammdaten, Serien- und Chargennummern sowie Preislisten. Außerdem können die Lagerbestandskosten nach aktuellen Marktpreisen jederzeit neu bewertet, regelmäßige Inventuren durchgeführt und Warenbestände erhöht oder verringert werden.

Customer Relationship Management
Zur Komplettlösung von SAP Business One gehört auch ein *Kundenbeziehungsmanagement*. Die CRM-Funktionen schaffen dank der engen Verknüpfung von Marketing, Verkauf und Service einen transparenten Kundenbeziehungszyklus. Anfallende Aufgaben wie die Verwaltung von Geschäftschancen oder Kunden- und Lieferantenprofilen, die Überwachung von Kontaktdaten und Kontensalden sowie Unterstützung bei der Vertragsverwaltung und der Serviceplanung sind abgedeckt. Darüber hinaus können Marketingaktivitäten im Rahmen des Kampagnenmanagements an Interessenten und Bestandskunden versendet, nachverfolgt und analysiert werden.

Einkauf
Werkzeuge für einen *Beschaffungsprozess* ermöglichen dem Anwender Unterstützung auf dem Weg von der Bestellung bis zur Bezahlung der Lieferantenrechnung. Bei einer Bestellung von Materialien oder Dienstleistungen aktualisiert das System automatisch die verfügbaren Mengen oder bestellten Artikel und informiert die Mitarbeiter über das jeweilige Lieferdatum. Eingehende Warenlieferungen werden mit der jeweiligen Bestellung verglichen, wenn nötig angepasst oder als Retoure zurückgeschickt. SAP Business One unterstützt die Nutzer anschließend bei der Erstellung oder Bearbeitung der Rechnungen und Belege.

Reporting
Dank einer auf der In-Memory-Datenbank SAP HANA basierenden Struktur können durch das integrierte *Berichtswesen* Daten in Echtzeit analysiert werden. Die Ergebnisse von Abfragen liegen nicht nur

sofort vor, sondern werden innerhalb der Cloud-Software ausgegeben, sodass alle Anwender konsistente Ergebnisse erhalten.

SAP Business One ist mit SAP Crystal Reports 2013 um einen leistungsfähigen Berichtsgenerator erweitert worden. Zusätzlich stehen vordefinierte Dashboards zur Verfügung. Das Reporting umfasst unter anderem deshalb Analysen zu Opportunities, Liefersituationen, Serviceabrufen, Bestellangeboten, ist aber nicht so ausführlich und insbesondere nicht so flexibel wie die entsprechenden Möglichkeiten in SAP Business ByDesign (siehe Abschnitt 7.2.4).

Im *Personalmodul* werden die Stammdaten der Mitarbeiter verwaltet. Sie lassen sich direkt aus SAP Business One in die externe Lohnabrechnungssoftware exportieren und mehrfach verwenden. Nach der Lohnabrechnung können die Buchungsdaten wieder in die Finanzbuchführung der Cloud Lösung zurückgeführt werden. Weitere Informationen finden Sie im Lösungsüberblick unter *http://www.sap.com/germany/solution/sme/software/erp/small-business-management/overview/index.html*.

Human Resource Management

Im Folgenden zeigen wir drei Beispielszenarien, um einen Einblick in die Lösung zu vermitteln (siehe Abbildung 7.3).

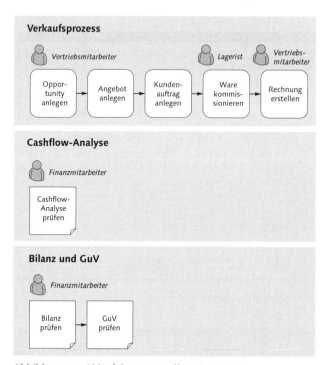

Abbildung 7.3 Ablauf der vorgestellten Szenarien

Dazu wird zuerst ein Teil des Order-to-Cash-Prozesses inklusive vorheriger Anbahnungsphase gezeigt. Anschließend gehen wir noch kurz auf die Analyse der Cashflow-Situation, der Bilanz und der GuV ein, um einen Blick auf das integrierte Berichtswesen zu ermöglichen und um Vergleichspotenzial zu den weiteren vorgestellten Cloud-Suiten aufzubauen.

7.1.3 Von der Opportunity zur Fakturierung

Das vorgestellte Szenario beginnt mit dem Anlegen einer Opportunity – also dem frühzeitigen Abbilden einer möglichen Verkaufschance im System. Daran schließen sich die Angebotsphase und schließlich der Kundenauftrag an. Nach Auslieferung der Ware kann die Kundenrechnung erstellt werden.

Opportunity anlegen

In den Kopfdaten der Opportunity können Sie unter anderem den Geschäftspartner und die Abschlusswahrscheinlichkeit angeben (siehe Abbildung 7.4). Diese sorgen für eine spätere Analysemöglichkeit im Rahmen der *Opportunity-Pipeline*.

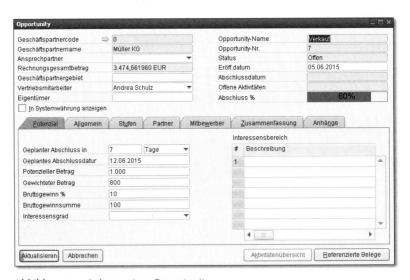

Abbildung 7.4 Anlegen einer Opportunity

Mit deren Hilfe ist eine Überwachung der erwarteten Verkaufsaktivitäten durchführbar. Außerdem basiert die Berechnung des gewichteten Betrages auf dieser Wahrscheinlichkeit und dem einzugebenden potenziellen Betrag. In der Opportunity können Sie in SAP Business One keine Positionen hinterlegen, d. h., die Preise können nicht automatisch ermittelt werden.

Die Opportunity lässt sich in der Registerkarte ALLGEMEIN unter anderem über den Channel und die Quelle weiter klassifizieren. Der Verlauf kann in Form von STUFEN dokumentiert werden. Außerdem lassen sich Informationen zu beteiligten PARTNERN und MITBEWERBERN hinterlegen sowie DOKUMENTE anhängen.

Angebot erstellen

Im Szenario konnte das Interesse des Kunden am Produkt weiter gesteigert werden und er fordert ein Angebot an. Daher wird ein solches im System generiert. Die Verkaufsbelege in SAP Business One sind durch die Kopfdaten und die drei Bereiche INHALT, LOGISTIK und BUCHHALTUNG gegliedert. Während auf Kopfebene insbesondere Details zum Kunden und Daten einzugeben sind, werden in der Registerkarte INHALT positionsbezogene Informationen wie Artikel und Menge erfasst (siehe Abbildung 7.5).

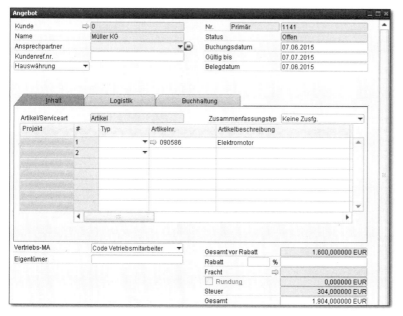

Abbildung 7.5 Angebot anlegen (Registerkarte »Inhalt«)

Die Preise werden aus Preislisten gezogen, und die Preisfindung kann durch den BRUTTOGEWINN des Angebots weiter unterstützt werden. An dieser Stelle findet Ihr Mitarbeiter die angesetzten Kosten und den ermittelten Gewinn sowohl auf Positionsebene als auch für das komplette Angebot (siehe Abbildung 7.6).

Abbildung 7.6 Bruttogewinn im Angebot

In der Registerkarte LOGISTIK werden vor allem LIEFER- und RECHNUNGSADRESSE hinterlegt bzw. aus den Kundenstammdaten gezogen (siehe Abbildung 7.7).

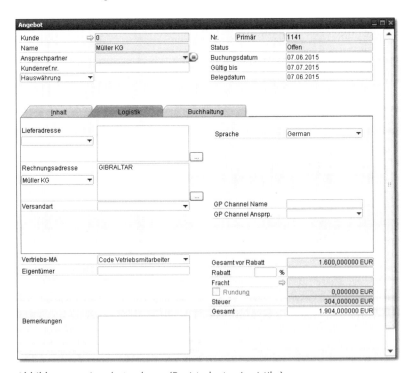

Abbildung 7.7 Angebot anlegen (Registerkarte »Logistik«)

Im Bereich BUCHHALTUNG werden unter anderem zahlungsrelevante Details festgelegt (siehe Abbildung 7.8). Dazu zählen insbesondere die Zahlungsbedingungen und der Zahlweg. Basierend auf den hier festgelegten Werten kann Sie der integrierte Mahnassistent gegebenenfalls bei der fristgemäßen Erstellung von Mahnungen unterstützen. Außerdem werden steuerbezogene Kennzeichen hinterlegt.

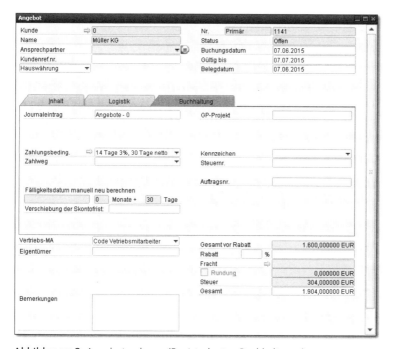

Abbildung 7.8 Angebot anlegen (Registerkarte »Buchhaltung«)

Workflow-Steuerung [«]

In SAP Business One können auch Genehmigungsverfahren konfiguriert werden. Dazu werden für jede gewünschte Belegart Genehmigungsstufen und entsprechende Bedingungen definiert. Diese können unter anderem auf den Bruttogewinn, auf mögliche Rabatte oder den Gesamtbeleg referenziert werden.

Kundenauftrag aus Angebot generieren

Anschließend akzeptiert der Kunde das Angebot, und der Vertriebsmitarbeiter legt den Kundenauftrag daraus an (siehe Abbildung 7.9). Dabei stehen Folgeaktionen zur Verfügung, sodass Sie die wesentlichen Daten aus dem Angebot übernehmen und nicht neu eingeben müssen.

Abbildung 7.9 Angebot in Kundenauftrag überführen

Für jede Zeile im Kundenauftrag können weitere Details festgelegt und eingesehen werden (siehe Abbildung 7.10). Dazu gehören unter anderem die Bestände des entsprechenden Produktes. In diesem Fall liegen genügend Einheiten auf Lager, sodass eine rechtzeitige Lieferung erfolgen kann.

Zeilendetails... - Kundenauftrag	
Selbstkosten Aufteilungsregel	
Nur Steuer	N
Artikelnr.	090586
GP Katalognr.	
Artikelbeschreibung	Elektromotor
Barcode	
Herstellernr.	
Seriennr.	
Stückpreis	1.600,000000 EUR
Rabatt %	0,0000
Kurs	0,0000
Preis nach Rabatt	1.600,000000 EUR
Steuerkennzeichen	A2
Faktor 1	1
Faktor 2	1
Faktor 3	1
Faktor 4	1
Gesamt (HW)	1.600,000000 EUR
Menge	1
Auf Lager	354
Off. Mge.	1
Bestätigt	331
Bestellt	23
Lager	ZENTRAL
Lieferdat.	13.06.2015
Vertriebs-MA	Code Vetriebsmitarbeiter
Prov.%	0,0000
Sachkonto	8120
Aufteilungsregel	
Projekt	
Anz. Pakete	1
Länge	
Höhe	
Volumen	
Vol. einheit	

Abbildung 7.10 Zeilendetails im Kundenauftrag

Auslieferung der Ware

Nach dem Übergeben des Kundenauftrags kann die Auslieferung angestoßen werden (siehe Abbildung 7.11).

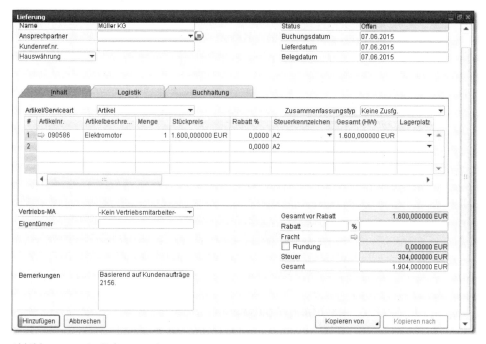

Abbildung 7.11 Auslieferung anlegen

Fakturierung

Nach der Auslieferung schließt das Szenario mit der Erstellung der Ausgangsrechnung ab (siehe Abbildung 7.12). Die wesentlichen

Daten werden wieder aus den Vorgängerbelegen übernommen. Je nach Konfiguration wird die Rechnung nach Fertigstellung des Belegs direkt gedruckt. Die entsprechende Buchung erfolgt automatisch im Hintergrund.

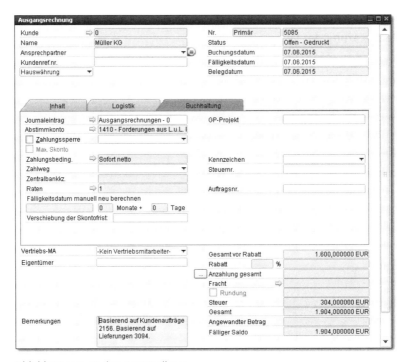

Abbildung 7.12 Rechnungserstellung

7.1.4 Cashflow-Analyse

Im folgenden Szenario bilden wir die Analyse der kurzfristigen Liquidität ab. Deren Sicherstellung ist für jedes Unternehmen eine zentrale Aufgabe, sollte daher zuverlässig sein und möglichst alle absehbaren Zahlungen enthalten.

Berichte in SAP Business One — Berichte, die Sie in SAP Business One öffnen, bieten zuerst eine initiale Selektion an, in der Sie die wesentlichen Kriterien auswählen. In diesem Fall kann die anzuzeigende Periode und gegebenenfalls eine Vergleichsperiode gewählt werden (siehe Abbildung 7.13).

Der Bericht selbst wird listenhaft dargestellt und bezieht alle in der gewählten Periode stattfindenden Zahlungen mit ein (siehe Abbildung 7.14). Ungeplante Beträge können manuell hinzugefügt werden.

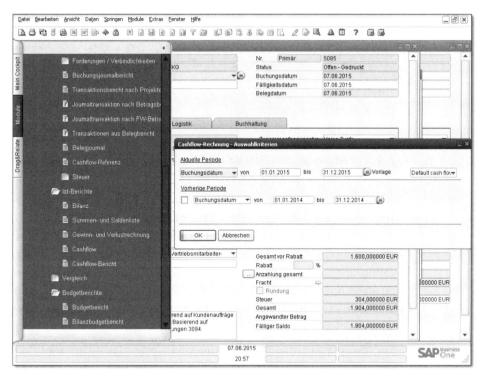

Abbildung 7.13 Selektionskriterien zur Cashflow-Rechnung

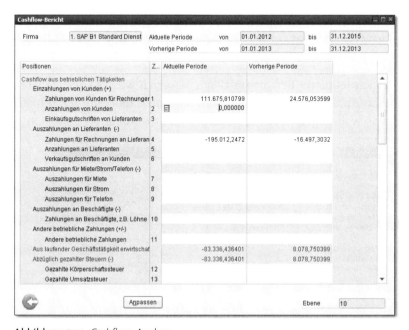

Abbildung 7.14 Cashflow-Analyse

[+] **Cashflow-Prognose basierend auf SAP HANA**

Basierend auf SAP HANA kann in SAP Business One auch eine Cashflow-Prognose erfolgen. Dabei werden die Zahlungen nicht nur summiert, sondern zusätzlich im Zeitverlauf abgebildet. Über einen dynamischen Schieberegler kann die Wahrscheinlichkeit, die z. B. in Opportunities hinterlegt wird, einbezogen werden.

7.1.5 Analyse von Bilanz und GuV

Zeitnahe Transparenz Das abschließende Beispielszenario beschäftigt sich mit der Bestimmung und Steuerung des Unternehmenserfolgs. Ein integriertes Finanzmanagement hat hierbei die Aufgabe, alle Informationen möglichst zeitnah transparent zu machen. Neben dieser möglichst aktuellen Darstellung kommt es auch auf eine entsprechende Aggregation der Daten und die Abbildung der zeitlichen Entwicklung an. Finanzkennzahlen können helfen, die Daten schnell zu überschauen, und auch ein standardisierendes Reporting an Banken, Kapitalgeber oder Anteilseigner ermöglichen.

Zur Transparenz des Unternehmenserfolgs tragen Bilanz und GuV bei. Hier geht es einerseits darum, wie die Abwicklungen und Transaktionen der Logistik auf die bilanziellen Konten und auf die GuV-Perspektive durchschlagen. Auf der anderen Seite gibt es hier eine Reihe von Jahresabschluss- oder Periodenabschlusstätigkeiten wie z. B. Abschreibungen, die monatlich oder jahresbezogen durchgeführt werden sollten.

Der vordefinierte Bericht zur Bilanz lässt sich wieder vorselektieren (siehe Abbildung 7.15). Dabei können unter anderem der Umfang sowie währungsspezifische Details gewählt werden.

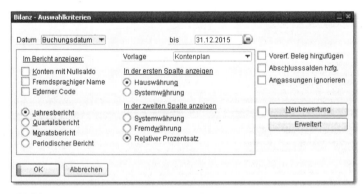

Abbildung 7.15 Selektionskriterien zur Bilanz

Die Darstellung der Bilanz ähnelt der aus dem Cashflow-Szenario. **Darstellung** Listenhaft werden die Bilanzpositionen mit den entsprechenden **der Bilanz** Werten aufgeführt (siehe Abbildung 7.16). Über Ebenen kann der Detailgrad festgelegt werden.

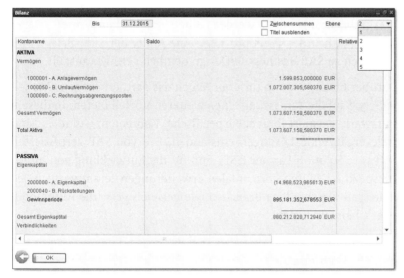

Abbildung 7.16 Darstellung der Bilanz

Auch die Gewinn- und Verlustrechnung wird in diesem Listenschema abgebildet (siehe Abbildung 7.17). Über Ebenen können Sie erneut die Detailstufe des Berichts anpassen.

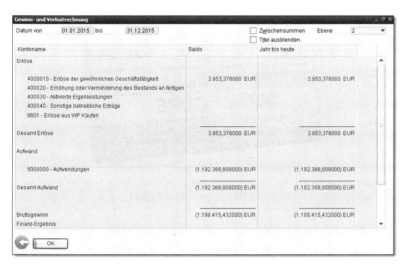

Abbildung 7.17 Darstellung der Gewinn- und Verlustrechnung

7.1.6 Alleinstellungsmerkmale

Preis Aus unserer Sicht bietet SAP Business One Cloud nicht die Möglichkeiten der Lösungen, die wir im weiteren Verlauf dieses Kapitels vorstellen werden, bildet aber insbesondere für kleine Unternehmen, in denen Prozesse leider noch viel zu oft mit Excel oder ähnlichen Werkzeugen abgebildet werden, einen erheblichen Vorteil. Dabei spielt natürlich der Preis pro User eine Rolle, der zum Beispiel im Vergleich zu SAP Business ByDesign deutlich geringer ausfällt.

Partnermodell Darüber hinaus kann in unseren Augen das partnerbezogene Modell in Bezug auf die Anpassung einen weiteren Vorteil bieten. In diesem Netzwerk existiert branchenspezifische Kompetenz, und es sind viele ergänzende Lösungen entstanden. Die von SAP zertifizierten Software Solution Partner (SSP) sind für die Entwicklung von industriespezifischen und horizontalen Erweiterungen verantwortlich. Sie umfassen verschiedene Branchen wie beispielsweise die Automobil- oder Chemieindustrie.

7.1.7 Technologie

Um einen Überblick über den technischen Hintergrund der Anwendungssoftware zu erhalten, ist in Abbildung 7.18 das Zusammenspiel der unterschiedlichen Komponentenschichten dargestellt.

Abbildung 7.18 Business-One-Plattform (http://www.cp-b1.de/wp-content/uploads/2013/10/SAP-Business-One-Core-1024x571.jpg)

Der SAP-HANA-Datenbank und dem Microsoft SQL Server liegt eine einheitliche Codebasis zugrunde. Die nächsten technologischen Schichten zeigen zum einen die Integrationsmöglichkeiten der Standardversion auf und zum anderen die flexiblen Erweiterungsmöglichkeiten sowie mobilen Lösungen.

Die Datensätze werden beim reinen Cloud-Betriebsmodell in Rechenzentren der SSPs gespeichert. Dort werden neben der kontinuierlichen Datensicherung auch Updates direkt eingespielt, um den Anwendern den neusten Stand der Technik zu gewährleisten.

Ort der Datenspeicherung

SAP Business One kann mit der In-Memory-Technologie SAP HANA betrieben werden. Hierfür stehen zwei Varianten zur Verfügung (siehe Abbildung 7.19).

SAP HANA und Architektur

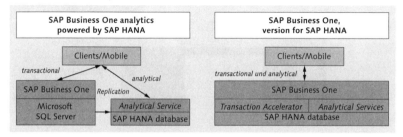

Abbildung 7.19 Business One auf SAP HANA (http://www.versino.de/de/sap-b1-loesung/sap-business-one-sap-hana.htm)

Beide Optionen bieten insbesondere die Enterprise Search, Dashboards und Analysemöglichkeiten sowie interaktives Ad-hoc-Reporting. SAP HANA als alleinige Plattform ermöglicht ergänzend noch Funktionen für eine Detailanalyse und Apps wie z. B. für eine erweiterte Verfügbarkeitsprüfung und die Cashflow-Prognose.

Die Benutzeroberfläche von SAP Business One hat bezüglich der Struktur und des Aufbaus Ähnlichkeiten mit Microsoft-Anwendungen der Office-Familie aus den frühen 2000ern oder mit Dynamics NAV: Die Kopfleiste enthält alle wichtigen Funktionen, mittig befindet sich das Arbeitsfenster und linksbündig die Benutzerleiste mit den verschiedenen Fachbereichen (siehe Abbildung 7.20).

Benutzeroberfläche

Individuell anpassbare Arbeitsplätze (MEIN COCKPIT) helfen den Anwendern, auf Dashboard-Berichte zuzugreifen, einen direkten Zugriff auf gängige Funktionen einzurichten, Webseiten einzubetten und E-Mails aus Microsoft Outlook zu integrieren.

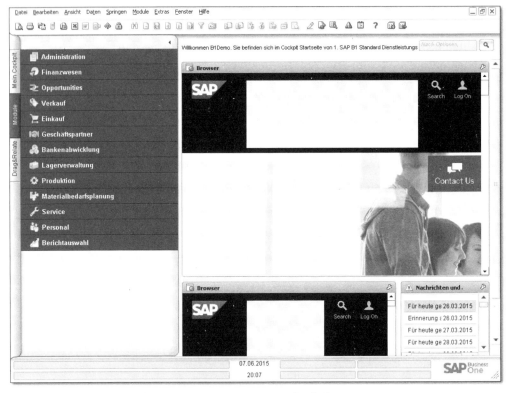

Abbildung 7.20 Anpassbare Benutzeroberfläche

Mobility Die Business-One-Mobile-App ist derzeit für iOS, Android und Windows Phone unter anderem mit folgenden Funktionen verfügbar:

▶ Verwaltung von Kunden- und Partnerkontakten

▶ Anlegen von Opportunities und Aufträgen

▶ Verwaltung von Verkaufs- und Serviceaktivitäten

▶ Visualisierung zentraler Geschäftsdaten in Echtzeitberichten

▶ Benachrichtigungen über relevante Ereignisse

Zuständig für die mobilen Lösungen sind die Software Solution Partner. Sie entwickeln und vermarkten neben allgemeinen Lösungserweiterungen auch Apps für Branchen, Geschäftsprozesse oder spezifische technische Anwendungen für die verschiedenen mobilen Betriebssysteme.

7.1.8 Implementierung

SAP Business One Cloud wird, wie oben erwähnt, nur durch zertifizierte SAP-Reseller wie beispielweise Singtel oder Seidor vertrieben. Kunden wählen zunächst einen passenden SAP-Partner aus und registrieren sich für den gewünschten Service. Die anschließende Implementierung geht wesentlich schneller als bei der On-Premise-Lösung, welche durchschnittlich eine Implementierungsdauer von zwei bis vier Wochen umfasst. Zusätzlich können bei den Lösungs- und Technologiepartnern branchenspezifische Add-Ons für eine Erweiterung oder Anpassung der Software erworben werden. Partnerbezug

SAP-Partner bieten SAP Business One Cloud in einer Private, Public oder Hybrid Cloud an: Bezugsmodelle

▸ Mit der *Public-Lösung* ist SAP Business One für mehrere Kunden gleichzeitig verfügbar. Diese teilen sich die Hard- und Softwareressourcen. Da für kleine Unternehmen der Mehrwert für den Kunden oft in der Kosteneinsparung liegt, wählen sie meist die Public-Cloud-Nutzung.

▸ Die *Private Cloud* hingegen kann insbesondere bei Tochtergesellschaften wegen der Two-Tier-Strategie zum Einsatz kommen, denn hierbei wird SAP Business One lediglich einem Kunden zur Verfügung gestellt. Die damit verbundenen höheren Kosten lohnen sich vor allem bei Unternehmen mit strikten Sicherheitsvorschriften, komplizierten Geschäftsprozessanforderungen oder einer großen Nutzeranzahl.

▸ Darüber hinaus kann auch auf das *Hybrid-Modell* zurückgegriffen werden. Die betriebswirtschaftlichen Aktivitäten laufen dabei in einer Private Cloud. Anwendern wird aber zusätzlich die Möglichkeit geboten, z. B. in Perioden mit hoher Nachfrage für einen beschränkten Zeitraum die Public Cloud zu nutzen. Neben der reinen Cloud-betriebenen Softwarelösung steht des Weiteren eine Kombination mit der On-Premise-Nutzung zur Verfügung.

Das Partnernetz verkauft, implementiert und wartet die Softwarelösung. Das On-Demand-Partnermodell von SAP Business One besteht aus Systemhäusern, Infrastrukturpartnern und strategischen Partnern. Die Systemhäuser agieren als Beratungs- und Servicepartner und implementieren die Lösungen für SAP-Kunden – ohne die Lösung selbst zu hosten. Erst die Kooperation mit Infrastrukturpartnern ermöglicht es, SAP Business One als On-Demand-Lösung bereitzustel- Sicherheit im Partnernetzwerk len. Hierbei handelt es sich um zertifizierte Hosting-Partner der SAP, die die notwendigen Infrastrukturwerkzeuge und -technologien zur Verfügung stellen. Das Gegenstück bilden die strategischen Partner mit Hosting, Cloud-Infrastruktur und Support. Sie liefern das komplette Business-One-Paket direkt an den Kunden.

Zertifizierungs-system für Partner

Ungeachtet der Tatsache, dass die Anwendungssoftware nicht direkt von SAP lizensiert werden kann, wird durch Partnerprogramme wie SAP PartnerEdge und Validated Expertise Designation die Sicherheit sowie die Vertrauenswürdigkeit der SAP-Partner sichergestellt. Die Validated Expertise Designation bekommen Partner, die für SAP-Lösungen nachweislich über besondere Expertise verfügen und durch PartnerEdge in einem übersichtlichem Onlinesystem Zugang zum Produktportfolio der SAP für die Vermarktung und Weiterentwicklung der Lösungen erhalten.

Einstiegspaket

Für einen schnellen Blitzstart mit SAP Business One steht den Kunden zusätzlich das sogenannte Einstiegspaket – auch Starterpaket genannt – zur Auswahl. Hierbei handelt es sich um eine noch günstigere und schneller implementierbare Standardversion. Der vorkonfigurierte Funktionsumfang weist alle grundlegenden Prozesse in den Bereichen Finanzwesen, Vertrieb, Beschaffung, Customer Relationship Management und Bestandsführung auf. Eine Implementierung ist mit diesem Paket bereits in drei bis zehn Tagen durchführbar und bietet Kunden außerdem einen minimalen Wartungs- und Schulungsaufwand. Der Umstieg auf die Vollversion von SAP Business One ist jederzeit ohne Betriebsunterbrechungen und neue Software möglich. Die Lizenz umfasst fünf Anwender und ist bei On-Premise- und On-Demand-Lösung möglich (weitere Informationen unter *http://www.sap.com/solution/sme/software/erp/small-business-management/buy/starter-package.html*).

Lizenzmodell und Kosten

SAP Business One Cloud kann, wie beschrieben, nicht direkt lizenziert werden. Die Bezahlung erfolgt daher auch bei Partnern in der Regel nach dem Pay-as-you-use-Modell auf monatlicher sowie User-bezogener Basis und stellt für Unternehmen transparente und planbare Betriebskosten dar. Für Anwender stehen entweder Limited User oder Professional User zur Auswahl. Während der Professional User unbeschränkten Zugriff auf alle Funktionen und Bereiche hat, ist der Limited User auf bestimmte Geschäftsbereiche eingeschränkt und wird deshalb nochmals in drei Untergruppen unterteilt: Limited CRM, Limited Financial und Limited Logistic User.

Kleine Unternehmen bis zu maximal fünf Benutzer erhalten mit dem Business-One-Starterpaket eine weitere Implementierungsmöglichkeit. Der Funktionsumfang für diese User deckt nur die grundlegenden Geschäftsprozesse ab. Gegen einen Aufpreis können alle eingeschränkten Lizenzen auf die Volllizenz gezogen werden.

Bei der On-Premise-Lösung können Lizenzen ab 1.000 EUR pro User im Rahmen eines Starterpakets erworben werden. Die Preise der Partnerservices für die cloudbasierte Lösung hängen von den jeweiligen Projektanforderungen und vom gewählten Partner selbst ab. AGION beispielsweise bietet folgende User-Preise an (siehe Tabelle 7.1, vgl. *http://www.agion.nl/prijzen*):

Lizenzmodell		Kosten
Starterpaket-User	Eingeschränkte Version	29 EUR
Limited User	Limited CRM User	39 EUR
	Limited Logistic User	39 EUR
	Limited Financial User	39 EUR
Professional User	Vollversion	69 EUR

Tabelle 7.1 User-bezogene Gebühren

Die Nutzungsgebühr pro Anwender und Monat beinhaltet wie bei den anderen SAP-Cloud-Suiten auch Software, Service und Support.

7.2 SAP Business ByDesign

Das auf SAP HANA basierende SAP Business ByDesign ist eine integrativ konzipierte Unternehmenssoftware, die als On-Demand-Lösung alle Funktionen eines klassischen ERP-Systems abdeckt. Abhängig von der weiteren Entwicklung des S/4HANA-Angebots hinsichtlich der Bereitstellung über eine Public Cloud ist das Produkt das leistungsstärkste und umfassendste aus dem SAP-Cloud-Portfolio. SAP Business ByDesign bildet darüber hinaus das Fundament für weitere Cloud-Lösungen. So basieren zum Beispiel die Produkte SAP Cloud for Sales (siehe Abschnitt 8.2) und SAP Cloud for Service (siehe Abschnitt 8.3) auf dieser Plattform und können insbesondere in ihrer Struktur, aber zum Teil auch inhaltlich als losgelöste Module von SAP Business ByDesign gesehen werden. Darüber hinaus lassen sich viele

Vollintegrierte Unternehmenssoftware

Elemente auch in S/4HANA und der Fiori-Strategie wiedererkennen. Ein Beispiel hierfür sind die Factsheets (siehe Abschnitt 7.3), die für eine 360°-Sicht sorgen und in SAP Business ByDesign bereits verwendet wurden bzw. werden.

Flexible und skalierbare Lösung

Das 2007 vorgestellte und seit 2010 auf dem Markt befindliche SAP Business ByDesign zählt nach wie vor zur aktuellsten Generation betriebswirtschaftlicher Standardanwendungssoftware für den Mittelstand. Es handelt sich hierbei um eine komplette Unternehmenssoftware in der Cloud, die viele technologische und konzeptionelle Innovationen bietet. (Detaillierte Informationen zur Lösung finden Sie im Buch Hufgard/Krüger: *SAP Business ByDesign. Geschäftsprozesse, Technologie und Implementierung anschaulich erklärt.* Erschienen bei SAP PRESS, Bonn 2011.) Die Software ist sehr gut für Unternehmen geeignet, die ein schnelles Wachstum verzeichnen und daher die Bereiche Flexibilität, Skalierbarkeit und Zusammenarbeit möglichst gut zusammenbringen müssen.

Auf die Implementierung wird – abgesehen von der Lizenzierung – in diesem Abschnitt nicht tiefer eingegangen, da insbesondere die Ersteinführung, aber auch die Konfiguration im laufenden Betrieb von SAP Business ByDesign als Beispiel für Kapitel 4 verwendet wurde. Ähnliches gilt für die technologische Basis von SAP Business ByDesign, auf die in Kapitel 3 eingegangen wurde. In Abschnitt 7.2.7 gehen wir daher nur kurz auf Aspekte wie Anpassbarkeit und Benutzeroberflächen ein.

7.2.1 Zielgruppe und Einordnung

Kleinunternehmen und Mittelstand

SAP Business ByDesign wurde vor allem für wachstumsstarke Unternehmen zwischen 50 und 500 Anwendern entwickelt. Mittelständische Unternehmen haben im eigenen Haus meist keine hoch spezialisierten IT-Abteilungen, die für die ständige Verfügbarkeit sowie die notwendige Sicherheit der Daten sorgen können. Gerade in diesen Fällen bietet eine »gemietete« Software, die aus einem Hochsicherheitsrechenzentrum der SAP zu einem akzeptablen Preis-Leistungs-Verhältnis bezogen wird, großes Potenzial.

7.2.2 Funktionsübersicht

Use Case

Die Anwendungssoftware wurde zwar speziell für mittelständische Unternehmen zur Nutzung in einem One-Tier-Modell entwickelt, kann aufgrund ihrer Struktur und inzwischen erfolgter Anpassungen aber z. B. auch bei Tochtergesellschaften von Großunternehmen zum Einsatz kommen.

Wenn Mutterunternehmen beispielsweise die SAP Business Suite verwenden und ihre Niederlassungen oder Tochtergesellschaften integrieren möchten, um unter anderem einen einheitlichen Datenaustausch zu gewährleisten, bietet das Zwei-Ebenen-Modell (Two-Tier-Strategie) hohes Potenzial. SAP Business ByDesign kann in die bereits integrierte Softwarelandschaft eingebunden werden, sodass beide Systeme die gleichen Standards und Richtlinien befolgen. Abbildung 7.21 zeigt diese Einsatzszenarien (siehe auch *http://de.slideshare.net/SAPcloud/sapphire-now-explore-the-roadmap-of-sap-business-bydesign-by-rainer-zinow*).

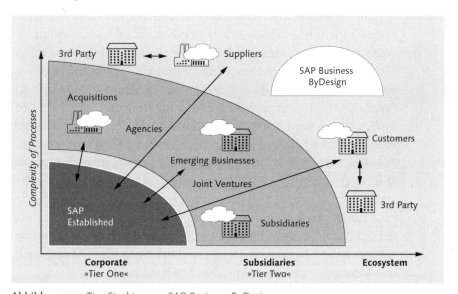

Abbildung 7.21 Tier-Struktur von SAP Business ByDesign

Integrierte Lern- und Hilfefunktionen versorgen die Mitarbeiter mit den richtigen Informationen zur richtigen Zeit. Die Lerninhalte sind direkt auf die tägliche Arbeit abgestimmt, und die Mitarbeiter können aufgrund der Pull-Strategie das Lerntempo selbst bestimmen. Die integrierte Hilfe ist dabei kontextsensitiv – das heißt, es werden genau die Informationen angezeigt, die an der Position, aus der die Hilfe aufgerufen wurde, relevant sind. Hohe Schulungskosten für Maßnahmen vor Ort entfallen insbesondere aufgrund der intuitiven Bedienung zu einem großen Teil. Den Anwendern stehen neben der

Integrationsmöglichkeit für Two-Tier-Strategie

Schulungsaufwand

umfassenden integrierten Lernumgebung, die unter anderem Videos und Ablaufbeschreibungen enthält, noch ein Help Center sowie der Informationsaustausch innerhalb der SAP-Community zur Verfügung. Außerdem stellt SAP Materialien auf DVDs bereit, die angefordert werden können (*www.sap-press.de/SAP-Business-ByDesign*).

Branchen und Länder

Als Cloud-Suite deckt SAP Business ByDesign die gesamten Geschäftsprozessanforderungen eines mittelständischen Unternehmens ab und kann deshalb über mehrere Branchen hinweg verwendet werden. Hierzu zählen unter anderem die Anbieter von Professional Services, der Großhandel und die Fertigungsindustrie. Die On-Demand-Lösung ist derzeit in 15 Länderversionen erhältlich. In den nächsten Releases werden noch weitere länderspezifische Ausführungen integriert.

Betriebswirtschaftliche Einordnung

Die On-Demand-Softwarelösung verknüpft alle zentralen Geschäftsprozesse in mittelständischen Unternehmen und sorgt damit für vollständige Transparenz und Kontrolle. Softwarefunktionen in folgenden Tätigkeitsbereichen sind abgedeckt: *Finanzmanagement*, *Customer Relationship Management*, *Human Resource Management*, *Supply Chain Management*, *Project Management* und *Supplier Relationship Management*. Zusätzlich unterstützt das *Compliance Management* die Einhaltung der jeweiligen Gesetze und Standards. Mit dem *Executive Management Support* werden alle unternehmensrelevanten Kennzahlen informativ und kompakt dargestellt. SAP Business ByDesign ist nach dem Baukastenprinzip gestaltet, sodass eine Erweiterung um bestimmte Anwendungsfelder jederzeit und ohne Störung des laufenden Betriebs möglich ist. Die verschiedenen Funktionsbereiche von SAP Business ByDesign sind in Abbildung 7.22 dargestellt und werden anschließend kurz beschrieben.

Finanzmanagement

Das *Finanzmanagement* ist bei mittelständischen Unternehmen mit einem schnellen Geschäftswachstum von zentraler Bedeutung. Das externe und interne Rechnungswesen ist in SAP Business ByDesign nach internationalen Anforderungen gestaltet. Nutzer können die Konten und Prozessflüsse für unterschiedliche Unternehmensbereiche und Währungen parallel nach mehreren Rechnungslegungsstandards verwalten.

Liquiditätsmanagement

Dank der SAP-HANA-Plattform, die SAP Buiness ByDesign nutzt, ermöglicht das *Cashflow Management* eine Überwachung der liquiden Mittel in Echtzeit.

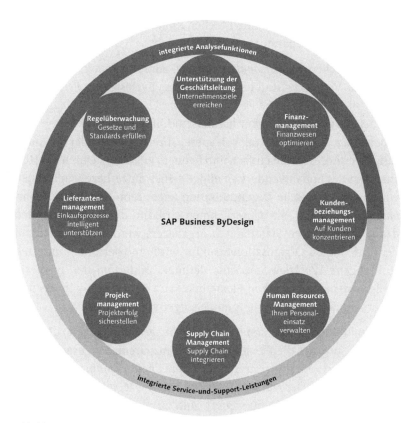

Abbildung 7.22 Funktionsübersicht von SAP Business ByDesign

Liquiditätsmanagement	**[«]**

Neben der Erfüllung von Rechnungslegungsvorschriften ist es für jedes Unternehmen von zentraler Bedeutung, eine ausreichende Liquidität sicherzustellen.

Ein wesentliches Ziel erfolgreicher Unternehmen sind gesunde Partnerbeziehungen. Dabei hilft das Customer Relationship Management. SAP Business ByDesign bietet in diesem Bereich drei Funktionsbereiche an: *Marketing*, *Vertrieb* und *Service*. Das *Marketing* umfasst mithilfe einer zentralen Marketing- und Vertriebsdatenbank unter anderem jederzeit die aktuelle Marktentwicklung und das *Kampagnenmanagement*. Der *Vertrieb* ist z. B. mit folgenden Themen ausgestattet: *Activity Management, Neugeschäft, Verkauf* von *Produkten* sowie *Services* und die anschließende *Fakturierung*. Der Servicequalität wird SAP Business ByDesign durch die Verwaltung von

Customer Relationship Management

Garantieansprüchen, der individuellen *Kundenbetreuung* und des *Vor-Ort-Services* mit Reparaturangeboten gerecht.

HRM und Organisationsstruktur Funktionalitäten zur *Personalverwaltung*, zum *Arbeitszeitmanagement* sowie zur *Vergütung* sind bei SAP Business ByDesign im *Personalmanagement* zu finden, ebenso die Bereiche *Organisationsmanagement* und *Self-Services*. Mitarbeiter können mithilfe dieser Funktionen Aufgaben wie z. B. die Erfassung von Spesenabrechnungen oder die Änderung ihrer Adressdaten einfach und bequem erledigen. Durch das Heranziehen des Endanwenders an einige seiner nutzerbezogenen Daten wird eine strategische Dezentralisation angestrebt. Im *Organisationsmanagement* kann die Unternehmensstruktur dynamisch mit den damit verbundenen Stammdaten organisiert werden. Basierend auf der hinterlegten Organisationsstruktur wird eine personen- und stellenbezogene *Workflow-Steuerung* definiert. Aufgrund der an dieser Stelle vorhandenen starken Flexibilität kann der Dynamik inner- und außerhalb des Unternehmens entgegengetreten werden.

Supply Chain bzw. Network Management Im Funktionsbereich *Supply Chain Management* steigert die On-Demand-Software die Flexibilität und Transparenz der gesamten Lieferkette durch die Integration von *Supply Chain Planning* und *Supply Chain Execution*. Der Nutzer erhält dadurch die Möglichkeit, Prozesse entlang der Lieferkette zu steuern und zu planen. Die verfügbaren Tools gehen von der *Bedarfsplanung* über eine *Bedarfssteuerung* und *Auftragsbestätigung* bis hin zur Steuerung der Beschaffung und des Warenausgangs. SAP Business ByDesign synchronisiert zudem *Fertigungsprozesse* mit der kompletten *Lagerverwaltung*. Darüber hinaus ist ein *Qualitätsmanagement* integriert.

Supplier Relationship Management Weitere Unterstützung im Einkauf bietet die Softwarelösung mit einem effektiven *Lieferantenmanagement*. Es bildet das Gegenstück zum *Customer Relationship Management* auf Lieferantenseite und umfasst im strategischen Bereich neben Werkzeugen wie der auf Ausschreibungen, Kontrakten und Quotierungen basierenden *Bezugsquellenfindung* auch die zentrale Verwaltung der gesamten Produktpalette und der Lieferantendaten. Im operativen Einkauf werden neben manuellen Bestellungen auch eine automatisierte Beschaffung, über die Self-Services angestoßene Mitarbeiterbestellungen aus zu definierenden Katalogen und die Rechnungsprüfung unterstützt.

SAP Business ByDesign ermöglicht außerdem mit seinem integrierten *Projektmanagement* eine effiziente Planung und Strukturierung der Projekte. Hierbei wird der Nutzer durch grafische Werkzeuge und detaillierte Berichte bei der Planung und der Projektfortschrittskontrolle unterstützt. In der anschließenden Projektabrechnung stehen die benötigten Kosten auf einen Blick zur Verfügung.

Projekt-management

Das integrierte *Compliance Management* unterstützt bei der Einhaltung der immer komplexer werdenden Gesetze und Standards. Kommt es zu Gesetzesänderungen auf regionaler, nationaler oder internationaler Ebene, werden diese automatisch in der Software aktualisiert.

Compliance Management

Als letzter Funktionsbereich ist der *Executive Management Support* zu nennen. Integrierte Analysewerkzeuge und Berichte werten dank der auf SAP HANA basierenden Struktur alle unternehmensrelevanten Informationen in Echtzeit aus und ermöglichen eine Rundumsicht auf das Unternehmen. Die Berichte sind überaus flexibel sowie dynamisch zu gestalten und ersetzen zusammen mit der Datenhaltungsstruktur ein BI im klassischen Sinne, das auf einem Data Warehouse aufsetzt. Über rollenbasierte Dashboards stehen auch Ad-hoc-Berichtsfunktionen über SAP Crystal Reports zur Verfügung.

Executive Management Support

In den folgenden Abschnitten stellen wir Ihnen wichtige Fähigkeiten der Lösung anhand typischer Einsatzmöglichkeiten prozessorientiert vor. Die Szenarien stellen dabei nur einen Ausschnitt des vollintegrierten ERP-Systems dar und sollen vor allem ein »Gefühl« für die Lösung vermitteln. Einen detaillierteren Einblick in das Produkt ermöglichen Krüger und Hufgard in *SAP Business ByDesign: Geschäftsprozesse, Technologie und Implementierung anschaulich erklärt* (SAP PRESS Bonn, 2011).

Prozessbasierter Einblick

Nachfolgend wird ähnlich wie beim Verkaufsprozess in Abschnitt 7.1 zu SAP Business One die Abwicklung eines kombinierten Kundenauftrags inklusive vorherigem Anbahnungsprozess im Marketing und Vertrieb gezeigt. Abbildung 7.23 zeigt den Prozess im Überblick. In diesem werden Services im Rahmen eines Kundenprojekts sowie Handelsware verkauft und fakturiert. Anschließend wird noch kurz auf das Liquiditätsmanagement und das Reporting eingegangen. Beispielhaft wird dazu die Überprüfung der Bilanz und der GuV herangezogen.

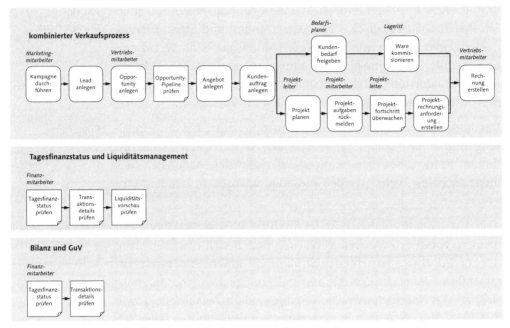

Abbildung 7.23 Ablauf der vorgestellten Szenarien

7.2.3 Kombinierter Verkaufsprozess im CRM

Ablauf des
Szenarios

Im Beispielszenario zum Customer Relationship Management (CRM) werden ausgehend von einer Marketingkampagne alle Aktivitäten mit dem Kunden dokumentiert. So gewinnen Sie eine Rundumsicht über einen großen Teil der Möglichkeiten von SAP Business ByDesign im CRM-Bereich. Dabei wird zuerst eine Kampagne für ein Produkt angelegt. Da ein kontaktierter Kunde einen Mitarbeiter anspricht und erstes Interesse am Kauf eines Produktes zeigt, wird anschließend ein Lead angelegt, der vom zuständigen Mitarbeiter akzeptiert wird. Nach erneutem Kundenkontakt konkretisiert der Kunde sein Interesse. Da er aber noch etwas unsicher ist und noch kein Angebot wünscht, wird eine Opportunity angelegt, um die Verkaufsaktivität dokumentieren und im Pipeline Management analysieren zu können. Aus ihr wird im Anschluss ein Angebot generiert, das angenommen wird, sodass ein Kundenauftrag angelegt werden kann. Der Kunde entscheidet sich am Ende sogar für die Installation einer Anlage, sodass auch ein Kundenprojekt verkauft und fakturiert wird.

Im zweiten Teil werden dann der Auslieferungsprozess, die Projektplanung und -durchführung sowie die Fakturierung beschrieben.

Dazu wird zu Beginn der Kundenbedarf freigegeben und kommissioniert, um anschließend den Warenausgang zu buchen. Bei der Lageranforderung findet eine automatische Aufgabensteuerung statt. Anschließend wird gezeigt, wie Kundenprojekte angelegt, geplant und überwacht werden können.

Insbesondere der CRM-Bereich lässt sich in SAP Business ByDesign auch mit mobilen Endgeräten wie iPhone, iPad oder BlackBerry gut nutzen. Vertriebsmitarbeiter können unter anderem Leads, Opportunities, Angebote und Kundenaufträge anlegen bzw. prüfen sowie Spesenabrechnungen hinterlegen, und Genehmigende können Genehmigungen mobil durchführen. Ein Teil dieser Prozessschritte wird im ersten Teil des Kapitels abgebildet.

Mobile
Endgeräte
im CRM

Kampagne anlegen und durchführen

Zu Beginn des Szenarios wird eine Kampagne für alle A-Kunden erstellt und durchgeführt, um ein Produkt (Solar Boiler) zu bewerben und den Verkauf anzukurbeln (siehe Abbildung 7.24).

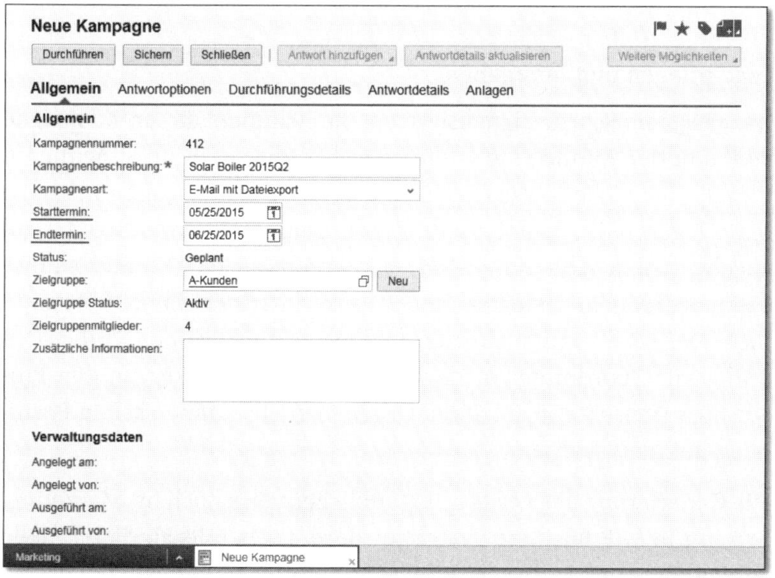

Abbildung 7.24 Anlegen einer neuen Kampagne

Dabei werden in SAP Business ByDesign neben START- und ENDTERMIN eine KAMPAGNENBESCHREIBUNG und die KAMPAGNENART ausgewählt. Die ZIELGRUPPE lässt sich wählen oder aus der Kampagne heraus neu anlegen. Hierfür steht Ihnen eine umfangreiche Suchmaske mit verschiedenen Klassifikationskriterien zur Verfügung. Nach der Auswahl können die Adressdaten auf Vollständigkeit hinsichtlich der Art der Kampagne geprüft werden (z. B. muss für eine E-Mail-Kampagne auch für alle ausgewählten Kunden eine E-Mail-Adresse gepflegt sein).

[»] **Multi-Channel-Management**

In der Praxis existieren spezifische CRM-Systeme, die spezielle Formen des Kundenmanagements unterstützen und die in den vergangenen zehn Jahren relativ isoliert waren. Das in SAP Business ByDesign integrierte CRM-System verfolgt einen integrierten Ansatz, der darauf ausgelegt ist, mehrere Verkaufskanäle im Multi-Channel-Management zu koordinieren und die Vertriebsmitarbeiter im Frontoffice sowie die Abwickler der Kundenaufträge im Backoffice zu verzahnen. Alle *Customer Touch Points* sollen konsolidiert betrachtet werden, um unterschiedliche und flexible Vertriebsformen zu unterstützen. Hierbei steht im Vordergrund, direkte Vertriebskanäle mit Vertriebsmitarbeitern, Telefonverkauf oder E-Commerce mit indirekten Kanälen wie Handel und Vertriebsbindungssystemen (z. B. Vertragshändler) in Beziehung zu setzen.

Lead pflegen und übergeben

Im nächsten Schritt signalisiert ein im Rahmen dieser Kampagne kontaktierter Kunde erstes Interesse. Um dieses zu dokumentieren und die mögliche Verkaufschance bereits in dieser frühen Phase zu hinterlegen, wird ebenfalls im Work Center MARKETING ein Lead angelegt (siehe Abbildung 7.25). Basierend auf den Kundenstammdaten werden Adressdaten und Ansprechpartner direkt übernommen. Der Lead kann qualifiziert und klassifiziert werden. Außerdem erfolgt die Zuordnung zur durchgeführten Kampagne, um den Prozessfluss transparent zu halten. Gegebenenfalls können schon Positionen definiert werden.

Lead übergeben | Die Generierung des Leads erfolgt üblicherweise noch im Marketing. Er kann in SAP Business ByDesign allerdings bereits an dieser Stelle an den entsprechenden Mitarbeiter im Vertrieb übergeben werden, sodass der Lead in dessen Arbeitsvorrat auftaucht. Sie können Leads auch über die oben erwähnten Anwendungen auf mobilen Endgeräten anlegen und bearbeiten.

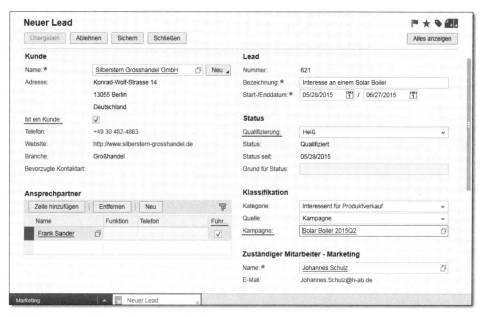

Abbildung 7.25 Anlegen eines neuen Leads

Zuständiger Mitarbeiter [+]

In den Kundenstammdaten kann in der Registerkarte ANSPRECHPARTNER unter BEZIEHUNGEN UND ZUSTÄNDIGKEITEN ein zuständiger Mitarbeiter (Beteiligtenrolle) für die Vertriebskommunikation mit dem Kunden hinterlegt werden. Dieser wird dann automatisch in Verkaufsbelegen als ZUSTÄNDIGER MITARBEITER eingetragen. Wenn im Kundenstammsatz keine Zuständigkeit gepflegt wurde, wird der Mitarbeiter eingetragen, der den Beleg erfasst. Eine manuelle Übersteuerung dieser Felder ist ebenfalls möglich.

Opportunity

Aus dem akzeptierten Lead kann bei konkretisiertem Interesse eine Opportunity als FOLGEAKTION generiert werden. Dazu können im Vorgängerbeleg – in diesem Fall also dem Lead – über ein Dropdown-Menü alle verfügbaren Nachfolgeaktionen ausgewählt werden.

Nachfolgebelege [«]

In Nachfolgebelegen werden die bereits hinterlegten Kopf- und Positionsdaten aus Vorgängerbelegen übernommen. Daher gewähren Folgeaktionen in SAP Business ByDesign nicht nur einen durchgehenden und stringenten Prozess- bzw. Belegfluss, sondern verringern auch die Gefahr von Fehleingaben sowie die für Mehrfacheingaben aufzubringende Zeit.

In der Opportunity können weitere Daten hinterlegt werden (siehe Abbildung 7.26). Dazu zählen unter anderem der erwartete Wert und die Klassifikation hinsichtlich der Prognoserelevanz. Über diese Felder kann später in der *Opportunity-Pipeline* eine Selektion durchgeführt werden.

Abbildung 7.26 Neue Opportunity

Preis ermitteln

Der Verkaufspreis wird auf Basis der in Preislisten hinterlegten Preise ermittelt. Dabei können unter anderem kundenspezifische und vertriebslinienspezifische Preislisten abgebildet werden. Der Verkaufspreis multipliziert mit der Erfolgschance ergibt den gewichteten Wert der Opportunity. Der erwartete Wert wird auf dieser Basis vom Vertriebsmitarbeiter eingetragen.

Aktivitäten hinterlegen

In Opportunities und anderen Verkaufsbelegen haben Sie die Möglichkeit, *Aktivitäten* zu hinterlegen und deren Status zu dokumentieren (siehe Abbildung 7.27). Das erhöht die Transparenz des Prozesses und verbessert dessen Abbildung im System.

Darüber hinaus können in Opportunities unter anderem noch Informationen zu Wettbewerbern gepflegt und Beteiligte definiert werden.

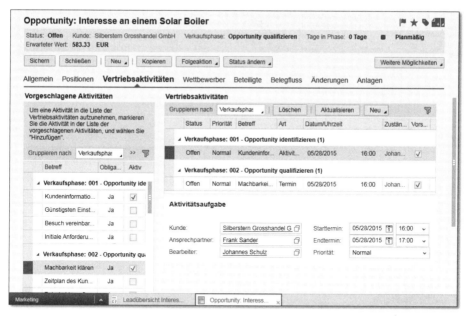

Abbildung 7.27 Pflege von Aktivitäten in der Opportunity

Opportunity-Pipeline prüfen

SAP Business ByDesign bietet mit der Opportunity-Pipeline ein Instrument zur Analyse und Planung der dokumentierten Verkaufschancen. Insbesondere bei langlaufenden Verkaufsphasen kann dies einen erheblichen Mehrwert bieten. Mit der Analyse können Sie simulieren, wie sich Änderungen der Opportunities auswirken würden.

Opportunity-Pipeline

Die Größe der Blasen hängt vom erwarteten Wert der Opportunity ab (siehe Abbildung 7.28). Es kann unter anderem zwischen den eigenen Opportunities und denen des eigenen Teams gewechselt werden.

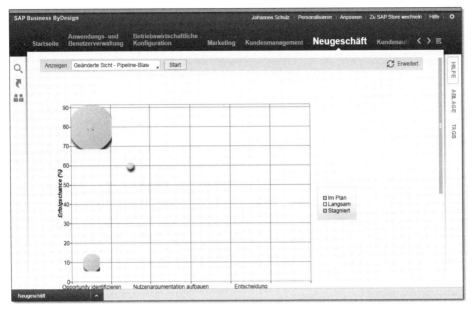

Abbildung 7.28 Opportunity-Pipeline

Angebot erstellen

Das Angebot kann wieder aus der Opportunity (oder einem anderen Vorgängerbeleg) angelegt werden. In den Kopfdaten wird in SAP Business ByDesign zwischen Rechnungs- und Warenempfänger differenziert. Die meisten weiteren Daten wie etwa der Kunde, die organisatorische Zuordnung oder der Ansprechpartner werden aus Vorgängerbelegen oder verbundenen Stamm- bzw. Organisationsdaten gezogen (siehe Abbildung 7.29).

Positionen anpassen

Die aus den Vorgängerbelegen übernommenen Positionen können beliebig ergänzt oder angepasst werden (siehe Abbildung 7.30). In Kombination mit den in der betriebswirtschaftlichen Konfiguration hinterlegten Steuerregeln erfolgt die Steuerfindung basierend auf der Verbindung zum Kunden.

Sie können Positionen als optional markieren und – falls im Produktmodell hinterlegt – in unterschiedlichen Spezifikationen anbieten. Außerdem können Rabatte global und auf Positionsebene hinterlegt werden. Je nach Konfiguration des Systems kann auch bereits an dieser Stelle im Prozess eine *Verfügbarkeitsprüfung (ATP-Prüfung)* erfolgen. In diesem Fall ist die fristgerechte Lieferung zum Wunschtermin möglich, und die ATP-Prüfung zeigt einen grünen Status.

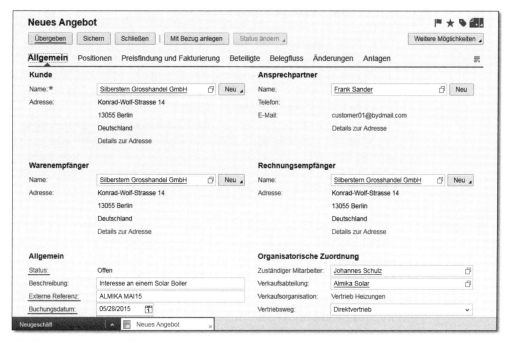

Abbildung 7.29 Angebotskopf

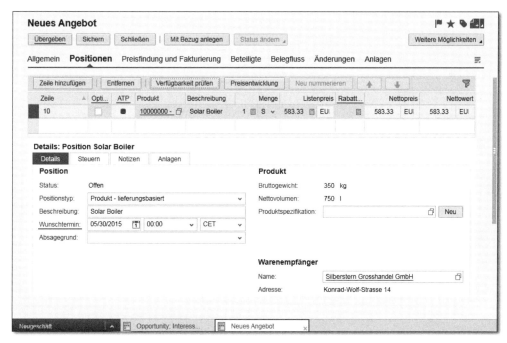

Abbildung 7.30 Angebot (Positionsebene)

[»] **Verfügbarkeitsprüfung**

ATP ist die Abkürzung von *Available to Promise* und steht für die Verfügbarkeitsprüfung, in deren Rahmen die Möglichkeit der Lieferung eines Produktes zu einem bestimmten Zeitpunkt untersucht wird. Die Verfügbarkeitsprüfung ist ein zentrales Element in der Kundenauftragsabwicklung, da fristgemäße Lieferungen die Kundenzufriedenheit erhöhen.

In SAP Business ByDesign können dabei abhängig von den Einstellungen im Materialstamm zum Beispiel nur der Bestand, alle Zugänge oder auch alle freigegebenen Zugänge herangezogen werden. Außerdem fließen z. B. noch die Warenein- und Warenausgangsbearbeitungszeiten sowie die nach Transportzonen gegliederte Transportdauer ein.

Preisgestaltung   Darüber hinaus lassen sich im Angebot zur Vereinfachung der Preisgestaltung Details zur PREISFINDUNG und zum DECKUNGSBEITRAG einsehen. Dies kann auf globaler und auf Positionsebene erfolgen (siehe Abbildung 7.31). Dabei fließen unterschiedliche Preisbestandteile wie beispielsweise Rabatte, Fracht- oder gegebenenfalls Retourenbearbeitungsgebühren ein. Außerdem können bereits hier – aber natürlich auch später im Kundenauftrag – Rechnungsterminpläne hinterlegt werden.

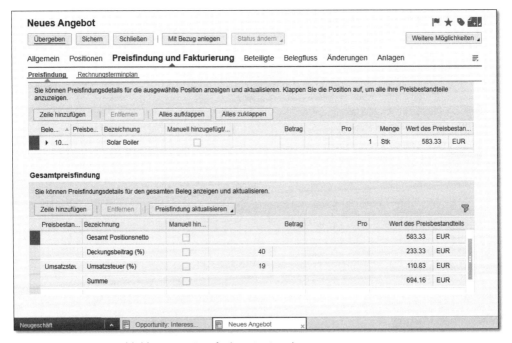

Abbildung 7.31 Preisfindung im Angebot

Das Angebot taucht je nach Konfiguration des Workflows vor der Übergabe an den Kunden automatisch im Arbeitsvorrat des bzw. der entsprechenden Mitarbeiter zur Genehmigung auf.

Genehmigungen

Die Genehmigungsprozesse steuern in SAP Business ByDesign einen Teil des Workflows. Dabei können für die entsprechenden Geschäftsbelege unterschiedliche Szenarien definiert werden. Die Bedingungen können dabei unter anderem auf den Nettowert, den Anforderer, die Kostenstelle, den Positionstyp oder die Produktkategorie referenziert werden. Es sind ein- oder mehrstufige Genehmigungsprozesse definierbar. Der bzw. die Verantwortlichen können direkt oder über die Stelle bzw. Funktion (zum Beispiel den Abteilungsvorgesetzten) hinterlegt werden. Genehmigungen können von den entsprechenden Mitarbeitern auch mobil durchgeführt werden.

Die Möglichkeiten der Workflowsteuerung in diesem Bereich sind in SAP Business ByDesign also sehr umfangreich und äußerst flexibel anpassbar.

Kundenauftrag erfassen und freigeben

Nach positiver Rückmeldung des Kunden kann der Kundenauftrag erneut als Folgeaktion angelegt werden.

Kundenauftrag als Folgeaktion

Kundenauftrag und Anfrage [+]

Der Kundenauftrag lässt sich – wie auch die hier bereits vorgestellten Belege – direkt und ohne Vorgänger anlegen. In diesem Fall werden Daten zum Kunden oder zu den Positionen nicht automatisch übernommen, und die gesamte Historie der Akquisitionsphase fehlt. Außerdem kann der Kundenauftrag auch als Reaktion auf eine Anfrage erfasst werden.

Die wesentlichen Daten auf Kopfebene, beispielsweise zum Kunden, Rechnungs- und Warenempfänger, werden bei einer Folgeaktion wieder aus den Vorgängerbelegen gezogen. Außerdem legen Sie im Kundenauftrag unter anderem noch liefer-, abrechnungs- und zahlungsspezifische Details fest. Dazu gehören z. B. Skonti, Incoterms und das Vorgehen bei der Fakturierung (siehe Abbildung 7.32).

Abbildung 7.32 Anlegen eines Kundenauftrags

Durch die Integration hin zum Finanzwesen und zur Kreditorenab-teilung kann eine automatisierte Kreditprüfung erfolgen. Ist ein Schuldner als zweifelhaft markiert, wird bereits die Auslieferung gesperrt.

Auftrag ergänzen Um die Vielfalt des Systems deutlich zu machen, wird der Kunden-auftrag im Folgenden um Servicepositionen ergänzt und in kombi-nierter Form eines Kundenprojekts und einer klassischen Ausliefe-rung von Handelsware abgewickelt sowie fakturiert.

Dazu werden neue Positionen hinzugefügt, und die entsprechende Menge wird hinterlegt (siehe Abbildung 7.33). Preise werden wieder aus den unterschiedlichen Preislisten gezogen. Der POSITIONSTYP steuert die spätere Fakturierung. Dabei können Sie unter anderem zwischen Festpreisen und einer aufwandsbezogenen Abrechnung differenzieren.

Kundenprojekt anlegen Anschließend kann das Kundenprojekt aus dem Kundenauftrag angelegt werden. Dabei werden die Projektstruktur definiert und Verantwortlichkeiten geregelt (siehe Abbildung 7.34).

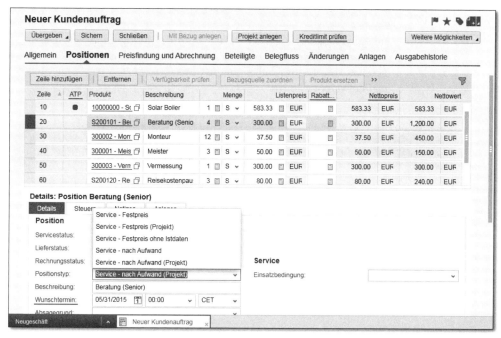

Abbildung 7.33 Positionen im Kundenauftrag

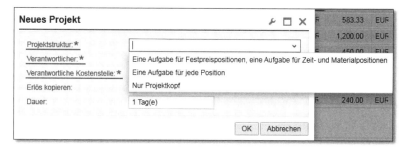

Abbildung 7.34 Anlegen eines Projekts aus einem Kundenauftrag

Auslieferung der Ware

Wenn alle gewünschten Produkte des Kunden auf Lager liegen, kann der Kundenbedarf im Work Center AUSLIEFERUNGSSTEUERUNG für die Lieferung freigegeben und damit der Auslieferungsprozess gestartet werden (siehe Abbildung 7.35).

Bei der Freigabe kann ein Materialbereitstellungsdatum gewählt werden, um alle bestätigten Liefereinteilungen zum Kundenbedarf bis zu diesem Datum freizugeben.

Materialbereitstellungsdatum

[»] **Lieferart**

Im Kundenbedarf kann durch die Wahl der Bezugsquelle die Lieferart bestimmt werden. Eine weitere Lieferart ist zum Beispiel das Streckengeschäft. Die Bezugsquellen werden über die im Materialstamm hinterlegten Felder gesteuert.

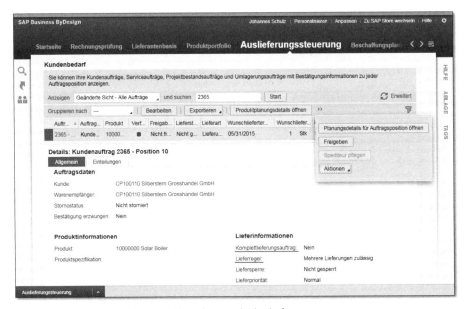

Abbildung 7.35 Freigeben des Kundenbedarfs

Versandvorschlag Aufgrund der Freigabe des Kundenbedarfs wird automatisch ein Versandvorschlag angelegt (siehe Abbildung 7.36). Aus diesem können je nach Prozessmodell eine Lageranforderung und eine Lageraufgabe generiert oder der Warenausgang direkt gebucht werden.

[»] **Einfacher Warenausgang und Prozessmodell**

Anstatt eine Lageranforderung anzulegen, kann der Warenausgang auch direkt gebucht werden. Je nach Komplexität des Ausgangsprozesses kann im Finetuning von SAP Business ByDesign dafür ein (mehrstufiges) Modell definiert werden.

Kommissionieraufgabe Basierend auf der angelegten Lageranforderung wird eine Lageraufgabe für die *Kommissionierung* generiert, die im Arbeitsvorrat eines Lagermitarbeiters auftaucht (siehe Abbildung 7.37). Im Work Center Warenausgang kann Ihr Mitarbeiter die Kommissionieraufgabe rückmelden. Damit bestätigt er, dass die vom Kunden bestellte

Ware in der richtigen Anzahl aus dem Lager geholt und zusammengestellt wurde. Dazu können die Mengen und Lagerbereiche vorgeschlagen oder manuell eingetragen werden.

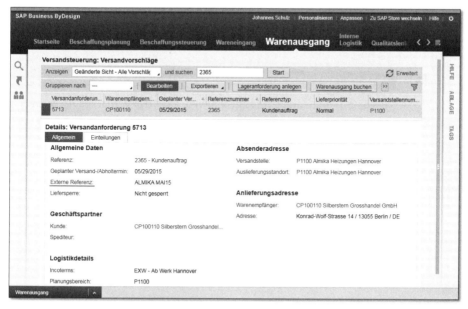

Abbildung 7.36 Versandanforderung anlegen

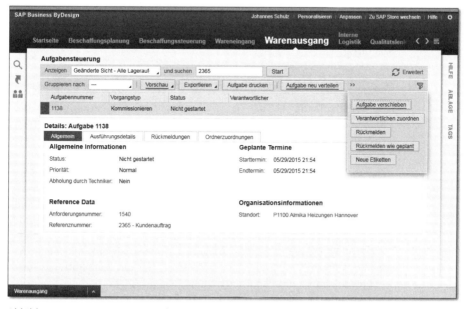

Abbildung 7.37 Kommissionieraufgabe im Arbeitsvorrat

269

[+] | **Mobile Lesegeräte**

An dieser Stelle können auch mobile Einheiten verwendet werden, die *Strichcodes* und *Etiketten* auslesen.

Anschließend wird die Auslieferung der Ware freigegeben. Klicken Sie dazu im Work Center auf FREIGEBEN.

[»] | **Verpackung**

Bevor die Auslieferung freigegeben wird, kann das Verpacken der Ware in einem weiteren Prozessschritt abgebildet werden.

Kommissio-nierliste und Lieferschein

Im Rahmen der Auslieferung werden in SAP Business ByDesign automatisch zwei Ausgabebelege erzeugt: die *Kommissionierliste* und der *Lieferschein*. Die Kommissionierliste hilft dem Lagermitarbeiter, schnell die gewünschte Menge, das Produkt und den Lagerbereich aufzufinden. Der Lieferschein wird mit der Ware an den Kunden versendet und enthält Informationen über die Positionen, etwa Produkt, Menge, Gewicht, Volumen und Referenznummern.

Projektplanung

Die Projektplanung in SAP Business ByDesign ist gut gelungen; sie enthält alle gängigen Planungsinstrumente und erlaubt dadurch eine umfangreiche Planung sowie eine spätere Koordination und Überwachung.

[»] | **Projektplanung und Projektarten**

Die Projektplanung hat das Ziel, die Projektaufgaben zu strukturieren, die Reihenfolge abzustimmen sowie Mitarbeiter und weitere Ressourcen zuzuordnen, um eine Vorkalkulation für die Kosten zu erstellen und Termine abzusichern.

Das Kundenprojekt ist dabei die komplexeste Projektart. Einfachere Formen sind interne Projekte, die als Kostensammler oder auch zur koordinierten Beschaffung von externen Dienstleistungen dienen können. Beim Kundenprojekt lautet die zentrale Frage: Wie plane ich das Kundenprojekt integriert mit der Verkaufsabwicklung? Hier kommt es darauf an, dass die Projektplanung, die in der Akquisitionsphase beginnt, mit möglichst wenig Aufwand und vielen Standardelementen der Angebotserstellung entgegenkommt und den Kundenwünschen gerecht wird.

Bei der Projektplanung werden bereits die Voraussetzungen für die Projektdurchführung geschaffen, indem eine Zuordnung von Angebotspositionen und Projektaufgaben stattfinden kann. Einen großen Produktivitätsgewinn liefern dabei Vorlagenprojekte, die mit Strukturen, Planzahlen und Mitarbeiterressourcen übernommen werden können. Gestaltungsspielraum liefern ebenfalls Phasen, Aufgaben und Meilensteine.

Bei der Erstellung des Projekts wurde in diesem Fall festgelegt, dass für jede Serviceposition im Kundenauftrag eine eigene Aufgabe angelegt wird (siehe Abbildung 7.38).

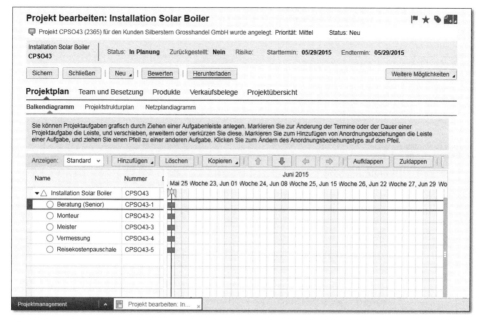

Abbildung 7.38 (Unstrukturiertes) Projekt

Zuerst sollten Sie die Aufgaben (hierarchisch) in Phasen strukturieren. Darüber hinaus stehen Ihnen Meilensteine zur Verfügung. Außerdem sollten Anordnungsbeziehungen, die notwendigen Dauern und zeitlichen Restriktionen gepflegt werden. So kann in diesem Beispielprojekt die Vermessung erst erfolgen, wenn der Berater seine Arbeit abgeschlossen hat. Gleiches gilt für den Meister, der auf den Monteur warten muss. Eine zeitliche Restriktion gibt es hinsichtlich der Installationsphase, die nach Abschluss des Planungsmeilensteins, aber auch erst in KW 24 beginnen kann. Um das abzubilden, wurde eine *Endezu-Start-Beziehung* vom Meilenstein ABSCHLUSS PLANUNG zur Phase INSTALLATION gezogen. Außerdem wurde ihr frühester Starttermin auf den Beginn der KW 24 gelegt (siehe Abbildung 7.39).

Aufgaben strukturieren

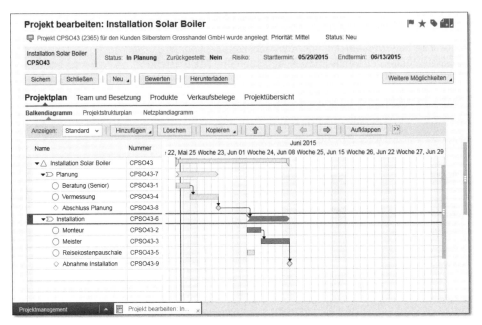

Abbildung 7.39 (Strukturiertes) Projekt

[»] **Terminierung und Abhängigkeiten**

Für die Terminierung eines Projekts müssen Abhängigkeiten zwischen den Arbeitspaketen gepflegt sein, um die Leistungserbringer anforderungs- und termingerecht bereitstellen zu können. Die zentrale Frage ist dabei, wie lange das Projekt dauert, welche Aktivitäten parallel durchgeführt werden können, was demnach der *kritische Pfad* des Projekts ist und wo es Pufferzeiten gibt, die entsprechend flexibel genutzt werden können.

Der Projektplan lässt sich als BALKENDIAGRAMM (Gantt Chart), als PROJEKTSTRUKTURPLAN oder in einem NETZPLANDIAGRAMM anzeigen. SAP Business ByDesign stellt dabei den kritischen Pfad dar und zeigt Pufferzeiten (Schlupf) an.

Projektdetails Zu jedem Element der Projektstruktur lassen sich u. a. Verantwortliche definieren und Genehmigungsdetails festlegen (siehe Abbildung 7.40). Außerdem werden in der Registerkarte ARBEIT Mitarbeiter zugeordnet.

Die hier gelisteten Anwender finden die ihnen zugewiesenen Aufgaben zum entsprechenden Zeitpunkt in ihrem Arbeitsvorrat und können diese zurückmelden. Dabei wird das späteste Start- und Enddatum aus dem Projektplan abgeleitet. Der Projektleiter sieht auch an dieser Stelle die *Plan-*, *Rest-* und *Ist-Arbeitszeiten*.

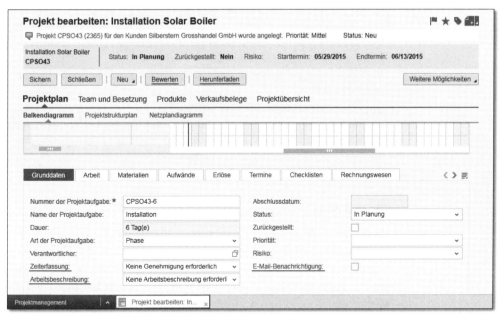

Abbildung 7.40 Projektdetails auf Positionsebene

> **Unterschied von Dauer und Planarbeit**   [«]
>
> Die *Dauer* legt fest, wie lange eine Projektaufgabe insgesamt in der Planung berücksichtigt wird. Zu einer Projektaufgabe können mehrere Services mit *Planarbeitszeiten* erfasst werden. Diese können von den Mitarbeitern zurückgemeldet werden. Die Planwerte werden in der Planung nicht berücksichtigt, da die hierbei zu leistende Arbeit auch parallel von verschiedenen Mitarbeitern durchgeführt werden kann.

Darüber hinaus kann festgelegt werden, ob die zu leistende Arbeit abrechenbar ist und ob eine Überlieferung zulässig ist. Auf den nächsten Registerkarten können notwendige MATERIALIEN und anfallende AUFWÄNDE sowie ERLÖSE zugeordnet werden. Außerdem können, wie oben erwähnt, TERMINE und Fristen auf Elementebene sowie CHECKLISTEN hinterlegt werden. In der Registerkarte RECHNUNGSWESEN kann gegebenenfalls eine abweichende Kostenstelle bzw. ein Profit Center zugewiesen werden. Nach Abschluss der vorläufigen Planung kann das Projekt freigegeben und gestartet werden.

Abrechenbarkeit festlegen

Je nach Konfiguration können Sie über ein implementiertes Änderungsmanagement mit zu genehmigenden Basisplänen und Momentaufnahmen von Projekten arbeiten.

[»] **Externe Dienstleistung und Einkaufswagen**

In Projekten können auch *externe Dienstleistungen* angelegt werden, wenn z. B. zusätzliche Qualifikationen oder Kapazitäten benötigt werden. Hierfür kann ein Dienstleister erfasst und seine Qualifikationen können gepflegt werden.

Über den Einkaufswagen in den Self-Services kann ebenfalls für Projekte beschafft werden. Der Einkauf wird dann auf das Projekt kontiert. Auf diese Weise beschaffte Materialien werden nicht auf Lager gelegt, sondern nach der Anlieferung direkt verbraucht.

Rückmeldung

Nach Beendigung ihrer Tätigkeiten können die Projektmitarbeiter ihre Aufgaben rückmelden. Abhängig vom abgebildeten Arbeitszeitmodell wird bei Überschreiten der Maximalarbeitszeit automatisch um die entsprechende Dauer reduziert. In diesem Beispiel wird die Mittagspause zwischen 12 und 13 Uhr von der rückgemeldeten Zeit abgezogen und später auch nicht fakturiert.

Aufgaben Im beschriebenen Szenario werden dem Mitarbeiter im Arbeitsvorrat für KW 22 lediglich die ihm zugeordneten Aufgaben BERATUNG (SENIOR) und VERMESSUNG angezeigt (siehe Abbildung 7.41).

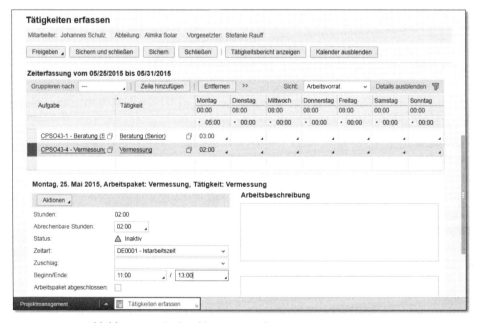

Abbildung 7.41 Rückmelden von Tätigkeiten

Das liegt daran, dass für die Phase der Installation eine Einschränkung bezüglich des Starttermins hinterlegt wurde. Daher werden die weiteren Aufgaben erst zu einem späteren Zeitpunkt sichtbar.

Aus Konsistenzgründen wurden die Restriktionen im Beispielprojekt aufgehoben und alle anfallenden Arbeiten zurückgemeldet, sodass im weiteren Prozessverlauf keine Lücken entstehen. Der Meister hat dabei eine Stunde länger gebraucht als im Vorfeld veranschlagt. Daher wurden für diese Aufgabe 13 statt der geplanten 12 Stunden zurückgemeldet.

Projektcontrolling

Als Projektleiter können Sie sich zu jedem Zeitpunkt über den Projektfortschritt informieren. Dazu stehen Ihnen mehrere Berichte zur Verfügung. Direkt im Projekt ist die PROJEKTÜBERSICHT hinterlegt. Darin werden unter anderem die *Plankosten* den *-erlösen* sowie die *Plan-* und *Istarbeitszeiten* gegenübergestellt. Im Beispielprojekt sorgt die eine Stunde Mehrarbeit, die der Monteur gebraucht hat, für den Unterschied zwischen Plan- und Istkosten bzw. Plan- und Istarbeit (siehe Abbildung 7.42).

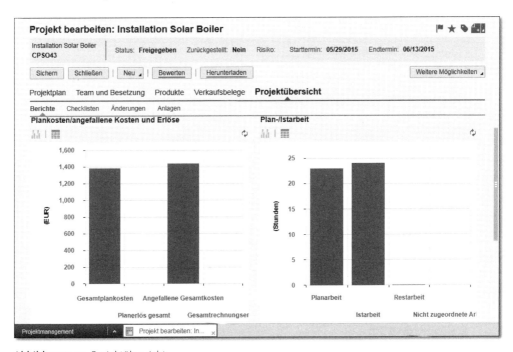

Abbildung 7.42 Projektübersicht

Durch einen Klick auf die Grafiken lassen sich weitere Details aufrufen. So gelangen Sie zum Beispiel über die angefallen Gesamtkosten zum Bericht Projekt – Einzelkosten, in dem die geleisteten Services bis auf Buchungsbelegebene verfolgt werden können.

Weitere Berichte Außerdem lassen sich aus der Projektübersicht Finanzberichte zu den Projektkosten und -erlösen nach Projektstruktur und zur Projektkalkulation aufrufen. Neben weiteren Projektmanagementberichten wie beispielsweise zur Zeiterfassung auf Projektbasis existieren Trendanalysen und Reports zur erfolgten Beschaffung.

Projektrechnungsanforderung

Anschließend muss zum Projekt eine Projektrechnungsanforderung zusammengestellt werden. Dazu werden im ersten Schritt alle aus den Vorgängerbelegen übernommenen Daten geprüft. Die zu fakturierenden Zeit- und Aufwandspositionen können beschränkt werden, sodass eine gesplittete Abrechnung möglich ist.

Anforderungen zusammenstellen Die Rechnungspositionen können aus den Kundenauftragspositionen sowie aus Zeit- und Aufwandspositionen nach unterschiedlicher Struktur vorgeschlagen werden (siehe Abbildung 7.43). Der im Kundenauftrag festgelegte Positionstyp wird übernommen.

Abbildung 7.43 Rechnungspositionen vorschlagen lassen

Im nächsten Schritt müssen die Zeit- und Aufwandspositionen zugeordnet werden (siehe Abbildung 7.44).

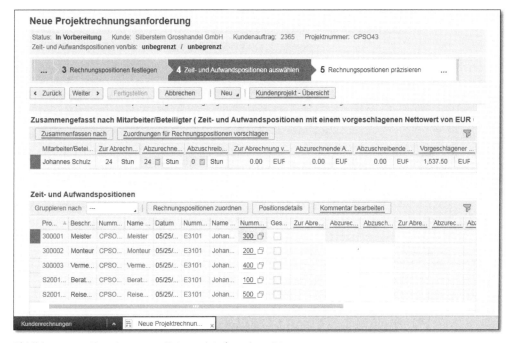

Abbildung 7.44 Zuordnung von Zeit- und Aufwandspositionen

Daraufhin können Sie die Rechnungsanforderung prüfen, gegebenenfalls anpassen und schließlich finalisieren. Dabei lassen sich unter anderem Positionen editieren und weitere Preisbestandteile wie Rabatte hinterlegen.

Fakturierung

Im letzten Schritt des vorgestellten Szenarios erfolgt die gemeinsame Fakturierung unterschiedlicher Rechnungsanforderungen. Auf Basis der Auslieferung der Handelsware wurde ergänzend zur manuell erstellten Projektrechnungsanforderung automatisch eine Auslieferungsrechnungsanforderung generiert. In der kombinierten Rechnung tauchen sowohl die Auslieferung der Ware als auch die Servicepositionen aus dem Projekt auf (siehe Abbildung 7.45).

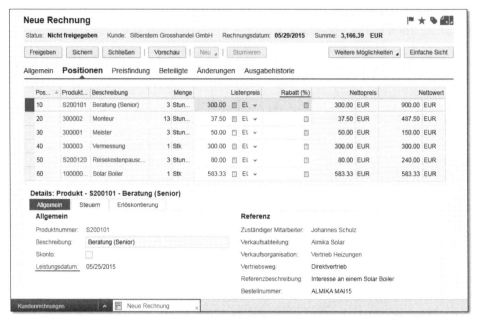

Abbildung 7.45 Rechnungserstellung

Fakturierung als Nachweis der erbrachten Leistungen

Die Projektrechnung dient als Nachweis der erbrachten Leistungen und stellt diese sachgerecht in Positionen zusammen. Die Rechnung basiert auf Rückmeldungen der einzelnen Projektmitarbeiter oder aus Auslieferungen von Waren, die zum Projekt beitragen. Die Rechnungsstellung selbst kann aber auch mit Problemen verbunden sein, z. B. könnten sich Leistungen verschieben oder müssten gemindert werden, da sie so dem Kunden nicht in Rechnung gestellt werden können. Im Unterschied zu Festpreispositionen, bei denen der Leistungsumfang und der damit verbundene Preis klar definiert sind, kommt es bei Aufwandspositionen darauf an, den geleisteten Aufwand auch hinreichend zu begründen.

Belegfluss

Abschließend wird noch kurz der Belegfluss vorgestellt. Dabei handelt es sich um ein mächtiges und oft unterschätztes Werkzeug. Er bildet den kompletten Geschäftsvorfall ab und erlaubt eine Analyse sowie das schnelle Abspringen zu Vorgänger- bzw. Nachfolgerbelegen. In diesem Beispiel wurde er aus der Rechnung geöffnet (siehe Abbildung 7.46). Über das Symbol im entsprechenden Beleg kann der Nutzer den zugehörigen Buchungsbeleg öffnen.

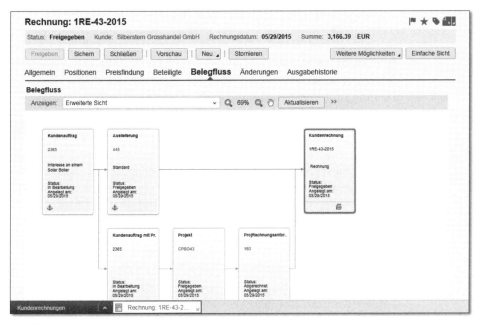

Abbildung 7.46 Belegfluss

Durch einen Klick auf einen Anker simuliert der Mitarbeiter das Öffnen des Belegflusses aus einem anderen Beleg, und die dafür relevanten Vorgänger und Nachfolger werden angezeigt. So werden zum Beispiel durch das Setzen des Ankerbelegs auf den Kundenauftrag unter anderem die Kampagne, der Lead, die Opportunity und das Angebot zusätzlich sichtbar.

Vorgänger und Nachfolger

7.2.4 Tagesfinanzstatus und Liquiditätsmanagement

Die zwei folgenden Beispielszenarien zeigen die umfangreichen Möglichkeiten der Echtzeitanalyse in SAP Business ByDesign, die dem Unternehmen dabei helfen sollen, die Finanzen zu managen.

Um das strategische Ziel – die Bewahrung der Zahlungsfähigkeit des Unternehmens – zu erreichen, hat die Finanzanalyse in SAP Business ByDesign verschiedene Instrumentarien zur Verfügung. Zum Beispiel kann zur Prüfung der Zahlungsfähigkeit jederzeit der Tagesfinanzstatus oder die Liquidität abgefragt werden. Der Tagesfinanzstatus gibt Auskunft über die aktuellen Bargeldbestände, Bankguthaben, offene Forderungen und Verbindlichkeiten. Das Liquiditätsmanagement wird durch die Liquiditätsvorschau unterstützt, die es auch erlaubt,

Strategisches Ziel

eine Hochrechnung aufgrund von bekannten Informationen über Zahlungsein- und -ausgänge der nächsten Wochen zu erstellen.

Andere Berichte liefern unter anderem einen aktuellen Status der Kosten- und Erlössituation über die Struktur der Bilanz oder der Gewinn und Verlustrechnung (siehe Abschnitt 7.1.5).

[»]

Rechnungswesen in SAP Business ByDesign

Im Finanzwesen laufen die Fäden aller anderen Fachbereiche zusammen. Hier werden die Rechnungen aus den Logistikprozessen ausgeglichen oder die Gehälter des Personals bezahlt. Das Finanzwesen bildet daher die Senke der Integration.

Durch die Abbildung des Rechnungswesens in SAP Business ByDesign wird sichergestellt, dass immer die aktuellsten gesetzlichen Auflagen erfüllt sind und eine umfassende Kontrolle der Finanzbuchhaltung mittels des integrierten Reportings auf Basis von Echtzeitberichten gewährleistet ist.

In SAP Business ByDesign werden verschiedene Rechnungslegungswerke, Steuerstrukturen sowie arbeitsrechtliche Bestimmungen unterstützt. Diese werden je nach Land konfiguriert. Dies hilft besonders international tätigen Unternehmen bei der Wahrung der Compliance bezüglich gesetzlichen Anforderungen und Regeln. Durch automatische Updates und Release-Einspielungen werden diese bei Veränderungen immer rechtzeitig angepasst.

Tagesfinanzstatus

Im folgenden Szenario sollen der Tagesfinanzstatus und die Liquiditätslage des Bankkontos geprüft werden. Dazu wird zuerst der Bericht TAGESFINANZSTATUS NACH GESCHÄFTSVORFALL geöffnet. Dieser ist standardmäßig im Work Center LIQUIDITÄTSMANAGEMENT eingeblendet und zeigt neben den Salden eine detaillierte Auflistung der Zahlungseingänge- und -ausgänge sowie den entsprechenden Cashflow für alle Bankkonten (siehe Abbildung 7.47).

Tagesfinanzstatus anpassen

Der Tagesfinanzstatus lässt sich nicht nur in der genannten Sicht anzeigen, sondern wie jeder andere Bericht auch explizit aufrufen und anpassen. Nach dem Öffnen steht zuerst ein Selektions- und Variablenbild zur Verfügung, in dem unter anderem viele Einschränkungen festgelegt werden können, in diesem Fall zum Beispiel bezüglich des zu analysierenden Unternehmens, des Wertstellungsdatums, der Bank, der Kasse, der Anzeigewährung oder des Umrechnungsdatums der Anzeigewährung.

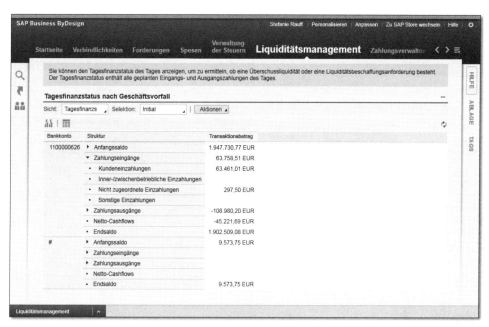

Abbildung 7.47 Tagesfinanzstatus

Berichte in SAP Business ByDesign [«]

Das sehr flexible Berichtswesen in SAP Business ByDesign basiert auf SAP HANA und arbeitet in Echtzeit. Es bietet für jeden Report eine umfangreiche Selektion, über die Einschränkungen beliebig definiert werden können. Außerdem können viele weitere Variablen und Kennzahlen hinzugefügt, in ihrer Reihenfolge permutiert oder entfernt werden. Bei jedem Bericht kann zwischen einer Tabellen- und einer Grafikansicht bzw. einer Kombination aus diesen beiden Möglichkeiten gewählt werden. Dabei lässt sich u. a. zwischen einem Balken-, Säulen-, Punkt-, Linien- oder Kreisdiagramm wählen. Des Weiteren bestehen viele weitere Einstellmöglichkeiten, wie z. B. umgekehrte Vorzeichen oder einzublendende Ergebniszeilen.

Berichte bieten oft weitere Absprunglinks auf ein höheres Detaillevel, sodass in der Regel bis auf (Buchungs-)Belegebene gezoomt werden kann.

Sie können als Sichten gespeichert werden, sodass Anpassungen nicht wiederholt vorgenommen werden müssen, und an andere Mitarbeiter gesendet werden.

Über Absprunglinks hinter den angezeigten Zahlen – wie hier den Zahlungseingängen – kommen Sie als Anwender bequem zu einem Bericht auf höherer Detailstufe. In diesem Fall können in den Trans-

Details ansehen

aktionsdetails die Informationen bis auf Ursprungsbelegebene gezoomt werden (siehe Abbildung 7.48).

Abbildung 7.48 Tagesfinanzstatus-Transaktionsdetails

Liquiditätsvorschau

Der zweite Teil des Szenarios behandelt die Analyse im Liquiditätsmanagement. Dabei werden die zukünftig erwarteten Geldabflüsse und -zuflüsse in der Liquiditätsvorschau überprüft. Diese wird über Läufe geplant, sodass immer wieder aktuelle Werte generiert werden, um fundierte Entscheidungen treffen zu können. Dadurch kann die Vorschau zum Beispiel in regelmäßigen Intervallen oder abhängig von definierten Ereignissen automatisch erstellt werden.

Gefahren erkennen

In der Liquiditätsvorschau werden – ähnlich wie im Tagesfinanzstatus – die Start- und Endsalden angezeigt (siehe Abbildung 7.49). Außerdem werden Zahlungen sowie Forderungen und Verbindlichkeiten für die kommenden Tagen und Wochen aufgeführt. So lassen sich Veränderungen und kurzfristige Liquiditätsengpässe gut identifizieren. Bei einem solchen Engpass würde der Endsaldo einen besonders niedrigen Wert aufweisen. Mithilfe der Liquiditätsvor schau können also unter anderem Gefahren schnell erkannt werden, oder es kann z. B. die Entscheidung gefällt werden, ob zu ziehende Skonti in der aktuellen Situation sinnvoll sind.

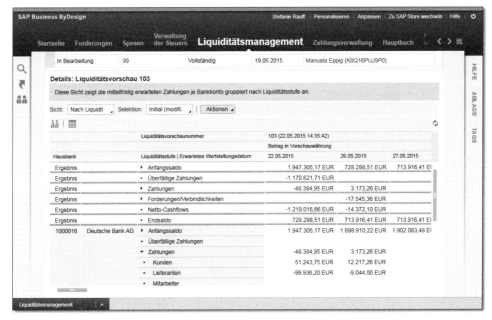

Abbildung 7.49 Liquiditätsvorschau

Vorschauplanpositionen   [**«**]

Weitere vorhersehbare Zahlungen, die das System nicht erkennt, können über Vorschauplanpositionen in die Auswertung einbezogen werden.

7.2.5 Analyse von Bilanz und GuV

Das abschließende Beispielszenario beschäftigt sich wie auch schon bei SAP Business One mit der Bilanzanalyse. SAP Business ByDesign bietet hierfür einige vordefinierte Berichte, die flexibel und dynamisch angepasst werden können. Anschließend wird ein Bericht zur Bilanz bzw. GuV gezeigt, der auch das Vorjahr mit einbezieht, um nicht nur die Art, Höhe und Quellen des unternehmerischen Erfolgs analysieren zu können, sondern um auch den Unterschied zur Vorperiode zu identifizieren.

Berichtsstruktur Nach der Vorselektion kann der Bericht ausgeführt werden. Über die Berichtsstruktur wird gesteuert, in welcher Form die Inhalte aufbereitet werden. In diesem Fall wurde ZD10 gewählt, um die Bilanz anzeigen zu lassen (siehe Abbildung 7.50).

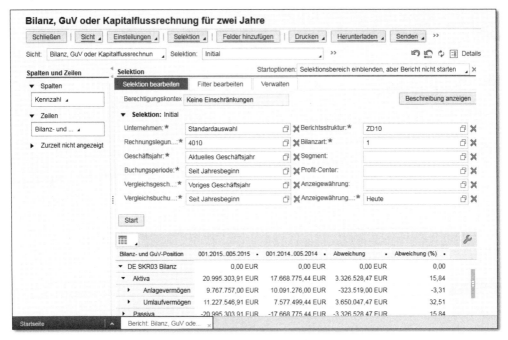

Abbildung 7.50 Vorselektion und Aufrufen der Bilanz

Wie oben erwähnt, lassen sich auch weitere Variablen hinzufügen bzw. vorhandene entfernen. In diesem Fall können z. B. Funktionsbereiche, Profit-Center oder die abgebildeten Unternehmen in die Struktur (Zeilen oder Spalten) aufgenommen werden (siehe Abbildung 7.51).

Details ansehen Auch hier lassen sich Details wieder bis auf Belegebene hinunterbrechen. Dazu können in den Zahlen hinterlegte Links genutzt werden, um gegebenenfalls weitere Berichte aufzurufen. Durch das Ändern der Berichtsstruktur kann die GuV z. B. im Gesamtkostenverfahren angezeigt und analysiert werden (siehe Abbildung 7.52).

Abbildung 7.51 Verfügbare Variablen

Abbildung 7.52 Gewinn- und Verlustrechnung (nach GKV)

7.2.6 Alleinstellungsmerkmale

Entworfen statt gewachsen

In den vorherigen Abschnitten haben wir Ihnen einen groben Einblick in SAP Business ByDesign gegeben. Als Alleinstellungsmerkmal sehen wir die durchdachte Struktur von SAP Business ByDesign. Während viele andere Suiten über eine lange Zeit gewachsen sind, wie SAP Business One aus anderen hervorgingen oder ältere Strukturen vervollständigen bzw. verbessern sollen, könnte man SAP Business ByDesign als »auf dem Reißbrett entworfen« ansehen. Die moderne Struktur und das moderne Design bieten Ihnen insbesondere in Kombination mit der betriebswirtschaftlichen Konfiguration eine überaus flexible und dynamische Lösung, die sich vor allem mittelständischen Unternehmen anbietet. Aber auch für größere Unternehmen mit spezifischen Anforderungen kann SAP Business ByDesign über ein Integrationsszenario hohes Potenzial bieten.

Flexibilität und dynamisches Reporting

Neben dem für Cloud-Software nahezu unerreichbar erscheinendem Level an Flexibilität und Anpassbarkeit der Lösung ist das auf SAP HANA basierende und in Echtzeit agierende dynamische Berichtswesen ebenfalls als Alleinstellungsmerkmal zu nennen.

Hohes Integrationspotenzial

Als weiteren wesentlichen Punkt sehen wir die Integration in sämtlichen Dimensionen. Zum Beispiel beschränkt sich SAP Business ByDesign neben der vertikalen Integration auch bezüglich der Reichweite der horizontalen Integration nicht nur auf die innerbetrieblichen Prozesse, sondern überschreitet über B2B-Anbindungen auch Unternehmensgrenzen.

Darüber hinaus beeindruckte uns das intuitiv bedienbare SAP Business ByDesign mit der integrierten kontextsensitiven Hilfe durch das Potenzial, Schulungskosten deutlich zu senken.

7.2.7 Technologie

Anpassungsmöglichkeiten

Ein hervorstechendes Merkmal ist die Anpassungsfähigkeit von SAP Business ByDesign. Neben der in Kapitel 5 erläuterten Business-Konfiguration und den beschriebenen Möglichkeiten wie der Einbindung von Zusatzentwicklungen lässt sich auch die Arbeitsumgebung durch jeden Mitarbeiter sehr individuell gestalten. Das ist insbesondere im Mittelstand, in dem eine hohe Dynamik hinsichtlich der gelebten Geschäftsprozesse herrscht, wichtig. So lassen sich unter anderem die Reihenfolge der Arbeitsbereiche und die eingebundenen Default-Berichte an die eigenen Bedürfnisse anpassen sowie Favoriten anlegen. SAP bietet in diesem Bereich für alle berechtigten Benutzer die sogenannten *Key User Tools* an. Diese umfassen Möglichkeiten wie z. B. UI-Änderungen, Key User Analytics, Anlage eigener Datenstrukturen, Formularpflege oder Mashup-Einstellungen (siehe hierzu auch Abschnitt 6.1).

Den Nutzern steht ein persönlicher Arbeitsbereich mit einer intuitiv bedienbaren Anwendungsoberfläche für alle benötigten Geschäftsaktivitäten zur Verfügung: Diese sind in *Work Center* und darunter liegende *Sichten* gegliedert. Das moderne Design hebt sich deutlich vom menübezogenen GUI von SAP Business One ab. Abbildung 7.53 bietet einen beispielhaften Einblick auf die Work-Center-Startseite. Diese beinhaltet unter anderem Funktionen wie Aufgaben, Nachrichten, Self-Services und Berichte. Zusätzlich sind für den Anwender bereits Schnellzugriffe für bestimmte Aktivitäten hinterlegt, und ihm stehen überall in dem System eine Such- und Hilfedatenbank sowie eine Tagging-Funktion zur Verfügung.

Abbildung 7.53 Work-Center Startseite

Mobile Apps für SAP Business ByDesign sind für Android- und BlackBerry-Smartphones bzw. -Tablets sowie für auf iOS und Windows Mobile basierende Endgeräten verfügbar. Einen Einblick

Mobility

in die wichtigsten der enthaltenen Funktionen finden Sie vor allem in Abschnitt 7.2.3 an typischen Prozessabläufen.

Eine größere Funktionsvielfalt insbesondere für Reporting und Kennzahlen-Überwachung bietet die iOS-App *SAP Business in Focus*. Die Benutzer können Budgetprognosen analysieren, Finanzinformationen veranschaulichen, über ein soziales Netzwerk des Unternehmens zusammenarbeiten und Echtzeitdaten aus internen sowie externen Cloud-Anwendungen erhalten.

7.2.8 Implementierung

Lizenzmodell und Kosten

Das Preismodell von SAP Business ByDesign basiert wie SAP Business One Cloud auf Nutzerlizenzen, für die eine monatliche Gebühr gezahlt wird. Es kann zwischen einer Komplettlösung, die alle Funktionsbereiche abdeckt, und einem branchenspezifischen Einstiegspaket unterschieden werden. Bei Letzterem besteht die Möglichkeit, weitere Funktionen wie beispielsweise das Customer Relationship Management nach Bedarf hinzuzubuchen.

Nutzertypen

Wichtig ist die Frage, welcher User-Typ für welchen Anwender bezogen werden soll. SAP Business ByDesign stellt hierfür drei Pakete mit jeweils unterschiedlichem Funktionsumfang bereit. Nutzer, die SAP Business ByDesign lediglich für standardisierte Routineaufgaben benötigen und beispielsweise nur ihre (Projekt-)Zeiten im System erfassen, zählen zu den *Self-Service-Usern*. Rollenspezifische Aufgaben wie *SCM* und *Projektmanagement* können zusätzlich gemietet werden. Liegt der Schwerpunkt der Nutzung jedoch im *CRM*, sollte der *Team User* gewählt werden. Der Funktionsumfang reicht dabei vom *Kampagnenmanagement* bis zur Analyse und Nutzung von *Opportunities*. *Enterprise User* arbeiten in den Bereichen Planung, Verwaltung, Finanzwesen oder Vertrieb. Sind zusätzlich noch Funktionen im SCM-Bereich gewünscht, kann der Standard-Enterprise-User um Aufgaben wie Bestandsüberwachung, Lieferkettenplanung und Fertigung ergänzt werden.

Die Lizenzen für *Enterprise* oder *Team User* sind bereits ab 15 Anwender erhältlich. Fünf dieser Nutzertypen sind in den verschiedenen Grundgebühren der Einstiegspakete – beginnend bei 1.000 Euro/Monat – inklusive. Im monatlichen Mietpreis sind zudem Systemwartung, Datensicherung, Software-Updates und 24-Stunden-Service enthalten. Tabelle 7.2 zeigt die jeweiligen Monatsgebühren pro Nutzertyp.

Nutzertyp	Paket	Lizenzkosten
Self-Service User	Standard	10 EUR
	Lieferkettenmanagement (SCM)	22 EUR
	Projektmanagement	22 EUR
Team User	Kundenbeziehungsmanagement (CRM) für den Vertrieb	79 EUR
Enterprise User	Standard	133 EUR
	Lieferkettenmanagement (SCM)	179 EUR

Tabelle 7.2 User-bezogene Gebühren

7.3 SAP S/4HANA Cloud Edition

Die dritte Cloud-Suite, die wir hier vorstellen, ist das jüngste Angebot der SAP im Cloud-Bereich, das gleichzeitig auf dem erfolgreichsten und umfangreichsten SAP Softwareprodukt aufbaut: der SAP Business Suite.

SAP Business Suite

Zur Vorgeschichte: Mit der Ankündigung von *SAP Simple Finance* auf der SAPPHIRE im Juni 2014 wurde nicht nur die neue SAP-HANA-Datenbank für die Business-Suite, sondern erstmals auch ein Teil der Lösung auf die In-Memory-Verarbeitung ausgerichtet. Gleichzeitig wurde der Umbau der Benutzeroberfläche vorangetrieben, um Mobilität und auch den Cloud-Einsatz zu erleichtern.

SAP Simple Finance

Konkreter wurde es erst mit der Ankündigung von *S/4HANA*, das im Februar 2015 als Nachfolger der SAP Business Suite so benannt wurde. SAP entschied sich in diesem Rahmen, auch zwei Cloud-Betriebsmodelle für S/4HANA anzubieten:

S/4HANA

▸ Managed Cloud Edition
▸ Public Cloud Edition

Seit Mai 2015 wird nur noch von einer *S/4HANA Cloud Edition* gesprochen.

Als generelle Einschränkung für diesen Abschnitt sei die dynamische Faktenlage zur *S/4HANA Cloud Edition* vorangestellt. Die Produktentwickler von SAP befinden sich im Jahre 2015 in vielen Diskussionen mit ihren Bestands- und Neukunden, welche Szenarien in welcher Komplexität für die Cloud bereitgestellt werden sollen. Im Folgen-

Cloud Edition in Entwicklung

den sollen deswegen die Grundprinzipien und zentrale Aspekte des Lösungsansatzes herausgestellt werden. Ein systematischer Vergleich mit den anderen Cloud-Suiten ist demnach noch nicht sinnvoll.

7.3.1 Zielgruppe und Einordnung

Hybride Szenarien

Bei der S/4HANA Cloud Edition sticht eine besondere Eigenschaft heraus: Die großen SAP-Bestandskunden haben jetzt auch die Möglichkeit, eine Hybrid-Cloud zu etablieren. Anwenderunternehmen, die von SAP Business Suite nach S/4HANA migrieren, können flexibel entscheiden, welche Geschäftsprozesse und Daten sie On-Premise, in einer Private Cloud oder in einer Public Cloud betreiben wollen. Diese Entscheidungsfreiheit hat einige Vorteile:

▸ Sicherheitsbedenken können gezielt beachtet werden: Kritische Daten und Prozesse bleiben On-Premise.

▸ Hohe Individualisierungsanforderungen können bei Einschränkungen in der Public Cloud auf einer eigenen Instanz in einer Private Cloud realisiert werden.

▸ Kostenvorteile und Flexibilität der Public Cloud können sukzessive und differenziert ausgereizt werden.

▸ Innovationen können über vorkonfigurierte Cloud-Systeme frühzeitig pilotiert und schneller ausgerollt werden.

▸ Test-, Schulungs- und sonstige temporäre Systeme können in der Cloud kostengünstiger bereitgestellt werden.

Private oder Public Cloud?

Da sich S/4HANA primär an Großunternehmen richtet und diese eine eindeutige Präferenz für On-Premise und Managed Cloud (oftmals auch als Private Edition bezeichnet) zeigen, liegt der Entwicklungsschwerpunkt wohl dort.

Es zeigt sich auch, dass die großen Hardwarehersteller wie HP zusammen mit SAP an technologischen Lösungen für hybride Cloud-Systemlandschaften arbeiten (Presseerklärung zur HP-SAP-Zusammenarbeit bezüglich HELION: *http://www8.hp.com/us/en/hp-news/ press-release.html?id=1982676#.VX6btX_8Kid*). Die *S/4HANA on HP Helion Managed Cloud* ist eine Lösungsinitiative in Richtung Anwendungsmanagement, insbesondere zu flexiblen Migrationen bzw. Übergängen von On-Premise zur Private und Public Cloud für Systeme, Kundenentwicklungen und Geschäftsprozesse.

7.3.2 Funktionsübersicht

Als erstes wurde 2014 das Rechnungswesen für die Anforderungen einer zentralen Finanzabteilung und auf Basis der SAP-Add-on-Lösung *Smart Financials* entwickelt bzw. für die SAP-HANA-Verarbeitung überarbeitet. 2015 sollen auch in anderen Geschäftsbereichen wie der Bestandsführung, der Beschaffung oder dem Vertrieb die Tätigkeiten in sogenannten »Simple-Anwendungspaketen« angeboten werden.

2014 Smart Financials

Das Lösungspaket Simple Finance (S-FIN) richtet sich vor allem an Großunternehmen, die ihre Finanzgeschäftsprozesse vereinfachen wollen. Es soll zukünftig für Kunden in 25 Branchen und in mehr als 50 Ländern verfügbar sein (siehe auch: *http://www.searchenterprise-software.de/meinung/SAP-Simple-Financen-kann-den-Einsatz-von-SAP-HANA-vorantreiben*).

2015 Simple Finance

Seit Anfang 2015 deckt die S/4HANA Cloud Edition spezielle Geschäftsszenarien ab. Quartalsweise werden weitere ERP-Kernbereiche verfügbar gemacht. Angekündigt sind Finanzwesen, Buchhaltung, Controlling, Beschaffung, Vertrieb, Produktion, Instandhaltung, Projektsystem und Product Life Cycle Management. Zusätzlich wird an der Integration zu fast allen fachbereichsspezifischen Cloud-Lösungen gearbeitet: SuccessFactors, Employee Central, Ariba Network, SAP Hybris Marketing, Field Glass und SAP Jam. Die FAQ zu S/4HANA finden Sie unter *http://www.sap.com/bin/sapcom/en_us/downloadasset.2015-03-mar-02-23.sap-s-4hana-frequently-asked-questions-pdf.bypassReg.html*.

Roadmap

Drei Angebotspakete zur S/4HANA Cloud Edition sind anfänglich verfügbar:

Auf dem Weg zum vollen ERP-Scope

- SAP S/4HANA Cloud Marketing Edition
- SAP S/4HANA Cloud Project Services Edition
- SAP S/4HANA Cloud Enterprise Edition

Für die Cloud Edition soll es quartalsweise Weiterentwicklungen geben. Ende Juli 2015 waren folgende Trial-Szenarien verfügbar (siehe *http://www.sap.com/s4hana-trial*):

- Project Manager
- Cash Manager
- General Ledger Accountant
- Accounts Receivable Accountant

- Accounts Payable Accountant
- Marketing Expert
- Purchaser
- Sales Representative

Zur Demonstration der S/4HANA-Lösung zeigen wir im Folgenden die Sicht des Projektleiters und des Finanzbuchhalters (siehe Abbildung 7.54).

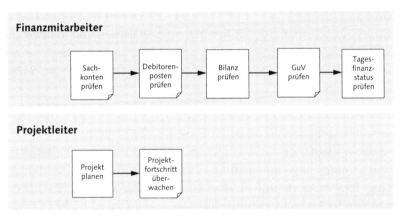

Abbildung 7.54 Ablauf der vorgestellten Szenarien

7.3.3 Vereinfachte Finanzbuchhaltung

Der Name *Simple Finance* lässt schnell auf die betriebswirtschaftliche Einordnung schließen: das *Finanzmanagement*. Die Lösung reicht von der Finanzplanung und -analyse über die Buchhaltung, die Konsolidierung für Abschlüsse, das Treasury-Management und die Finanzverwaltung bis hin zum Risiko-, Compliance- und Audit-Management.

SAP ERP für SAP HANA

»Simple« bedeutet in diesem Zusammenhang nicht, dass nur eine Teilmenge des SAP ERP FI abgedeckt wird. Der Begriff steht vielmehr für ein vereinfachtes, SAP-HANA-orientiertes Datenmodell und bildet ein einheitliches Finanzwesen ab – inklusive einiger Teile der Kostenrechnung (CO). Simple Finance basiert auf dem neuen Hauptbuch, und ähnlich wie in SAP Business ByDesign gibt es keine Trennung mehr zwischen FI und CO. Abbildung 7.55 fasst die unterschiedlichen Funktionalitätsbereiche zusammen. Den Ansatz der Simplify-Kampagne 2014 stellt Dr. Christoph Ernst hier vor: *http://global.sap.com/germany/campaigns/2014-sap-forum-fur/christoph-ernst.pdf*.

Der Grund, warum Simple Finance auch für die Cloud Edition verfügbar gemacht wird, erschließt sich eher über die bereits vorhandene Umsetzung des SAP-HANA-Datenmodells und der zugehörigen Fiori-Oberfläche als über den Bedarf, ein S/4HANA-Cloud-Betriebsmodell in den Unternehmen zuerst im Finanzwesen einsetzen zu können.

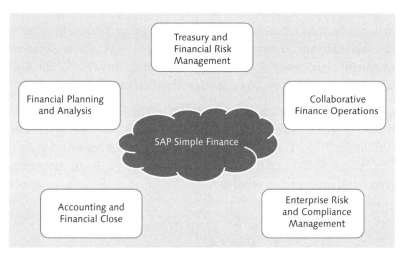

Abbildung 7.55 Übersicht über S/4HANA im Finanzwesen

Im Rahmen der *Finanzplanung* und *-analyse* können die Planungs-, Budgetierungs- und Konjunkturprognosen-Prozesse durchgeführt werden. Anwender mit Self-Service-Zugang erhalten alle notwendigen Informationen über die neuen Reporting- und Analysefunktionen und können mithilfe der hieraus gewonnenen Erkenntnisse geeignete Maßnahmen planen. *(Financial Planning and Analysis)*

In *Treasury and Financial Risk Management* können der Geldmittelbestand und die Investitionsrechnung zur Abmilderung der Risiken geregelt werden. Bankbeziehungen werden verfolgt, sodass jederzeit eine exakte und zuverlässige Liquiditätsvorhersage möglich ist. *(Treasury and Financial Risk Management)*

Receivables Management, Payables Management, Travel Management, Shared Services Framework und Real Estate Management werden im Bereich *Collaborative Finance Operations* abgedeckt. Die Bearbeitung von offen Posten zählt typischerweise zu den aufwendigsten Verwaltungsaufgaben im Finanzbereich. Die Kombination aus Echtzeitdatenverarbeitung und dem *Invoice-to-pay*-Prozess hilft den Unternehmen, finanzielle Positionen unter Berücksichtigung konkreter Rechnungsterminierungen zu kontrollieren. *(Collaborative Finance Operations)*

Enterprise Risk and Compliance

Mit Simple Finance kann eine Finanzabwicklung unter Berücksichtigung der gesetzlichen Richtlinien und Verringerung der Unternehmensrisiken sichergestellt werden. Die globalen regulatorischen Anforderungen bezüglich geltender Gesetze sind ebenfalls beinhaltet.

Accounting and Financial Close

Die Bereiche Financial Accounting, Entity Close, Corporate Close, Reporting and Disclosure und Financial Close Governance sind innerhalb der Funktion *Accounting and Financial Close* zu finden. Unternehmen schaffen sich die notwendige Transparenz mit einem genauen, überprüfbaren, zentral verwalteten Finanzberichtswesen, um Entscheidungen treffen zu können oder Abgabefristen einzuhalten.

Einbindung ins Netzwerk

Zusammengefasst beinhaltet die Lösung neben allen bekannten Standardfunktionen auch neue Funktionen für das Finanzwesen (siehe Abbildung 7.56). Darüber hinaus kann Simple Finance mit den Public-Cloud-Anwendungen von SAP verknüpft und z. B. an das Ariba-Netzwerk angebunden werden.

Financial Planning and Analysis	Develop and Translate Strategy	Planning, Budgeting and Forecasting	Profitability and Cost Analysis	Monitoring and Reporting	
Accounting and Financial Close	Financial Accounting	Entity Close	Corporate Close	Reporting and Disclosure	Financial Close Governance
Treasury and Financial Risk Management	Payments and Banks Communications	Cash and Liquidity Management	Debt and Investments Strategies	Financial Risk Management	Commodity Risk Management
Collaborative Finance Operations	Receivables Management	Payables Management	Travel Management	Shared Services Framework	Real Estate Management
Enterprise Risk and Compliance Mgmt.	Enterprise Goverance, Risk and Compliance	Access Risk Management	Global Trade Compliance	Audit Management	Fraud Management

Abbildung 7.56 Lösungsportfolio im Finanzwesen

Teilprozesse in der Cloud

Für Bestands- und Neukunden kann es sinnvoll sein, zusätzlich zur On-Premise-Nutzung in die S/4HANA Cloud Edition einzusteigen, um Teilprozesse von Simple Finance als Service in der SAP Cloud zu nutzen. Im Folgenden zeigen wir exemplarisch zuerst die für S/4HANA mit einer Fiori-Oberfläche entwickelten Abwicklungen in der Hauptbuchhaltung.

Für den Benutzer erfolgt der Einstieg über das Launchpad, das in der Trial-Version hierzu zwei Möglichkeiten bietet: Sachkonten ❶ und Bilanz/GuV anzeigen ❷ (siehe Abbildung 7.57). Mittels der Kacheln, die einzelne Transaktionen oder Analysen repräsentieren, kann der Benutzer seinen Arbeitsbereich personalisieren und einen schnellen Überblick erlangen.

Launchpad

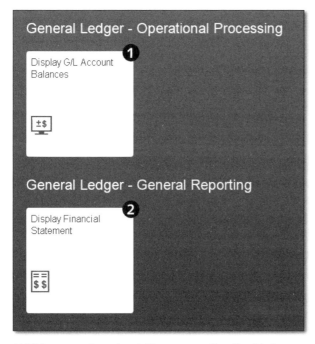

Abbildung 7.57 Launchpad: Finanzwesen Hauptbuchhaltung

Für einen durchschnittlichen Anwender müssen allerdings 20 solcher Einstiegspunkte arrangiert werden – so ein Erfahrungswert aus Nutzungsanalysen von SAP-Anwendern mit RBE Plus. Die Zusammenstellung zusammengehöriger Aufrufe wird auch als *Smart Business App* bezeichnet

Kontensalden

In der Trial-Version für den Hauptbuchhalter lassen sich die Kontensalden über die entsprechende App einfach und schnell anzeigen. Dazu werden im ersten Schritt das Hauptbuch, der Buchungskreis und das gewünschte Konto ausgewählt (siehe Abbildung 7.58).

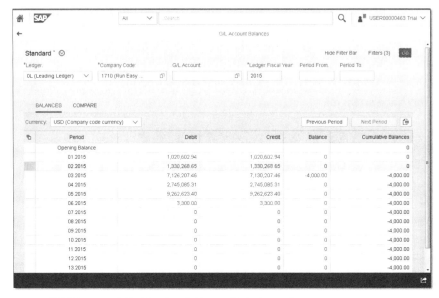

Abbildung 7.58 Sachkonten-Saldo pro Periode anzeigen

Buchungs-
belegebene

Nachdem die aktuellen Buchungsdaten im schnellen Hauptspeicher gefiltert wurden, erscheinen die jeweiligen Salden zu den Perioden. Über Absprunglinks können Sie bis auf Buchungsbelegebene zoomen (siehe Abbildung 7.59).

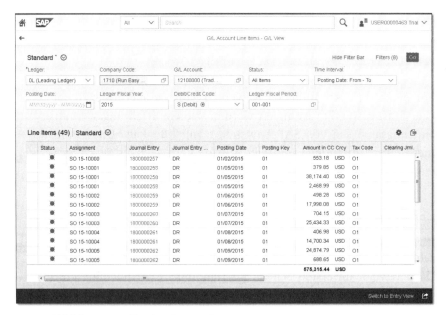

Abbildung 7.59 Einzelposten anzeigen

Die Auswahl lässt sich noch weiter einschränken – so kann zum Beispiel nach Kostenrechnungskreisen oder Profit Centern gefiltert werden (siehe Abbildung 7.60). Es können auch die Salden mehrerer oder aller Konten angezeigt werden.

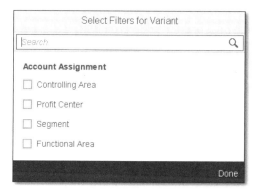

Abbildung 7.60 Weitere Filtermöglichkeiten

Bilanzkonten

Die Bilanzkonten werden Ihnen als Nutzer nach dem Starten der entsprechenden Applikation buchungskreisspezifisch und nach einer bestimmten Struktur angezeigt (siehe Abbildung 7.61).

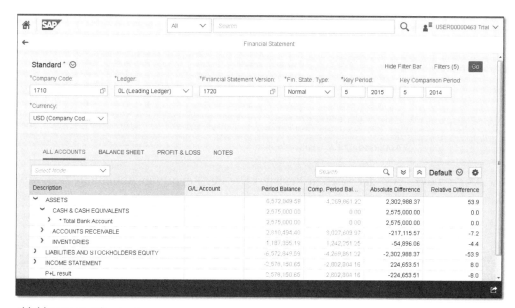

Abbildung 7.61 Bilanzkonten

Sie lassen sich über Auswahlfelder selektieren. Außerdem können Sie eine Vergleichsperiode auswählen, auf deren Basis absolute und relative Veränderungen dargestellt werden.

Nach dem Ausführen des Berichtes werden in der ersten Sicht alle Konten des gewählten Unternehmens bzw. Buchungskreises angezeigt. Diese sind hierarchisch angeordnet und verdichtet.

Debitorenposten Per Drill-Down kann im Bericht bis auf einzelne Hauptbuchsalden, Sachkontoposten oder beispielsweise Debitorenposten eingeschränkt werden (siehe Abbildung 7.62).

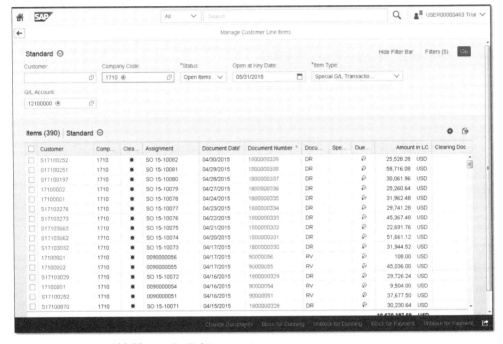

Abbildung 7.62 Debitorenposten

Bilanz Auf der zweiten Registerkarte des Reports in Abbildung 7.63 wird die Bilanz basierend auf der oben gewählten Berichtsstruktur abgebildet.

Gewinn- und Verlustrechnung Die Gewinn- und Verlustrechnung ist auf der dritten Registerkarte abgebildet (siehe Abbildung 7.64). Je nach Länderversion und gewählter Struktur kann diese anders aufgebaut sein – zum Beispiel nach dem Gesamt- oder Umsatzkostenverfahren.

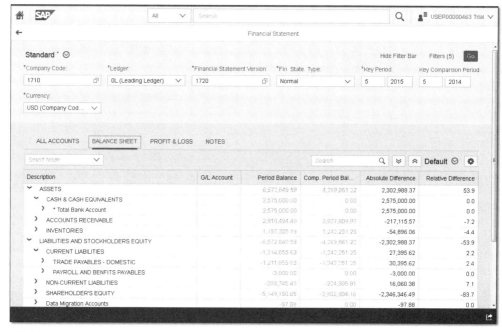

Abbildung 7.63 Bilanz

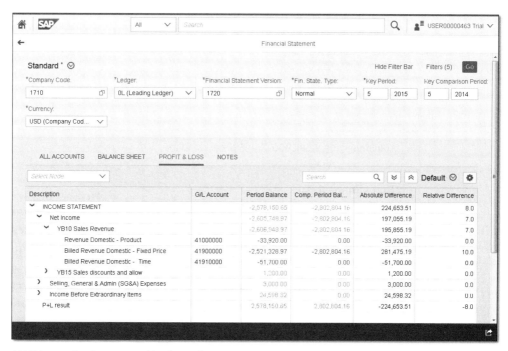

Abbildung 7.64 Gewinn- und Verlustrechnung

Die gesamte App gleicht im Wesentlichen dem vorgestellten Bericht *Bilanz, GuV oder Kapitalflussrechnung für zwei Jahre* aus SAP Business ByDesign. Dem gegenüber steht im »klassischen« SAP ERP der Bericht RFBILA00 (siehe Abbildung 7.65).

Bilanz/GuV

IDES AG   Umsatzkostenverfahren - GuV m. Funktionsbereichen   Zeit 13:31:43   Datum 11.06.201
Frankfurt   Ledger 0L   RFBILA00/SCHULZ   Seite

Buchungskreis 1000 Geschäftsbereich ****   Beträge in EUR

V S	Buch krs.	Ges- ber.	Texte	Ber.Zeitraum (01.2015-16.2015)	Vergl.Zeitraum (01.2014-16.2014)	absolute Abweichung	Rel Abw	Summ Stuf
	1000	9900	0000175099 Steuer Korrektur Geschäftsbereich	301.515,96-	301.515,96-	0,00		
	1000		0000176050 Auszuzahlende Reisekosten-Erstattungen	48.238,00-	48.238,00-	0,00		
	1000	1000	0000176050 Auszuzahlende Reisekosten-Erstattungen	50.000,00-	50.000,00-	0,00		
	1000		0000179100 Sonstige Verbindlichkeiten	1.474,51	1.474,51	0,00		
	1000		0000180000 Schuldwechsel	653,60-	653,60-	0,00		
	1000		0000191100 WE/RE-Verrechnung -Fremdbezug-	200,00	200,00	0,00		
	1000	1000	0000191100 WE/RE-Verrechnung -Fremdbezug-	31.216,67-	116,67-	31.100,00-	*656,4-	
	1000	3000	0000191100 WE/RE-Verrechnung -Fremdbezug-	106.930,21-	122.062,40	228.992,69-	187,6-	
	1000	5000	0000191100 WE/RE-Verrechnung -Fremdbezug-	0,30-	0,30-	0,00		
	1000	6000	0000191100 WE/RE-Verrechnung -Fremdbezug-	9.440,00-	9.440,00-	0,00		
	1000	7000	0000191100 WE/RE-Verrechnung -Fremdbezug-	98.357,60-	17.254,30-	81.103,30-	470,0-	
	1000	9900	0000191100 WE/RE-Verrechnung -Fremdbezug-	26.639,78-	31.679,23-	5.039,45	15,9	
	1000		0000192100 Fracht-Verrechnung (MM)	10,00-	10,00-	0,00		
	1000		0000192300 Zoll-Verrechnung (MM)	84,03	0,00	84,03		
	1000		0000192500 Bezugsnebenkosten-Verrechnung (MM)	840,34	0,00	840,34		
	1000		0000192700 Bonus rückstellung (MM)	479,36-	1.319,70-	840,34	63,7	
	1000	3000	0000192700 Bonus rückstellung (MM)	155,40	155,40	0,00		
	1000	7000	0000192700 Bonus rückstellung (MM)	1.164,30	1.164,30	0,00		
	1000		0000194001 Verrechnung mit Buchungskreis 1000	1.121,81	0,00	1.121,81		
	1000		0000194500 Verrechnung Geschäftsbereich 0000	232.089.054,90	232.089.054,90	0,00		
	1000	0001	0000194500 Verrechnung Geschäftsbereich 0000	1.408,00	1.408,00	0,00		
	1000	1000	0000194500 Verrechnung Geschäftsbereich 0000	5.652.346,00	5.652.346,00	0,00		
	1000	1500	0000194500 Verrechnung Geschäftsbereich 0000	1.441.253,74-	1.441.253,74-	0,00		
	1000	2000	0000194500 Verrechnung Geschäftsbereich 0000	10.244.985,52	10.244.985,52	0,00		
	1000	3000	0000194500 Verrechnung Geschäftsbereich 0000	50.866.438,41-	50.866.438,41-	0,00		
	1000	4000	0000194500 Verrechnung Geschäftsbereich 0000	2.577.113,86-	2.577.113,86-	0,00		
	1000	5000	0000194500 Verrechnung Geschäftsbereich 0000	6.731.993,53-	6.731.993,53-	0,00		
	1000	6000	0000194500 Verrechnung Geschäftsbereich 0000	1.932.386,83-	1.932.386,83-	0,00		
	1000	7000	0000194500 Verrechnung Geschäftsbereich 0000	44.527.903,46-	44.527.903,46-	0,00		
	1000	8000	0000194500 Verrechnung Geschäftsbereich 0000	3.531.966,86-	3.531.966,86-	0,00		
	1000	9000	0000194500 Verrechnung Geschäftsbereich 0000	88.000,00-	88.000,00-	0,00		
	1000	9100	0000194500 Verrechnung Geschäftsbereich 0000	1.737.795,50	1.737.795,50	0,00		
	1000	9900	0000194500 Verrechnung Geschäftsbereich 0000	137.980.733,23-	137.980.733,23-	0,00		

Abbildung 7.65 RFBILA00 (SAP ERP)

Tagesfinanzstatus

Um das Szenario der Finanzbuchhaltung abzuschließen, stellen wir in diesem Abschnitt die Analyse des Tagesfinanzstatus vor. Deren Besonderheit liegt darin, dass sie eine Kennzahl in der Übersicht enthält (siehe Abbildung 7.66). Diese kann ähnlich wie die überwachten KPIs in SAP Business ByDesign hinsichtlich ihrer Dimensionen oder anderer Kriterien konfiguriert werden. Es können allerdings keine Alarmmeldungen bei kritischem Status aktiviert werden.

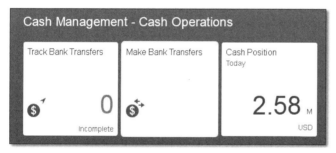

Abbildung 7.66 Launchpad: Cash Management mit Kennzahl

Der Tagesfinanzstatus lässt sich in verschiedenen Kombinationen nach Währung, Ländern und Banken splitten (siehe Abbildung 7.67). Außer der Möglichkeit, sich die Zahlen auch in Form einer Tabelle darstellen zu lassen, gibt es in der Trial-Version keine weiteren Einstellungen. Einen Mehrwert bietet der in Abschnitt 7.2.4 erwähnte Bericht Tagesfinanzstatus in SAP Business ByDesign, in dem auch die Zahlungsströme aufgeführt werden.

Zahlungsströme

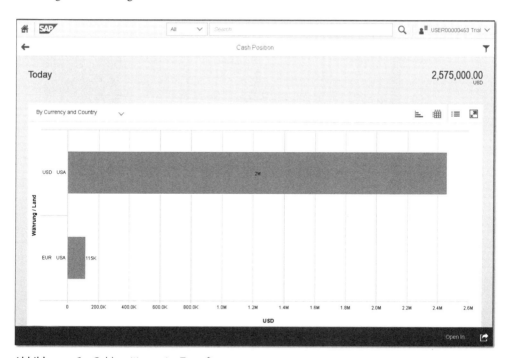

Abbildung 7.67 Geldpositionen im Tagesfinanzstatus

Insgesamt sind die in der Trial-Version vorgestellten Möglichkeiten im Finanzwesen zu stark reduziert. Wir glauben nicht, dass für den praktischen Einsatz in Großunternehmen der endgültige Lösungsumfang dieser Transaktionen und Reports so minimalistisch bleiben wird. Demgegenüber sind die Verbesserungen der Benutzeroberfläche hinsichtlich intuitiver Bedienung und Benutzerfreundlichkeit deutlich erkennbar. Hier sind der Vergleichsmaßstab bei den Großkunden die SAP-ERP-Reports RFBILA00 (Bilanz und GuV, siehe Abbildung 7.65) und RFTS7000 (Tagesfinanzstatus/Liquiditätsvorschau).

7.3.4 Kaufmännische Projektleitung

Auch die Kundenprojektplanung in der S/4HANA Cloud Edition läuft über eine App (siehe Abbildung 7.68). Damit können neue Projekte angelegt und existierende bearbeitet werden. Als Vereinfachungsansatz steht dabei die kaufmännische Sicht im Vordergrund. Der folgende Screenshot stammt nicht aus der (zu eingeschränkten) Trial-Version (sondern wurde uns dankenswerterweise von der Entwicklung zur Verfügung gestellt) und bietet Einblick in ein realistisches Launchpad eines Projektleiters.

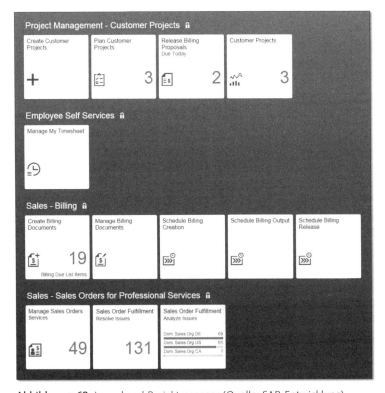

Abbildung 7.68 Launchpad Projektmanager (Quelle: SAP-Entwicklung)

Kundenprojekt planen

Vorhandene Projekte bzw. allgemein Belege und Stammdaten lassen sich über Listen filtern und selektieren sowie favorisieren (siehe Abbildung 7.69). Auch die parallele Darstellung von Details auf Kopfebene und die Gliederung über Registerkarten wurden übernommen.

Projekte filtern

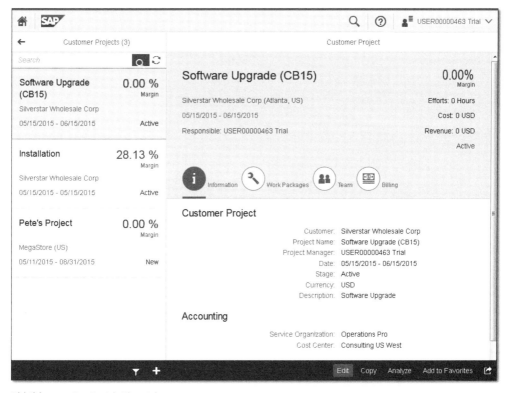

Abbildung 7.69 Projektübersicht

Sämtliche Stammdaten oder Belege – wie in diesem Fall ein neues Projekt – lassen sich über die Benutzeroberfläche intuitiv anlegen. Danach werden grundlegende Daten, etwa Kunde, Projektleiter, Projektname und Start- bzw. Enddatum, eingetragen. Außerdem kann der Status des Projekts geändert und dieses somit aktiviert werden (siehe Abbildung 7.70).

Projektdaten

In der zweiten Registerkarte können Arbeitspakete definiert werden (siehe Abbildung 7.71). Auch hier sind insbesondere zeitliche Restriktionen relevant.

Arbeitspakete

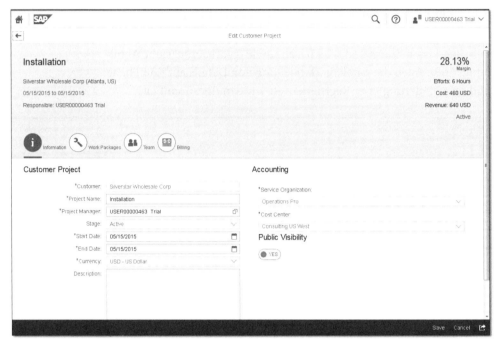

Abbildung 7.70 Projektdaten

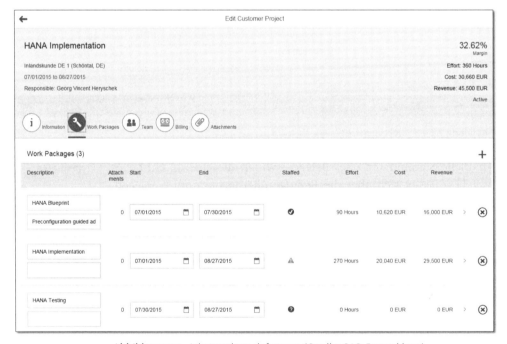

Abbildung 7.71 Arbeitspakete definieren (Quelle: SAP-Entwicklung)

Nachdem die Positionen in das Kundenprojekt aufgenommen wurden, kann das Staffing erfolgen. Dazu werden alle in der Servicepreisliste aufgeführten rollenbasierte Positionen angeboten. Außerdem werden die zuständigen Mitarbeiter und umschlagbare Aufwendungen wie Flug- oder Unterkunftskosten pro Service hinterlegt. Bei dieser Entscheidung helfen die angezeigte Verfügbarkeit und die Erfahrung der Mitarbeiter aus anderen Kundenprojekten. Auf Basis der hier eingeplanten Services kann in Verbindung mit dem ausgewählten Mitarbeiter sowie durch die Integration hin zur Preisliste der bewertete Aufwand geschätzt werden und die spätere Projektkalkulation erfolgen.

Rollenbasierte Positionen

Im letzten Planungsschritt wird die Fakturierung eingerichtet. Dabei wird auf Positionsebene zwischen Festpreisen und einer aufwandsbezogenen Fakturierung unterschieden (siehe Abbildung 7.72). Für beide Abrechnungsarten lassen sich Fakturierungspläne hinterlegen.

Fakturierung

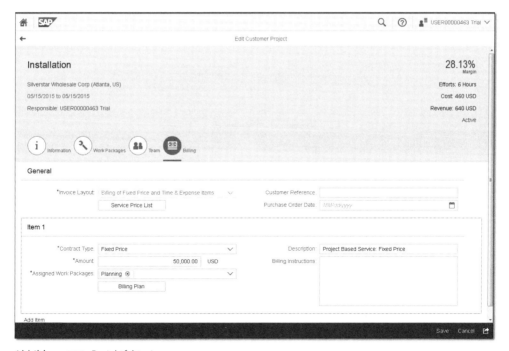

Abbildung 7.72 Projektfakturierung

Projektanalyse

Auch im Bereich der Analyse bietet S/4HANA mit dieser App einige auf SAP Smart Business basierende Möglichkeiten. Alle Projekte lassen sich hinsichtlich ihrer Kosten- und Arbeitseffizienz untersuchen. Dabei werden die Ist- und Soll-Kosten bzw. -Zeiten anhand verschiedener Dimensionen gegenübergestellt. So lassen sich Abweichungen auf Positions- und Rollenebene sowie entlang der Zeit feststellen (siehe Abbildung 7.73).

Abbildung 7.73 Projektanalyse

Darüber hinaus ist auch noch eine kaufmännische Analyse möglich – diese bezieht die Fakturierung ein. Hier lassen sich zum Beispiel die geplanten und tatsächlichen Erlöse gegenüberstellen sowie Abweichungen analysieren. Auch überfällige Forderungen können so aufgerufen werden. Es sind also einige Analysemöglichkeiten gegeben, diese sind aber auch aufgrund des Vereinfachungsgedankens etwas limitiert.

Fact Sheets   Sehr gut gelungen sind Fact Sheets, die eine Rundumsicht auf Belege oder Ähnliches bieten. Abbildung 7.74 zeigt einen Teil einer solchen Sicht auf ein Projekt. Darin wird deutlich, dass es keine unterschiedlichen Registerkarten gibt – bei den Reitern handelt es sich nur um Absprunglinks auf der gleichen Seite.

Abbildung 7.74 Kundenprojekt-Fact-Sheet Work Performance
(Quelle: SAP-Entwicklung)

Im weiteren Teil des Fact Sheets sind unter anderem die eingepfleg-
ten Arbeitspakete und zugeordneten Mitarbeiter aufgeführt. Neben
einigen Kennzahlen zur Plan/Ist-Situation sind auch die bereits in
Rechnung gestellten Beträge sichtbar.

Grenzen der Vereinfachung

Bei der dargestellten Cloud-App *Kundenprojekte planen* handelt es
sich aktuell eher um ein Organisationstool für die kaufmännische
Abwicklung, das sich klar auf die betriebswirtschaftlichen Aspekte
eines Projekts bezieht. Das ist auf die Simplify-Strategie zurückzufüh-
ren, die unter anderem auf klare Workflows und eine einheitliche
UI-Erfahrung abzielt.

Simplify-Strategie

Der eigentlich lobenswerte Gedanke, einheitliche Oberflächen zu verwenden und endgeräteunabhängig zu werden, bringt bei der *Kundenprojektplanung* eine große Schwäche mit sich: mit der S/4HANA Cloud
Edition ist nur eine High-Level-Planung möglich. Ein vollintegriertes

Grob-Planung

Szenario, in dem sowohl eine vollumfängliche Kundenprojektplanung als auch das spätere Controlling stattfinden soll, wird also mit der aktuellen Ausrichtung der Cloud Edition nicht angestrebt.

Keine
Projektierung

Aus demselben Grund lassen sich beispielsweise weder Anordnungsbeziehungen noch Einschränkungen hinsichtlich des Start- bzw. Endtermins hinterlegen. Auch die Abbildung einer hierarchischen Struktur mit Phasen und Meilensteinen ist nur mit der klassischen Oberfläche möglich.

Einschränkungen in der
Cloud Edition

In der S/4HANA-Cloud-App gibt es derzeit keine Möglichkeit, Gantt-Charts, Netzpläne oder Projektstrukturpläne anzuzeigen. Die Ursache liegt auf der Hand: Aufgrund der Kompatibilität mit mobilen Endgeräten ist schlicht der Platz für eine sinnvolle Anzeige nicht gewährleistet. Gerade in komplexeren Projekten ist eine solche Darstellungsform allerdings essenziell. In SAP Business ByDesign oder der Business Suite werden so innerhalb dieser Diagramme beispielsweise der kritische Pfad und Puffer dargestellt, die direkt mit der Projektdauer konnotiert sind. Daher sollte ein Anwendungsunternehmen, das Projekte, die nicht nur aus zwei bis drei aufeinanderfolgenden Aktivitäten bestehen, seriös planen will und S/4HANA einsetzt, zwangsläufig auf die klassische Oberfläche oder eine externe Projektplanungssoftware ausweichen.

7.3.5 Alleinstellungsmerkmale

Mit dem Einsatz der In-Memory-Technologie können viele Prozessschritte von der Batch-Bearbeitung auf Dialogbearbeitung überführt werden. Es lassen sich OLTP-basierte transaktionale Tätigkeiten mit OLAP-basierten analytischen Aufgaben und Funktionen Hand in Hand betreiben.

OLTP und OLAP

OLTP steht für Online Transaction Processing und bezeichnet die Transaktionsverarbeitung, die in ERP-Systemen von großer Wichtigkeit ist. Mit S/4HANA werden die bearbeiteten Daten eines Geschäftsvorfalls in einem hohen Detaillierungsgrad in einer Tabelle (spaltenorientiert und im Hauptspeicher) gehalten, sodass sie anschließend mithilfe des Online Analytical Processing (OLAP) aufbereitet und ausgewertet werden können.

Durch dieses flache Datenmodell wird die Datenmenge verringert, weil sich die klassischen Konstrukte wie die Bildung von Aggregaten erübrigen. Folglich kann der benötigte Speicherplatz, der auch den Durchsatz beim Schreiben erhöht, verringert und ein hoher Flexibilitätsgrad erreicht werden (siehe hierzu auch *http://scn.sap.com/community/epm/financial-excellence/blog/2014/09/18/implementing-sap-simple-finance#*).

Abbildung 7.75 stellt den Unterschied zwischen »früher« und S/4-HANA anschaulich dar (aus *http://global.sap.com/germany/campaigns/2014-sap-forum-fur/martin-naraschweski.pdf*).

Wegfall der Aggregate

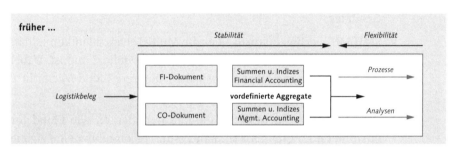

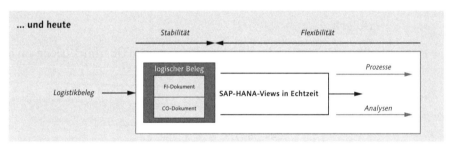

Abbildung 7.75 Veränderung im Finanzmanagement

7.3.6 Technologie

Architektonisch basiert S/4HANA auf der In-Memory-Datenbank SAP HANA. S/4HANA ist insbesondere deswegen eine völlig neue Suite, weil es im Gegensatz zu R/3, SAP ERP oder der Business Suite nur noch die SAP-HANA-Datenbank gibt. SAP gibt damit die Datenbankunabhängigkeit ihrer ERP-Anwendung auf, obwohl diese jahrzehntelang als ein strategischer Vorteil galt. Nur so sieht sich SAP in der Lage, die Potenziale der In-Memory-Verarbeitung voll auszuschöpfen. Darauf setzt der SAP NetWeaver Application Server auf. Das aktuelle Release 7.60 enthält diverse Verbesserungen für SAP HANA.

Datenbank SAP HANA only

Wichtige technologische Innovationen von S/4HANA

Folgende Neuerungen von S/4HANA sind besonders wichtig:

▶ Die neue geräteunabhängige Fiori-Benutzeroberfläche bleibt bei S/4HANA nicht nur ein Add-on, sondern wird zum Standard. Dadurch soll dem Endanwender ein moderner Eindruck vermittelt werden. Auch will die SAP damit eine Vereinheitlichung über alle ihre Lösungen hinweg erreichen.

▶ Mit S/4HANA können einige innovative und datenbanknahe Methoden und Werkzeuge verwendet werden, wie z. B. statistische Vorhersagemodelle, Regeln, Simulationen, Textanalyse oder Geodaten.

▶ S/4HANA verfügt erstmals über die Multi-Tenancy-Funktionalität, die Voraussetzung für den Einsatz in einer Public Cloud ist. Dabei können auf einer Anwendungsinstanz mehrere Cloud-Mieter ihre Lösung unabhängig voneinander betreiben.

▶ Die Integration zu weiteren Cloud-Komponenten wie Cloud for Customer oder Cloud for Human Resources kann über eine eigene Austauschplattform, das SAP HANA Cloud Integration Layer, erfolgen.

Abbildung 7.76 zeigt die einzelnen Elemente im Überblick (siehe auch Kapitel 2).

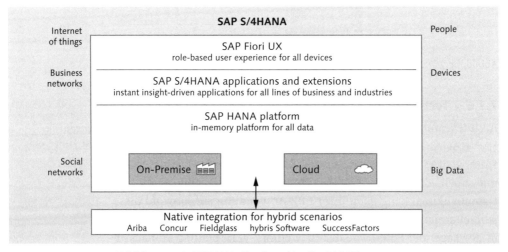

Abbildung 7.76 S/4HANA-Plattform (Quelle: SAP SE)

Benutzeroberfläche

Einen eigenen Eindruck der neuen Fiori-Benutzeroberfläche kann jeder Interessent per Trial-Zugang oder in Produktdemonstrationen gewinnen. Branchenspezifische Trial-Zugänge werden von der SAP abhängig vom Entwicklungsfortschritt zur Verfügung gestellt. Einen Demozugang finden Sie unter *https://www.sapfioritrial.com/*. Die Oberfläche wird auch in *https://www.youtube.com/watch?v=INb6-Meh_jg4* gezeigt. Weitere Informationen veröffentlichte auch Aviad Rivlin im SCN: *http://scn.sap.com/community/fiori/blog/2015/05/05/experience-customize-and-run-sap-fiori-on-the-cloud-with-sap-fiori-demo-cloud-edition*. Mit der neuen Benutzeroberfläche werden zwei Grundprinzipen verfolgt:

► Abkehr von funktional orientierten Applikationen, die allen Anwendern sämtliche Daten und Funktionen präsentieren. Im Vordergrund stehen stattdessen rollenbasierte Anwendungen, die für jede Rolle nur genau die relevanten Elemente zeigen (siehe Abbildung 7.77).

► Abkehr von vielen Einstiegspunkten für einen Anwender, die auch noch völlig unterschiedliche Darstellungskonventionen verfolgen. Stattdessen soll es nur noch einen Einstiegsknoten pro Anwender geben, von dem aus alle weiteren Schritte die gleichen Benutzeroberflächen haben.

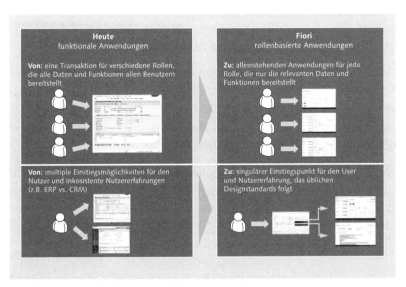

Abbildung 7.77 Rollenbasierte Applikationen mit Fiori

Personalisierung Daneben haben Nutzer zusätzlich die Option, SAP Fiori mit dem Launchpad zu personalisieren, um sich eigene Abläufe für die am häufigsten genutzten Finanzaufgaben zu gestalten. S/4HANA und insbesondere Simple Finance beinhalten neben allen bereits existierenden Berichtsfunktionen auch neue Dashboards, die die Möglichkeiten von SAP Fiori ausschöpfen.

Dashboards Nutzer mit besonderen Rollen und Berechtigungen, beispielsweise der CFO oder Finanzexperten, können die sogenannten SAP-Smart-Business-Apps nutzen. Hierbei werden Dashboards um analytische Anwendungen erweitert. Operative und strategische Kennzahlen – wie z. B. die Liquidität – werden in einem Cockpit zusammengeführt und können dann weiter per Drilldown bis auf die Ebene der Quelldaten nachverfolgt und ausgewertet werden.

SAP HANA Live Das Alleinstellungsmerkmal liegt nicht nur darin, dass die Aggregate und Index-Tabellen durch übersichtliche Views ersetzt wurden, sondern auch in der Integration von SAP HANA Live. SAP HANA Live ermöglicht den Zugriff auf SAP-Daten auf Basis dieser Views in der SAP-HANA-Datenbank.

SAP Lumira Diese Views können von Kunden und Partnern erweitert und wiederverwendet werden. Darüber hinaus ermöglicht SAP Analysis for Office den Nutzern einen Einblick in die geschäftlichen Daten mit den Microsoft-Office-Anwendungen, und die Daten können mit SAP Lumira grafisch aufbereitet werden. Das Tool Lumira ist eine überarbeitete Business-Intelligence-Lösung (BI) von Visual Intelligence, das als Cloud-Angebot auf HTML5 läuft.

Verfügbarkeit In der S/4HANA Cloud Marketing Edition und der Project Services Edition können Anwender bereits weitgehend auf die Fiori-Oberfläche zugreifen. Für die S/4HANA Cloud Enterprise Edition gibt es (Stand Mitte 2015) einige Fiori-Entwicklungen; ein Großteil muss allerdings noch per HTML-GUI bearbeitet werden.

Um den Nutzern das mobile Arbeiten mit S/4HANA zu ermöglichen, ist Fiori so in die Architektur integriert, dass die Oberfläche auf allen Geräten – auch mobilen Endgeräten – gleich aussieht.

Sicherheit

SAP hat sich die Datensicherheit in der SAP HANA Enterprise Cloud folgendermaßen zertifizieren lassen (siehe auch Abschnitt 3.4; weitere Informationen zur Zertifizierung finden Sie unter *http:// www.sapdatacenter.com/de/article/sicherheit_zertifikate/#!)*:

- **ISO 27001:** definiert einen Management- und Kontrollrahmen im Bereich der Informationssicherheit
- **SOC1 Type/SSAE16:** kein Zertifikat, sondern ein Testat über die Kontrollmechanismen einer Service-Organisation, die Auswirkungen auf die Finanzberichterstattung haben
- **SOC2 Type:** Prüfung der Themen Integrität, Sicherheit, Verfügbarkeit, Vertraulichkeit und Datensicherheit in einem Zweijahresrhythmus

Weitere Aspekte zur Sicherheit und der Wahl der Rechenzentren finden Sie in Kapitel 3, »Infrastruktur und Sicherheit in der SAP Cloud«.

7.3.7 Implementierung

Wenn ein Anwenderunternehmen vom Mehrwert durch S/4HANA überzeugt ist, steht es vor der Frage nach den Einführungs- und Migrationsmöglichkeiten. Es stehen hierbei zwei Optionen zur Verfügung:

- S/4HANA als neues zentrales ERP-System
- komplette Migration auf S/4HANA als neue Anwendung

Die erste Option ist sinnvoll, wenn Anwenderunternehmen mehrere ERP-Systeme nutzen und nicht nur SAP betreiben. Diese Systemlandschaft ist meistens das Resultat von historisch gewachsenen Strukturen, Fusionierungen oder gesetzlichen Bestimmungen. Typischerweise besitzen Banken und Versicherungen solche Landschaften. Eine konsolidierte Lösung kann mit der zentralen Implementierung von S/4HANA gefunden werden, mit der dann alle Finanzinformationen zentral zur Verfügung stehen. Von dort aus können Aufgaben wie Planung, Steuerung und Berichtsauswertung zentral durchgeführt und verwendet werden. Die ursprüngliche Ankündigung von Simple Finance 2014 hatte insbesondere dieses Szenario im Blick.

S/4HANA als zentrales System

Die zweite Migrationsmöglichkeit ist dann sinnvoll, wenn ein Unternehmen entweder ein alleinstehendes ERP-System hat oder lediglich einige wenige ERP-Instanzen. Dann besteht die Möglichkeit, vom SAP-ERP-System zu S/4HANA zu wechseln. Für diese Migration wird es standardisierte Angebote geben. Existierende kundenindividuelle

S/4HANA-Migration

Erweiterungen können möglicherweise den Wechsel des Betriebs-
modells in die Cloud einschränken. In Abbildung 7.78 ist der Ablauf
eines Migrationsprojekts abgebildet.

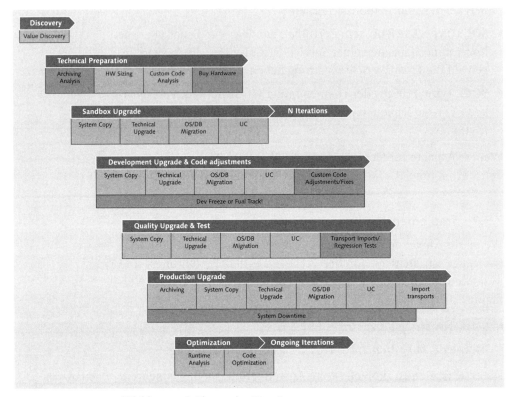

Abbildung 7.78 Phasen der Migration

Vorkonfigurierte
Systeme

Die initiale Konfiguration der Cloud Edition basiert auf vorkonfigurierten Systemen (auch Rapid-Deployment-Systeme genannt). Aufbauend auf voreingestellten Werten hilft dann ein Konfigurations-
werkzeug bei der weiteren Anpassung und Implementierung (siehe
Abbildung 7.79). Neben dem Best-Practice-Ansatz wurden hier Elemente aus der von SAP Business ByDesign bekannten Business-Konfiguration auf die große Lösung übertragen. Ähnlich wie dort helfen
Fragen, den Anpassungsprozess effizienter zu gestalten.

Guided
Configuration

Diese *Guided Configuration* führt durch die Einführungsaktivitäten
und hilft bei der Anpassung der Geschäftsprozesse. Wenn ein
Experte den aus der Business Suite bekannten Implementation Guide
(IMG) bevorzugt, kann er den Modus wechseln. Die durchgeführten
Konfigurationsaktivitäten werden aufgezeichnet, um eine *Configura-*

tion History zu führen. Diese Protokollierung kann bei zukünftigen Konfigurationsaktivitäten herangezogen werden, um Widersprüche und Kompatibilitätsprobleme mit Änderungen und Updates zu vermeiden. Der SAP Solution Manager ist insbesondere für die Verwaltung dieser Customizing-Protokolle verantwortlich.

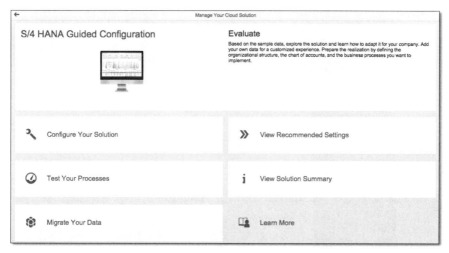

Abbildung 7.79 S/4HANA Guided Configuration

Bei den Lizenzmodellen muss auch zwischen der Cloud- und der On-Premise-Lösung differenziert werden. Die cloudbasierte Lösung läuft über ein Abonnement-Modell bezogen auf die User-Anzahl, während bei dem S/4HANA-On-Premise-Modell konstante Lizenzkosten fällig werden. Der Support und die Überwachung der Anwendung erfolgen nach einem vereinbarten Service-Level-Agreement.

Lizenzmodell

Die Ausgestaltung der S/4HANA-Lösung, insbesondere der Cloud Edition, ist Mitte 2015 noch sehr stark in Bewegung. SAP wird auch auf Kundenfeedback reagieren und das Angebot entsprechend ausrichten. Aktuelle Informationen sind unter *sap.com/s4hana* und *scn.sap.com/community/s4hana* zu finden.

7.4 Gegenüberstellung der Cloud-Suiten

Tabelle 7.3 grenzt die cloudbasierten Lösungen noch einmal anhand der wichtigsten Erkenntnisse bzw. Unterschiede voneinander ab. SAP Business One und SAP Business ByDesign decken für kleine und mittlere Unternehmen alle wichtigen Geschäftsprozesse mit einer kostengünstigen, integrierten Cloud-Suite ab.

S/4HANA bietet sich im Gegensatz dazu vor allem für Großunternehmen an, die eine On-Premise-Systemlandschaft schrittweise mit Cloud-Lösungen anreichern möchten.

	SAP Business One	SAP Business ByDesign	S/4HANA Cloud Edition
Kurzprofil	Vollständige und kostengünstige Lösung	Umfassende und anpassungsfähige Public-Cloud-Lösung	Hybride Cloud-Ergänzung zur On-Premise-Lösung
Zielgruppe	Kleine Unternehmen	Mittelständische Unternehmen	Große Unternehmen/Teilprozesse in der Cloud
Use Case	One/Two-Tier-Strategie	One/Two-Tier-Strategie	Add-on
Alleinstellungsmerkmale	▸ Branchenlösungen ▸ horizontale Erweiterungen	▸ durchdacht entworfen statt gewachsen ▸ Flexibilität/Anpassbarkeit ▸ autarke Integration	▸ Innovationspfad der Business Suite ▸ Vereinfachung: Aggregate und Indizes werden überflüssig
Technologie	▸ SAP-HANA-Datenbank ▸ Microsoft SQL Server	▸ SAP HANA ▸ HTML 5	▸ SAP HANA only ▸ Fiori UI
Implementierung	▸ On-Premise ▸ Private Cloud	Public Cloud	▸ On-Premise ▸ Hybrid Cloud
Ort der Datenspeicherung	Partner-Rechenzentren	SAP-Rechenzentren	SAP-Rechenzentren
Benutzeroberfläche	Menügeführt: Ähnlichkeiten zu Office-Anwendungen/Dynamics NAV	Prozessgeführt: Work Center	Fiori Launchpad

Tabelle 7.3 Tabellarische Gegenüberstellung der Cloud-Suiten

	SAP Business One	SAP Business ByDesign	S/4HANA Cloud Edition
Lizenzmodell	▸ Professional User ▸ Limited User ▸ Starterpaket	▸ Self-Service User ▸ Team User ▸ Enterprise User	Abonnement-Modell
Lizenzkosten	▸ Professional: 69 EUR ▸ Limited: ab 39 EUR ▸ Starterpaket: 29 EUR	▸ Self-Service User: ab 10 EUR ▸ Team User: 79 EUR ▸ Enterprise User: ab 139 EUR	k. A.

Tabelle 7.3 Tabellarische Gegenüberstellung der Cloud-Suiten (Forts.)

Es lässt sich schnell die von SAP verfolgte Strategie im Cloud-Suiten-Bereich herauslesen: Durch den Bezug von IT aus der Cloud wird es auch KMUs möglich, Cloud-Software einzuführen, ohne große Anfangsinvestitionen tätigen zu müssen. Große Konzerne können ihre bereits verwendete Lösung mit speziellen Geschäftsbereichserweiterungspaketen nach dem Simplify-Everything-Prinzip ergänzen.

Simplify Everthing

Trotz der breitgefächerten Vorteile, die SAP mit den Cloud-Suiten ihren Kunden bietet, stehen diese dem Technologie-Hype noch skeptisch gegenüber. Sobald die Server nicht mehr in dem eigenen Unternehmen stehen, sondern in einer Cloud extern gespeichert werden, entsteht ein Abhängigkeitsverhältnis zwischen Kunde und Provider. Folglich muss aus Sicht des Anwendungsunternehmens die Interoperabilität sichergestellt werden, damit SAP-Cloud-Nutzer nicht dauerhaft an einen Anbieter gebunden sind.

Skeptische Anwender

SAP ermöglicht eine Kombination aus Cloud- und On-Premise-Lösung sowie die Möglichkeit, Daten zusätzlich auf den lokalen Servern zu speichern. Das bedeutet, dass Kunden weder der Wechsel zu anderen Anbietern noch die Nutzung von Nicht-SAP-Produkten erschwert wird. Es gibt also keinen Lock-in-Effekt.

Offene Lösung

Egal ob es sich um Kunden- oder Bilanzdaten handelt: Die Sicherheitsstandards müssen hoch sein. Anwender sollten im Voraus mit ihren Servicedienstleistern vereinbaren, in welchen Rechenzentren

Sicherheitsstandards

die anvertrauten Daten verarbeitet und gespeichert werden sowie Zugriffs- und Nutzungsrechte Dritter offenlegen.

Aus Kundensicht sollte darüber hinaus vor einem Vertragsabschluss auch die Frage geklärt werden, was bei Vertragsende mit den Daten passiert und ob die Unternehmen eine Kopie der Datensätze erhalten. Anwender müssen außerdem damit rechnen, dass Outsourcing in gewisser Weise einen Kontrollverlust mit sich bringt. Es wird dementsprechend auch ein Vertrauensniveau vorausgesetzt, das die Kunden SAP aufgrund langjähriger Erfahrung entgegenbringen.

Preismodell Auch das Preismodell spielt bei einer Entscheidung bezüglich der Cloud-Nutzung eine wichtige Rolle. Für Unternehmen werden die Anfangsinvestitionskosten, wie sie bei klassischen ERP-Systemen noch vorkommen, durch monatliche Nutzungsgebühren ersetzt. SAP hat sich bei SAP Business One und SAP Business ByDesign für ein konkretes User-bezogenes Lizenzmodell entschieden. Anwender können sich die User-Arten nach dem Baukastenprinzip zusammensetzen und exakt auf ihre Anwenderanzahl abstimmen. Dank dieses Pay-as-you-use-Prinzips zahlen Kunden nur den Service, den sie momentan auch benötigen, und können zu einem späteren Zeitpunkt noch zusätzliche User mieten oder entfernen.

In diesem Kapitel stellen wir Ihnen die Lösungen vor, die auf Kundenbeziehungen, Interaktion mit Interessenten und Geschäftspartnern sowie die Zusammenarbeit in Business-Netzwerken untereinander ausgerichtet sind.

8 Kundenbeziehungen und Zusammenarbeit

Für das Beziehungsmanagement zu Kunden hat SAP eine modulare Applikationsstruktur gewählt. Diese orientiert sich stark an den rollenspezifischen Anforderungen eines Vertriebs- oder Service-Mitarbeiters im mobilen Einsatz. Zudem wird in den Lösungen ein starker Fokus auf effizientes Arbeiten und Kollaboration gelegt.

Verwalten von Kundenbeziehungen

Die folgenden drei Lösungen gehören zur sogenannten *SAP Cloud for Customer*:

▸ *SAP Cloud for Sales* ist die Lösung für Marketing und Vertrieb und dient zur Durchführung von Kampagnen, Generierung von Leads und Opportunites.

▸ *SAP Cloud for Service* wird im Bereich Kundenservice zur Abwicklung von Kundenproblemen eingesetzt.

▸ *SAP Cloud for Social Engagement* ist hingegen die Cloud-Lösung für die Integration von sozialen Plattformen mit SAP-Systemen, die die Beantwortung von Facebook- oder Twitter-Nachrichten ermöglicht.

SAP Social Media Analytics by Netbase ermöglichte die Durchführung umfangreicher Analysen in sozialen Netzwerken, sie ist jedoch nicht mehr Teil der SAP Cloud. *SAP StreamWork* und *SAP Jam* sind Kollaborationslösungen, die zum gemeinsamen Datenaustausch und zur Kooperation zwischen internen Anwendern und Geschäftspartnern genutzt werden können. SAP StreamWork eignet sich vor allem zur gemeinsamen Verwaltung von Dokumenten, während bei SAP Jam der Kommunikationsaspekt im Vordergrund steht.

Lösungen für die Zusammenarbeit

Entscheidungs-
hilfen Das Entscheidungsproblem von Unternehmen liegt oftmals darin, ob eine extra Lösung für den Bereich CRM benötigt wird. Dies ist beispielsweise in den folgenden Situationen der Fall:

▸ Sie verwalten sehr viele Kontakte (Leads) und schreiben diese mittels Kampagnen an. Hier können Sie in einer guten CRM-Lösung für jeden Ansprechpartner hinterlegen, ob Sie diesen kontaktieren dürfen, und diese Einstellungen in die Zielgruppendefinition von Kampagnen (*permission marketing*) miteinbeziehen.

▸ Sie verkaufen viel über Partner und möchten diese durch Loyalitätsprogramme an sich binden oder gemeinsame Verkaufsaktivitäten durchführen.

▸ Sie haben relativ lange Sales-Zyklen, sodass sich die systematische Verfolgung von Verkaufschancen lohnt.

▸ Sie erwirtschaften einen gewissen Anteil Ihres Umsatzes im After-Sales-Bereich und müssen Kundenanrufe oder E-Mails effizient und nachvollziehbar beantworten.

Wenn Sie sich für ein CRM-System entschieden haben, stellt sich im nächsten Schritt die Frage, welches System für Sie richtig ist. Hierfür möchten wir Ihnen folgende Entscheidungsmaßgaben basierend auf unseren Erfahrungen mit auf den Weg geben.

Wenn Sie eine *enge Anbindung* an SAP ERP benötigen, spricht dies prinzipiell für eine SAP-Lösung und gegen CRM-Cloud-Lösungen anderer Hersteller, da es für die SAP-CRM-Produkte vordefinierte und erprobte Integrationsszenarien für SAP ERP gibt.

SAP Business
ByDesign Wenn Sie über den Verkauf hinausgehend den *kompletten Geschäftsprozess* in einer Cloud-Lösung abwickeln möchten, ist SAP Business ByDesign die geeignete Wahl, da hier mit dem Verkauf integrierte Funktionalität für Lagerhaltung, Einkauf und Finanzwesen zur Verfügung steht. Alternativ können Sie natürlich auch andere Cloud-Produkte der SAP kombinieren, allerdings ist die Integration in diesem Fall wesentlich aufwendiger.

SAP CRM Wenn Sie umfangreichere und *branchenspezifische* CRM-Funktionalität benötigen, z. B. im Bereich Partnermanagement und Werbekostenzuschüsse, Budgetplanung und -abrechnung oder Interaction Center, und Ihnen eine Integration mit SAP ERP wichtig ist, spricht das für SAP CRM aus der Business Suite, da dieses im Vergleich zur SAP Cloud for Customer deutlich mehr Funktionalität beinhaltet.

Streben Sie allerdings eine intensive Nutzung der Social-Media-Plattformen an, sind die SAP Cloud for Social Engagement und SAP Social Media Analytics by Netbase für Sie die richtige Option.

Die SAP Cloud for Customer wiederum kann ihre Vorteile ausspielen, wenn Sie viele Vertriebsmitarbeiter im Außendienst haben, die mobil auf die Lösung zugreifen möchten. Auch wenn Sie mit Ihrer Lösung möglichst schnell und mit geringen Investitionen produktiv gehen möchten, ist die Cloud-Lösung die richtige Wahl. Diese verfügt über relativ kurze Implementierungszeiten, da die Zeiten für Hardwareanschaffung und Softwareinstallation wegfallen und die Konfiguration bei der Lösung SAP Cloud for Customer deutlich einfacher ist als bei der On-Premise-Lösung SAP CRM.

SAP Cloud for Customer

Im Bereich der Kollaborationswerkzeuge macht eine Anschaffung dann Sinn, wenn Sie intensiv mit *externen Projektpartnern* zusammenarbeiten und eine gemeinsame Infrastruktur zur Dokumentenablage und Versionierung benötigen oder regelmäßig Status-Updates austauschen möchten.

8.1 SAP Cloud for Customer

SAP Cloud for Customer bildet die Basis für die Lösungen SAP Cloud for Sales, SAP Cloud for Service und SAP Cloud for Social Engagement, deren Funktionsumfang separat erworben werden kann. In diesem Abschnitt werden die technologischen und funktionalen Grundlagen der SAP Cloud for Customer beschrieben, auf denen die anderen Lösungen aufbauen.

System kennenlernen [+]

Ihr SAP-Cloud-Partner kann Ihnen Links auf sogenannte Testdrives erstellen, mit dem Sie die SAP Cloud for Sales auf eigene Faust erkunden können.

8.1.1 Funktionsübersicht

SAP Cloud for Customer weist die in Abbildung 8.1 gezeigten Grundfunktionalitäten auf.

Funktionen

Basis-Work-Center und -Sichten

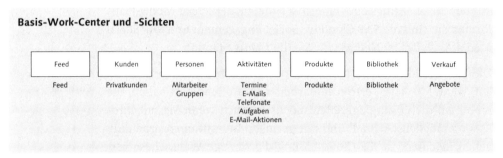

Abbildung 8.1 Produktives Kundenmanagement mit SAP Cloud for Customer

Die Basis-Work-Center zu Kundenverwaltung, Aktivitätsmanagement oder Dokumentverwaltung in der Bibliothek werden von SAP Cloud for Sales, Service und Social Engagement gemeinsam genutzt. So können Sie beispielsweise im Rahmen der SAP Cloud for Sales neue Privatkunden anlegen und die nach dem Kauf bei diesem Kunden aufgetretenen Kundenprobleme dann mit der SAP Cloud for Service über Tickets weiter bearbeiten.

8.1.2 Produktives Kundenmanagement

Use Cases Im Folgenden werden wichtige Fähigkeiten der Lösung anhand typischer Einsatzmöglichkeiten (Use Cases) prozessorientiert vorgestellt (siehe Abbildung 8.2).

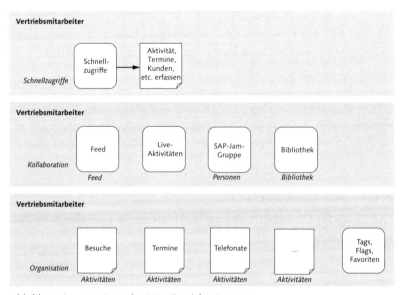

Abbildung 8.2 Use Cases für SAP Cloud for Customer

Im ersten Fall wird über die Schnellzugriffe der Kalender geprüft und ein neuer mit dem Kunden vereinbarter Termin angelegt. Anschließend legt sich der Vertriebsmitarbeiter eine Aktivität an, um zu dokumentieren, dass er den Kundentermin vorbereiten muss. Über den Feed erfährt er von einem Kollegen, dass der Kundentermin um eine Stunde verschoben werden muss. Zuletzt legt der Vertriebsmitarbeiter für die erstellten Termine Flags und Favoriten an, um diese in Zukunft leichter aufrufen zu können.

Schnellzugriffe

Mit den Schnellzugriffen können Sie zentrale Funktionen der Cloud-Lösung über verschiedene Icons auf der linken Seite Ihres Bildschirms aufrufen. Es gibt Schnellzugriffe für Startseite, Kalender, Suche, Benachrichtigungen, neue Kunden, neue Privatkunden, neue Ansprechpartner, neue E-Mail-Vorlage, neuen Lead, neuen Vertriebs-Lead, neuen Besuch, neues Ticket, neue Opportunity, neues Angebot, neuen Termin, neues Telefonat und neue Aufgabe.

In Abbildung 8.3 legt der Vertriebsmitarbeiter gerade über die Schnellzugriffe einen neuen Besuch an. Dieser wird nach dem Speichern in seinem Kalender angezeigt.

Abbildung 8.3 Neuen Besuch anlegen

Vertriebsaktivitäten organisieren

Aktivitäten Neben Besuchen können Sie auch interne Termine beispielsweise für Workshops zur Vorbereitung Ihrer Kundenbesuche mit mehreren Kollegen planen. Über das Work Center AKTIVITÄTEN können Sie Ihre angelegten Termine, E-Mails, Telefonate, Aufgaben etc. verwalten (siehe Abbildung 8.4).

Abbildung 8.4 Termine verwalten

Tags, Flags In SAP Cloud for Customer existieren drei verschiedene Möglichkei-
und Favoriten ten zur Organisation von Inhalten:

- **Tags (🏷 +)**
  - dienen der Kategorisierung von Inhalten
  - können über den TAG-Bereich am rechten Bildschirmrand wieder aufgerufen werden
- **Flags (🚩)**
  - dienen zum leichteren Wiederauffinden von Inhalten
  - können über den ABLAGE-Bereich am rechten Bildschirmrand wieder aufgerufen werden
- **Favoriten (★)**
  - dienen zum schnellen Aufrufen von Inhalten
  - können über den ABLAGE-Bereich am rechten Bildschirmrand wieder aufgerufen werden.

Sie können Tags, Flags und Favoriten bei vielen unterschiedlichen Inhalten setzen, z. B. bei Kunden, Terminen oder Besuchen (siehe Abbildung 8.5).

Abbildung 8.5 Flags und Favoriten

Die Buttons zum Setzen von Tags, Flags und Favoriten finden Sie jeweils am linken unteren Bildschirmrand.

Kollaboration

Über den Feed können Sie sich über Neuigkeiten im Team informieren lassen (Push-Prinzip) und mit Ihrem Sales-Netzwerk kommunizieren. Wenn Sie Kollegen, Kunden etc. folgen, bekommen Sie Updates über deren Tätigkeiten. Zum Folgen müssen Sie beispielsweise auf den Button 🔊 im Kundenstammsatz klicken (siehe Abbildung 8.6). Dieser wird anschließend blau unterlegt, um zu signalisieren, dass Sie diesem Kunden bereits folgen.

Feed

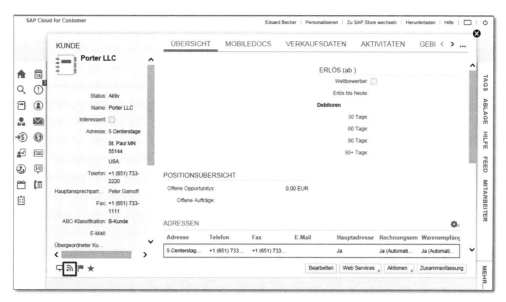

Abbildung 8.6 Kunden folgen (hier markiert)

Sie können über den Feed auch direkt mit Kollegen kommunizieren, indem Sie Ihren Feed mit *@Name*, beispielsweise mit *@Eduard*

Mit Kollegen kommunizieren

Becker, beginnen (siehe Abbildung 8.7). Auch Verlinkungen auf Kunden können Sie durch *@Kunde*, beispielsweise *@Porter LLC* ergänzen. Nach Eingabe von »@« wird eine automatische Suche angestoßen, die dann Mitarbeiter, Kunden etc. anzeigt.

Abbildung 8.7 Feed der SAP Cloud for Customer

Im Feed werden zudem Termine, neue Opportunities etc. angezeigt. Über den Button 🗫 können Sie direkt alle Feeds kommentieren.

[+] **Private Nachrichten**

Ein Verschicken von privaten Nachrichten ist ebenfalls möglich, indem Sie die Nachricht mit einem »*« beginnen.

Live-Aktivitäten   Über Computer-Telefonie-Integration können eingehende Kundeninformationen direkt erfasst werden. Sie können sich, wie in Abbildung 8.8 gezeigt, Notizen zum Telefonat machen oder direkt ein Ticket erfassen, wenn nach dem Telefonat noch offene Fragen bestehen. Wenn Sie den Kunden noch nicht kennen, können Sie ihn als neuen Kunden erfassen; hat der Kunde lediglich einen neuen Ansprechpartner erhalten, können Sie diesen ändern.

Sollte der Kunde bereits bekannt sein, können Sie nach zu ihm erfassten Informationen im System suchen, z. B. nach Tickets des Kunden, wenn er hierzu eine Rückfrage hat.

Abbildung 8.8 Live-Aktivitäten

Im Bereich GRUPPEN können Sie sich Gruppen aus SAP Jam anzeigen   Gruppen
lassen und sie zur gemeinsamen Projektarbeit nutzen (siehe Abbildung 8.9). Beim Klick auf die Gruppe werden Sie zu einer SAP-Jam-
Anmeldemaske weitergeleitet. Die Funktionen von SAP Jam stellen
wir Ihnen in Abschnitt 8.6 genauer vor.

Abbildung 8.9 SAP-Jam-Gruppen

Im Kontext von SAP Sales on Demand sind beispielsweise folgende Szenarien für SAP-Jam-Gruppen und eine Einbindung in SAP Sales on Demand denkbar:

▸ mit verschiedenen Experten aus dem eigenen Haus an Umfrage-ergebnissen, Produktpräsentationen, Opportunities oder komplizierteren Tickets zusammenarbeiten

▸ gemeinsame (Entwicklungs-)Aktivitäten mit externen Partnern oder Kunden

Bibliothek Wenn Sie nur Dokumente mit Ihren Kollegen teilen und bearbeiten möchten, können Sie auch die integrierte Bibliothek verwenden. Dort können Sie Dokumente, Bilder oder andere Dateien, beispielsweise Ticket-Antworten im HTML-Format, ablegen (siehe Abbildung 8.10). Ihre Kollegen können die Dateien bearbeiten und als neue Version abspeichern.

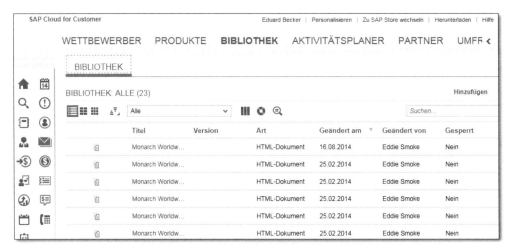

Abbildung 8.10 Bibliothek

Sie sehen zu jedem Dokument, wer es zuletzt bearbeitet hat und ob es gerade für die Bearbeitung gesperrt ist. Durch Ein- und Auscheck-mechanismen ist die Konsistenz der Dateien gewährleistet.

8.1.3 Implementierung

Die Implementierung können Sie in Projekteinführungszeiten von zwei bis sechs Wochen realisieren. Ermöglicht wird dies durch die regelbasierte Konfiguration der ByDesign-Plattform, die auch der SAP

Cloud for Customer zugrunde liegt (siehe Abschnitt 7.2). Über das Cloud Developer Studio sind über die Standardkonfiguration hinausgehende Anpassungen möglich (siehe Kapitel 6).

Cloud for Customer wurde auf Basis der ByDesign-Plattform entwickelt und verfügt damit auch über die Analysen in Echtzeit (siehe Abschnitt 7.2). Sie können SAP Cloud for Customer mit SAP ERP, SAP Jam oder SuccessFactors integrieren.

Für die SAP Cloud for Customer sind Lizenzen mit einem Basispreis pro User und Monat zu erwerben. Wenn weitere Lösungen, wie z. B. SAP Cloud for Service, Sales oder Social Engagement, erworben werden, wird die Lösung um mehr Work Center und Funktionalitäten erweitert. Für diese fallen zusätzliche Lizenzkosten an. Hierbei wird eine Mindestanzahl von Nutzern – aktuell 10 – verlangt. Darüber hinaus werden Staffelpreise nach der Anzahl der Nutzer angeboten.

Lizenzmodell

8.2 SAP Cloud for Sales

SAP Cloud for Sales konzentriert sich auf den Bereich Vertrieb und Marketing, mit dem Ziel, Marketingmaßnahmen und ihre Einbindung in Vertriebsaktivtäten interaktiver zu gestalten.

Die Lösung unterstützt Sie vom Aufbau der Kundenbeziehung im Marketing bis hin zum Kundenangebot. Im Fokus steht die Pflege der Kundenbeziehung, damit eine langfristige Kundenbindung aufgebaut werden kann. Neben der operativen Verwaltung von Kundendaten werden auch strategische Aspekte wie eine Analyse des Wettbewerbs unterstützt. Durch den mobilen Zugriff haben Vertriebsmitarbeiter von überall Zugang zu den benötigten Informationen und Analysen.

Aufgaben

8.2.1 Zielgruppe und Einordnung

Zielgruppe der Lösung sind Vertriebs- und Marketingorganisationen von Unternehmen, die hier noch keine Software nutzen oder die mit ihrer bestehenden Lösung unzufrieden sind. Der Einsatz ist auch bei Tochterunternehmen denkbar, wenn eigene Vertriebs- und Marketingorganisationen existieren.

Funktionen Die Lösung verfügt über klassische CRM-Funktionalitäten im Bereich Marketing (etwa Kampagnen, Zielgruppen und Leads) und im Bereich Verkauf (etwa die Verwaltung und Analyse von Kundendaten). SAP Cloud for Sales bietet darüber hinaus weitere Funktionalitäten beispielsweise für Fondmanagement, Umfragen und Zusammenarbeit. SAP Cloud für Sales ist ebenfalls geeignet, wenn das Partnergeschäft intensiviert wird und von Partnern Leads oder Opportunities gemeldet werden sollen.

8.2.2 Funktionsübersicht

SAP Cloud for Sales beinhaltet die Basisfunktionalitäten von SAP Cloud for Customer sowie zusätzliche Work Center spezifisch für Marketing und Verkauf. Abbildung 8.11 zeigt die Arbeitsbereiche der SAP Cloud for Sales.

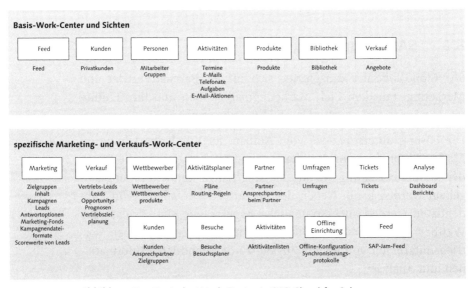

Abbildung 8.11 Typische Work Center in SAP Cloud for Sales

[»] **Analysen**

Im Work Center ANALYSEN finden sich zwei verschiedene Arten von Auswertungen für Ihr Marketing- und Vertriebsteam:

▸ übersichtliche Dashboards zur Vertrieb-Lead-Qualifizierungsrate, Vertriebs-Lead-Umwandlungsrate, Vertriebs-Lead nach Quelle und Vertriebs-Lead nach Status

▸ detaillierte Berichte zu:

- Kunden (z. B. 360-Grad-Informationsblatt, Angebotsvolumen nach Kunde)
- Aktivitäten (z. B. Aktivitäten des Teams, geplante Aktivitäten)
- Kampagnen (z. B. Antwortquoten, aus Kampagnen generierte Leads und Opportunities, ROI, E-Mail-Kennzahlen)
- Marketingausgaben (z. B. nach Produktkategorie oder Region)
- Verkauf (z. B. Verkaufszyklusentwicklung, Erlösentwicklung generierter Leads und Opportunities, Gewinn/Verlusttrend, Gewinnquote, Opportunity Pipeline, Absatzprognose)

8.2.3 Interaktives Marketing

In Abbildung 8.12 wird gezeigt, welche Use Cases wir Ihnen im Folgenden genauer vorstellen. Zuerst wird eine Befragung definiert und diese mittels Marketinginhalten in eine E-Mail-Kampagne eingebettet, um die Kundenzufriedenheit zu erhöhen.

Für die Abwicklung von Partnergeschäft werden Leads von Partnern erfasst sowie Partnerprogramme definiert. Zuletzt werden Möglichkeiten zur effizienten Verwaltung gezeigt, etwa die Verwendung von Routenplaner-Mashups in Besuchen, das Definieren von Budgets oder die Dokumentation von Wettbewerbern.

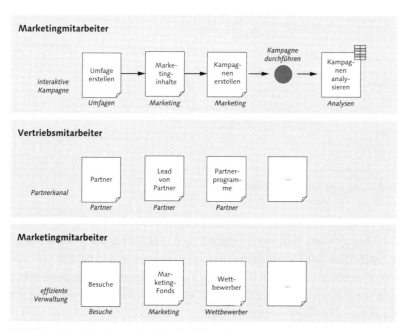

Abbildung 8.12 Use Cases für SAP Cloud for Sales

Interaktive Kampagne

Sie können in SAP Cloud for Sales interaktive Kampagnen durchführen, indem Sie beispielsweise Ihre Kunden mit E-Mail-Templates anschreiben und ihnen einen Link auf eine Umfrage zur Kundenzufriedenheit schicken. Bevor Sie eine derartige Kampagne starten, müssen Sie zuerst eine Umfrage erstellen.

[+]	**Kategorien**
	Es gibt vordefinierte Kategorien für Umfragen (Produkte, Zufriedenheit, Checklisten, Sonstige, Wettbewerberprodukte). Wenn Sie Produkte oder Wettbewerberprodukte gewählt haben, können Sie die Produkte oder Produktkategorien für die Umfrage ergänzen. Für Umfragen aus der Kategorie ZUFRIEDENHEIT können Sie das Design (beispielsweise die Farben der Textelemente) der Umfrage anpassen.

Vordefinierte Elemente

Für das Design der Umfrage gibt es vordefinierte Elemente, z. B. Multiple-Choice-Fragetypen (siehe Abbildung 8.13).

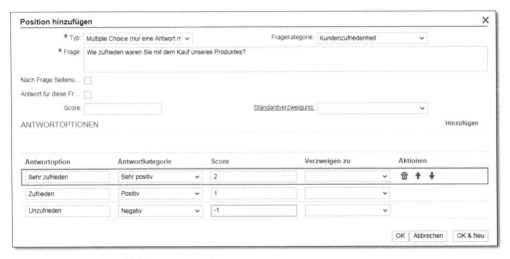

Abbildung 8.13 Umfrage-Design

Sie können bei komplexeren Umfragen auch Verzweigungen und Abhängigkeiten definieren (wenn z. B. eine Frage so beantwortet wurde, dass der Kunde unzufrieden ist, sollten in der nächsten Frage die Gründe für unzufriedenes Verhalten aufgedeckt werden). Über die Simulation (siehe Abbildung 8.14) können Sie das Design und die Reaktion der Fragen vorab testen.

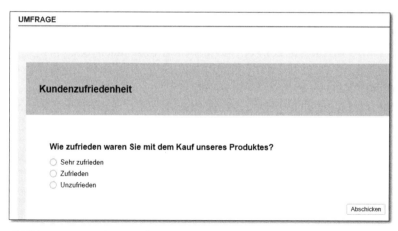

Abbildung 8.14 Umfragesimulation

Im Rahmen einer Kampagne (siehe Abbildung 8.15) können Sie später E-Mails mit dem Link auf Ihre Umfrage an die Mitglieder der gewählten Zielgruppe verschicken.

Kampagnen

Abbildung 8.15 Kampagne

Kampagnenarten　　　　　　　　　　　　　　　　　　　　**[«]**

Neben den interaktiven E-Mail-Kampagnen werden in SAP Cloud for Sales auch klassische Telefon- oder Briefkampagnen unterstützt.

333

Wenn Sie eine E-Mail-Kampagne durchgeführt haben, stehen Ihnen in der Registerkarte ERGEBNISSE verschiedenen Übersichten zur Verfügung. In diesen können Sie beispielsweise nachvollziehen, wie viele Ihrer E-Mails auch tatsächlich zugestellt wurden (siehe Abbildung 8.16). In weiteren Auswertungen können Sie analysieren, ob Ihre Kunden sich beispielsweise für WebEx registriert oder auf andere Links Ihrer E-Mail geklickt haben.

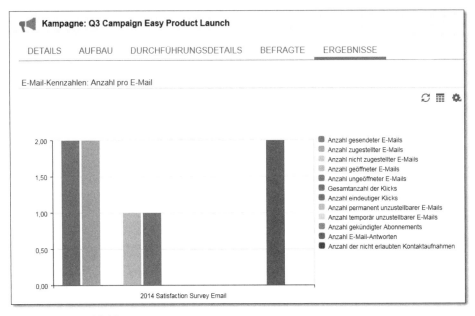

Abbildung 8.16 Auswertung einer Kampagne

Wenn Sie eine Kampagne zur Gewinnung von Leads durchführen, können Sie anschließend den Erfolg Ihrer Kampagne analysieren, indem Sie beispielsweise umgewandelte Leads analysieren.

Partnerkanal managen

Partnerinformationen verwalten
Ihren Partnerkanal können Sie ebenfalls mit SAP Cloud for Sales verwalten. Neben den Standardinformationen wie Ansprechpartner, Adressen etc. können Sie Partnerprogramme definieren und die Teilnahme von Partnern dokumentieren (siehe Abbildung 8.17). Weitere Funktionalitäten werden für die Verwaltung von Marketing-Fonds, für Kampagnen oder Werbekostenzuschüsse angeboten. Sie können direkt beim Partner eintragen, wie hoch der Anfangsfonds ist und ob bereits Forderungen eingereicht wurden oder ob der

Fonds abgelaufen ist. Eine darüber hinausgehende Fondsverwaltung, beispielsweise dass ein Fonds auf mehrere Partner aufgeteilt wird und ein Restbestand berechnet wird, existiert in SAP Cloud for Sales nicht.

Abbildung 8.17 Partnermanagement

Daneben können Sie die Teilnahme Ihrer Partner in Kundenbindungsmanagement-Programmen dokumentieren. Die Gesamtpunktzahl des Partners wird dabei nicht integriert basierend auf der Leistung berechnet, sondern manuell eingetragen.

Wenn Ihre Partner für Sie Opportunities oder Leads generieren, können Sie dies dokumentieren und so beispielsweise die Wirksamkeit Ihrer Werbekostenzuschüsse prüfen (siehe Abbildung 8.18).

Abbildung 8.18 Leads von Partnern

Effiziente Verwaltung und strategisches Management

Landkarten

Um das Vertriebs- und Marketingmanagement abzubilden, sind Landkarten an diversen Stellen integriert, beispielsweise in der Besuchssicht (siehe Abbildung 8.19), aber auch bei den Zielgruppen, sodass Sie schnell erkennen können, in welcher Region Ihre Kunden lokalisiert sind.

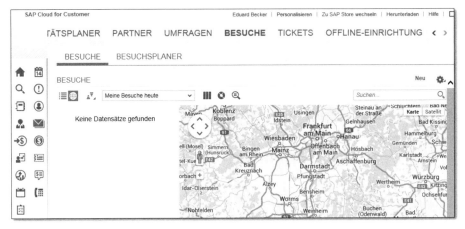

Abbildung 8.19 Besuche

Marketing-Fonds

Zur Budgetverwaltung wird die Verwendung von Marketing-Fonds angeboten. Hierfür definieren Sie Ausgaben und Budgets und ordnen diese Kampagnen zu (siehe Abbildung 8.20). Eine Integration mit dem Fondsmanagement der Partnerverwaltung ist aktuell nicht gegeben.

Abbildung 8.20 Marketingfonds

Im Rahmen der strategischen Unterstützung können Sie zudem Ihre Wettbewerber analysieren und dokumentieren. Hierbei bewerten

Sie diese beispielsweise nach der Höhe der Konkurrenz (stark oder schwach), wie in Abbildung 8.21 gezeigt. In Ihren Opportunities wählen Sie ebenfalls Wettberber aus, um später zu analysieren, in welchen Fällen der Auftrag an die Konkurrenz vergeben wurde.

Abbildung 8.21 Wettbewerber

8.2.4 Alleinstellungsmerkmale

Aus unserer Sicht hebt sich SAP Cloud for Sales vor allem durch die umfangreichen Kollaborationsmöglichkeiten von anderen CRM-Systemen ab. Hierzu zählen die interaktiven E-Mail-Kampagnen, die Möglichkeit, Umfragen zu integrieren, das gemeinsame Bearbeiten von Inhalten in der Bibliothek, das Partnermanagement oder die Integration von SAP Jam. Auch die Budgetverwaltung in Form von Fonds hilft bei der Wirtschaftlichkeitsbetrachtung von Kampagnen. Ein weiterer positiver Aspekt der gesamten SAP Cloud for Sales sind die umfangreichen Echtzeit-Analysemöglichkeiten, die besonders im Presales-Bereich einen großen Nutzen bringen.

Neben der Nutzung über einen Internet-Browser gibt es mobile Lösungen für BlackBerry, iPhone, iPad und Android. Außerdem können Sie eine Offline-Version der SAP Cloud for Sales einrichten.

Für die Verwendung von SAP Cloud for Sales in Kombination mit SAP ERP gibt es vordefinierte Integrationsszenarien. Dies beginnt mit der Möglichkeit, Kundeninformationen zu synchronisieren. Des Weiteren kann SAP Cloud for Sales Preisinformationen aus SAP ERP abrufen oder ein Angebot in SAP ERP anlegen. Weitere Informationen zu diesem Szenario finden Sie unter *https://my011073.sapbydesign.com/sap/repository/public/SoD/Wave_4_Demo_BPPs/Sales_OD_with_ERP_Integration.pdf*. Der Zugang ist jedoch nur mit einem SAP-Account (S-User) möglich.

ERP-Integration

8.3   SAP Cloud for Service

Ziel von SAP Cloud for Service ist, dass sie schnell und zielgerichtet auf Kundenprobleme reagieren können. Beginnend bei der Verwaltung von an den Kunden verkauften Produkten mit Garantien können Sie den ganzen Problemlösungsprozess abbilden.

Kundenprobleme bearbeiten

Die auftretenden Kundenprobleme können im Idealfall direkt durch das Service Desk gelöst werden, beispielsweise indem der passende Wissensdatenbankartikel für ein bereits bekanntes Problemen zugewiesen wird. Wenn das nicht möglich ist, kann das Service Desk die Anfrage an einen Wissensträger zur Beantwortung delegieren. Wenn der Vor-Ort-Einsatz eines Technikers zur Lösung des Problems erforderlich wird, gilt es, diesem bereits möglichst viele Informationen über das Problem mitzugeben sowie das Ersatzteilmanagement zu vereinfachen. Ziel ist es, die in den Service Level Agreements vereinbarten Serviceziele effizient zu erreichen. Zuletzt stellt sich im Bereich Kundenservice die Frage der Fakturierung, d. h. ob dem Kunden eine Rechnung ausgestellt wird oder ob Reparaturen noch über eine Garantie abgewickelt werden.

8.3.1   Zielgruppe und Einordnung

Die klassische Zielgruppe der Cloud for Service bilden Service-Organisationen, die für die Abwicklung von Kundenproblemen und Verwaltung von Garantien verantwortlich sind.

Funktionen

SAP Cloud for Service enthält Standardfunktionen für den Bereich Kundenservice, d. h. ein Ticketbearbeitungssystem, in dem Tickets für Kundenprobleme angelegt werden. Ebenfalls abbildbar sind darüber hinausgehende Prozesse in diesem Umfeld. Zum Beispiel können Produkte registriert werden, Wartungsverträge angelegt und Garantien sowie Serviceansprüche abgewickelt werden. Ein Lagermanagement für Ersatzteile ist nicht Teil der Lösung. Wenn dies für Ihr Unternehmen wichtig ist, weil Sie beispielsweise einen Großteil Ihres Kundenservice mit Ersatzteilgeschäft abwickeln, sollten Sie den Einsatz von SAP Business ByDesign erwägen. Hier ist eine Integration in die Bereiche Lagermanagement und Fakturierung möglich.

8.3.2 Funktionsübersicht

SAP Cloud for Service enthält Funktionen für die in Abbildung 8.22 gezeigten Bereiche.

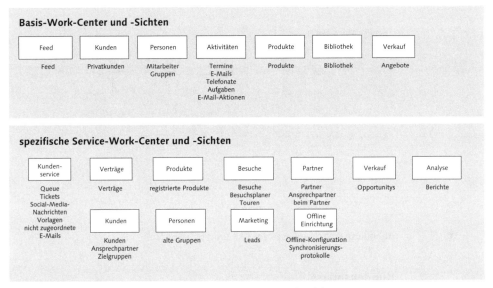

Abbildung 8.22 Typische Work Center und Sichten der SAP Cloud for Service

---

Analysen [«]

Das Work Center ANALYSEN enthält Berichte zu folgenden Themen:

▸ Kunden (z. B. 360-Grad-Informationsblatt, Kunden mit offenen Aktivtäten, Kundenzuständigkeiten)

▸ Aktivitäten (z. B. abgeschlossene Aktivitäten, geplante Aktivitäten)

▸ Geschäfte (z. B. generierte Leads, und Opportunities, Gewinn/Verlust-trend, Gewinnquoten, Kosten pro Lead nach Kanälen)

▸ Call Center Performance (z. B. beste 10 Bearbeiter nach Tickets, Average Handling Time von Tickets und Average Response-Zeiten, Tickets nach Agenten)

▸ Tickets (z. B. Tickets nach Priorität, Nachrichtenvolumen nach Kanal oder Produktkategorie, Rückstand an Tickets)

8.3.3 Kundenservice

Der erste Use Case, den wir Ihnen vorstellen möchten, gehört zum Bereich Kundenservice. Wir registrieren das Produkt eines Kunden und schließen einen Kundenvertrag. Später tritt bei dem Kunden ein   Use Cases

339

Problem auf und es wird ein Ticket erfasst. Dieses erscheint in der Queue des Service Desk und kann beispielsweise mittels Vorlagen beantwortet werden. Abbildung 8.23 zeigt eine Übersicht der Use Cases für den Bereich Kundenservice und Analysen.

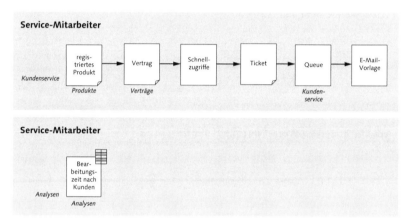

Abbildung 8.23 Use Cases der SAP Cloud for Service

Kundenservice

Wenn Sie Produkte mit Garantie an Ihre Kunden verkaufen, können Sie diese mit einer Seriennummer als registriertes Produkt anlegen (siehe Abbildung 8.24). Dies vereinfacht die Garantieabwicklung, falls Probleme mit dem Produkt auftreten sollten.

Abbildung 8.24 Produkt registrieren

Für Ihre Kunden können Sie Wartungsverträge anlegen und regist- **Wartungsverträge** rierte Produkte hinzufügen, die von diesem Wartungsvertrag abgedeckt werden (siehe Abbildung 8.25). In dem Vertrag wird zudem das Service-Level festgelegt, d. h. wie schnell auf Probleme oder Anfragen des Kunden reagiert werden muss.

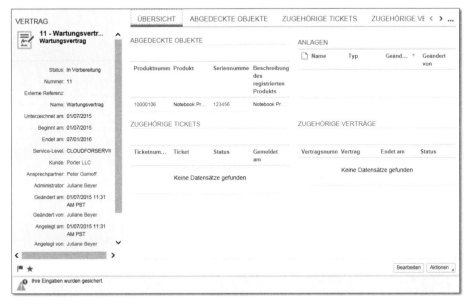

Abbildung 8.25 Vertrag

Wenn beim Kunden später ein Problem aufritt, können Sie im Ticket direkt das registrierte Notebook auswählen (siehe Abbildung 8.26).

Abbildung 8.26 Ticket mit Bezug zu registriertem Produkt und Wartungsvertrag

Queue Wenn ein Techniker beim Kunden benötigt wird, setzen Sie zudem den Haken bei ERFORDERT ARBEITEN. Nachdem der Mitarbeiter das Ticket erfasst hat, erscheint dies in der Queue, wie in Abbildung 8.27 zu sehen.

Abbildung 8.27 Queue

Das System hat automatisch Termine bestimmt, bis wann die Erstprüfung und bis wann die Erledigung fällig ist (siehe Abbildung 8.28).

Abbildung 8.28 Ticketdetails

Ticket bearbeiten Im nächsten Schritt ordnen Sie dem Ticket einen Bearbeiter zu. Dieser schaut sich die Interaktionshistorie an. Das System schlägt ihm automatisch basierend auf dem Produkt und vom System extrahierten Schlagwörtern Lösungen vor. Ansonsten kann der Mitarbeiter auch mittels einer Suche nach Artikeln recherchieren. Wenn ein Service oder eine Reparatur notwendig sind, können die Dienstleistungen und Ersatzteile in der entsprechenden Sicht hinzugefügt werden. Für jede Position können Sie eintragen ob diese nach Aufwand, Festpreis oder gar nicht berechnet werden sollen. Sie können nach Lösung oder bei Rückfragen auch direkt aus dem Ticket eine neue E-Mail verfassen. Beim Klick auf den Button öffnet sich MS Outlook.

Über Vorlagen, können Sie Ihre Kommunikation effizienter gestalten. In Abbildung 8.29 sehen Sie die Vorlagen für B2B-Antworten per E-Mail. Sie können auch für Facebook, Twitter oder Portale Vorlagen anlegen.

Vorlagen

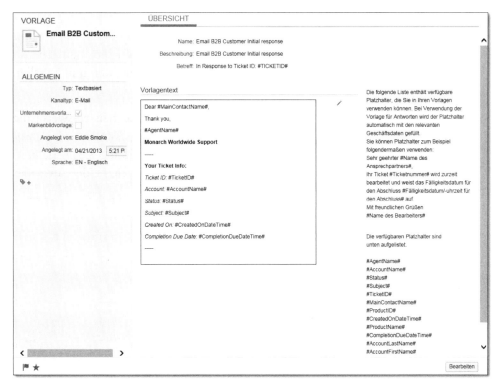

Abbildung 8.29 E-Mail-Vorlage

Analysen

SAP Cloud for Service bietet verschiedene vordefinierte Analysen für den Bereich Service. Einen Ausschnitt der Berichte zeigt Abbildung 8.30.

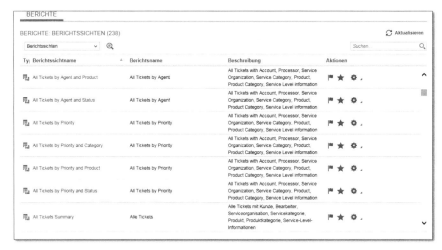

Abbildung 8.30 Berichte der SAP Cloud for Service

Bericht definieren

Sie können für jeden Bericht individuell aus einer Reihe von Feldern wählen, welche Felder Sie angezeigt bekommen möchten. Ebenso können Sie die Darstellung von grafischen Elementen und Tabellen variieren.

Im Bericht Average Handle Time können Sie beispielsweise die durchschnittlichen Bearbeitungszeiten für Ihre Kunden oder Ihrer Mitarbeiter für Tickets analysieren (siehe Abbildung 8.31). Sie können dabei einfach im linken Bildschirmbereich Felder an- oder abwählen.

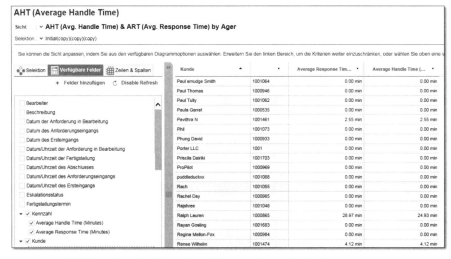

Abbildung 8.31 Bericht zu Bearbeitungszeiten nach Kunden

8.3.4 Alleinstellungsmerkmale

SAP Cloud for Service ermöglicht die Garantieabwicklung für Produkte inklusive Verträgen und Tickets. Effizientes Arbeiten wird dabei durch Schnellzugriffe zur Anlage von Tickets oder Kunden ermöglicht. Ebenfalls hervorzuheben sind die Kollaborationsmöglichkeiten via Feeds oder SAP Jam, um beispielsweise gemeinsam mit Experten an der Problemlösung zu arbeiten.

Im Vergleich zu reinen Issue-Tracking-Systemen (Ticketing-Systemen), die das Anlegen von Tickets und deren strukturierte Bearbeitung unterstützen, liefert die SAP Cloud for Service Mehrwert durch die Verbindung zum registrierten Produkt und der damit verbundenen Garantie im Ticket sowie der Möglichkeit, Technikereinsätze zu planen.

Vorteile

8.4 SAP Cloud for Social Engagement

Mit der SAP Cloud for Social Engagement können Sie Ihre Präsenz in Social-Media-Portalen beobachten und direkt reagieren. Ziel der SAP Cloud for Social Engagement ist, dass Sie sich mit Ihren Kunden auf Augenhöhe austauschen, Kundenwünsche und Verbesserungspotenziale Ihrer Produkte erkennen und somit die Produktentwicklung antreiben. Beginnend mit der automatischen Übertragung von neuen Twitter- oder Facebook-Nachrichten nach SAP Cloud for Social Engagement werden Sie bis hin zu einer integrierten Beantwortung unterstützt.

8.4.1 Zielgruppe und Einordnung

Die SAP Cloud for Social Engagement ist ein Social-Media-Listening-Tool, d. h., dass auf Probleme und Fragen von Kunden auf Social-Media-Plattformen direkt reagiert und geantwortet werden kann.

SAP Cloud for Social Engagement ist als Lösung für Unternehmen mit hoher Social-Media-Präsenz interessant, was besonders für den B2C-Bereich zutrifft. Wenn der Inhaber einer Marke z. B. die Kommentare seiner Käufer in sozialen Kanälen beobachten und auch adäquat darauf reagieren möchte, kann SAP Cloud for Social Engagement dies unterstützen.

Die Lösung funktioniert ähnlich wie ein Ticketbearbeitungssystem. Besonderheiten der Lösung sind die Integration von Social Media bei der Ticketbearbeitung sowie die umfangreichen Analysemöglichkeiten.

8.4.2 Funktionsübersicht

Die SAP Cloud for Social Engagement bietet die in Abbildung 8.32 gezeigte Funktionalität.

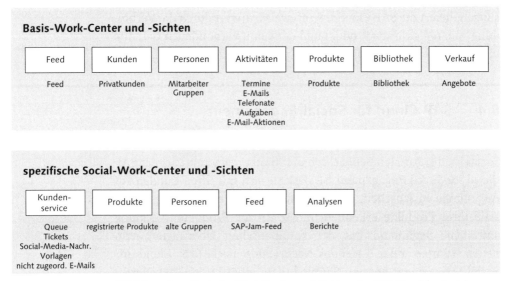

Abbildung 8.32 Typische Work Center und Sichten der SAP Cloud for Social Engagement

[»] **Analysen**

Das Work Center ANALYSEN enthält Berichte zu folgenden Punkten:

▶ Kunden (360-Grad-Informationsblatt)

▶ Aktivitäten (abgeschlossene Aktivitäten, Aktivitäten nach Mitarbeitern und des Teams)

▶ Geschäfte (abgeschlossene Leads und Geschäfte)

▶ Service-Performance (beste zehn Bearbeiter nach Tickets, Average Handling Time von Tickets und Average-Response-Zeiten, Tickets nach Agenten)

▶ Social-Media-Kanäle (z. B. Social-Media-Ticket-Volumen nach Bearbeiter oder Kanal, ausgehende Social-Media-Aktionen nach Agent und Kanal, Grundstimmungskennzahlen nach Kanälen oder Produktkategorien)

8.4.3 Effiziente Einbindung von Social-Media-Kanälen

Abbildung 8.33 zeigt zwei mögliche Use Cases für SAP Cloud for Social Engagement. Im ersten Use Case (oben in der Abbildung) zeigen wir Ihnen, wie die Interaktion mit Social-Media-Kanälen in der SAP Cloud for Social Engagement abläuft. Nachdem ein Kunde eine Nachricht auf der Pinnwand der Unternehmens-Facebook-Seite gepostet hat, wird diese als Ticket in der Queue angezeigt und bearbeitet. Im zweiten Use Case (unten in der Abbildung) stellen wir Ihnen drei typische Berichte der SAP Cloud for Social Engagement vor.

Use Cases

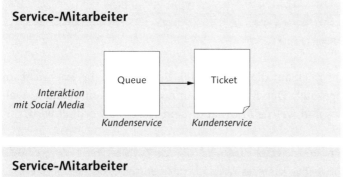

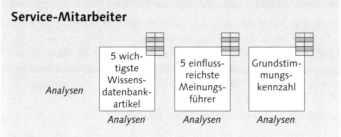

Abbildung 8.33 Use Cases der SAP Cloud for Social Engagement

Interaktion mit Social Media

Ein Kunde schreibt beispielsweise in seinem Twitter-Account, dass er Probleme mit dem gekauften Produkt hat. Wichtig ist dabei, dass er vor der eigentlichen Nachricht den Twitter-Account des Unternehmens voranstellt: @Beispielunternehmen. In diesem Fall werden die Informationen an das System weitergeleitet.

Wenn der Kunde beispielsweise über Facebook Kontakt aufnehmen möchte, navigiert er in Facebook auf die Seite des Unternehmens und schreibt dort auf dessen Pinnwand. Wenn sich der Service-Agent des Unternehmens anmeldet, findet er derartige Nachrichten in seiner Queue (siehe Abbildung 8.34).

Facebook-
Nachrichten

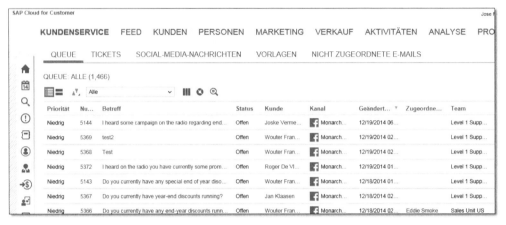

Abbildung 8.34 Queue

Mit einem Klick auf die ID oder den Betreff wird die Nachricht im Detail angezeigt. Der Bearbeiter kann daraufhin entscheiden, welcher Status und welche Priorität diesem Ticket zugeordnet wird.

[»] **Weitere Aktionen**

Wenn notwendig, kann das Ticket über den Button ESKALIEREN auch eskaliert und an den Queue Owner, beispielsweise den Service Manager der Produktlinie, weitergegeben werden. Dieser bekommt es dann in der Queue unter seinen Tickets angezeigt. Alternativ kann das Ticket auch mit dem Button ALS IRRELEVANT KENNZEICHNEN entsprechend markiert werden, wenn es sich beispielsweise nur um einen Kommentar oder einen Test handelt, der nicht weiter bearbeitet werden muss.

Wenn das Problem des Kunden nicht verständlich formuliert wurde, kann auch eine Chat-URL eingefügt und der Kunde somit zu einem Chat eingeladen werden. Hierfür wird SnapEngage Live Chat verwendet. Wenn der Kunde später das Chat-Fenster öffnet, kann er mit dem Servicemitarbeiter chatten, wenn dieser online ist, oder alternativ eine E-Mail an diesen schicken. Die Chat-Konversation wird an das Ticket angehängt.

Antworten Um das Ticket zu beantworten, können Sie direkt in dem Ticket die Antwort für den Kunden erfassen (siehe Abbildung 8.35). Hierbei haben Sie folgende Möglichkeiten:

▸ Es können Artikel (z. B. Anleitungen) angehängt werden.

▸ Falls der Bearbeiter des Tickets dieses nicht beantworten kann, kann er eine interne Notiz erfassen und das Ticket einem Kollegen zuweisen.

▶ Sie können mit privaten Nachrichten auf Tweets antworten, wenn Teile der Antwort nicht für alle lesbar im Netz publiziert werden sollen.

▶ Über die Quick Links unten links können Sie einem Ticket folgen. Anschließend sehen Sie Updates zu diesem Ticket in Ihrem Feed.

Abbildung 8.35 Direkte Antwortmöglichkeit

Mitarbeiter können sich auch gegenseitig folgen und so Updates der Kollegen in ihrem Feed sehen.

Analysen

In der SAP Cloud for Social Engagement werden verschiedene Berichte angeboten, mit denen Auswertungen über die Leistung der Mitarbeiter sowie der sozialen Kanäle generell durchgeführt werden können. In Abbildung 8.36 werden die Bearbeiter der Social-Media-Tickets hinsichtlich der Anzahl ihrer Social-Media-Transaktionen und der Anzahl an Antwortzyklen aufgelistet. Wenn ein Mitarbeiter über eine geringe Anzahl an Interaktionen und eine hohe Anzahl an Antwortzyklen verfügt, könnte beispielsweise eine nicht ausreichende Antwort der Grund sein.

Leistungsübersicht

In dem Bericht können Sie die Kennzahlen variieren. Wählen Sie beispielsweise die Antwortzyklen ab, sehen Sie für jeden Mitarbeiter, wie viele Social-Media-Interaktionen er über Facebook oder Twitter hatte.

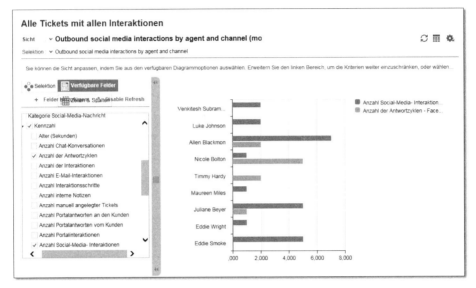

Abbildung 8.36 Bericht zu Tickets und Interaktionen

Meinungsführer
Abbildung 8.37 zeigt eine generelle Auswertung der Social-Media-Kanäle. In dieser werden die fünf einflussreichsten Meinungsführer dargestellt. Wenn Ihr Unternehmen die Meinungsführer kennt, können Sie diese bei der Beantwortung von Tickets entsprechend berücksichtigen und z. B. Kommentare von ihnen mit Priorität bearbeiten.

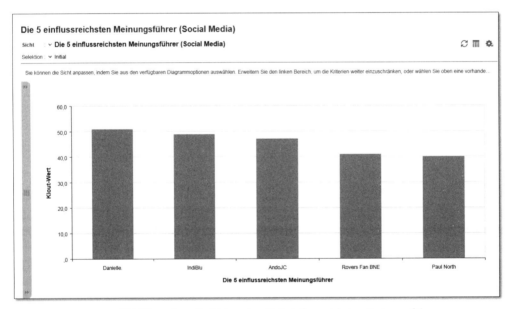

Abbildung 8.37 Bericht zu den fünf einflussreichsten Meinungsführern

Eine weitere Auswertung zu den Social-Media-Kanälen ist die Grundstimmungskennzahl (siehe Abbildung 8.38). Bei dieser Art von Bericht können Sie sich beispielsweise pro Kanal oder auch pro Produktkategorie anzeigen lassen, ob in den Posts Ihrer Kunden eine positive, neutrale oder negative Grundstimmung vorherrscht.

Grundstimmungs-kennzahl

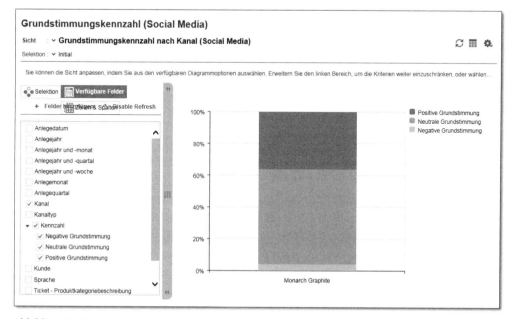

Abbildung 8.38 Bericht zur Grundstimmungskennzahl

8.4.4 Alleinstellungsmerkmale

Mit der SAP Cloud for Social Engagement können Sie die Kommentare und Fragen Ihrer Kunden zum Unternehmen bzw. zur eigenen Marke in Social-Media-Kanälen verfolgen und beantworten. Daneben können Sie Ihren Kunden Social-Media-Profile zuordnen.

Die Bearbeitung der Kundentickets erfolgt wie die der »normalen Tickets« in der SAP Cloud for Service. Besondere Vorteile entstehen daher bei der Nutzung der SAP Cloud for Service zusammen mit der SAP Cloud for Social Engagement, da in diesem Fall alle Tickets aus verschiedensten Kanälen (Social Media, Telefon, E-Mail) gebündelt und zur internen Bearbeitung weitergegeben werden. So können die Mitarbeiter des Service Desks ähnliche Probleme effizient und unabhängig von deren Erfassungskanal bearbeiten.

Vorteile

8.4.5 SAP Social Media Analytics by Netbase

Social Media Analytics by Netbase ist ein Social Media Monitoring Tool, d. h., dass die Inhalte sozialer Medien überwacht, geordnet und analysiert werden. Ziel ist hier, die Kundenmeinung der eigenen Marke am Markt zu überwachen und die Effekte von Kampagnen zu analysieren. Da die Reselling-Partnerschaft von SAP und Netbase zum 31. Juli 2014 beendet wurde (siehe auch *https://sapsocialmedia-analytics.netbase.com/cb/cb2/*), wird an dieser Stelle auf eine ausführliche Vorstellung von Social Media Analytics by Netbase verzichtet und dieses nur kurz gegenüber SAP Cloud for Social Engagement abgegrenzt, um die unterschiedlichen Ansätze der beiden Social-Media-Tools zu verdeutlichen. Das Produkt können Sie nach wie vor direkt bei NetBase lizensieren.

Abgrenzung SAP Cloud for Social Engagement als Social-Media-Listening-Tool hat die Aufgabe, auf Probleme und Fragen einzelner Kunden auf sozialen Plattformen zu reagieren und direkt zu antworten. SAP Social Media Analytics by Netbase hingegen hat als Social-Media-Monitoring-Tool die Aufgabe, die Meinungsbildung und Stimmungslage zur Marke zu überwachen. Außerdem soll es prüfen, ob sich diese Parameter durch Werbekampagnen oder neue Produkte verändern.

8.5 SAP StreamWork

Zusammenarbeit im Projektteam Zur einfacheren Zusammenarbeit in Projektteams wurden Kollaborationslösungen wie SAP StreamWork und SAP Jam geschaffen, die wir Ihnen in diesem und im nächsten Abschnitt vorstellen. E-Mails weisen bei der Gruppenarbeit gewisse Schwächen auf, da historische Verläufe besonders für später hinzugekommene Personen schwierig zu identifizieren sind und Dateien bei der Zusammenarbeit mit Externen mit jeder E-Mail als Anhang mitgeschickt werden müssen. Hierfür sind Größenbeschränkungen von E-Mails oder eine Überfrachtung des Postfachs mit Anhängen ein Problem, wenn gemeinsam an Dateien gearbeitet wird. Mit Kollaborationslösungen können Sie derartigen Problemen entgegenwirken.

8.5.1 Zielgruppe und Einordnung

SAP StreamWork hilft Ihnen in Projekten besonders dann, wenn Sie häufig Dateien austauschen, die evtl. auch noch von verschiedenen

Personen bearbeitet werden, da Sie diese als neue Version hochladen und kommentieren können. Auch wenn sich der Personenkreis ändert und oft neue Informationen hinzukommen, sind Kollaborations-Tools im Vergleich zu E-Mails vorteilhaft.

SAP StreamWork eignet sich besonders für folgende Gruppen:

- internationale Projektteams, die zeitlich und örtlich getrennt voneinander an Projekten arbeiten

- unternehmensübergreifende Projektteams, die nicht über eine gemeinsame Serverstruktur zur Ablage verfügen

- Projektteams mit hoher Fluktuation, da es für neu hinzugekommene Mitglieder einfach ist, sich über den aktuellen Stand zu informieren

- Szenarien, in denen Informationen vielen Teilnehmer bereitgestellt werden sollen, beispielsweise bei Schulungen oder in der Lehre

SAP verwendet für SAP StreamWork den Slogan »Discuss, Decide, Deliver«, um die Kernfunktionalität ihres Werkzeugs hervorzuheben. Diese besteht zum einen darin, Dateien hochzuladen, mit anderen zu teilen und darüber zu diskutieren. Hierfür und zur Entscheidungsfindung wird eine Vielzahl von Tools in SAP StreamWork angeboten. Zudem können Sie verschiedene externe Anbieter einbinden, etwa WebEx, Evernote, Outlook oder Gmail. Auch für Daten aus SAP HANA und SAP Crystal Reports bietet SAP StreamWork Visualisierungsfunktionen an, um Entscheidungen, die auf der Diskussion von Daten basieren, zu erleichtern.

Funktionen

8.5.2 Funktionsübersicht

Abbildung 8.39 zeigt die in SAP StreamWork für einen Basis-User verfügbaren Work Center und Sichten.

Es gibt zum einen Work Center, die in erster Linie der eigenen Organisation dienen, in denen Sie Ihre Objekte oder Ihre Einladungen und Aktivitäten verwalten. Zum anderen gibt es für die Online-Zusammenarbeit mit Kollegen das Work Center AKTIVITÄTEN, in dem Sie Informationen für alle Beteiligten bereitstellen, Feedback geben, an Brainstormings teilnehmen oder aber Entscheidungsprozesse vorantreiben können.

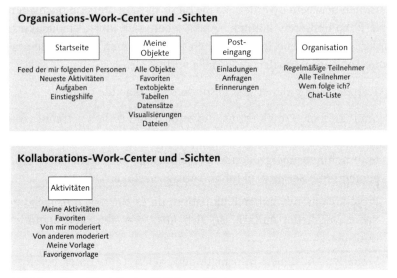

Abbildung 8.39 Work Center SAP StreamWork

8.5.3 Aktivitätenmanagement

Use Cases   Zuerst stellen wir Ihnen vor, wie Sie Ihre Objekte in SAP StreamWork verwalten. Anschließend zeigen wir Ihnen die Kernfunktionalität von SAP StreamWork, das interaktive Arbeiten mit Kollegen und die Nutzung von Methoden und Werkzeugen (siehe Abbildung 8.40). Der zweite Use Case stellt die Social-Media-Funktion des *Folgens* sowie den Posteingang mit Erinnerung vor.

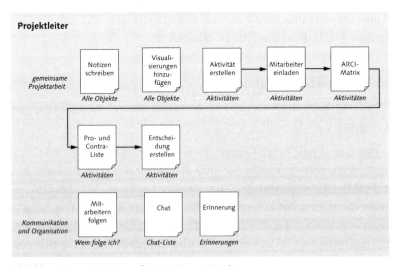

Abbildung 8.40 Use Cases für SAP StreamWork

Gemeinsame Projektarbeit

Im Bereich MEINE OBJEKTE (siehe Abbildung 8.41) können Sie Objekte erstellen und verwalten, die Sie dann später in Aktivitäten mit Ihren Kollegen teilen.

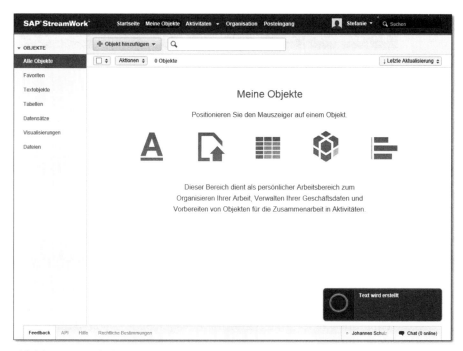

Objektverwaltung

Abbildung 8.41 Objekte organisieren

Dies können in SAP StreamWork erstellte Textobjekte oder Tabellen oder auch von Ihnen hochgeladene Datensätze oder Dateien sein.

Objekttypen   **[«]**

SAP StreamWork bietet die folgenden Objekttypen an:

▸ **Text:** Für diesen Objekttyp öffnet sich ein Texteditor in SAP Stream-Work, in dem Sie Freitext erfassen können.

▸ **Dateien:** In dieser Kategorie können Sie Dateien von Ihrem Computer hochladen.

▸ **Tabellen:** Für diesen Objekttyp öffnet sich ein Editor in SAP Stream-Work, in dem Sie Ihre Inhalte in tabellarischer Form erfassen können.

▸ **Datensatz:** In diesem Bereich können Sie XLS-, XLSX-, CSV- oder RPT-Dateien hochladen oder SAP-HANA-Tabellen auswählen.

▸ **Visualisierung:** Zur Visualisierung wählen Sie eine Datenquelle aus, die die Grundlage für Ihre Visualisierung bildet.

Dokumenten-
management

Eine zentrale Funktionalität von SAP StreamWork bildet das Dateien- bzw. Dokumentenmanagement. In Abbildung 8.42 sehen Sie, wie für eine MS-Excel-Datei beispielsweise eine neue Version hochgeladen oder diese in eine Aktivität kopiert und somit mit anderen geteilt werden kann.

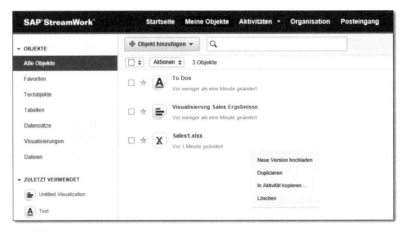

Abbildung 8.42 Objektverwaltung

Sie können natürlich auch direkt in einer Aktivität Dokumente hochladen. Im Unterschied zur Objektverwaltung können die anderen Teilnehmer einer Aktivität Ihre hochgeladene Datei dann direkt sehen.

Datensatz
SAP HANA

In Abbildung 8.43 sehen Sie einen anderen Objekttyp, einen aus SAP HANA importierten Demo-Datensatz der SAP, der in SAP StreamWork über das Würfel-Objekt kenntlich gemacht wird.

Sie können sich auch aus derartigen Datensätzen aus MS Excel oder SAP HANA Visualisierungen erstellen lassen. Die Erstellung einer eigenen Visualisierung aus MS Excel hat in unserem Test allerdings nicht funktioniert.

Aktivitäten-
management

In SAP StreamWork bilden Aktivitäten abgeschlossene Bereiche, etwa Projekträume, in denen Sie mit den anderen Teilnehmern kollaborieren. Abbildung 8.44 zeigt Ihnen die Erstellung einer neuen Aktivität.

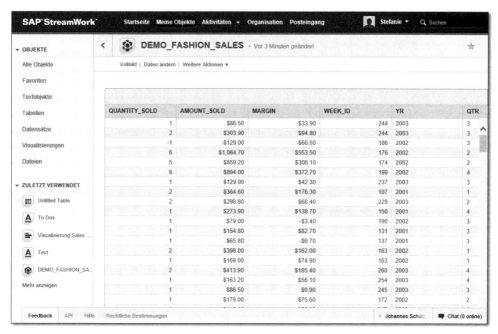

Abbildung 8.43 Datensatz aus SAP HANA

Abbildung 8.44 Neue Aktivität erstellen

Bei der Anlage einer neuen Aktivität können Sie Teilnehmer einladen, die Privatsphäre sowie einen Fälligkeitstermin Ihrer Aktivität festlegen. Die eingeladenen Teilnehmer werden anschließend über E-Mail von der neuen Aktivität benachrichtigt.

Tools   In der Aktivität können Sie dann Tools hinzufügen, Dokumente hochladen oder weitere Mitarbeiter einladen. Es werden verschiedene Tools in SAP StreamWork in einem Katalog zur Auswahl angeboten (siehe Abbildung 8.45).

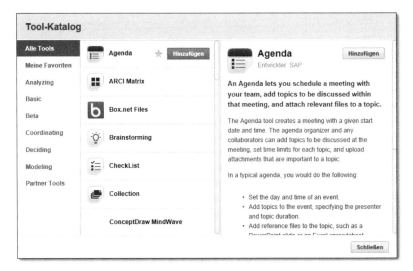

Abbildung 8.45 Tool-Katalog

Tool-Katalog   Es existieren Tools für folgende Anwendungsfälle:

- **Analyse:** Kosten/Nutzen-Analyse, PICK-Matrix, Produktportfolio, Spider Web, Stakeholder-Analyse, SWOT-Analyse, Visualisierung
- **Basis:** Checklisten, Sammlungen, Diskussionen, Maps, Tabellen, Texte, Videos
- **Beta:** Design Internet
- **Koordination:** Agenda, ARCI-Matrix, DACI-Matrix, RACI-Matrix, RASIC-Matrix, Zeitmanagement, Timeline, WebEx-Meeting
- **Entscheidungen:** Brainstorming, Consensus, Entscheidung, Pro-/Contra-Tabelle, Quick Poll, Ranking
- **Modellierung:** Prozessfluss
- **Partner-Tools:** Box.net Files, ConceptDraw MindWave, Got Decisions, MindMeister (Mind Mapping), Online Meeting

Ein Basis-Tool zur Organisation bildet die Collection, eine Art Container, in dem verschiedene Dokumente zu einem Themenbereich abgelegt werden können. Beispielsweise können zu einem Meeting das Protokoll, diverse Präsentationen etc. gebündelt abgelegt werden.

Abbildung 8.46 zeigt eine ARCI-Matrix, in der die Verantwortlichkeiten der Projektbeteiligten dokumentiert werden können. Es gibt bereits vordefinierte Felder für Aufgaben, die Rollen der Teammitglieder und deren Tätigkeiten (EMPFIEHLT, GENEHMIGT, KONSULTIERT und ZU INFORMIEREN).

Koordination

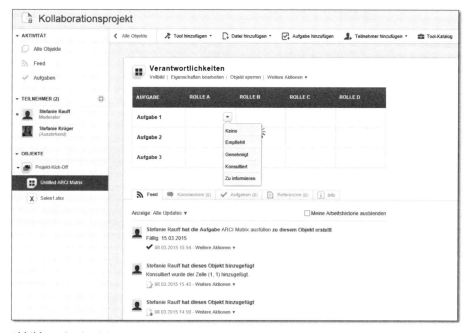

Abbildung 8.46 ARCI-Matrix

In unteren Bereich kann unter FEED nachvollzogen werden, wer das Objekt erstellt oder zuletzt bearbeitet hat. In der nächsten Registerkarte können Kommentare erfasst oder eingesehen werden. Im Bereich AUFGABEN können Sie einzelnen Teammitgliedern Aufgaben mit Fälligkeiten zuweisen. Unter REFERENZEN können Sie auf Objekte der Aktivität, aus Evernote oder vom eigenen Rechner verweisen. Im INFO-Bereich können Sie eine Beschreibung hinterlegen.

Zur Entscheidungsfindung stehen Ihnen viele weitere Werkzeuge zur Verfügung, wie beispielsweise Pro- und Contra-Listen oder SWOT-Analysen, die gemeinschaftlich gefüllt werden. Für Entschei-

Entscheidungsunterstützung

dungen an sich gibt es ein eigenes Werkzeug. Abbildung 8.47 zeigt Ihnen eine Pro- und Kontra-Tabelle, mit der Sie Argumente Ihres Teams sammeln können, sowie das Element zur Entscheidung. So können Sie dokumentieren, was zu entscheiden ist, und wie die Entscheidung schließlich gefällt wurde.

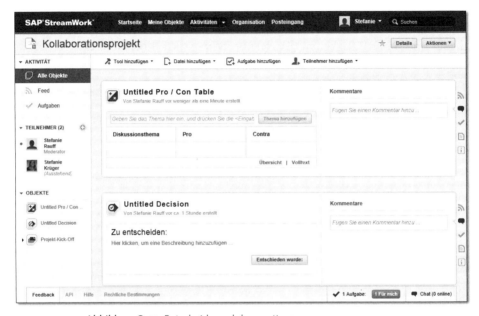

Abbildung 8.47 Entscheidung dokumentieren

Kommunikation und Organisation

Chat Im Bereich ORGANISATION können Sie alle Teilnehmer Ihrer Aktivitäten einsehen und ihnen folgen oder sie auf die Chat-Liste setzen. Die Chat-Liste sehen Sie in Abbildung 8.48. Der CHAT-Bereich findet sich rechts unten am Bildschirmrand. In diesem können Sie typische Chat-Funktionalitäten nutzen, beispielsweise einstellen, ob Sie gerade verfügbar oder abwesend sind, oder auch Ihre Chat-Historie mit Ihren Kontakten einsehen.

Erinnerungen und Einladungen In Ihrem Posteingang finden Sie Einladungen zu neuen Aktivitäten oder Erinnerungen an fällige Aufgaben. Wenn Sie Aufgaben zu den einzelnen Tools definiert haben, können Sie diese terminieren und Erinnerung verschicken. Derartige Erinnerungen finden Sie anschließend in Ihrem Posteingang zur Abarbeitung (siehe Abbildung 8.49). Wenn Sie die Aufgabe erledigt haben, können Sie diese als *Fertiggestellt* markieren.

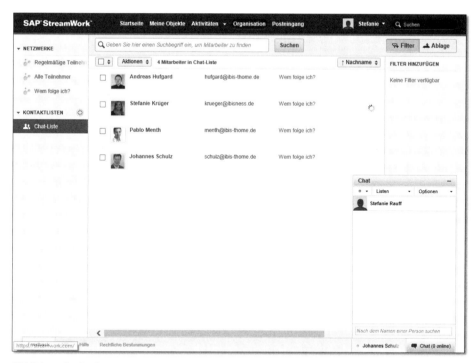

Abbildung 8.48 Chat-Liste

Abbildung 8.49 Erinnerung versenden

Neben dem Posteingang in SAP StreamWork können Sie sich auch Benachrichtigungen per E-Mail schicken lassen. Sie können dabei festlegen, ob Sie sich sofort, täglich oder wöchentlich über die Veränderungen informieren lassen möchten. Besonders bei Projekten, an denen intensiv gearbeitet wird und bei denen Sie sich nur über den Fortschritt informieren möchten, können Sie über die tägliche Benachrichtigung die E-Mail-Flut eindämmen.

Abbildung 8.50 zeigt im linken Bereich einen Ausschnitt der Einstellungsmöglichkeiten sowie im rechten Bereich einen Ausschnitt aus einer per E-Mail verschickten täglichen Benachrichtigung.

Benachrichtigungen steuern

361

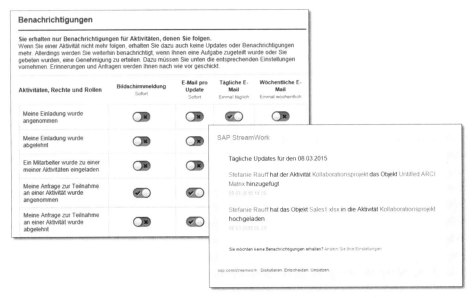

Abbildung 8.50 Benachrichtigungseinstellungen und Benachrichtigung

8.5.4 Implementierung

Freemium-Konzept   SAP StreamWork wird nach dem Freemium-Konzept lizensiert, d. h., die Basisversion ist kostenlos, es gibt für diese jedoch Beschränkungen, die mit der kostenpflichtigen Version aufgehoben werden. In der Basisversion können Sie beispielsweise nur fünf eigene Aktivitäten eröffnen. Sie können jedoch in weiteren Aktivitäten kollaborieren, wenn diese von Ihren Kollegen erstellt wurden. Ebenso ist der Speicherplatz für Methoden, Werkzeuge und Dokumente auf 250 MB Speicher begrenzt, die Anzahl der Datensätze auf fünf (siehe Abbildung 8.51).

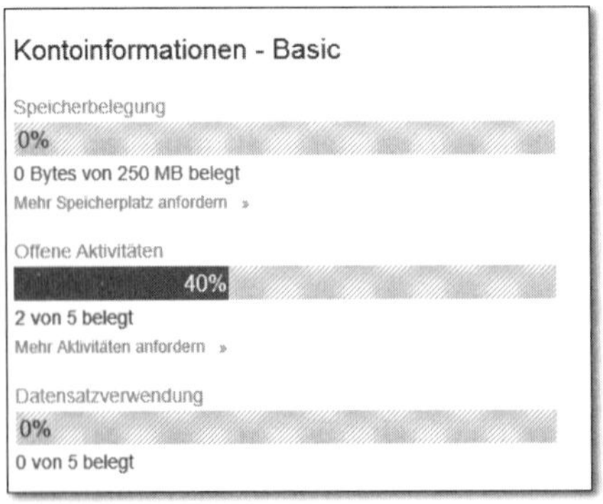

Abbildung 8.51 Basiskonto

Die kostenpflichtigen User-Typen, wie der Professional User, verfügen neben den eben vorgestellten Vorteilen auch über funktionale Erweiterungen, etwa die Möglichkeit zum Aufbau einer Organisation. Mit dem Enterprise User kann die Lösung mit anderen SAP-Produkten integriert genutzt werden.

8.5.5 Alleinstellungsmerkmale

SAP StreamWork fällt in die Kategorie der Social-Collaboration-Werkzeuge, die die Zusammenarbeit von Gruppen vereinfachen.

Eine Besonderheit von SAP StreamWork sind die fast 40 Tools, die für die Zusammenarbeit bereitgestellt werden und die Sie von der Analyse, Koordination und Modellierung bis zur Entscheidungsfindung unterstützen. Auch können über OpenSocial-and-REST-basierte APIs viele Partner-Tools eingebunden werden.

Besonderheiten

Zur Zusammenarbeit und Interaktion werden Features zum Folgen, Chatten oder Kommentieren angeboten. Auch Aufgaben oder Erinnerungen für noch auszuführende Projekttätigkeiten sind möglich. Dies erleichtert den einzelnen Projektmitgliedern die Übersicht und Organisation.

Über SAP StreamWork kann komfortabel eine größere Menge von Dokumenten organisiert und ausgetauscht werden. Da sich jeder einfach mit seiner E-Mail-Adresse registrieren und auf Einladung an einer Aktivität mitarbeiten kann, ist die Kollaboration mit Externen, beispielsweise Kunden oder Lieferanten, über diese Plattform flexibel realisierbar.

Einfacher Dokumenten-austausch

Es bestehen schon seit ein paar Jahren Pläne von SAP, die Funktionalitäten von SAP StreamWork in die ehemalige Lösung SuccessFactors Jam unter dem Namen SAP Jam zu integrieren, allerdings sind noch keine konkreten Termine genannt worden (siehe beispielsweise den Geschäftsbericht von SAP 2013 auf Seite 299, abrufbar unter *http://www.sapintegratedreport.com/2013/de/*). Aktuell findet sich jedoch die Funktionalität von SAP StreamWork nur eingeschränkt in SAP Jam, und beide Lösungen existieren nach wie vor parallel.

8.6   SAP Jam

Neben SAP StreamWork bietet die SAP mit SAP Jam eine zweite Kollaborationslösung an, die aus der SuccessFactors-Familie stammt. In diesem Abschnitt zeigen wir Ihnen die Möglichkeiten von SAP Jam und gehen in Abschnitt 8.6.5 auf die Unterschiede zu SAP StreamWork ein.

8.6.1   Zielgruppe und Einordnung

Ziel von SAP Jam ist es, Mitarbeiter, Prozesse und Informationen zusammenbringen, um so Wege zur Problemlösung zu finden oder neue Ideen zu generieren.

Zielgruppe SAP Jam eignet sich genau wie SAP StreamWork besonders für folgende Zielgruppen:

- internationale Projektteams, die zeitlich und örtlich getrennt voneinander am Projekt arbeiten
- unternehmensübergreifende Projektteams, die nicht über eine gemeinsame Serverstruktur zur Ablage verfügen
- Projektteams mit hoher Fluktuation, da es für neu hinzugekommene Mitglieder einfach ist, sich über den aktuellen Stand zu informieren
- Szenarien, in denen Informationen vielen Teilnehmern bereitgestellt werden sollen, beispielsweise bei Schulungen oder in der Lehre

Funktionen SAP Jam bietet die klassischen Funktionen einer Kollaborationslösung, d. h., dass Dokumente mit anderen Personen geteilt werden können oder dass Diskussionen der User untereinander unterstützt werden, wobei User aus dem eigenen Unternehmen mit Partnerfirmen zusammenarbeiten können. SAP Jam ist dabei besonders stark an soziale Netzwerke angelehnt und bietet beispielsweise neben Kommentarmöglichkeiten auch »Gefällt mir«- oder Teilen-Funktionen. So steht bei SAP Jam vor allem der kommunikative Aspekt des Web 2.0 im Vordergrund.

8.6.2   Funktionsübersicht

Organisation SAP Jam bietet viele Funktionen zur Organisation der Arbeit (siehe Abbildung 8.52), wie z. B. die Startseite, auf der Status-Updates aus

Projekten und von Kollegen angezeigt werden. Auch gibt es ein eigenes Work Center, in dem vorher markierte Projektinhalte über Lesezeichen schnell wieder aufgerufen werden können.

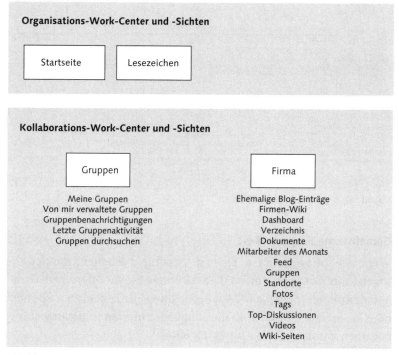

Abbildung 8.52 Work Center SAP Jam

Zur Kollaboration in Projekten gibt es das Work Center GRUPPEN und zur Kollaboration unter Kollegen allgemein das Work Center FIRMA.

8.6.3 Kollaboration

In diesem Abschnitt stellen wir Ihnen zwei Use Cases für SAP Jam vor (siehe Abbildung 8.53):

Use Cases

▸ Im ersten Use Case zeigen wir Ihnen die Möglichkeiten, die SAP Jam zur Bearbeitung von gemeinsamen Projekten anbietet.

▸ Im zweiten Use Case geht es um die Kommunikation innerhalb der Firma sowie die Organisation der eigenen Arbeit.

Die beiden Use Cases sind analog zu SAP StreamWork gegliedert, es werden aber jeweils die Besonderheiten der beiden Lösungen vorgestellt.

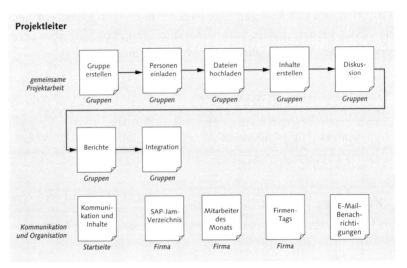

Abbildung 8.53 Use Cases SAP Jam

Gemeinsame Projektarbeit

Gruppen

Wenn Sie zu bestimmten Themen zusammenarbeiten, können Sie sogenannte Gruppen nutzen. Diese können Sie als öffentliche Gruppen definieren, denen alle Mitglieder Ihrer Firma beitreten können, oder als private Gruppen, in die Mitglieder nur auf Einladung aufgenommen werden (siehe Abbildung 8.54).

Abbildung 8.54 Gruppe erstellen

In private Gruppen können auch Mitarbeiter externer Unternehmen auf Einladung einbezogen werden. In der Basisversion können jedoch nur Mitarbeiter des eigenen Unternehmens eingeladen werden.

In die Gruppe können Sie anschließend Dateien hochladen, um mit anderen Gruppenmitgliedern darüber zu diskutieren oder daran zu arbeiten (siehe Abbildung 8.55).

Dateien teilen

Abbildung 8.55 Dateien hochladen

Beim Upload der Datei können Sie einstellen, wie Ihre Gruppenmitglieder mit der Datei arbeiten dürfen, d. h. ob diese nur Lesezugriff, eingeschränkten Zugriff oder Vollzugriff bekommen. Bei der späteren Projektarbeit können Sie auch eine neue Version des Dokuments hochladen oder das Dokument hervorheben. In diesem Fall wird es in dem Inhaltsbereich mit einem Kennzeichen versehen. Zur Organisation Ihrer Inhalte können Sie hierarchische Ordnerstrukturen anlegen und Ihre Dokumente dort einklinken.

Weitere Inhalte, die zur Zusammenarbeit genutzt werden können, sind Wiki-Seiten, Blogs, Links, Videos oder Bilder (siehe Abbildung 8.56).

Tools zur Zusammenarbeit

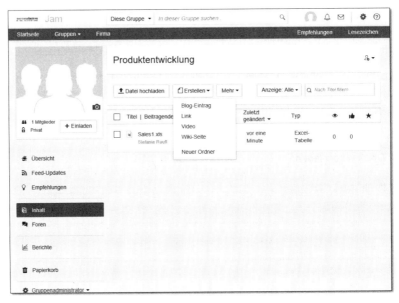

Abbildung 8.56 Inhalte erstellen

Wenn Sie ein Wiki anlegen, erhalten Sie einen Texteditor, in den Sie Inhalte eintragen können. Dasselbe gilt für eine Diskussion – hier tragen Sie den zu diskutierenden Inhalt in den Texteditor ein. Ihre Kollegen können anschließend per ANTWORTEN ihre Meinung zu Ihrer Frage äußern (siehe Abbildung 8.57).

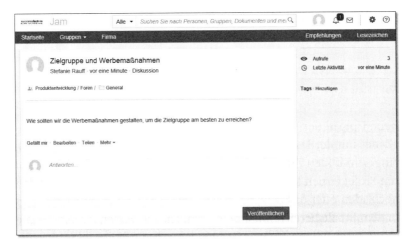

Abbildung 8.57 Diskussion

In jeder Gruppe gibt es einen Bereich EMPFEHLUNGEN. In diesem wird der Inhalt angezeigt, der noch nicht gesehen wurde. Gelöschte Elemente werden in den Papierkorb geschoben, aus dem sie bei Bedarf wiederhergestellt werden können.

Im Bereich BERICHTE können Sie sich über die Aktivitäten von Mitgliedern informieren. Sie wählen dazu aus, welchen Bericht Sie angezeigt bekommen möchten, den Zeitrahmen und ob Sie auch Metadaten wünschen.

Berichte

Berichtskategorien

[«]

Es gibt vier verschiedene Berichtskategorien:

▶ AKTIVITÄTSÜBERSICHT zeigt Ihnen die von Benutzern in einem festgelegten Zeitraum durchgeführten Aktivitäten.

▶ INHALTSRANKING zeigt Ihnen die am häufigsten aufgerufenen Inhalte sowie weitere Metainformationen wie Inhaltstyp, Speicherort, Anzahl »Gefällt mir«-Klicks und Bewertungen.

▶ INHALTSAUFRUFE zeigt Ihnen, wie oft die Dokumententypen im angegebenen Zeitraum aufgerufen wurden.

▶ BEITRAG NACH OBJEKT zeigt, wie oft Inhalte im angegebenen Zeitraum erstellt oder aktualisiert wurden.

Nachdem Sie einen Bericht angefordert haben, können Sie ihn in MS Excel herunterladen und einsehen (siehe Abbildung 8.58).

Activity Summary Report (monthly)		
Produktentwicklung		
Date Range: 03/01/2015 - 03/31/2015 (GMT)		
Activity	Mar-2015	Total
Blogs	1	1
Comments	0	0
Discussion Comments	0	0
Discussions Created	1	1
Document Annotations	0	0
Documents	1	1
Links	0	0
Overview Pages	0	0
Photos	0	0
Videos	0	0
Wiki Pages	0	0

Abbildung 8.58 Bericht

Kommunikation und Organisation

Die Startseite von SAP Jam bietet im linken Bereich einen Einstieg in zuletzt besuchte Gruppen und zuletzt angesehene Inhalte und zeigt zudem Status-Updates an (siehe Abbildung 8.59).

Startseite

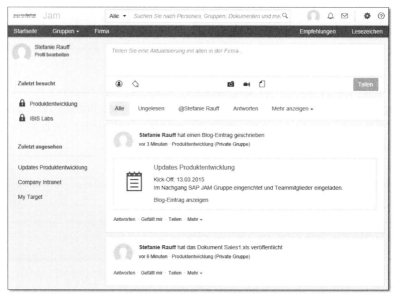

Abbildung 8.59 Startseite von SAP Jam

Im oberen mittleren Bereich können Sie Status-Updates hinzufügen, die dann Ihre Kollegen aus der Firma angezeigt bekommen.

Status-Updates Sie haben dabei neben der Eingabe eines Textes folgende Möglichkeiten:

▶ ⓜ: jemanden erwähnen (Sie können die @mention-Funktion für Ihre Kollegen verwenden, um sie direkt anzusprechen. Mittels @@notify können Sie eine ganze Gruppe benachrichtigen.)

▶ ◇: ein Tag hinzufügen, um Inhalte leichter nach Themen zu organisieren

▶ 🖼: ein Foto hinzufügen

▶ 🎥: ein Video hinzufügen

▶ 🗋: ein Dokument hinzufügen

Die Feeds Ihrer Kollegen oder neuen Projektaktivitäten können Sie mit einem Filter sortieren – beispielsweise nach ungelesenen, für Sie bestimmten Updates oder Diskussionen, an denen Sie teilnehmen.

Die Statusupdates selbst können Sie über ANTWORTEN kommentieren, mit GEFÄLLT MIR markieren oder mit Kollegen TEILEN, und im Bereich MEHR können Sie Lesezeichen setzen oder löschen. Wenn Sie ein Lesezeichen gesetzt haben, können Sie diese Informationen über das Work Center LESEZEICHEN später direkt wieder aufrufen. Diese Feed-Übersicht existiert auch für Ihre Gruppen oder Ihr Unternehmen.

In SAP Jam finden Sie im Bereich Ihrer Firma auch ein Verzeichnis Ihrer Kollegen. Sie können dort z. B. nach einzelnen Kollegen suchen, wie in Abbildung 8.60 gezeigt.

Verzeichnis

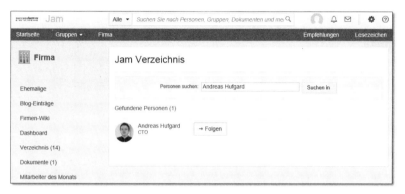

Abbildung 8.60 Suche im SAP-Jam-Verzeichnis der Firma

Ihren Kollegen können Sie folgen, um dann entsprechende Feed-Updates von deren Arbeit zu bekommen. Wenn Sie auf einen Namen klicken, erscheint das Benutzerprofil, das ähnlich wie bei sozialen Netzwerken aufgebaut ist. Es enthält die Möglichkeit zum Senden privater Nachrichten und zum »Anstupsen« sowie eine Übersicht der letzten Aktivitäten des Kollegen und dessen geteilte Inhalte.

Im Work Center FIRMA finden Sie zudem die Möglichkeit, einen Mitarbeiter des Monats zu küren (siehe Abbildung 8.61). Sie können pro Monat einen Mitarbeiter für diesen Titel nominieren. Der Kollege, der am letzten Tag eines Monats die meisten Stimmen hat, wird als Gewinner auf der Startseite bekannt gegeben.

Mitarbeiter des Monats

In Ihrem Firmenbereich können Sie zudem Blog-Einträge pflegen, ein Firmen-Wiki anlegen, Dokumente verwalten, Links hinterlegen, Standorte pflegen, Fotos hochladen, in Firmeninhalten verwendete Tags (siehe Abbildung 8.62) anzeigen, Top-Diskussionen (mindestens zwei Kommentare in den letzten sieben Tagen) verfolgen, Videos anschauen und Wiki-Seiten aufrufen.

Tags

Abbildung 8.61 Mitarbeiter des Monats

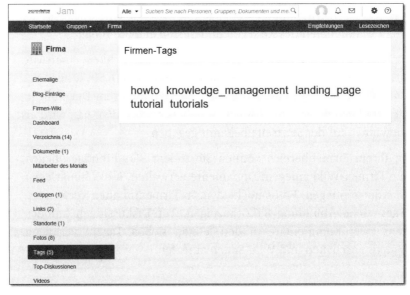

Abbildung 8.62 Tags in SAP Jam

Benachrichtigungen steuern

Um sich über Updates in Ihrem Unternehmen oder Ihrer Gruppe informieren zu lassen, können Sie E-Mail-Benachrichtigung in Ihrem Profil definieren (siehe Abbildung 8.63).

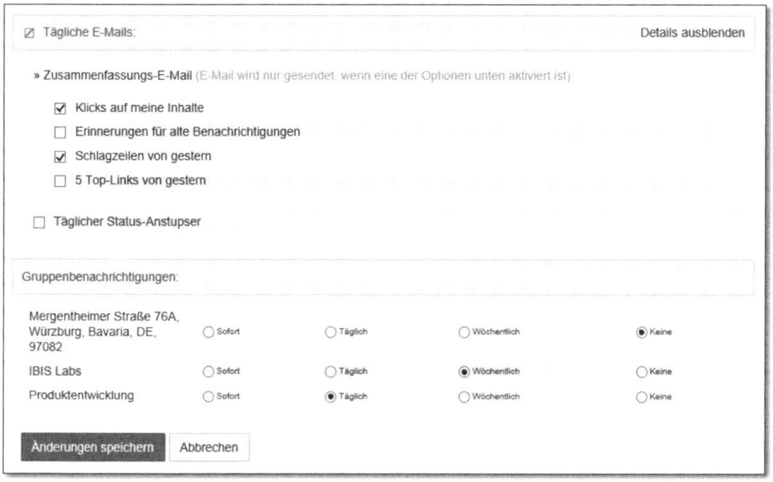

Abbildung 8.63 E-Mail-Benachrichtigungen

Hier können Sie eintragen, für welche Ereignisse Sie eine tägliche Zusammenfassungs-E-Mail bekommen möchten, beispielsweise für Klicks auf Ihre Inhalte. Zudem können Sie Gruppenbenachrichtigungen einrichten. Die erste »Gruppe« ist hierbei Ihre Firma, die anderen sind Projektgruppen.

8.6.4 Implementierung

Integration

SAP Jam basiert auf der Kollaborationslösung von SuccessFactors. Die Lösung kann eigenständig verwendet oder mit SAP- bzw. Nicht-SAP-Software integriert werden. Als Beispiele können SAP Cloud for Customer, SuccessFactors, Microsoft Lync oder Share Point genannt werden. Genauere Informationen hierzu finden Sie im SAP Jam User Guide unter *http://help.sap.com/sapjam*.

Freemium-Konzept

Die Lizenzkosten basieren auf dem Freemium-Konzept: Es gibt einen kostenlosen Basis-Firmenaccount, dieser ist allerdings auf 500 MB Speicherplatz und pro Mitarbeiter fünf Gruppen beschränkt. Bei den lizenzpflichtigen Accounts wird auf das klassisches Cloud-Konzept gesetzt; die Preise pro Monat werden pro User festgelegt. Es gibt verschiedene Nutzertypen und eine Mindestabnahmemenge von 20 User-

Paketen. Für die ersten fünf User gibt es einen relativ teuren Basispreis pro Monat, die übrigen sind wesentlich günstiger. Die Nutzer können interne Anwender des eigenen Unternehmens oder Anwender von Partnerunternehmen sein.

Mobile Lösung   Eine mobile Lösung ist mit der BizX-Mobile-App von SuccessFactors vorhanden und kann mit dem iPad oder iPhone, mit Android und BlackBerry genutzt werden. In der mobilen Lösung werden Sie über neue Beiträge oder Direktnachrichten nach dem Push-Prinzip informiert. Zudem können Sie den Status von Projekten einsehen oder Experten kontaktieren.

8.6.5 Alleinstellungsmerkmale

Sowohl SAP StreamWork als auch SAP Jam eigenen sich für Sie in folgenden Situationen:

- Sie möchten Dokumente austauschen, bearbeiten und kommentieren.

- Sie benötigen »Arbeitsräume« für Projektgruppen. Beachten Sie hierbei aber, dass nur in SAP StreamWork in der kostenlosen Version mit Externen zusammengearbeitet werden kann und dass SAP Jam nur mit Firmen-E-Mail-Adresse nutzbar ist.

Abgrenzung   SAP StreamWork verfügt über einen umfangreicheren Toolkatalog zur Zusammenarbeit als SAP Jam. Wenn Sie für Ihre Projektarbeit umfangreiche Tools nutzen möchten, wie beispielsweise Pro- und Contra-Listen, Kosten/Nutzen-Analysen, SWOT-Analysen, Checklisten, ARCI-Matrizen etc. (siehe Abschnitt 8.5.3), dann ist SAP StreamWork für Sie die geeignetere Lösung.

In SAP Jam steht Ihnen zusätzlich der Bereich *Firma* zur Verfügung. In diesem können einfach Inhalte mit allen Kollegen geteilt werden. Das heißt, wenn Sie ein firmeninternes Wiki oder ein Statusmanagement zu bestimmten Themen aufbauen möchten, ist für Sie SAP Jam die einfachere Lösung. Auch öffentliche Gruppen, in denen Mitglieder eines Unternehmens ohne Einladung einfach beitreten können, gibt es nur in SAP Jam. Allerdings ist die Nutzung von SAP Jam nur für Unternehmen und nicht für Privatpersonen gedacht. Für die Registrierung benötigen Sie eine Unternehmens-E-Mail-Adresse. Bei SAP StreamWork hingegen können Sie sich mit jeder E-Mail-Adresse registrieren.

Mit Ariba hat SAP 2012 das Cloud-Portfolio um Lösungen für den Einkauf erweitert. In diesem Kapitel zeigen wir Ihnen die Besonderheiten der Ariba-Lösungen, die auch eine Anbindung an einen Marktplatz und ein Geschäftsnetzwerk beinhalten. Dadurch sind Sie nicht nur für Einkaufsabteilungen interessant.

9 Einkauf vernetzen mit Ariba

Eine Besonderheit der Ariba-Lösungen liegt darin, dass Sie mit ihnen nicht nur ihr Geschäft abwickeln können, sondern auch Zugang zu einem Netzwerk mit über 1,5 Millionen Lieferanten aus 223 Ländern bekommen (siehe *https://service.ariba.com/Discovery.aw/128483031/aw?awh=r&awssk=ttoieq12*).

Netzwerk

Die Ariba-Lösungen werden von SAP unter dem Bereich *Lieferanten* bzw. *Supplier* dargestellt, umfassen aber deutlich mehr. Neben Prozessen für die Einkaufsabteilung ist Ariba auch für die Verkaufs- und Finanzabteilung interessant. Mit Ariba Discovery können im Netzwerk klassische Einkaufstätigkeiten durchgeführt werden, beispielsweise eine Ausschreibung veröffentlicht, Gebote von Lieferanten erhalten und verglichen werden. Ariba Discovery kann auch von Verkaufsabteilungen genutzt werden, beispielsweise um Angebote für Ausschreibungen abzugeben. Daneben kann Ariba Sie bei der Beschaffungsabwicklung bzw. Verkaufsabwicklung und im Rechnungsmanagement unterstützen.

Mehr als nur Einkauf

Lösungen zur elektronischen Beschaffung (E-Procurement) entfalten ihren Nutzen erst ab einem gewissen Umsatzvolumen. Für kleinere Unternehmen sind sie daher eher selten interessant. Von Ariba profitieren aus unserer Sicht vor allem Unternehmen, die größere Beschaffungsprojekte auch mit globalen Lieferanten durchführen möchten. Dabei sollte es sich um Produkte handeln, die über einen gewissen Standardisierungsgrad verfügen, sodass mehrere Lieferanten bei einer Ausschreibung mitbieten. Zudem ist Ariba auch für Lieferanten interessant, die größere Stückzahlen global liefern können, um so neue internationale Kunden erreichen zu können.

Entscheidungshilfen

SAP bietet neben der Cloud-Lösung Ariba auch On-Premise-Lösungen wie SAP SRM für den Einkaufsbereich an (siehe Abbildung 9.1).

	On Premise Solutions	Cloud Solutions
Spend Analysis	SAP Spend Performance Management	Ariba Spend Visibility
Sourcing	SAP Sourcing and SAP SRM	Ariba Sourcing & Ariba Discovery
Contract Mgmt	SAP Contract Lifecycle Mgmt and SAP SRM	Ariba Contract Management
Operational Procurement	SAP ERP-MM and SAP SRM; SAP Commodity Procurement	Ariba Procure-to-Pay, Services Procurement, & Procurement Content
Invoice Mgmt	SAP Invoice Mgmt by OpenText	Ariba Invoice Management, Payment Mgmt and Discount Mgmt
Supplier Information & Perf Mgmt	SAP Supplier Lifecycle Management	Ariba Supplier Information & Performance Management
Supplier Collaboration	Ariba Network	
Mobile Procurement	SAP Unwired Platform	

Abbildung 9.1 SAP-Cloud-Portfolio für den Bereich Einkauf

Die Entscheidung, welche der Lösungen für ein Anwenderunternehmen die richtigen sind, hängt zum einen von der bestehenden Infrastruktur ab:

▸ Wenn bereits eine Suite bzw. ein ERP-System wie SAP Business ByDesign oder SAP ERP im Einsatz ist und die Beschaffungsabwicklung dort integriert mit der Bestandsführung und dem Verkauf genutzt wird, ist der Integrationsvorteil hinsichtlich Verfügbarkeitsprüfung im Verkauf, in Planungsläufen etc. entscheidend.

▸ Es ist sinnvoll, die Beschaffungsabwicklung in Ariba durchzuführen, wenn Zulieferer oder Käufer ebenfalls Ariba nutzen und das Unternehmen mit ihnen in enger Abstimmung steht. Sie können auf der Ariba-Plattform mit relativ geringem Aufwand die Kommunikation zum Austausch von Bestellungen, Lieferinformationen und Rechnungen einrichten.

SAP SRM oder Ariba? Der Vorteil bei der Verwendung von SAP SRM in Kombination mit SAP ERP im Vergleich zu Ariba liegt in der gleichartigen Datenstruktur sowie den umfangreichen Integrationsszenarien zu anderen SAP-Produkten wie SAP BW, SAP GRC etc. Ariba hingegen kann durch die hohe Zahl der im Netzwerk befindlichen Lieferanten punkten.

Ariba bietet leider keine Trials oder Demo-Systeme an. Lediglich Ariba Discovery können Sie direkt aufrufen und sich selbst ein Bild davon machen (*https://service.ariba.com/Discovery.aw/128483031/ aw?awh=r&awssk=vR3GR4Fm&dard=1* für Einkäufer und *https:// service.ariba.com/Discovery.aw/ad/quoteSearch* für Verkäufer).

Demo-Versionen

9.1 Zielgruppe und Einordnung

Zielgruppe der Lösung sind in erster Linie Ein- und Verkaufsorganisationen von Unternehmen. Ariba bietet jedoch auch Funktionalitäten für die Finanzabteilungen, insbesondere für das Zahlungsmanagement.

Ariba bietet Vorteile für größere Beschaffungsmaßnahmen, die weltweit Lieferanten einbeziehen wollen, und funktioniert besonders gut, wenn das gesuchte Produkt katalogisierbar ist. Dies ist klassischerweise vor allem im Bereich Handel oder in der Fertigungsindustrie der Fall. In diesen Branchen spielen Lösungen für die elektronische Beschaffung (E-Procurement) bzw. für den Bereich *Spend Management* (Ausgabenanalyse und darauf aufbauende strategische Beschaffung) ihre Stärken aus.

Handel und Fertigungs-industrie

Im Vergleich zur SAP Cloud for Customer ist Ariba für Ihre Verkaufsabteilung interessant, wenn Sie Ihre Produkte weltweit positionieren und auf Ausschreibungen hin bieten möchten. Das ist klassischerweise dann der Fall, wenn Sie größere Mengen von gleichen Produkten, z. B. in Form von Kontrakten, verkaufen und es für Ihre Produkte viele Abnehmer gibt. In diesem Szenario werden Ihre Produkte meist von Ihren Kunden weiterverarbeitet oder weiterverkauft. Cloud for Customer hingegen ist für Sie tendenziell besser geeignet, wenn Sie Produkte mit langen Sales-Zyklen verkaufen (Opportunity Management) und relativ viel Interaktion mit dem Kunden haben, z. B. in Form von Produktpräsentationen (Aktivitäten-Management).

Ariba oder Cloud for Customer?

9.2 Funktionsübersicht

Ariba stellt folgende Funktionen in diversen Produkten zur Verfügung:

Funktionen

- ► Ausgabenanalyse
- ► Sourcing (RFX-Tool für Ausschreibungen und Auktionen)

- Ariba Spot Quote
- Ariba Discovery for Buyers (Lieferantensuche)
- Vertragsmanagement
- Beschaffung
- kollaborative Lieferkette
- Lieferantenmanagement
- Rechnungsmanagement
- Skontomanagement
- AribaPay (Elektronische Bezahlung)

Da das Ariba-Produktportfolio sehr vielfältig ist und nicht jedes Produkt über Work Center verfügt, wird an dieser Stelle auf die Grafik mit genauen Work-Center-Bezeichnungen verzichtet.

9.3   Einkaufen im Netzwerk

Use Cases Im Folgenden wollen wir Ihnen die Besonderheiten von Ariba anhand verschiedener Use Cases vorstellen. Abbildung 9.2 zeigt eine Übersicht der ersten drei Use Cases zur strategischen Beschaffung aus Kundensicht und der zugehörigen Lieferantensicht.

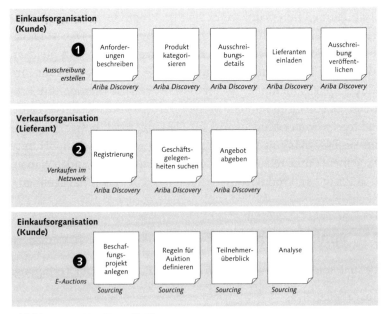

Abbildung 9.2 Use Cases ❶–❸

Zuerst zeigen wir Ihnen, wie Sie mit Ariba Discovery eine Ausschreibung erstellen, indem Sie Ihre Anforderungen beschreiben, ihr gesuchtes Produkt kategorisieren, Details zur Ausschreibung ergänzen und Lieferanten zur Angebotsabgabe einladen, bevor Sie die Ausschreibung schließlich veröffentlichen (siehe ❶ in Abbildung 9.2).

Ausschreibung

Anschließend betrachten wir die Seite der Lieferanten im Netzwerk. Diese müssen sich zuerst registrieren und können anschließend nach Geschäftsgelegenheiten suchen. Wenn Sie etwas zu Ihren Produkten Passendes gefunden haben, können Sie für die Ausschreibung ein Angebot abgeben ❷.

Im dritten Use Case werden wir Ihnen E-Auctions vorstellen. Hierzu gehört es, im Rahmen eines Beschaffungsprojekts Regeln für die Auktion zu definieren, Teilnehmer einzuladen sowie die Preisentwicklung zu überwachen ❸.

E-Auctions

Neben der strategischen Beschaffung unterstützt Ariba auch die operative Beschaffung. Abbildung 9.3 zeigt Ihnen eine Übersicht zweier weiterer Use Cases für die operative Seite des Procure-to-Pay-Prozesses.

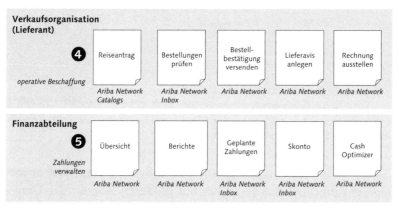

Abbildung 9.3 Use Cases ❹ und ❺

Im vierten Use Case zeigen wir Ihnen die Verwendung von Produktkatalogen sowie den klassischen Bestellprozess von der Bestellung über Bestellbestätigung und Lieferavis bis zur Rechnung ❹.

Produktkataloge

Der fünfte Use Case fokussiert auf die Zahlungsverwaltung ❺. Ariba bietet verschiedene Berichte und Übersichten beispielsweise zu geplanten Zahlungen oder Skonto. Zuletzt möchten wir Ihnen den

Zahlungsverwaltung

Cash Optimizer vorstellen, der für Sie berechnet, ob für Sie Liquiditätsengpässe zu erwarten sind, und Lösungen vorschlägt.

9.3.1 Ausschreibung erstellen

Ausschreibung anlegen

In Ariba Discovery können Sie für Ihre Beschaffungsprojekte Ausschreibungen erstellen. Dazu beschreiben Sie zuerst Ihre zentralen Anforderungen. Dazu gehört, in welche Produkt- und Servicekategorie das gesuchte Produkt eingeordnet werden kann und an welchen Ort das Produkt geliefert bzw. der Service erbracht werden soll (siehe Abbildung 9.4).

Abbildung 9.4 Anforderungen beschreiben

Ariba erkennt den eingetragenen Ort, z. B. Würzburg, und ordnet eine entsprechende Lieferregion mit größeren Städten der Umgebung zu.

Sie können Ariba Discovery einfach ohne Registrierung aufrufen und sich anschauen, wie eine Ausschreibung angelegt wird (*https://service.ariba.com/Discovery.aw/128483031/aw?awh=r&awssk=qgf1DQvl*), oder Sie können eine Live-Demo anfordern (*http://www.ariba.com/resources/live-demo*).

Ariba verfügt über eine umfangreiche Klassifizierung mit über 20.000 Produkt- und Servicekategorien, in die Sie Ihre Produkte einordnen können. Die Auswahl der Kategorien erfolgt über ein mehrstufiges Schema, das in Abbildung 9.5 gezeigt wird.

Kategorisierung

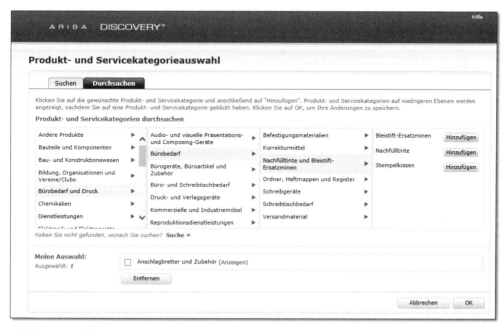

Abbildung 9.5 Kategorisierung

Durch diese detaillierte Klassifizierung sowie einen regionsbasierten Abgleich der Lieferorte wird es für Ariba möglich, Ihrer Ausschreibung später passende Lieferanten automatisiert zuzuordnen.

Im nächsten Schritt können Sie dann weitere Details erfassen (siehe Abbildung 9.6). Hierzu gehören der Titel der Ausschreibung, der Projektbetrag, die Dauer des Vertrags, Antwortfrist, Zuschlagsdatum, Beschreibungen und Anhänge.

Details

Ariba stellt Informationsmaterial bereit, wie Sie Ihre Ausschreibung gestalten sollten, z. B. wie der Titel formuliert werden sollte, um möglichst viele Gebote von Lieferanten zu bekommen und Rückfragen zu vermeiden. Generell sollten Sie gleich zu Beginn möglichst viele Details eingeben und wichtige Dateien anfügen. So sollten Rückfragen von potenziellen Lieferanten gar nicht erst aufkommen, und die Beschaffung sollte effizient abgewickelt werden.

Hilfestellung

Abbildung 9.6 Details der Ausschreibung

Passende Lieferanten anzeigen
Bereits in diesem Schritt sehen Sie, wie viele Lieferanten Ihre Anforderungen erfüllen, und Sie können sich schon hier vorab die gefundenen Lieferanten anzeigen lassen und diese einladen (siehe Abbildung 9.7).

Filter
Bei der Auswahl können Sie links im Menü mit Filtern die Liste der Lieferanten einschränken. So können Sie sich beispielsweise nur die Lieferanten anzeigen lassen, die mit fünf Sternen bewertet wurden oder die über einen gewissen Mindestjahresumsatz verfügen. Ist ein Lieferant, den Sie bei der Ausschreibung gerne dabei hätten, noch nicht gelistet, können Sie ihn auch über einen Button einladen oder hinzufügen, wenn er bereits bei Ariba registriert ist. Wenn der Lieferant noch nicht gelistet ist und zu einer Ausschreibung eingeladen wird, bekommt er eine E-Mail mit einem Link zur Registrierung.

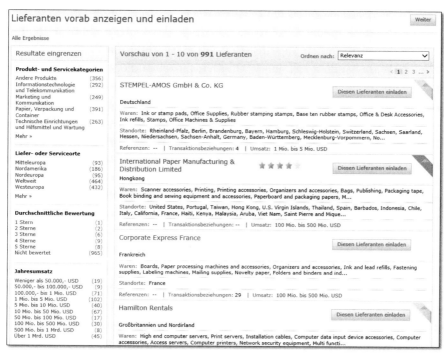

Abbildung 9.7 Lieferanten auswählen

Neben den bereits genannten Details können Sie in Ihrer Ausschreibung   Präferenzen
auch Präferenzen für die Lieferanten erfassen (siehe Abbildung 9.8).

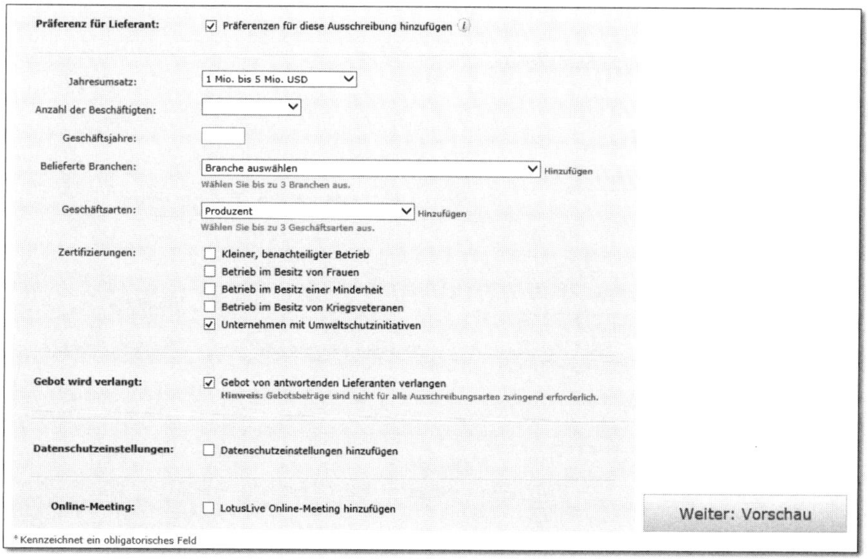

Abbildung 9.8 Details

In diesen können Sie beispielsweise festlegen, wie hoch der Jahresumsatz oder die Beschäftigtenzahl der Lieferanten sein sollten. Ebenso können Sie einstellen, ob es sich um die Produzenten der Ware handeln soll, um Vermittler, Einzelhändler, Großhändler etc.

Einstellungen Neben den Präferenzen können Sie Einstellungen für die Ausschreibung an sich definieren, nämlich ob die antwortenden Lieferanten ein Gebot abgeben müssen. Zuletzt können Sie noch zusätzliche Informationen wie Datenschutzeinstellungen oder ein Online-Meeting erfassen.

Ausschreibung einreichen Im letzten Schritt melden Sie sich bei Ariba an und reichen die Ausschreibung direkt ein. Ihre Informationen als Käufer können Sie dabei anzeigen, um Ihrer Anzeige mehr Glaubwürdigkeit zu geben. Möglich ist auch die Einrichtung eines Käuferprofils, in dem Sie Anforderungen für die Lieferanten spezifizieren, oder eine Landing Page, auf der alle Ihre Beschaffungsanzeigen dargestellt werden.

Identität schützen Um Ihre Identität zu schützen, können Sie definieren, dass Ihr Name und Ihre Kontaktdaten nur mit den ausgewählten Lieferanten geteilt werden, die auf Ihre Ausschreibung geantwortet haben.

9.3.2 Verkaufen im Netzwerk

Um bei einer derartigen Ausschreibung als Verkäufer gefunden zu werden, müssen Sie sich bei Ariba registrieren (siehe Abbildung 9.9).

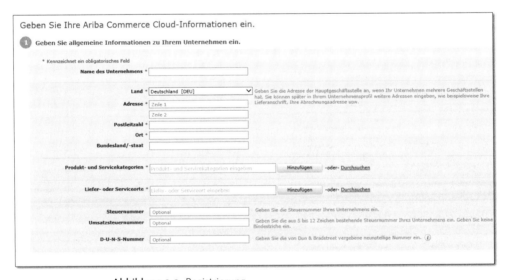

Abbildung 9.9 Registrierung

In der Registrierung tragen Sie neben den Angaben zu Ihrem Unternehmen auch die Produkt- und Servicekategorien sowie die Liefer- und Serviceorte ein, mit denen Sie später bei Ausschreibungen gefunden werden können. Um den Handel zu vereinfachen, können Sie direkt Ihre Steuer- und Umsatzsteuernummern eintragen. Die D-U-N-S-Nummer (Dun & Breadstreet) dient dazu, dass sich Ihre Geschäftspartner Informationen über Ihre finanzielle Situation einholen können. Dies ist auf Käuferseite sinnvoll, um die Glaubwürdigkeit für die Bezahlung der Rechnungen zu erhöhen. Auch auf Lieferantenseite hat dies eine Berechtigung: So können Sie das Risiko verringern, am Ende in Lieferengpässe zu geraten, weil der Lieferant einen Teil der Ware, die er für Ihren Auftrag benötigt, nicht vorfinanzieren kann.

Registrierung

Im Rahmen der Registrierung können Sie sich im zweiten Schritt dann ein Benutzerkonto einrichten. Mit diesem können Sie sich später bei Ariba anmelden und Ihre Unternehmensdaten pflegen oder Benachrichtigungen bearbeiten.

Als Verkäufer haben Sie zwei Möglichkeiten, um für Sie interessante Geschäftsgelegenheiten zu identifizieren. Zum einen können Sie sich veröffentlichte Ausschreibungen anschauen und diese nach diversen Kriterien durchsuchen (siehe Abbildung 9.10).

Geschäfts-gelegenheiten finden

Abbildung 9.10 Leads

Benachrichtigung

Zudem werden Sie automatisch benachrichtigt, wenn Geschäftsgelegenheiten ausgeschrieben werden, die mit dem eigenen Profil übereinstimmen. Für diese können Sie anschließend ein Angebot abgeben.

Weitere Lösungen

Als Verkäufer stehen Ihnen zudem weitere Lösungen und Services von Ariba zur Verfügung:

▸ *Ariba Contract Management Solution for Sales Contracts*: Mit dieser Lösung können Sie Ihre Kontrakte verwalten und überwachen (weitere Informationen finden Sie beispielsweise unter *http://www.ariba.com/solutions/buy/contract-management*). Die Besonderheit dieser Lösung ist, dass Sie mit allen Beteiligten einen gemeinsamen Workspace auf der webbasierten Ariba-Plattform teilen und somit über Änderungen, Aktivitäten etc. direkt informiert werden.

▸ *Ariba Sales & Marketing Programs*: Ariba bietet Ihnen fünf verschiedene Verkaufs- und Marketingprogramme an (Basic, Bronze, Silver, Gold, Platinum (siehe auch *http://www.ariba.com/suppliers/subscriptions-and-pricing/b2b-e-commerce*), um Ihr Branding und Ihr Online-Handelsgeschäft weiter auszubauen. Für die genauen Inhalte der fünf Programme empfiehlt sich das Datasheet »Ariba Ready Sales and Marketing Programs«.

9.3.3 E-Auctions

Ariba Sourcing

Zur Durchführung von besonderen Auktionen wird Ariba Sourcing angeboten. Die Screenshots aus diesem Kapitel stammen aus einer Demoversion, die wir empfehlen können, wenn Sie sich einen Überblick zu diesem Thema verschaffen möchten (*https://www.youtube.com/watch?v=3JJH6yFlaZE*).

Beschaffungsprojekt

Abbildung 9.11 zeigt die Erstellung eines neuen Beschaffungsprojekts.In diesem können Sie die zentralen Informationen hinterlegen, d. h. welche Art von Event Sie durchführen möchten, wie viel Sie ausgeben bzw. sparen wollen, wie lange der Kontrakt laufen soll etc.

Vorlagen

Abhängig von Ihren Eingaben werden Ihnen Vorlagen angeboten, aus denen Sie anschließend wählen können. Für Auktionen bekommen Sie beispielsweise Reverse-Auktionen angeboten, bei denen sich die Bieter im Preis unterbieten, oder holländische Reverse-Auktionen, bei denen Sie den Preis so weit anheben, bis ein Bieter diesen akzeptiert (siehe auch *http://exchange.ariba.com/community/solutions/sourcing/blog/2010/04/09/knowledge-nuggets-esourcing-part-9-auctions-3-of-3*).

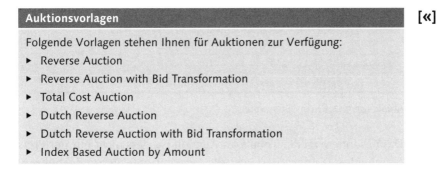

Abbildung 9.11 Beschaffungsprojekt anlegen

Auktionsvorlagen

[«]

Folgende Vorlagen stehen Ihnen für Auktionen zur Verfügung:

- Reverse Auction
- Reverse Auction with Bid Transformation
- Total Cost Auction
- Dutch Reverse Auction
- Dutch Reverse Auction with Bid Transformation
- Index Based Auction by Amount

Wenn Sie sich für die Vorlagen entschieden haben, können Sie im nächsten Schritt die Regeln definieren. Die Regeln sind in sechs Kategorien unterteilt:

Regeln definieren

- Zeitliche Aspekte (Timing Rules)
- Bieten (Bidding Rules)
- Währungskurse (Currency Rules)
- Markt-Feedback (Market Feedback)
- Nachrichten (Message Board)
- Bieter-Einverständnis (Include Bidder Agreement)

Zeitliche Aspekte   Bei den zeitlichen Aspekten gibt es feste Parameter, z. B. ob es vor der Auktion schon eine Preview geben soll, die Datumseinschränkungen hinsichtlich Start und Ende sowie die frei variierbaren Felder. In diesen können Sie beispielsweise festlegen, wie lange die *Overtime* dauern soll. Overtime bedeutet, dass sich die Zeit, in der Gebote angenommen werden, um weitere zwei Minuten verlängert, wenn ein Gebot beispielsweise in den letzten zwei Minuten abgegeben wird. So ähnelt das Gebotsverfahren eine Live-Auktion.

Total Cost Auction   Abbildung 9.12 zeigt die Regeln für das Bieten für eine Total Cost Auction.

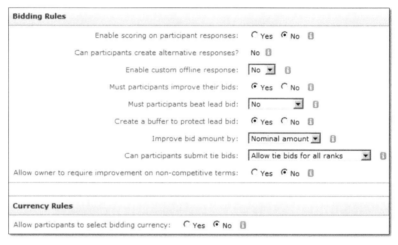

Abbildung 9.12 Regeln für Auktion

Das Besondere an der Total Cost Auction ist, dass nicht nur der Preis entscheidet, sondern dass weitere Faktoren wie Versandgebühren, Steuern etc. hinzugezogen werden. In den Regel legen Sie dann beispielsweise fest, ob die Bieter ihr letztes Gebot verbessern oder ob sie das führende Gebot unterbieten müssen. Im Bereich MARKT-FEEDBACK können Sie u. a. einstellen, ob das führende Gebot den anderen Teilnehmern gezeigt werden soll oder ob die Teilnehmer ihre Platzierung in der Rangfolge sowie deren Berechnungsformel sehen dürfen.

Übersicht   Ariba bietet für jede Auktion detaillierte Ansichten, beispielsweise welche Teilnehmer Sie zu der Auktion eingeladen haben und ob diese bereits geantwortet oder ein Gebot abgegeben haben (siehe Abbildung 9.13).

Abbildung 9.13 Überblick über die Teilnehmer

Zudem gibt es dedizierte Berichtübersichten zur Analyse der Preisentwicklung (siehe Abbildung 9.14).

Abbildung 9.14 Analyse

In dieser können Sie für den Zeitverlauf die Preisentwicklung beobachten. Rechts daneben werden Ihnen die Gebote in historischer Übersicht angezeigt.

Analyse

389

9.3.4 Operative Beschaffung

In diesem Abschnitt möchten wir Ihnen zeigen, wie Sie Ihre Kataloge mit Kunden austauschen sowie den klassischen Beschaffungsprozess von der Bestellung bis zur Rechnungsstellung in Ariba abwickeln können. Hierzu bietet Ariba ebenfalls ein gutes Tutorial, auf dem auch die hier gezeigten Screenshots basieren (*https://connect.ariba.com/AUC/prod/en/Supplier/an/Tutorials/Setup/Overview/Overview_of_the_Ariba_Network.htm*).

Produktkatalog   Als Lieferant können Sie einen oder mehrere Produktkataloge für Ihre Kunden in Ariba erstellen (siehe Abbildung 9.15), sodass Ihre Kunden diese dann dort abrufen und darauf aufbauend bestellen können. Die Verwendung von Produktkatalogen hat den Vorteil, dass Ihre Kunden und potenziellen Kunden immer aktuell über Ihr Produktportfolio und Ihre Preise informiert sind und dass weniger Fehler aus der manuellen Übertragung oder durch veraltete Informationen entstehen.

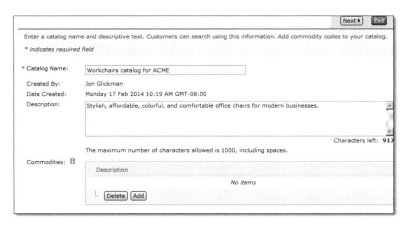

Abbildung 9.15 Produktkatalog erstellen

Sie können den Katalog mit den Produkten und Preisinformationen in verschiedenen Formate wie CIF oder CXML hochladen. Der Katalog kann für alle sichtbar sein oder nur für die Kunden, mit denen Sie bereits Geschäftsbeziehungen hatten. Analog zu Internetshops können die Kunden Produkte in den Warenkorb legen. Dazu wird dann die Bestellung generiert.

Ariba-Startseite   In Ihrer Ariba-Startseite finden Sie eine Übersicht Ihrer Bestellungen mit diversen Quick-Links (siehe Abbildung 9.16).

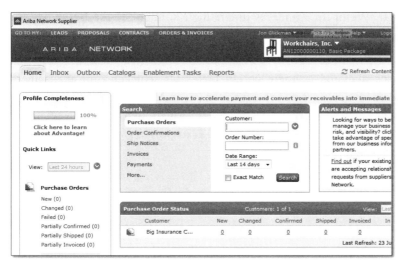

Abbildung 9.16 Übersicht »Purchase to Pay«

In den Reitern im oberen Bereich können Sie zu den Katalogen springen oder auch zu Ihrer Inbox, Outbox oder zu Ihren Berichten.

In Ihrer Online-Inbox finden Sie neu eingetroffene Bestellungen Ihrer Kunden (siehe Abbildung 9.17).   Online-Inbox

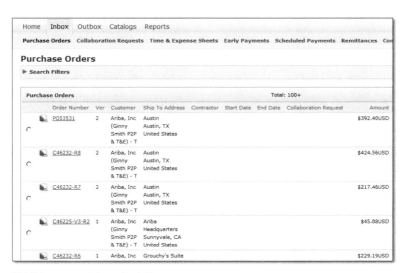

Abbildung 9.17 Inbox »Bestellungen«

Da die Bestellungen bzw. Kundenaufträge zwischen Ihnen und Ihrem Kunden direkt auf einer webbasierten Plattform ausgetauscht werden, sind diese nahezu in Echtzeit bei der anderen Partei verfüg-   Dokumente austauschen bar. Wenn Ihr Kunde es unterstützt, können Sie die Bestellbestätigung in Ariba basierend auf der Bestellung schicken, um zu signalisieren, dass Sie entsprechend liefern können.

Lieferavis   Anschließend können Sie ein Lieferavis schicken, um anzuzeigen, dass Sie die Ware verschickt haben (siehe Abbildung 9.18). Das Lieferavis enthält Felder für zusätzliche Informationen wie den Namen des Spediteurs (CARRIER NAME), den Transportweg (SHIPPING METHOD) oder den SERVICE LEVEL.

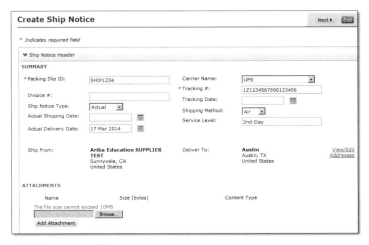

Abbildung 9.18 Lieferavis

Rechnung   Zuletzt können Sie die Rechnung auch über die Ariba-Plattform verschicken (siehe Abbildung 9.19).

Abbildung 9.19 Rechnungsstellung

Die Rechnung referenziert auf die Bestellung und übernimmt alle relevanten Daten wie Zahlungsbedingungen, Positionen mit Menge und Preis etc. entsprechend. Auch Gutschriften können mit Bezug im Anschluss abgewickelt werden.

Referenz

Wenn nicht von beiden Parteien die integrierte Rechnungsfunktionalität genutzt wird, bietet Ariba auch die Möglichkeit, mit dem Ariba Invoice Conversion Service eine Rechnung einzuscannen (*http://www.ariba.com/solutions/manage-cash/invoice-management*).

9.3.5 Zahlungen verwalten

Wie Zahlungen mit Ariba verwaltet werden können, zeigt die Demo *Collaborative Finance* anschaulich, aus der auch unsere Screenshots entnommen sind (*https://www.ariba.com/resources/library/ariba-collaborative-finance-demo*).

Collaborative Finance

Für die in Ariba abgewickelten Bestellvorgänge existiert eine Übersicht nach Kunden. Dort können Sie ablesen, in welchem Status sich die Bestellungen des jeweiligen Kunden befinden (siehe Abbildung 9.20).

Übersicht

In der Übersicht wird neben der Information, ob die Bestellung geändert, bestätigt, geliefert oder noch in Bearbeitung ist, auch aufgelistet, ob der Kunde sie schon bezahlt hat.

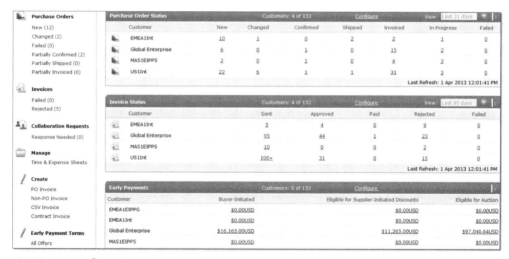

Abbildung 9.20 Übersicht über den Bestell- und Rechnungsstatus

Zudem gibt es eine Tabelle, in der der Status der Rechnung (*Geschickt, Genehmigt, Bezahlt* oder *Fehlerhaft*) sowie Kontoinformationen darge-

Rechnungsstatus

stellt werden. Neben der Übersicht existieren Berichte zur Überwachung des Zahlungsmanagements (siehe Abbildung 9.21).

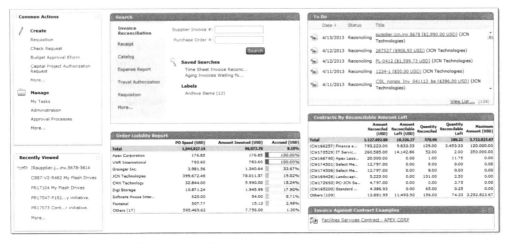

Abbildung 9.21 Berichte

Verbindlichkeiten
überwachen

In den vordefinierten Reports können Sie die Verbindlichkeiten Ihrer Kunden überwachen. Sie sehen das Bestellvolumen jedes Kunden und wie viel Sie ihm bereits in Rechnung gestellt haben. Daraus berechnet sich eine Quote von noch in Rechnung zu stellenden Beträgen.

Zur Überwachung der Zahlungsziele Ihrer Kunden bietet Ariba ebenfalls Übersichten. In Abbildung 9.22 sehen Sie etwa, wann Ihre Kunden ihre Rechnungen beglichen haben und wie viele Tage sie dafür noch Zeit gehabt hätten. Außerdem sehen Sie den Status der Zahlung und erkennen, ob die Kunden Skonto nutzen können.

Scheduled Payments

▶ Search Filters

Scheduled Payments

Payment ID	Invoice	Payment Date	Remaining ↑	Invoice Amount	Status	Early Pay Status
▽ Customer: AribaPartnerP2P (2)						
PAYJFO HEADER TAX MULTI LINE-1200	JFO HEADER TAX MULTI LINE	30 Apr 2013	16 Days	$263.53USD	Scheduled	NA
PAYTest_Supplier_Data-1202	Test_Supplier_Data	2 May 2013	18 Days	$970.00USD	Scheduled	NA
▽ Customer: Custom2Int (2)						
PAYmrw-004-1-89	mrw-004-1	17 Apr 2013	3 Days	$97.00USD	Scheduled	NA
PAYmrw-004-2-90	mrw-004-2	18 Apr 2013	4 Days	$105.00USD	Scheduled	NA
▽ Customer: EMEA1Int (2)						
PAYInvoice - CS47-R60-2536	Invoice - CS47-R60	21 Apr 2013	7 Days	$676.57USD	Scheduled	NA
PAYINV1234567-2544	INV1234567	22 Apr 2013	8 Days	$9.70USD	Scheduled	NA
▽ Customer: Global Enterprise (3)						
ms.03202103.proposal	ms.elnk1.inv	25 Apr 2013	11 Days	$11,265.00USD	Scheduled	Eligible

Abbildung 9.22 Übersicht geplanter Zahlungen

Ebenso gibt es detaillierte Auswertungen, wie viel Skonto den Kunden gewährt wurde und bis zu welchem Termin sie Zeit haben, Skonto abzuziehen (siehe Abbildung 9.23).

Skonto

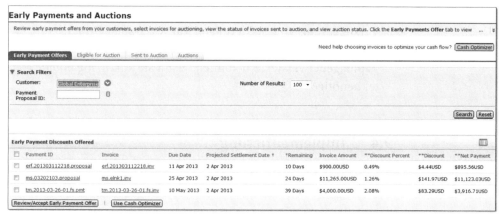

Abbildung 9.23 Skonto

Zuletzt möchten wir Ihnen noch den integrierten Cash Optimizer vorstellen, der auf Basis Ihres Umlaufvermögens berechnet, wie Sie Liquiditätsprobleme vermeiden können (siehe Abbildung 9.24).

Cash Optimizer

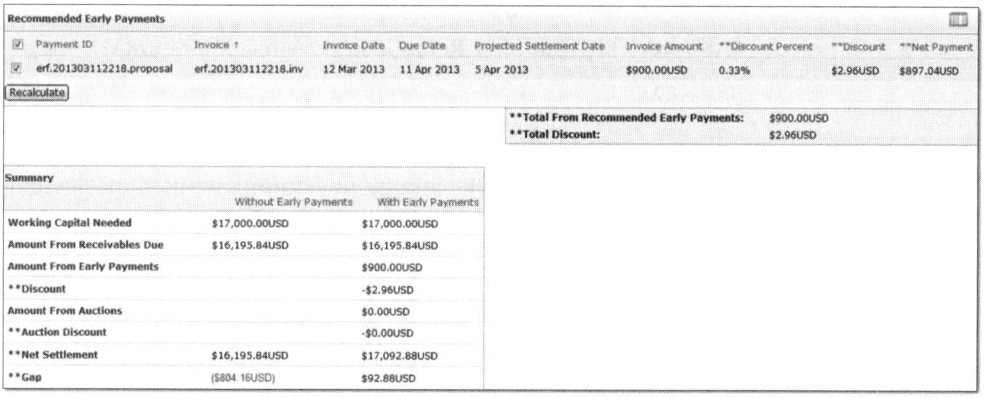

Abbildung 9.24 Cash Optimizer

Ziel des Tools ist es, die Liquidität sicherzustellen. Zu einem Liquiditätsengpass kann es bei einen Lieferanten beispielsweise kommen, wenn er einen großen Auftrag beliefert hat, der Kunde 30 Tage zur Zahlung Zeit hat, der Lieferant jedoch dringend Geld benötigt, um Material für einen weiteren großen Auftrag einzukaufen.

Liquiditätsmanagement

Zur Beseitigung von Liquiditätsengpässen schlägt das Werkzeug zwei Wege vor (siehe auch *https://www.youtube.com/watch?v=iPw1FW6YTZQ*):

1. Kundenskonto erhöhen, um die Kunden zur schnelleren Bezahlung zu bewegen

2. Versteigerung von Forderungen auf *Receivables Exchange* (*http://recx.com/*), einem Marktplatz, auf dem Sie Ihre Forderungen an Kapitalgeber versteigern können, wenn Sie kurzfristig liquide Mittel benötigen

9.4   Implementierung

Bei Ariba ist der erste Schritt der Implementierung die Registrierung und der damit verbundene rollenbasierte Zugang. Für den Geschäftsdatenaustausch mit SAP und anderen ERP-Systemen müssen im zweiten Schritt die Integrationswege geschaffen werden. Ariba bietet fünf vordefinierte Integrationsszenarien für SAP-Systeme an:

▸ SAP ERP Financials (FI) + SAP Materials Management (MM)

▸ SAP ERP Financials (FI)

▸ SAP Materials Management (MM)

▸ SAP ERP + SAP Supplier Relationship Management (SRM)

▸ SAP SRM

Daneben gibt es eine Integration vom Ariba Network zu SAP Business One für die Bereiche Rechnung, Rechnungsstatus, Gutschriften, Bestellungen, Bestellbestätigungen und Lieferavis. Die Unterstützung für Ausschreibungen und Angebote wird gerade noch entwickelt (siehe *http://exchange.ariba.com/community/solutions/supplier/blog/2015/03/20/good-things-in-small-packages-sap-business-one-now-integrates-to-ariba-network-making-touchless-transacting-simple-for-smaller-sellers*).

Ariba verfolgt ein erfolgsbasiertes Preismodell für Lieferanten, was die Einstiegshürden senkt. Ariba Discovery ist für Käufer grundsätzlich kostenlos. Verkäufer können so lange die kostenlosen Standardservices nutzen, bis sie mit mindestens einem Kunden jährlich fünf oder mehr Dokumententransaktionen durchgeführt und dabei einen Schwellwert für das Transaktionsvolumen überschritten haben. Für Europa sind dies beispielsweise aktuell 35.000 Euro pro Jahr. Je höher Ihr Transaktionsvolumen ist, umso höher werden Ihre Abonnementsgebühren. Bei einem Volumen zwischen 35.000 Euro und 185.000 Euro sind dies aktuell 39 Euro. Es existieren verschiedene Zwischenstufen, für die höchste Stufe, die ab einem Transaktionsvolumen ab 7.500.000 Euro greift, liegt die Abonnementgebühr bei 5.795 Euro.

Zudem fallen bei den gebührenpflichtigen Abonnementstufen zusätzliche NTS-Gebühren (Network Transaction Services) in Höhe von 0,155 % Ihres Transaktionsvolumens an. Dabei existieren jedoch Höchstgrenzen für Kundenbeziehungen pro Jahr. Die NTS-Services beinhalten die Zusammenarbeit mit Kunden beim Bestellvorgang, beispielsweise beim Austausch von Dokumenten oder bei der Verwaltung von Katalogen. Eine Übersicht des Ariba-Pricings finden Sie auf den Ariba-Webseiten (*http://www.ariba.com/suppliers/subscriptions-and-pricing/supplier-membership-program/pricing/de*). Daneben gibt es im Rahmen einer Advantage- oder Advantage-Plus-Mitgliedschaft für Verkäufer zusätzliche Sales- und Marketingleistungen, um den Verkauf über das Netzwerk anzukurbeln (*https://service.ariba.com/Discovery.aw/128483031/aw?awh=r&awssk=ttoieq12*). Hierzu gehören beispielsweise ein Premium-Profil und eine höhere Positionierung in Suchlisten.

Network Transaction Services

9.5   Alleinstellungsmerkmale

Laut der aktuellen Gartner-Studie gehört Ariba neben Zycus, Bravo-Solution und Ivalua zu den Marktführern im Bereich der *strategischen Beschaffungsanwendungen* (Strategic Sourcing Application Suites). Gartner nennt als Stärken von Ariba den großen Marktplatz, die robusten E-Auctioning-Fähigkeiten, das Help Desk und den Support sowie die globale Bekanntheit (*http://de.ariba.com/resources/library/gartner-magic-quadrant-for-strategic-sourcing-application-suites*).

Marktführer

Neben der SAP-Integration ist die Besonderheit von Ariba aus unserer Sicht der Marktplatzaspekt mit vielen aktiven Käufern und Verkäufern (über 1,5 Millionen Lieferanten und über 3.000 aktive Einkäufer, siehe *http://www.ariba.com/assets/uploads/documents/Datasheets/Ariba-Discovery-FAQ.pdf*). Mittels einer webbasierten Plattform können Käufer und Verkäufer ihre Geschäfte abwickeln, z. B. Ausschreibungen veröffentlichen, Angebote abgeben, Bestellungen verschi-

Aktiver Markplatz

cken etc. Da sich Käufer und Verkäufer auf einer Plattform befinden, können Dokumente schnell und einfach ausgetauscht werden.

Eine weitere Besonderheit von Ariba ist die qualifizierte Vorauswahl von Lieferanten für Ausschreibungen, die auf folgenden Kriterien basiert:

- einer detaillierten Kategorisierung von Produkten und Services
- der Einschränkung auf eine zu beliefernde Region
- der Selektion von Lieferanten, beispielsweise hinsichtlich Unternehmensgröße

Bedingt durch die große Verbreitung von Ariba können für Ausschreibungen so mehrere qualifizierte Lieferanten gefunden werden.

Mit SuccessFactors hat SAP 2011 das Cloud-Portfolio um Lösungen für das Personalmanagement erweitert. Derartige Lösungen können in Unternehmen einen Beitrag zur Personalentwicklung und Personalplanung leisten.

10 Personal mit SuccessFactors

SuccessFactors teilt sein Produktportfolio in drei Bereiche, die jedoch miteinander integriert als HCM-Suite betrieben werden können:

Produktportfolio

1. HR-Kernprozesse bzw. Core HR (Employee Central und Employee Central Payroll),
2. Talent Management (Recruiting, Performance and Goals, Compensation, Succession and Development, Learning)
3. HR-Analysen (Workforce Analytics, Workforce Planning)

SuccessFactors bietet somit Personalmanagement-Kernfunktionen wie Organisationsmanagement, Personalmanagement, Verwaltung von Personaldaten, Zeitwirtschaft und Personalabrechnung. Daneben werden umfangreiche Möglichkeiten zur Förderung der Mitarbeiter, zur Definition und Überwachung von Zielen und Leistungen, zur Förderung der Entwicklung und Karriere von Talenten, einer leistungsbezogenen Vergütung und der Durchführung von Schulungen angeboten. Um Personallücken zu erkennen, können Sie gezielte Analysen durchführen; Sie können Nachfolgeplanung betreiben, intern und extern nach geeigneten Bewerbern suchen sowie deren Bewerbungsprozess koordinieren.

Viele Module spielen ihre Vorteile erst ab einer gewissen Firmengröße aus. Ein internes Career Center lohnt sich z. B. erst dann, wenn sich offene Stellen nicht sowieso bei allen Kollegen herumsprechen. Andere Funktionalitäten sind vor allem dann für ein Unternehmen interessant, wenn es im Unternehmen viele Hierarchiestufen oder vordefinierte Skill-Profile für Stellen gibt, auf die sich Mitarbeiter hin entwickeln können. Die leistungsbasierte Vergütung benötigen Sie, wenn Sie Ihre Mitarbeiter am Unternehmenser-

Entscheidungs-hilfen

folg beteiligen möchten, was in der Regel bei Vertriebsmitarbeitern oder leitenden Angestellten der Fall ist. Auch die gezielte Bewertung von Mitarbeitern zur Identifikation zukünftiger Führungskräfte etc. ergibt besonders dann Sinn, wenn leitende Angestellte die Mitarbeitergesamtheit eines Unternehmens nicht mehr überblicken können oder die Fluktuation hoch ist. Eine Cloud-Lösung für HR neben Core HR ist unserer Ansicht nach dann besonders interessant, wenn das Unternehmen über eine größere Zahl hoch qualifizierter Mitarbeiter verfügt, die Sie entsprechend fördern möchten, um sie auch gegenüber der Konkurrenz zu halten, oder wenn Sie entsprechend qualifizierte Mitarbeiter suchen. Die professionelle Unterstützung für das Bewerbungsmanagement durch die Personalabteilung hilft Unternehmen vor allem, wenn sie sehr viele Bewerbungen, auch initiativ oder saisonal, bekommen.

SuccessFactors ist unserer Meinung nach besonders für mittlere bis große Unternehmen mit mehreren Standorten interessant. Bei kleineren Unternehmen mit einzelnen Anforderungen in diesen Kategorien ist eine Kosten-Nutzen-Beurteilung der einzelnen Module notwendig.

SAP-HCM-Portfolio Neben SuccessFactors als Cloud-HCM-Suite bietet SAP noch weitere HCM-Produkte im On-Premise-Modell an (siehe Abbildung 10.1).

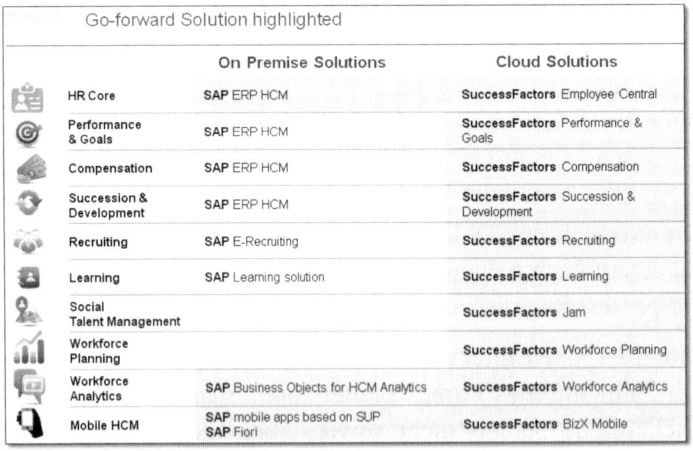

		On Premise Solutions	Cloud Solutions
	Go-forward Solution highlighted		
	HR Core	SAP ERP HCM	**SuccessFactors** Employee Central
	Performance & Goals	SAP ERP HCM	**SuccessFactors** Performance & Goals
	Compensation	SAP ERP HCM	**SuccessFactors** Compensation
	Succession & Development	SAP ERP HCM	**SuccessFactors** Succession & Development
	Recruiting	SAP E-Recruiting	**SuccessFactors** Recruiting
	Learning	SAP Learning solution	**SuccessFactors** Learning
	Social Talent Management		**SuccessFactors** Jam
	Workforce Planning		**SuccessFactors** Workforce Planning
	Workforce Analytics	SAP Business Objects for HCM Analytics	**SuccessFactors** Workforce Analytics
	Mobile HCM	SAP mobile apps based on SUP SAP Fiori	**SuccessFactors** BizX Mobile

Abbildung 10.1 HCM-Lösungen von SAP (Quelle: SAP SE)

Für den Core-HR-Bereich (Zeitmanagement, Organisationsmanagement, Gehaltsabrechnung etc.) existieren SAP ERP HCM als On-Premise-Lösung und SuccessFactors Employee Central als Cloud-

Lösung. Für die übrigen Bereiche wie Ziele, Vergütung, Recruiting, Mitarbeiterplanung etc. verfügt SuccessFactors über die größte inhaltliche Abdeckung unter den SAP-Produkten. Generell ergeben sich Vorteile, wenn ein Produkt für möglichst viele Bereiche verwendet wird, da in diesem Fall die Inhalte auf nur einer Datenbasis basieren und die Bereiche leichter miteinander integriert verwendet werden können.

Im Core-HR-Bereich werden beide Produkte von SAP weiterentwickelt, in den übrigen Bereichen will SAP Investitionen in neue Funktionalitäten vor allem für SuccessFactors tätigen. SuccessFactors wird daher auch als Go-forward Solution bezeichnet.

Die Cloud-Infrastruktur spielt zusätzlich ihre Vorteile aus, falls Sie über mehrere Standorte verfügen oder sich Ihr Geschäft schnell verändert. Wenn Sie bereits SAP ERP HCM nutzen, können Sie die beiden Systeme über vordefinierte Integrationsschnittstellen verbinden. Details zu den Integrationsszenarien finden Sie in Abschnitt 10.6.

Zusammenfassend lässt sich folgendes Profil für SuccessFactors-Kunden definieren: **Kundenprofil**

▸ größeres Unternehmen

▸ mehrere, eventuell globale Standorte

▸ größere Zahl hoch qualifizierter Arbeitnehmer

Die Bewertung und Funktionsbeschreibung von SuccessFactors in den folgenden Abschnitten beruht auf einem Demo-System.

10.1 Zielgruppe und Einordnung

Zielgruppe der Lösung sind vor allem Personalabteilungen und Führungskräfte mit Personalverantwortung. Grundsätzlich ist SuccessFactors in allen Branchen nutzbar. Empfohlen wird es für sämtliche Unternehmensgrößen, wobei sich unserer Meinung nach die Nutzung der meisten Module erst ab einer gewissen Größe richtig lohnt. **Zielgruppe**

Speziell für kleine und mittlere Unternehmen bis 500 Mitarbeiter bietet SuccessFactors das *Perform and Reward Bundle* an (*http://www.successfactors.com/de_de/solutions/small-business/perform-reward.html*). **Perform and Reward Bundle**

[»] **Perform and Reward Bundle**

Das Perform and Reward Bundle beinhaltet vier Bereiche:

▸ **Informationen zur Firma:** Abbilden der Organisationsstruktur Ihrer Firma mit Teamstrukturen und Reporting

▸ **Personaldaten:** Ablage von Kontaktinformationen, Skills, Hintergrundinformationen und Zertifikaten Ihrer Mitarbeiter

▸ **Ziel- und Leistungsmanagement:** Dokumentation und Überwachung von Mitarbeiterzielplänen

▸ **Reports:** Beurteilung von Leistung und Zielerreichung

Auf der Webseite *http://www.successfactors.com/en_us/lp/free-trial/sap-pe-trial.html?Campaign_CRM=CRM-XM15-DWN-CC007* finden Sie ein Testdrive, mit dem Sie nach der Registrierung 15 Tage lang Zugriff auf ein SuccessFactors-System in der eingeschränkten Ausprägung für das Perform and Reward Bundle bekommen.

10.2 Funktionsübersicht

Work Center SuccessFactors verfügt ähnlich wie die anderen Cloud-Lösungen über Work Center zur Organisation und Verwaltung (siehe Abbildung 10.2).

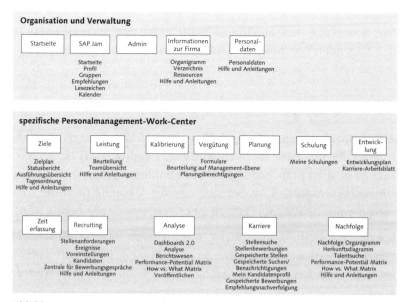

Abbildung 10.2 Work Center in SuccessFactors

Daneben gibt es die Möglichkeit, direkt SAP Jam als personalisierte Startseite aufzurufen. Für das Personalmanagement existiert eine Reihe von Work Centern zu den Bereichen Ziel- und Leistungsmanagement, Talent Management und -förderung sowie Recruiting und Nachfolgemanagement.

10.3 Erfolgsbasiertes Personalmanagement

SuccessFactors umfasst ein weites Spektrum zur Unterstützung des Mitarbeitermanagements. Im Folgenden wollen wir Ihnen dieses anhand von verschiedenen Use Cases vorstellen.

In diesem Abschnitt gehen wir auf die Use Cases ein, die ein erfolgsbasiertes Personalmanagement erlauben (siehe Abbildung 10.3). | Use Cases

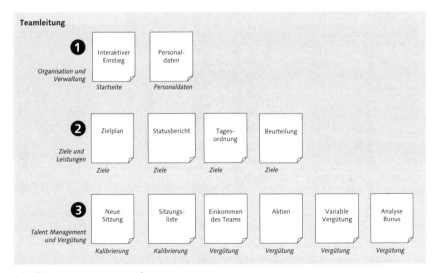

Abbildung 10.3 Use Cases für SuccessFactors

Zuerst zeigen wir Ihnen aus Sicht der *Organisation* und *Verwaltung* die interaktive Startseite sowie die Personaldatei (❶ in Abbildung 10.3). Anschließend betrachten wir die Bereiche *Ziele* und *Leistungsmanagement* ❷. Hierfür existieren in SuccessFactors Zielpläne, mit denen Sie Ihre Ziele dokumentieren. Im Statusbericht können Sie die Erfolgswahrscheinlichkeit und den Einsatz für Ihre Ziele überwachen. Zu diskutierende Ziele können Sie über die Tagesordnung in Meetings einbringen. Zuletzt zeigen wir Ihnen in diesem Use Case noch die Möglichkeiten zur Leistungsbeurteilung. Im dritten Use

Case werden aufbauend auf den Zielen und der Leistungsbeurteilung im Work Center Kalibrierung Auswertungen erstellt, auf deren Grundlage eine Bewertung über die Angemessenheit der Vergütung möglich wird ❸. Im Work Center Vergütung können Sie dann für besonders gute Leistungen Aktien oder Boni zuteilen.

10.3.1 Organisation und Verwaltung

Startseite Der zentrale Einstieg in SuccessFactors zeigt bereits das moderne Design der Lösung in Kacheloptik (siehe Abbildung 10.4). Die START-SEITE kann nach eigenen Wünschen zusammengestellt und auch im Firmendesign dargestellt werden. Hier wird bereits die Integration mit SAP Jam deutlich – dieses ist direkt eingebunden und kann einfach ohne erneute Eingabe der Benutzerdaten aufgerufen werden.

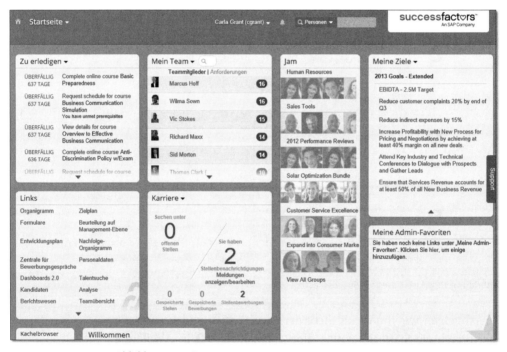

Abbildung 10.4 Startseite

Personaldaten Im Work Center Personaldaten finden sich Personalprofile der einzelnen Mitarbeiter mit Auszeichnungen (siehe Abbildung 10.5).

Neben einer kurzen Beschreibung der eigenen Person, Informationen zur Position in der Firma und Kontaktdaten gibt es eine Übersicht der Abzeichen, die dem Mitarbeiter von Kollegen für besondere Leistungen verliehen wurden.

Abbildung 10.5 Personaldaten

Ebenfalls angezeigt wird eine Einordnung in das Organigramm der eigenen Firma, d. h. welchen Vorgesetzten dieser Mitarbeiter hat und welche Mitarbeiter ihm bzw. ihr unterstellt sind. Aus der größeren Ansicht können Sie zu den Profilen Ihrer Mitarbeiter und deren Zielen navigieren.

Organigramm

10.3.2 Ziele und Leistungen

SuccessFactors bietet umfangreiche Funktionalität zum Management von Zielen an. Im Zielplan in Abbildung 10.6 sehen Sie neben der Mitarbeiterhierarchie auch die Ziele, die nach Kategorien aufgeteilt sind.

Management von Zielen

Zum Management Ihrer Ziele stehen Ihnen verschiedene Kategorien wie beispielsweise Firmenziele, Kundenziele, Finanzziele oder individuelle Ziele zur Verfügung. Hierzu gehören auch die Typen, die

z. B. angeben, ob das Ziel nur für Sie persönlich oder ein Gruppen-ziel ist. Gruppenziele werden dann auch auf die ganze Mitarbeiter-gruppe angewendet. Eine Mitarbeitergruppe ist ein Geschäftsbe-reich, eine Abteilung oder eine Auswahl von Bereichen. Zu jedem Ziel können nun genaue Zielwerte und der aktuelle Wert hinterlegt werden.

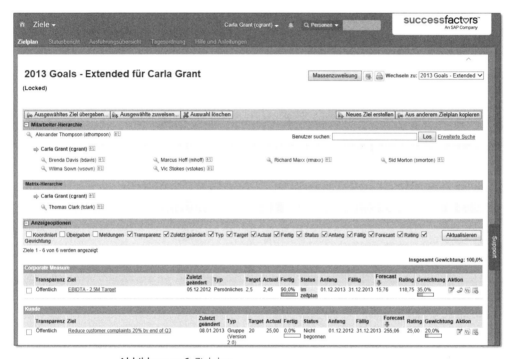

Abbildung 10.6 Zielplan

Fertigstellungsgrad   So wird der Fertigstellungsgrad des Ziels automatisch berechnet und in einem Balken angezeigt. Daneben wird die zeitliche Dimension betrachtet. Zu jedem Ziel kann zudem hinterlegt werden, ob es hin-ter dem Zeitplan oder im Zeitplan liegt, bereits erreicht ist, verscho-ben wurde etc. Zudem können Ziele gewichtet werden.

Zur besseren Übersicht können Ziele in der Anzeige um Informatio-nen reduziert werden, z. B. nur übergebene Ziele, fertige Ziele etc. angezeigt werden.

Statusbericht   Im STATUSBERICHT in Abbildung 10.7 sehen Sie Ihre eigenen Ziele, aufgegliedert nach der Ausführungsvorgabe und der tatsächlichen Ausführung.

Abbildung 10.7 Statusbericht

Zu jedem Ziel können Sie Ihren Einsatz dokumentieren, die Erfolgswahrscheinlichkeit anpassen und Anmerkungen in Form von Kommentaren erfassen. Andere Erfolge, die nicht als Ziel erfasst wurden, können Sie ebenfalls in einem Bereich ganz am Ende der Liste festhalten, um diese mit ins Personalgespräch zu nehmen. Zudem können Sie sich über den kleinen Pfeil nach rechts (▶) weitere Informationen zu dem Ziel oder dem Verlauf Ihres Statusberichts anzeigen lassen.

Einsatz

Im Bereich TAGESORDNUNG sehen Sie Ihre Ziele und können einzelne davon ausschließen, um die wichtigsten zu selektieren (siehe Abbildung 10.8).

Tagesordnung

Abbildung 10.8 Tagesordnung

Zudem können Sie Ziele Ihrer Mitarbeiter zur Tagesordnung hinzufügen und die Ziele nach Erfolgswahrscheinlichkeit oder Einsatz filtern. Die Ziele der Tagesordnung können Sie später in Meetings verwenden. Wenn Sie auf MEETING PLANEN klicken, wird ein Outlook-Termin geöffnet, an den die Ziele aus Ihrer Tagesordnung mit Status als PDF angehängt werden.

Leistungs-
beurteilung

Im Bereich BEURTEILUNG finden Sie eine Formularübersicht. Zu dieser finden Sie nach Kategorien aufgeschlüsselt die beurteilten Kompetenzen eines Mitarbeiters (siehe Abbildung 10.9).

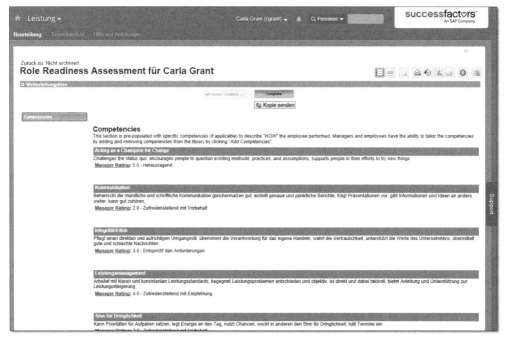

Abbildung 10.9 Leistungsbeurteilung

Für die Leistungsbeurteilung existiert eine Skalenbeschreibung von 1 (nicht zufriedenstellend – erfüllt die Stellenanforderungen nicht adäquat) bis 5 (herausragend – übertrifft durchgängig die Anforderungen für diese Stelle).

Änderungs-
nachverfolgung

Für jedes Formular können die ganze *Genehmigungskette* und die Änderungen an der Beurteilung nachvollzogen werden, d. h. wer das Formular erstellt hat, an wen es weitergeleitet wurde, wer etwas verändert hat etc. In 360-Grad-Berichten können die eigenen Bewertungen mit denen von Managern oder anderen Kollegen verglichen werden.

Zur Beurteilung des eigenen Teams gibt es eine spezielle Sicht, die den Arbeitsfortschritt im Beurteilungsprozess zeigt (siehe Abbildung 10.10).

Teambeurteilung

Abbildung 10.10 Teambeurteilung

Für jeden Mitarbeiter des Teams wird angezeigt, ob die eigene Leistungsbeurteilung und die des Vorgesetzten bereits vorliegen. Wenn dies der Fall ist, können das 1:1-Meeting sowie die Unterschriften ergänzt werden.

Teambeurteilungen

Eine beispielhafte Team-Evaluation sehen Sie in Abbildung 10.11. Am oberen Bildrand finden Sie eine Zusammenfassung der Beurteilung:

▶   3.7 : die Gesamtbewertung jedes Mitarbeiters

▶   *0 : unvollständige Elemente

▶   #1 : die Einordnung des Mitarbeiters, Einordnung im Team

▶   *2 : Kommentare

▶   !2 !3 : eine Abweichungsanalyse

Im Bereich RATING wird die Beurteilung des Vorgesetzten mit Kommentar angezeigt. Im Weiteren sehen Sie die Selbstbewertung des Mitarbeiters zu seinen Zielen, jeweils mit ergänzendem Kommentar.

Rating

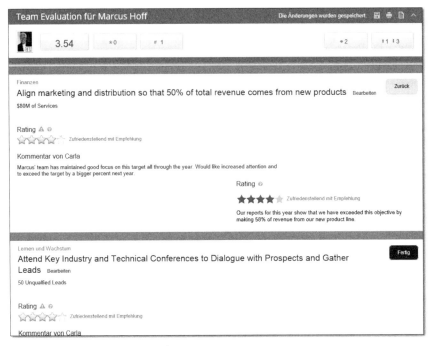

Abbildung 10.11 Team-Evaluation

10.3.3 Talent Management und Vergütung

Kalibrierung Im Work Center KALIBRIERUNG können Sie basierend auf Vorlagen die Leistung Ihrer Mitarbeiter beurteilen. Sie können dabei auswählen, wie viele Hierarchieebenen Sie einbeziehen möchten. Dies können nur die Ihnen direkt unterstellten Mitarbeiter sein, aber auch die Mitarbeiter zwei oder drei Ebenen darunter (siehe Abbildung 10.12).

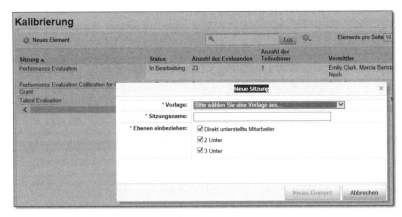

Abbildung 10.12 Neue Sitzung erstellen

Basierend auf der gewählten Vorlage können Sie anschließend bei- **Dashboards** spielsweise Mitarbeiter in der Listenansicht bewerten und den Mitarbeiter als »besprochen« markieren. Sie erhalten dann zusammenfassend Ihre Ergebnisse in Dashboards präsentiert, wie in Abbildung 10.13 für die Talentbewertung gezeigt wird.

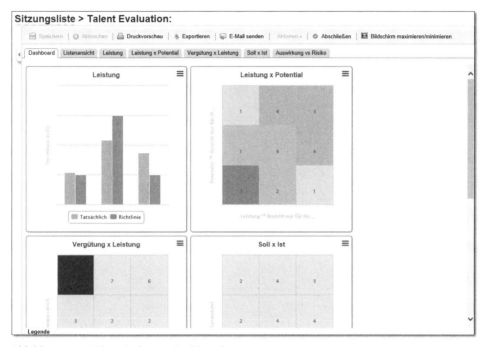

Abbildung 10.13 Talent Evaluation Dashboard

Im Dashboard können Sie beispielsweise folgende Punkte schnell **Vordefinierte** erkennen: **Darstellungen**

▶ Entspricht die tatsächliche Leistung Ihrer Mitarbeiter der Richtlinie, liegt sie unter dieser oder übersteigt sie sie?

▶ Wie viele Mitarbeiter sind Ihre aktuellen und auch zukünftig zu erwartenden Leistungsträger (LEISTUNG × POTENZIAL – grüner Bereich)? Welche Mitarbeiter bringen wenig Leistung (und es sind hier zukünftig keine Änderungen zu erwarten)?

▶ Bei wie vielen Mitarbeitern passt das Verhältnis von Vergütung und Leistung nicht zusammen (VERGÜTUNG × LEISTUNG – roter Bereich), weil sie für ihre Leistung zu viel oder zu wenig verdienen?

▶ Erreichen Ihre Mitarbeiter die gesetzten Ziele (SOLL × IST) und wie wird ihre Kompetenz eingeschätzt?

▸ Bei wie vielen Personen sind das Verlustrisiko und die Auswirkungen eines Verlustes besonders hoch, und wo sollten Sie gegensteuern?

[»] Analysen

Derartige Dashboards und Berichte mit diversen Filteroptionen finden Sie auch im Work Center ANALYSEN. Die Berichte können Sie auch in MS Excel herunterladen.

Mitarbeiter-bewertung

Grundlage der Talent Evaluation bildet eine Bewertung Ihrer Mitarbeiter hinsichtlich Leistung, Potenzial und Verlustrisiko (siehe Abbildung 10.14).

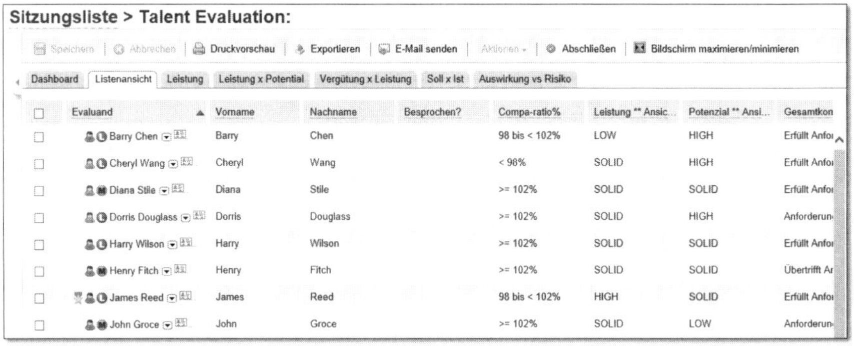

Sitzungsliste > Talent Evaluation:

	Evaluand	▲	Vorname	Nachname	Besprochen?	Compa-ratio%	Leistung ** Ansic...	Potenzial ** Ansi...	Gesamtkon
☐	Barry Chen		Barry	Chen		98 bis < 102%	LOW	HIGH	Erfüllt Anfor
☐	Cheryl Wang		Cheryl	Wang		< 96%	SOLID	HIGH	Erfüllt Anfor
☐	Diana Stile		Diana	Stile		>= 102%	SOLID	SOLID	Erfüllt Anfor
☐	Dorris Douglass		Dorris	Douglass		>= 102%	SOLID	HIGH	Anforderun
☐	Harry Wilson		Harry	Wilson		>= 102%	SOLID	SOLID	Erfüllt Anfor
☐	Henry Fitch		Henry	Fitch		>= 102%	SOLID	SOLID	Übertrifft A
☐	James Reed		James	Reed		98 bis < 102%	HIGH	SOLID	Erfüllt Anfor
☐	John Groce		John	Groce		>= 102%	SOLID	LOW	Anforderun

Abbildung 10.14 Listenansicht zur Talent Evaluation

Detailanalyse

In den weiteren Reitern finden Sie alle Grafiken des Dashboards noch einmal im Detail, wobei in diesen nicht mehr nur eine Zahl, sondern die Namen der jeweils diesem Grafiksegment zugeordneten Mitarbeiter eingetragen sind (siehe Abbildung 10.15).

In der Grafik LEISTUNG × POTENZIAL finden Sie eine inhaltliche Einordnung Ihrer Mitarbeiter, z. B. werden die Mitarbeiter, die bereits heute eine hohe Leistung erbringen und ein hohes Potenzial haben, als STARS in der rechten oberen Ecke angezeigt und grün hinterlegt. Die Mitarbeiter, die aktuell nur eine solide Leistung erbringen, aber über ein hohes Potenzial verfügen, werden als EMERGING STARS klassifiziert, diejenigen, die eine geringe Leistung erbringen, aber hohes Potenzial haben, als NEEDS COACHING.

Leistungsträger identifizieren

Mittels dieser Auswertung können Sie Ihre aktuellen und zukünftigen Leistungsträger identifizieren und entsprechend fördern. Die Detailansicht für Vergütung und Leistung in Abbildung 10.16 weist die Defizite bei der Vergütung Ihrer Mitarbeiter aus.

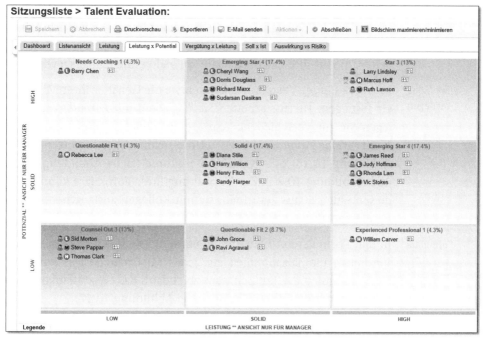

Abbildung 10.15 Detailgrafik »Leistung × Potenzial«

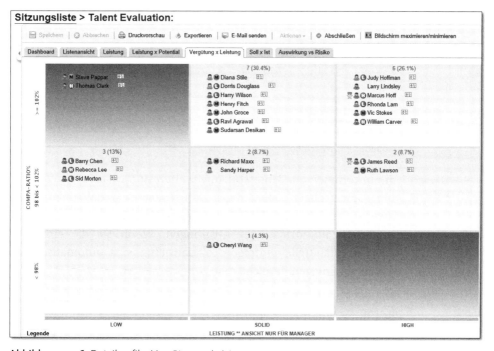

Abbildung 10.16 Detailgrafik »Vergütung × Leistung«

Die Grafik zeigt in der einen Dimension die Leistung Ihrer Mitarbeiter und in der zweiten deren Gehaltseinordnung. So werden Mitarbeiter, die für ihre Leistung relativ zu wenig verdienen, und Mitarbeiter, die für ihre Leistung relativ zu viel verdienen, ausgewiesen.

Gehaltshöhe festlegen

Im Work Center VERGÜTUNG können Sie die Gehälter Ihrer Mitarbeiter festlegen. Hierfür arbeiten Sie vor allem mit *Formularen*. Diese legen Sie für verschiedene Aspekte an, etwa das Einkommen des Teams (siehe Abbildung 10.17), Unternehmensbeteiligungen (siehe Abbildung 10.18) oder variable Vergütung (siehe Abbildung 10.19 und Abbildung 10.20). Zur Verwaltung Ihrer Formulare können Sie diesen einen Status zuordnen, sie mit Kollegen austauschen, in MS Excel exportieren etc.

Formulare

In den Formularen füllen Sie die vordefinierte Felder aus, z. B. den Verdienst, Einmalzahlungen etc. jedes Mitarbeiters. Das Formular zur Verwaltung des Einkommens zeigt dann das Gesamteinkommen und weitere Daten Ihres Teams (siehe Abbildung 10.17).

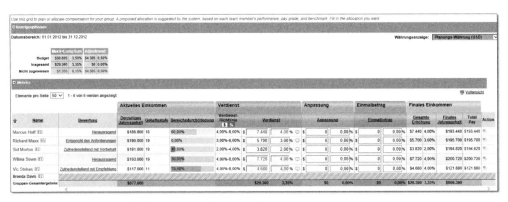

Abbildung 10.17 Einkommen des Teams

Bewertungs-kriterien

Sie bekommen zur Unterstützung weitere Informationen wie Leistungsbewertungen, derzeitiges Jahresgehalt, Gehaltsstufen, Verdienst-Richtlinien, Ihr Budget etc. angezeigt und können bei Bedarf in die Detailinformationen abspringen. Wenn Sie die einzelnen Gehaltsbestandteile eintragen, aktualisieren sich automatisch die davon abhängigen Bereiche, wie z. B. TOTAL PAY.

Neben dem Einkommen können Sie die Unternehmensbeteiligungen Ihrer Mitarbeiter verwalten (siehe Abbildung 10.18). In diesem Formular bekommen Sie ebenfalls relevante Informationen zu Ihren Mitarbeitern angezeigt, etwa die Jobebene (JOB LEVEL), die Leistungsbewertung (RATING) oder die Aktien aus Vorjahren. Auf dieser Basis können Sie die verschiedenen Aktienoptionen Ihrer Mitarbeiter festlegen.

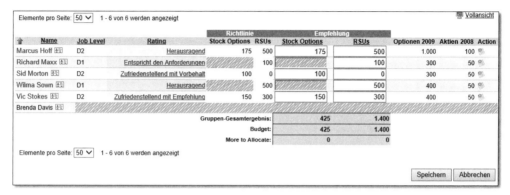

Abbildung 10.18 Unternehmensbeteiligung

Ein ähnliches Formular existiert für die variable Vergütung (siehe Abbildung 10.19).

Variable Vergütung definieren

Employee ⬆	Company			Individual				
	Total Target Amt	Corporate % Payout	Corporate Payout	Ind Rating	Ind Guideline	Ind Payout %		Final Payout
Brenda Davis								
Marcus Hoff	30.000	98%	29.400	Herausragend	110-150	130	%	38.220
Richard Maxx	12.210	101%	12.283	Entspricht den Anforderungen	80-110	100	%	12.283
Sid Morton	21.000	119%	25.065	Zufriedenstellend mit Vorbehalt	60-90	80	%	20.052
Wilma Sown	22.126	93%	20.470	Herausragend	110-150	130	%	26.611
Vic Stokes	1.088.100	112%	1.213.232	Zufriedenstellend mit Empfehlung	100-120	110	%	1.334.555
Gruppen-Gesamtergebnis:	100.126		103.405					114.691

Elemente pro Seite: 10 ⌄ 1 - 6 von 6 werden angezeigt

View Live Analytics

Abbildung 10.19 Variable Vergütung

Nachdem Sie die Vergütung festgelegt haben, können Sie im Formular zur variablen Vergütung die Höhe der Bonuszuordnungen analysieren (siehe Abbildung 10.20).

Bonus zuordnen

Für jeden Mitarbeiter sehen Sie die Vorgabe zum Vergleich mit der endgültigen Auszahlung. Bei Unklarheiten können Sie sich das Mitarbeiterprofil mit Details anzeigen lassen. In diesem sehen Sie die Beförderungswürdigkeit, Beschäftigungsdauer sowie eine Einordnung der Verlustfolgen dieses Mitarbeiters. Daneben können Sie die

Bonuszahlungen analysieren

bonusrelevanten Informationen entnehmen, wie sich der Bonus zusammensetzt (GESCHÄFT × PERSON), wie hoch das Geschäft dieses Mitarbeiters war und wie hoch daher die Vorgabe für den Bonus ist. Auch für die Zuteilung von Prämien und Gewinnbeteiligungen auf Ihrer Managementebene werden spezielle Formulare vorgehalten.

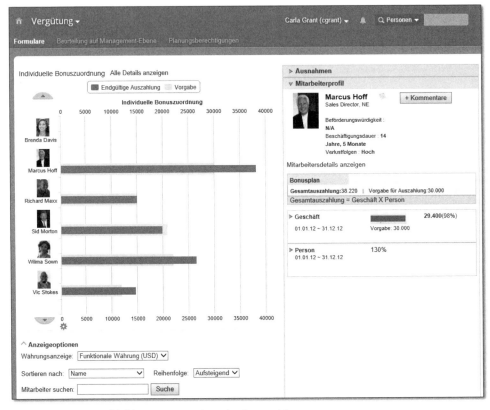

Abbildung 10.20 Analyse der Bonuszahlungen

10.4 Entwicklung der Mitarbeiter

Abbildung 10.21 zeigt die Use Cases zur Entwicklung der Mitarbeiter, die wir Ihnen im Folgenden detailliert vorstellen.

Schulungen Im vierten Use Case wird das Schulungs-Work-Center von Success-Factors gezeigt ❹. In diesem können Sie diverse Online-Schulungen integrieren oder vor Ort Schulungen einpflegen, Ihre Mitarbeiter den Schulungen zuordnen und deren Teilnahme überwachen.

Für die Entwicklung und Karriereplanung Ihrer Mitarbeiter bietet die Lösung Vorlagen für Entwicklungs- und Karriereziele sowie ein internes Karrierecenter ❺. In diesem können Stellenangebote eingetragen sowie Bewerbungen auf solche Stellenangebote eingereicht werden. Ihre Mitarbeiter können auch Personen aus ihrem Bekanntenkreis für offene Stellen empfehlen.

Karriere

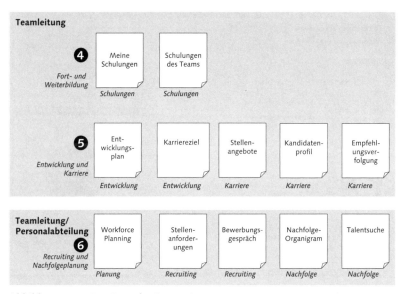

Abbildung 10.21 Use Cases für SuccessFactors

Im sechsten Use Case zeigen wir Ihnen, wie Sie einen Plan über Ihre Mitarbeiterkapazität aufstellen, um Rückschlüsse auf benötigte zusätzliche Kapazitäten ableiten zu können ❻. Für diese neuen Kapazitäten können Sie in SuccessFactors Stellenanforderungen anlegen und den Bewerbungsprozess dokumentieren. Im Bereich NACHFOLGE werden Sie dabei unterstützt, gezielt Nachfolger für Ihre Mitarbeiter zu finden.

Kapazitäten

10.4.1 Fort- und Weiterbildung

SuccessFactors beinhaltet umfangreiche Möglichkeiten zur Organisation von Schulungen für Mitarbeiter.

Im Work Center SCHULUNGEN sieht jeder Mitarbeiter direkt ihm zugeordnete Schulungen und deren Status (siehe Abbildung 10.22).

Schulungs-
übersicht

Zu der Schulung sind verschiedene Informationen hinterlegbar, etwa Dauer, Credits etc. Die Schulungen werden nach Fälligkeit sortiert angezeigt, d. h. zuerst die überfälligen, dann die bald fälligen etc.

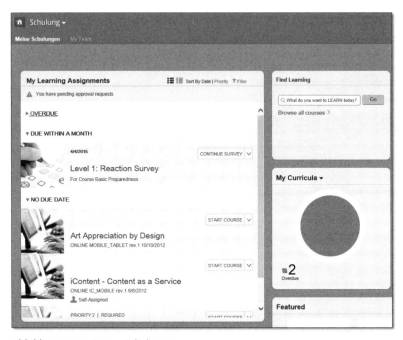

Abbildung 10.22 Eigene Schulungen

Curricula
In einem Kreisdiagramm wird dargestellt, wie viele Curricula für Sie aktuell überfällig sind. Ein ähnliches Diagramm erhalten Sie auch für Ihr Team. Dieses zeigt Ihnen die überfälligen Schulungen Ihrer Teammitglieder an, damit Sie deren Weiterbildungsfortschritt überwachen können.

Details hierzu finden Sie in der Sicht MY TEAM (siehe Abbildung 10.23). In dieser Sicht finden Sie ihr Team im linken Bereich, und Sie können dessen Schulungsplan im rechten Bereich einsehen.

Kurskatalog
Als Vorgesetzter können Sie Ihren Teammitgliedern auch neue Schulungsunterlagen zuordnen. Sie können dafür aus einem Katalog Kurse auswählen (siehe Abbildung 10.24).

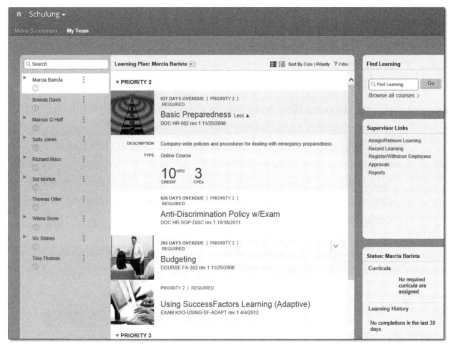

Abbildung 10.23 Schulungen für das Team

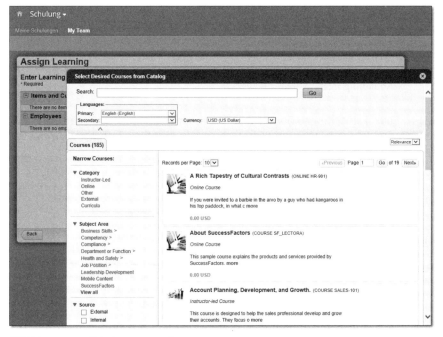

Abbildung 10.24 Schulungen zuordnen

Im Katalog können Sie zwischen externen, internen, online verfügbaren und weiteren Kursen wählen und sich deren Bewertungen durch andere Teilnehmer anzeigen lassen. Wenn Sie einen Kurs ausgewählt und Mitarbeitern zugeordnet haben, können Sie noch bestimmen, ob er verpflichtend ist oder nur empfohlen wird.

Schulungen durchführen · Wenn Sie oder Ihre Mitarbeiter eine Schulung durchführen, öffnet sich bei einem Online-Kurs beispielsweise ein PDF. Am Ende der Schulung erscheint dann eine Abfrage, ob Sie alle Unterlagen gelesen und verstanden haben. Wenn Sie die Abfrage bestätigen, wird die Schulung als erfolgreich durchgeführt abgeschlossen. Nachdem Sie den Kurs belegt haben, wird dies in Ihrer Lernhistorie angezeigt (siehe Abbildung 10.25).

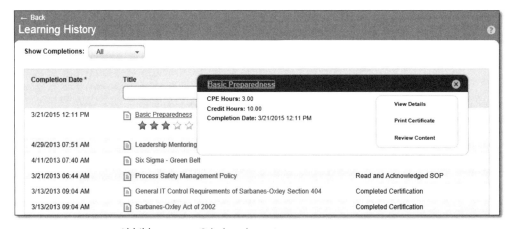

Abbildung 10.25 Schulung bewerten

Schulungsbewertung · Die Teilnehmer können ihre Kurse anschließend bewerten, um Kollegen eine Hilfestellung bei der Kursauswahl zu geben. Wenn es für die erfolgreiche Teilnahme ein Zertifikat gibt, können sie sich dieses im Anschluss an den Kurs ausdrucken.

10.4.2 Entwicklung und Karriere

Entwicklungsziele · Zur Mitarbeiterentwicklung stellt Ihnen SuccessFactors Entwicklungspläne bereit (siehe Abbildung 10.26).

Im Entwicklungsplan finden Sie eine Einordnung des Mitarbeiters in die Unternehmenshierarchie und seine Entwicklungsziele. Die Entwicklungsziele bilden das zentrale Element des Entwicklungsplans.

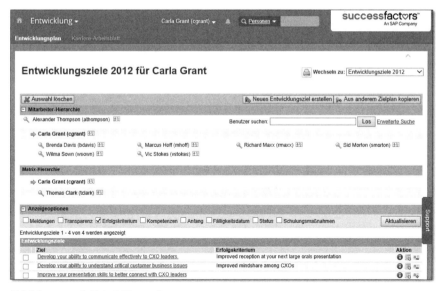

Abbildung 10.26 Entwicklungsplan

Zu diesen werden Anfangs- und Fälligkeitsdaten hinterlegt, und der aktuelle Status wird dokumentiert, um die Zielerreichung überwachen zu können (siehe Abbildung 10.27).

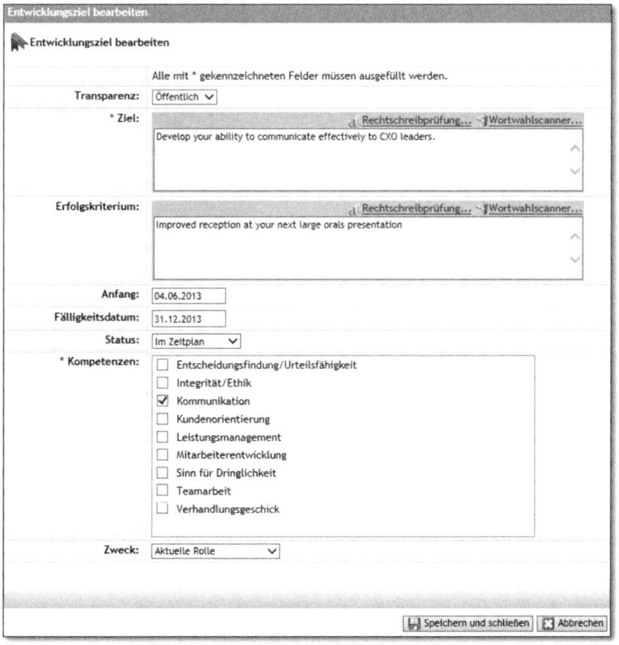

Abbildung 10.27 Entwicklungsziel bearbeiten

Outlook-
Integration

Über die Entwicklungsziele können so gezielt Kompetenzen Ihrer Mitarbeiter gefördert werden. Die Entwicklungsziele können Sie in MS Outlook integrieren, z. B. als Termin hinzufügen. Zudem können Sie sie in Ihr Karrierearbeitsblatt (siehe Abbildung 10.28) aufnehmen.

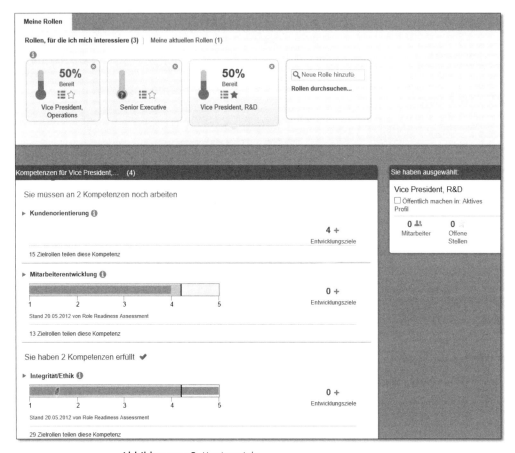

Abbildung 10.28 Karriereziele

Karriere-
Arbeitsplan

Im Karrierearbeitsblatt können Sie Rollen hinzufügen, die Sie in Ihrem Unternehmen anstreben. Anschließend wird Ihnen angezeigt, inwieweit Sie bereits die erforderlichen Kompetenzen für diese Rolle erfüllen und an welchen Kompetenzen Sie noch arbeiten müssen. Die Kompetenzen stammen aus Ihren Entwicklungszielen. Sie können die angestrebte Rolle in Ihrem Profil veröffentlichen. Zudem werden Ihnen offene Stellen für diese Rolle innerhalb Ihrer Firma angezeigt. Sie können aber auch selbst aktiv nach Stellen suchen, wie in Abbildung 10.29 gezeigt.

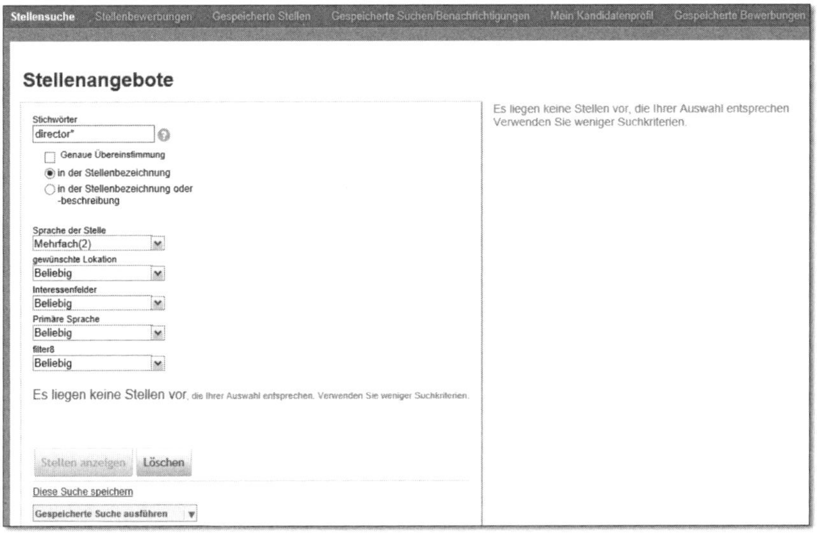

Abbildung 10.29 Stellensuche

Mit der Stellensuche können Sie im internen Career Center aufgrund von Stichwörtern, Lokationen, Sprachen, Interessensfeldern etc. nach offenen Stellen suchen. Sie können Stellen, die Sie interessieren, für sich speichern, ebenso aber auch Ihre Suchen. Außerdem können sich aktiv benachrichtigen lassen, wenn eine passende Stelle zu Ihrer Suche eingestellt wird.

Career Center

Wenn Sie eine passende Stelle gefunden haben, können Sie sich für diese bewerben. Ihre Bewerbung können Sie ebenfalls über Success-Factors verschicken und nachverfolgen. Sie können sich hierfür ein Kandidatenprofil anlegen (siehe Abbildung 10.30), in dem Sie Ihre berufliche Erfahrung, Ausbildung etc. hinterlegen. Im Kandidatenprofil werden alle Informationen, die normalerweise in einem Lebenslauf enthalten sind, strukturiert abgelegt.

Bewerbung

Neben der internen Stellenbesetzung können Ihre Mitarbeiter in SuccessFactors aber auch Bekannte für Stellen empfehlen (siehe Abbildung 10.31).

Empfehlungs-verfolgung

Um Personen zu empfehlen, tragen Sie deren persönlichen Daten ein, und laden Sie ihren Lebenslauf etc. hoch. Sie werden im folgenden Prozess über den Fortschritt der Empfehlungen informiert, beispielsweise ob der Kandidat sich bereits beworben hat. Ebenso wird angezeigt, wie viel bei einer erfolgreichen Vermittlung als Prämie ausgezahlt wird.

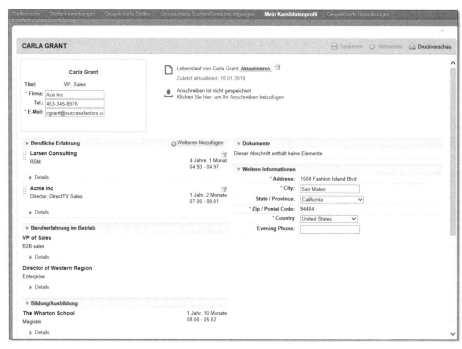

Abbildung 10.30 Kandidatenprofil

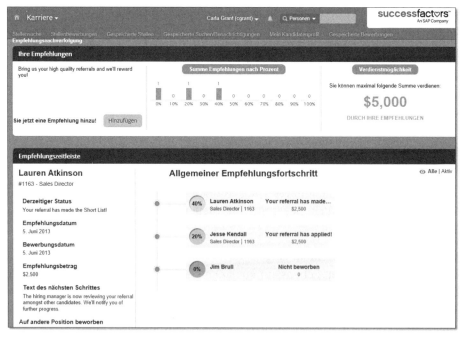

Abbildung 10.31 Empfehlungsnachverfolgung

10.4.3 Recruiting und Nachfolgeplanung

Zur Planung der Mitarbeitersituation stellt SuccessFactors ein Phasenmodell zur Verfügung (siehe Abbildung 10.32). Dieses besteht
aus der strategischen Analyse der Mitarbeitersituation, der Voraus-
sage von Bedarfen und Fähigkeiten, einer Risikoanalyse für bestehende Mitarbeiter, der Betrachtung von Auswirkungen und Kosten
sowie der Planung von Tätigkeiten.

Phasenmodell

Abbildung 10.32 Phasenmodell zur Mitarbeiterplanung

Die einzelnen Auswertungen (siehe hierfür beispielhaft die prognos-
tizierte Diskrepanz in der Mitarbeitersituation in Abbildung 10.33)
können als Personalplan gespeichert und später wieder aufgerufen
werden.

Personalplan

Die Berichte können Sie nach verschiedenen Kriterien filtern, beispielsweise nach Wachstumsszenarien (die Sie in Phase 1, *Strategische
Analyse*, definiert haben) oder nach Unternehmensabteilungen (FI, IT,
HR etc.). Die Darstellung können Sie ebenfalls variieren, indem Sie
etwa Balken- statt Liniendiagramme, Prozent- anstatt absoluter Werte
anzeigen etc. Auch die Ausgabe als Tabelle ist möglich.

Berichtsoptionen

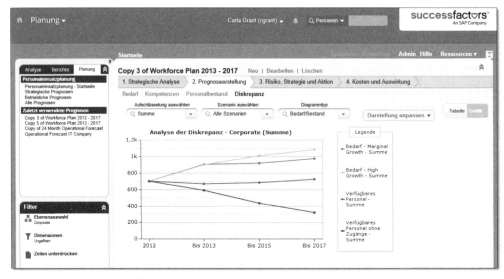

Abbildung 10.33 Diskrepanzprognose

Strategie-
management

Neben Berichten und Prognosen können Sie im Bereich STRATEGIE-
MANAGEMENT Risiken definieren und für diese Taktiken festlegen
(siehe Abbildung 10.34).

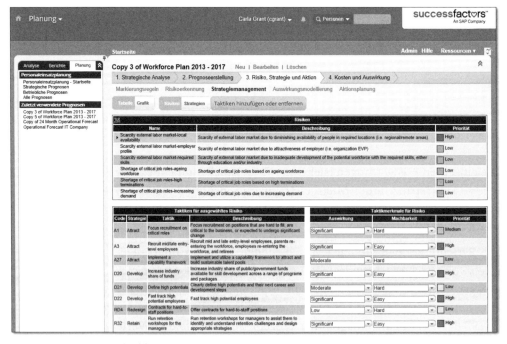

Abbildung 10.34 Strategiemanagement

Für jede Taktik können Sie dann die Auswirkungen festlegen sowie angeben, ob sie einfach oder eher schwierig umsetzbar ist.

Im Bereich Aktionsplanung der dritten Phase können Sie alle Strategien nach Priorität geordnet bearbeiten. Die Priorität ergibt sich als
Kombination aus Machbarkeit und Auswirkung. In der Beispielfirma
wurden drei Prioritätsstufen definiert. Dabei wurde eine hohe Priorität vergeben, wenn die Auswirkung hoch und die Machbarkeit
relativ einfach war, d. h. das Verhältnis von Wirkung und Aufwand
sehr gut war.

Aktionsplanung

In der letzten Phase *Kosten und Auswirkungen* können Sie Sitzungen
definieren, um über Ihren Plan zu diskutieren.

Nachdem Sie Ihren Personalbedarf identifiziert haben, können Sie
offene Stellen ausschreiben. Hierfür definieren Sie Stellenanforderungen und überwachen den Bewerbungs- und Auswahlprozess für
die einzelne Stelle (siehe Abbildung 10.35).

*Stellen
ausschreiben*

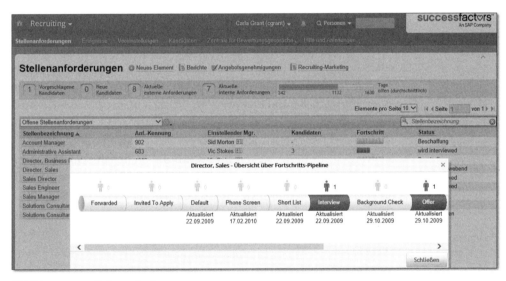

Abbildung 10.35 Stellenanforderungen

SuccessFactors unterstützt einen mehrstufigen Prozess der Bewerbung, dessen Fortschritt über einen Balken angezeigt wird. Mit
einem Klick auf den Fortschrittsbalken werden die durchlaufenen
Phasen mit Kandidatenanzahl angezeigt.

Zur Verwaltung der Kandidaten gibt es die sogenannte *Talent Pipeline*
(siehe Abbildung 10.36).

Talent Pipeline

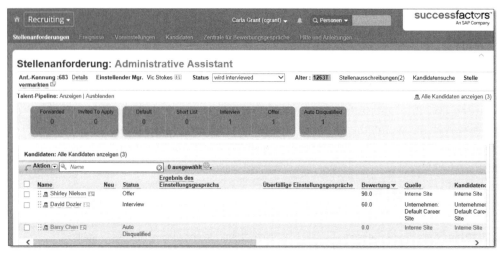

Abbildung 10.36 Talent Pipeline

Diese zeigt die Kandidaten an, die sich auf die Stelle beworben haben, wie diese bewertet wurden, wie der aktuelle Status der Bewerbung ist (*Angebot, nicht qualifiziert, Vorstellungsgespräch* etc.) sowie das Ergebnis des Vorstellungsgespräches. Für die Kandidaten können per Link die Bewerbungsunterlagen aufgerufen werden. Ebenso kann die Kandidatenquelle notiert werden – ob es sich um einen internen Kandidaten handelt, der sich über das Career Center beworben hat, oder ob es sich um einen externen Kandidaten handelt. In einer speziellen Sicht kann die Stellenausschreibung verwaltet werden. In dieser sehen Sie, wann die Stellenausschreibung im Intranet oder auf einer anderen Plattform veröffentlicht wurde oder ob eine externe Agentur hinzugezogen wurde.

[»] **Ereignisse**

Sie können im Work Center RECRUITING auch Ereignisse definieren, beispielsweise für Jobmessen.

Bewerbungs-
gespräche

Zur Dokumentation von Bewerbungsgesprächen existiert in SuccessFactors eine Zentrale (siehe Abbildung 10.37). In der Zentrale für Bewerbungsgespräche sehen Sie in einer kurzen Übersicht, welche Personen sich für eine Stelle beworben haben, wann das Vorstellungsgespräch stattgefunden hat sowie die Personen (Team), die das Vorstellungsgespräch durchgeführt haben, und deren Bewertung.

Abbildung 10.37 Zentrale für Bewerbungsgespräche

Die detaillierte Beurteilung erfolgt anhand verschiedener Kriterien, die Sie sich in einer Vergleichsübersicht der Kandidaten anschauen können (siehe Abbildung 10.38).

Kandidaten-vergleich

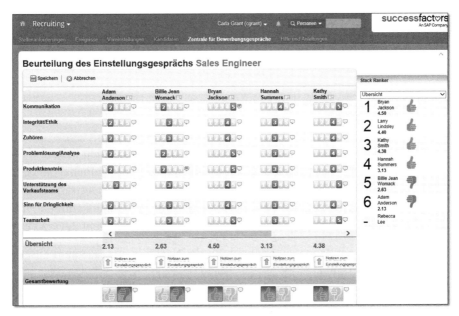

Abbildung 10.38 Vergleich der Kandidaten

Für jeden Kandidaten können Sie auf einer Skala Fähigkeiten bewerten und ergänzende Kommentare erfassen. Die Skala können Sie selbst definieren und voreinstellen. Es wird dann automatisch eine Gesamtbewertung erstellt und eine Liste der besten Kandidaten für die Stelle erzeugt.

Nachfolge-besetzung

Zur gezielten Nachfolgebesetzung können Sie für Ihre Mitarbeiter Nachfolger nominieren und sich die Nominierungen im NACHFOLGE-ORGANIGRAMM anzeigen lassen (siehe Abbildung 10.39).

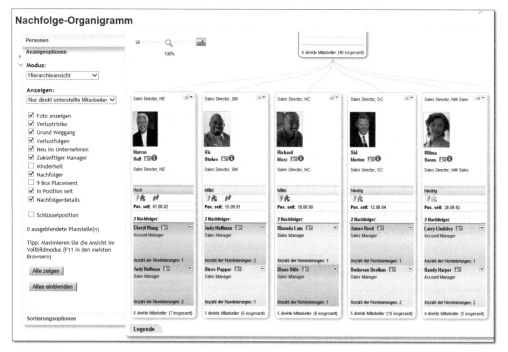

Abbildung 10.39 Nachfolge-Organigramm

Sie können das Organigramm dabei nach verschiedenen Kriterien filtern, z. B. nach Personen, die Schlüsselpositionen innehaben oder deren Verlustrisiko besonders hoch ist. Sie können in der Grafik zu verschiedenen Detailsichten navigieren, z. B. zu Qualifikationen und Kompetenzen, Zielplänen, Karrierearbeitsblättern, Talent Reviews etc.

Die kleinen Icons zeigen Ihnen für das Nachfolgemanagement Zusatzinformationen, z. B.:

▶ 🛡 = Grund Weggang: interner Aufstieg
▶ 🛡 = Grund Weggang: geht freiwillig

- ▸ 🏃 = Verlustfolgen: hoch
- ▸ 🏃 = Verlustfolgen: niedig
- ▸ 👣 = zukünftiger Manager: ja

Zur Talentsuche gibt es die Möglichkeit, für eine Stelle gezielt die Profile Ihrer Mitarbeiter zu durchsuchen (siehe Abbildung 10.40).

Talentsuche

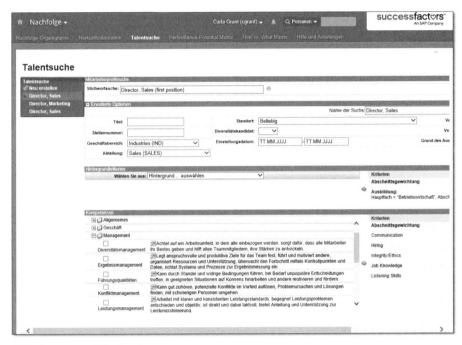

Abbildung 10.40 Talentsuche

Sie können hierbei nach Stichwörtern suchen und Kriterien definieren, beispielsweise welches Hauptfach in der Ausbildung vorhanden sein musste, und per Prozentwert festlegen, wie wichtig Ihnen jeweils das Kriterium ist. Zudem können Sie aus einem großen Katalog von Kompetenzen auswählen.

Als Ergebnis Ihrer Suche bekommen Sie eine Liste von Mitarbeitern, bei denen jeweils durch einen Balken symbolisiert wird, wie gut sie Ihre definierten Kriterien erfüllen.

Sie können in der vorgeschlagenen Liste Personen markieren und für diese dann die einzelnen Kompetenzen vergleichen (siehe Abbildung 10.41).

Kompetenzvergleich

Kompetenzen	Mitarbeiter	James Reed	Marcus Hoff	Judy Hoffman
Persönliche Informationen	Anfangsdatum	01.01.2012	01.08.2002	01.01.2010
Talentkennzeichen**	Enddatum	01.05.2013		01.05.2013
Beförderungsfähigkeit **	Titel	Sales Manager	Technical Sales Manager	Sales Manager
Leistung **	Abteilung	Sales	Sales	NE Sales
Potenzial **	Anfangsdatum	01.04.2007		16.05.2008
Gesamtziel **	Enddatum	31.12.2011		31.12.2009
Gesamtkompetenz **	Titel	Account Exec		Account Exec
Berufserfahrung im Betrieb	Abteilung	Sales		Sales
Besondere Aufträge/Projekte	Anfangsdatum	02.08.2002		01.01.2005
	Enddatum	31.03.2007		15.05.2008
Berufliche Erfahrung	Titel	Sales Engineer		Sales Consultant
Ausbildung	Abteilung	Presales		Sales
Kurse/Workshops/Seminare	Anfangsdatum			01.01.2001
Zertifizierungen/Lizenzen	Enddatum			31.12.2004
Auszeichnungen/Preise	Titel			Inside Sales
Sprachkenntnisse	Abteilung			Sales
Erfahrung im Aufgabenbereich	Anfangsdatum			04.09.2000
Erfahrung in Führungspositionen	Enddatum			31.12.2000
	Titel			Marketing Intern
Karriereziele	Abteilung			Marketing
Mobilität				
Berufsbezogene Mitgliedschaften				
Gesellschaftliches Engagement/Ehrenamt				
Vergütung				

Abbildung 10.41 Nachfolgeplanungsbericht

10.5 Implementierung

Rapid Deployment Solutions

Zur schnellen Implementierung von SuccessFactors werden zwei Rapid-Deployment-Optionen angeboten (Eine genauere Übersicht beider Optionen finden Sie unter *https://websmp110.sap-ag.de/public/bp-sfsf-ec*):

▸ **Pure Cloud:** Zu einem festen Preis wird Implementierungsunterstützung für das Cloud-Szenario angeboten. Diese beinhaltet neben vorkonfigurierten Inhalten für die Software, etwa Standardberichten, Events für Workflows etc., auch Implementierungsunterstützung wie Anleitungen und Vorlagen zur Datenmigration.

▸ **Hybrid:** Das hybride Szenario ist für Sie interessant, wenn Sie SAP ERP 6.0 nutzen und Teile Ihres Personalmanagements mit SuccessFactors in der Cloud abwickeln möchten. In diesem Szenario ist vorkonfigurierter Inhalt für die Szenarien *Einstellung*, *Wechsel* und *Abwesenheitsmanagement* enthalten.

Admin-Tools

Zudem existieren Provisioning- und Admin-Tools, mit denen Sie SuccessFactors an die Anforderungen Ihres Unternehmens anpassen können. Neben der Konfiguration Ihrer Unternehmensprozesse können Sie dort auch E-Mail-Benachrichtigungen pflegen, Vorlagen z. B. für Zielpläne hinterlegen, Inhalte im- oder exportieren, Felder definieren etc.

SuccessFactors kann in verschiedenen Bundles erworben werden (eine Übersicht der Bundles finden Sie unter *http://www.successfactors.com/de_de/solutions/small-business/advanced-solutions.html#bundle1*). Für kleinere und mittelständische Unternehmen bietet SuccessFactors folgende Pakete an:

Pakete

▸ **Core HR:** Employee Central als zentrales HR-System

▸ **Align and Perform:** Ziel- und Leistungsmanagement

▸ **Perform and Reward:** Ziel- und Leistungsmanagement plus Vergütung

▸ **Talent Management:** Ziel- und Leistungsmanagement, Vergütung plus Nachfolge und Recruiting, Fort- und Weiterbildung, Entwicklung und Karriere sowie SAP Jam

▸ **Learning Plus:** Fort- und Weiterbildung plus SAP Jam

Bestandteil aller Bundles ist die SuccessFactors-Plattform mit dem Mitarbeiterprofil.

SuccessFactors verfügt über ein Lizenzmodell, bei dem pro User und Jahr eine Gebühr fällig wird. Die Wartung ist hier bereits enthalten (*http://sapexperts.wispubs.com/SuccessFactorsReport*). Das Perform-and-Reward-Bundle kostet beispielsweise 84,53 USD pro User und Jahr mit 12 Monaten Kontraktlaufzeit. Ab 200 Usern gibt es einen Volumen-Rabatt von 22 %, und zwischen 200 und 499 Usern erhalten Sie 33 % Rabatt (*https://www.sapstore.com/solutions/99004/SuccessFactors-Perform-%26-Reward-Bundle-up-to-500-employees?url_id=ctabutton-us-2015-sfcom-PR*).

Lizenzmodell

Zudem existiert eine mobile Lösung, die umfangreiche Funktionalitäten zur Kollaboration mit SAP Jam beinhaltet (Updates der Kollegen und Gruppen sowie zu Dokumenten), und daneben auch die klassischen SuccessFactors-Funktionen. Sie können beispielsweise das Organigramm der Firma anzeigen und Recruiting-Aufgaben einsehen, Ziele verwalten oder Abwesenheitsanträge bearbeiten. Die App ist für iOS, Android und BlackBerry verfügbar.

Mobile Lösung

10.6   Alleinstellungsmerkmale

Marktführer
SuccessFactors gilt als einer der weltweit führenden Anbieter im Bereich Talent Management, wie sich auch in Marktanalysen, beispielsweise von IDC im Marketscape (*http://www.sap.com/bin/sap-com/de_de/downloadasset.2015-01-jan-08-10.idc-marketscape-integrated-talent-management-pdf.html*) oder der Forrester-Studie zu Cloud-HR-Systemen, zeigt (*https://www.forrester.com/The+Forrester+Wave+SaaS+HR+Management+Systems+Q4+2014/fulltext/-/E-RES110447*).

SuccessFactors weist umfangreiche Funktionalität mit einer modernen Benutzeroberfläche und einem ansprechend aufbereiteten Reporting auf. Europäern mögen manche Funktionen teilweise etwas befremdlich vorkommen, etwa Abzeichen, die Mitarbeiter bekommen können, oder die Wahl zum Mitarbeiter des Monats in SAP Jam.

Die Lösung folgt sehr stark amerikanischen Managementprinzipien im Personalbereich, beispielsweise hinsichtlich der Bedeutung von Leistungsbewertungen inklusive Abzeichen für besondere Leistungen (*http://www.inspireimagineinnovate.com/pdf/globesummary-by-michael-h-hoppe.pdf*).

SAP-ERP-HCM-Integration
Im Vergleich zu anderen Lösungen im Bereich Personalmanagement punktet SuccessFactors unserer Meinung nach zudem mit der vordefinierten Integrationsszenarien für SAP ERP HCM (siehe Abbildung 10.42).

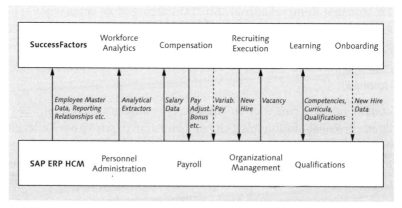

Abbildung 10.42 Integration von SuccessFactors und SAP ERP HCM (http://sapex-perts.wispubs.com/SuccessFactorsReport)

Prinzipiell existieren drei verschiedene Arten der Integration:

▸ **Stammdatenreplikation:** Personalstammdaten etc. werden von SAP ERP HCM in SuccessFactors repliziert.

▸ **Analysen:** Mittels einer analytischen Erweiterung werden Mitarbeiteranalysen in SuccessFactors durchgeführt.

▸ **Inhaltliche Szenarien:**

  ▸ *Vergütung*: Die Gehaltsinformationen aus SAP ERP HCM werden in SuccessFactors auf Basis der Ziele und Leistungen mit Bonusinformationen angereichert und zurück nach SAP ERP HCM gespielt.

  ▸ *Recruiting*: Wenn aus SAP ERP HCM die Information einer freien Stelle gemeldet wird, wird der Recruiting- und Auswahl-Prozess in SuccessFactors durchgeführt.

  ▸ *Weiterbildung*: SuccessFactors wird verwendet, um Kurse im Rahmen der Weiterbildung zu besuchen, und die erworbenen Qualifikationen werden in SAP ERP HCM übertragen.

  ▸ *Onboarding*: Hierfür ist ein Szenario gerade in Planung (gestrichelter Pfeil).

Für weitere Details empfehlen wir den SAP-Experts-Artikel von Luke Marson (*http://sapexperts.wispubs.com/SuccessFactorsReport*) sowie das Buch *SuccessFactors with SAP ERP HCM* von Amy Grubb und Luke Marson (SAP PRESS Boston, 2014).

In diesem Kapitel stellen wir Ihnen weitere Lösungen aus dem SAP-Cloud-Portfolio vor, darunter SAP Cloud Travel and Expense und Concur. Diese Lösungen unterstützen Sie bei der Planung von Geschäftsreisen und deren Abrechnung.

11 Weitere SAP-Cloud-Lösungen

SAP Cloud for Travel and Expense und *Concur* sind SAP-Lösungen zur Vereinfachung des Reisekostenmanagements in der Cloud. SAP Cloud for Travel and Expense ist die von SAP selbst entwickelte Lösung, Concur wurde 2014 hinzugekauft. Zusätzlich hat SAP seit 2014 noch *Fieldglass* im Portfolio, das Unternehmen bei der Beschaffung und Verwaltung von externen Mitarbeitern unterstützt.

11.1 SAP Cloud for Travel and Expense

Mit SAP Cloud for Travel and Expense können Ihre Mitarbeiter ihre Dienstreisen planen und abrechnen. Sie können dabei Ihre Reisekostenvorschriften implementieren sowie Genehmigungsworkflows für Reiseanfragen und für die Abrechnung einrichten.

Analog zu SAP Business ByDesign und SAP Cloud for Customer bietet SAP Cloud for Travel and Expense ein Echtzeit-Reporting zur Auswertung Ihrer abgerechneten Reisen.

Reporting

11.1.1 Zielgruppe und Einordnung

Zielgruppe der Lösung sind prinzipiell alle Unternehmen in allen Branchen, deren Mitarbeiter häufiger auf Geschäftsreisen gehen. Generell bieten Ihnen Reisemanagement-Lösungen in der Cloud den Vorteil, dass Ihre Mitarbeiter von unterwegs Informationen oder Rechnungen ihrer Reisen erfassen und nach Abschluss der Reise zur Erstattung einreichen können.

Integration zu
SAP ERP

SAP Cloud for Travel and Expense basiert auf der Spesenabrechnung von SAP Business ByDesign, bietet jedoch mehr Funktionen vor allem im Bereich der Reiseplanung. SAP Cloud for Travel and Expense ist besonders interessant, wenn Sie SAP ERP nutzen, da dies über vordefinierte Integrationsszenarien verfügt.

11.1.2 Funktionsübersicht

Grundlage zur Bewertung und Funktionsbeschreibung von SAP Cloud for Travel and Expense bildete das Demo-System für SAP-Partner. Das Demo-System kann mit einem S-User unter dem Link *https:// wiki.sme.sap.com/wiki/display/AMI/Enablement+Systems+for+SAP+ Cloud+for+Travel+and+Expense* aufgerufen werden Wenn Sie kein SAP-Partner sind, können Sie für 30 Tage ein Free-Trial-System nutzen (*https://global.sap.com/campaign/ne/2012/09_cross_travel_ondemand/ index.epx?kNtBzmUK9zU*).

Work Center

SAP Cloud for Travel and Expense verfügt über zwei zentrale Work Center zur Reisekostenplanung und -abrechnung (siehe Abbildung 11.1). Daneben gibt es ein extra Work Center für die kaufmännische Abteilung zur Verwaltung von Buchungen sowie ein Reporting-Work-Center.

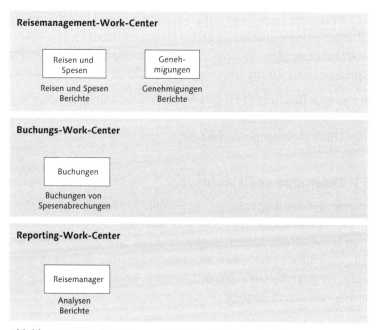

Abbildung 11.1 Work Center von SAP Cloud for Travel and Expense

11.1.3 Integrierte Reiseabrechnung

Im Folgenden wollen wir Ihnen die Use Cases (siehe Abbildung 11.2) für SAP Cloud for Travel and Expense vorstellen.

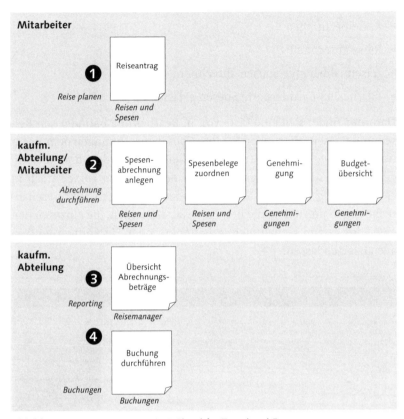

Abbildung 11.2 Use Cases von SAP Cloud for Travel and Expense

Zuerst zeigen wir Ihnen, wie man mit SAP Cloud for Travel and Expense eine Reise planen kann (siehe ❶ in Abbildung 11.2). Im zweiten Use Case stellen wir Ihnen vor, wie man eine Reise abrechnet, d. h. eine Spesenabrechnung anlegt und Spesenbelege zuordnet ❷. Anschließend erfolgen die Genehmigung der kaufmännischen Abteilung sowie eine Betrachtung des Budgets.

Im dritten Use Case geben wir Ihnen einen Überblick über die Reporting-Möglichkeiten von SAP Cloud for Travel and Expense ❸. Zuletzt zeigen wir Ihnen noch die Buchungsseite für Spesenabrechnungen ❹.

Use Cases

439

Reise planen

Zentrale Aufgaben

Auf der Startseite bietet SAP Cloud for Travel and Expense mit vier großen Kacheln einen Schnelleinstieg in die zentralen Aufgaben (siehe Abbildung 11.3):

► Reise beantragen

► Reise abrechnen

► reiseunabhängige Spesen abrechnen

► Purchasing-Card-basierte Spesen erfassen

Übersicht der Anträge

Darunter findet sich eine Liste von in Bearbeitung befindlichen Reisen und Spesen. Hier sehen Sie Ihre Spesenabrechnungen oder beantragen Reisen, die sich gerade in Bearbeitung befinden, d. h. diejenigen, die Sie schon eingereicht haben oder die sich gerade noch in Genehmigung befinden. Sie können den Filter auch auf Spesenabrechnungen umstellen, die bereits erstattet wurden, die einzureichen sind, die sich in Genehmigung befinden, oder Sie können einfach alle anzeigen lassen.

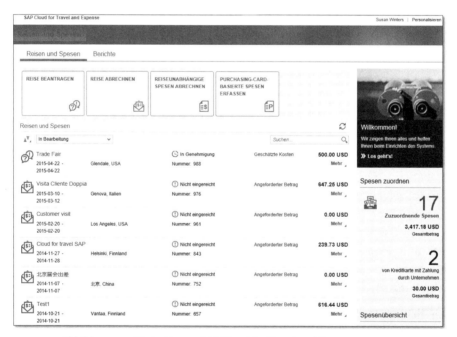

Abbildung 11.3 Startseite von SAP Cloud for Travel and Expense

Zuzuordnende Spesen

Im rechten Bereich finden Sie eine Übersicht, wie viele Spesen noch nicht abgerechnet wurden. Diese Werte basieren auf Kreditkartenzahlungen oder bereits erfassten Ausgaben. Darunter steht der Betrag, den Sie noch aus Spesenabrechnungen bekommen werden, die Sie noch nicht zur Genehmigung eingereicht haben oder die sich gerade in Genehmigung befinden.

Abbildung 11.4 zeigt den ersten Schritt, den Sie in SAP Cloud for Travel and Expense im Reisemanagement abwickeln können: den Reiseantrag.

Reiseantrag

Abbildung 11.4 Reiseantrag

Über einen Reiseantrag können Sie sich die Genehmigung für Reisen einholen, die Sie durchführen möchten. Sie tragen den Grund, das Datum und die geschätzten Kosten für Flug, Unterkunft etc. Ihrer Dienstreise ein und geben an, ob Sie einen Vorschuss für die Reise benötigen. Nachdem Sie alle Informationen eingetragen haben, können Sie den Antrag speichern, später weiter bearbeiten oder zur Genehmigung einreichen.

Abrechnung durchführen

Nachdem Sie die Reise durchgeführt haben, rechnen Sie sie über einen Spesenantrag ab (siehe Abbildung 11.5). Sie können als Grundlage Ihrer Spesenabrechnung den Reiseplan verwenden, um so Datum, Grund etc. bereits in die Abrechnung zu übernehmen.

Spesenantrag

Abbildung 11.5 Spesenabrechnung

Spesen zuordnen Ihre Spesenbelege können Sie direkt in der Spesenabrechnung erfassen oder bereits vorhandene Spesenbelege z. B. aus Ihrer Kreditkartenabrechnung bzw. von Ihnen per E-Mail an SAP Cloud for Travel and Expense geschickte Spesenbelege zuordnen (siehe Abbildung 11.6).

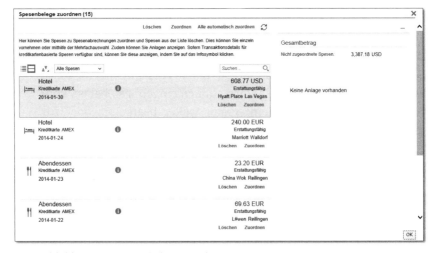

Abbildung 11.6 Spesenbelege zuordnen

Sie können alternativ auch direkt aus Auflistungen Ihrer Ausgaben das Formular zur Abrechnung der Spesen öffnen und weitere zur Abrechnung benötigte Inhalte erfassen.

Wenn eine Ausgabe die internen Reiserichtlinien verletzt, weil beispielsweise der Betrag für Hotelkosten überschritten wurde, wird Ihnen eine Warnung angezeigt. **Korrekte Abrechnung**

SAP Cloud for Travel und Expense unterstützt Sie bei der korrekten Abrechnung aber noch in zwei weiteren Aspekten. Die Verpflegungspauschale wird automatisch berechnet, wenn die Option nicht abgewählt wird. Sie wird automatisch Ihrer Kostenstelle zugeordnet; Sie können aber auch eine andere auswählen oder den Betrag auf zwei Kostenstellen aufteilen. Wenn Sie die Integration mit SAP ERP nutzen, werden die Kostenstellen automatisch mit Ihren Kostenstellen aus SAP ERP synchronisiert.

Nachdem Sie Ihre Spesenabrechnung eingereicht haben, wird diese zur Genehmigung weitergeleitet. Dabei können ein- oder mehrstufige Genehmigungsprozesse eingerichtet werden. Es ist z. B. möglich, einen zweistufigen Genehmigungsprozess einzurichten, falls die sonstigen Kosten einen Schwellwert überschreiten. Wenn Sie die Integration mit SAP ERP nutzen, wird die Spesenabrechnung nach der Genehmigung in das Finanzwesen Ihres SAP ERP weitergereicht. *Genehmigung*

SAP Cloud for Travel und Expense hilft Ihnen, Ihre Reisekosten im Blick zu behalten, indem Sie sich bei der Genehmigung Ihr offenes Budget anzeigen lassen und sehen, wie viel Budget durch den Antrag verbraucht wird (siehe Abbildung 11.7). *Budgetübersicht*

Abbildung 11.7 Budgetübersicht

In dieser Ansicht sehen Sie Ihr Ausgangsbudget, wie viel sich von Ihrem Budget in Genehmigung befindet und wie viel Restbudget verbleibt.

Reporting

SAP Cloud for Travel and Expense bietet Ihnen neben der Abrechnungsfunktion auch diverse Auswertungen (siehe Abbildung 11.8).

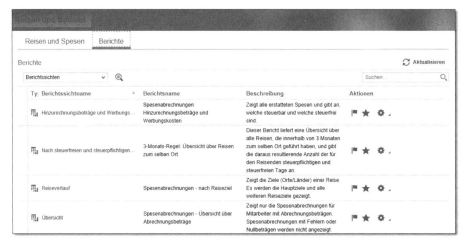

Abbildung 11.8 Berichte

Auswertungs-möglichkeiten

Hierzu gehört, welche Ihrer Spesen steuerbar oder steuerfrei sind oder welche Reiseziele bereist wurden.

[»] **Weitere Berichte**

Je nach Rolle im Unternehmen existieren weitere Berichte:

- ▸ Budget und Kostenverwaltung:
    - – Budgetauswertung, sortiert nach verbrauchtem Reisekostenbudget, nach Kostenstelle oder Kostenobjekten
    - – Mitarbeiter mit höchsten Ausgaben
    - – Spesenabrechnungen, sortiert nach Kostenobjekt und Kostenträger
    - – Spesen und Erstattungen nach Mitarbeiter
- ▸ Compliance: Einhaltung von Reisekostenrichtlinien
- ▸ Kosten nach Verkäufer (z. B. Hotelketten, Bahn, Airlines etc.)

Aufbau der Berichte

Die Berichte sind wie in der SAP Cloud for Sales oder in SAP Business ByDesign aufgebaut. Sie können zur Echtzeit die Merkmale auswählen und Ihre Selektion anpassen und erhalten dann tabellarische oder grafische Übersichten zu Ihren Dateninhalten. In Abbildung 11.9 sehen Sie beispielsweise einen Bericht zur Übersicht der Spesenabrechnungen Ihrer Mitarbeiter mit Abrechnungsbeträgen.

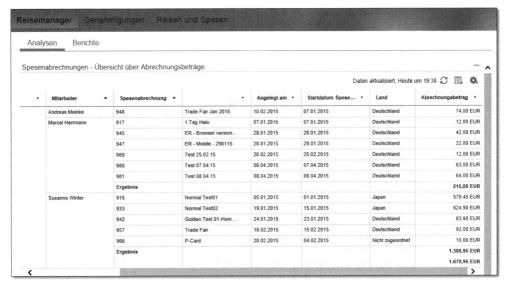

Abbildung 11.9 Übersicht über Abrechnungsbeiträge

Sie könnten auch differenzierter analysieren und die abgerechneten Spesen nach Spesenarten aufschlüsseln oder den Zeitraum der Reisen einschränken.

Buchungen

Im Work Center BUCHUNGEN können Sie sich die Buchungsseite der Spesenabrechnungen ansehen. Sie sehen für jede Spesenabrechnung beispielsweise den Buchungskreis, das Buchungsdatum sowie die Buchungen auf Konten, jeweils mit Ausweis des Betrags im Soll und im Haben. Abbildung 11.10 zeigt Ihnen eine Liste von zur Buchung bereiten Spesenabrechnungen.

Buchung der Spesenabrechnung

Wenn Sie oben rechts auf BUCHEN klicken, wird die Buchung entsprechend durchgeführt. Für diese können Sie sich dann in der Erstattungshistorie anzeigen lassen, wie viel angefordert und in welcher Höhe ein Vorschuss gewährt wurde, welcher Betrag genehmigt wurde, ob noch zu erstattende Beträge offen sind und wie viel tatsächlich erstattet wurde.

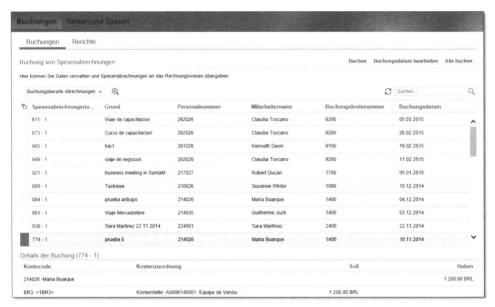

Abbildung 11.10 Buchungen

11.1.4 Implementierung

Mobile App

Zur mobilen Nutzung wird eine App für iPhone, iPad, Android und BlackBerry angeboten. Je nach Endgerät variiert jedoch der Funktionsumfang der App. Am umfangreichsten ist die App für iPhone und iPad. Sie enthält Funktionalität zum Erfassen von Spesen, Anlegen von Spesenabrechnungen sowie deren Genehmigung. Eine tabellarische Übersicht der mobilen Funktionen finden Sie auf den Seiten von SAP (*http://help.sap.com/saphelp_travelondemand_1402/de/ktp/Products/BYD_ODT/Whats_New/Whats_New_All.html*).

Es gibt Pläne von SAP, Concur zur »Go-forward Solution« für Reisekostenmanagement in der Cloud zu machen (*http://scn.sap.com/docs/DOC-45447*). Für SAP Cloud for Travel und Expense werden auch weiterhin Updates mit technischen Verbesserungen oder gesetzlichen Anforderungen angeboten; innovative Weiterentwicklungen sind aber vor allem bei Concur zu erwarten.

11.1.5 Alleinstellungsmerkmale

SAP-ERP-Integration

Die Besonderheit von SAP Cloud for Travel and Expense ist aus unserer Sicht die vordefinierte Integration mit SAP ERP. Es gibt hierfür zwei verschiedene Szenarien:

► **Stammdaten-Replikation:** Für Ihre Kostenstellen können Sie einrichten, dass Sie die aktuellen Kostenstellen aus SAP ERP immer auch in SAP Cloud for Travel and Expense verfügbar haben. Via ALE wird in diesem Szenario ein IDoc von SAP ERP an SAP Cloud for Travel and Expense geschickt, um die Kostenstellenstruktur zu aktualisieren.

► **Bewegungsdatenintegration:** Sie können genehmigte Spesenabrechnungen direkt an Ihre Finanzbuchhaltung in SAP ERP weitergeben. In diesem Szenario werden Ihre Spesenabrechnungen über ALE als IDoc von SAP Cloud for Travel and Expense an SAP ERP geschickt und dort verbucht.

11.2 Concur

Concur gehört seit 2014 zum SAP-Cloud-Portfolio (*https://www.concur.de/ueber-concur/pressemitteilungen-nachrichten/12-05-14*). Concur gilt als einer der führenden Anbieter im Bereich Reise- und Reisekostenmanagement (*https://www.g2crowd.com/categories/expense-management*). Inhaltlich erweitert die SAP somit ihr Portfolio neben SAP Cloud for Travel and Expense um eine weitere Lösung zum Reisekostenmanagement. In den folgenden Abschnitten stellen wir Ihnen zuerst Concur vor und in Abschnitt 11.2.5 die Unterschiede zu SAP Cloud for Travel and Expense heraus.

Akquisition

11.2.1 Zielgruppe und Einordnung

Zielgruppe der Lösung sind wie bei SAP Cloud for Travel and Expense prinzipiell alle Unternehmen in allen Branchen, deren Mitarbeiter des Öfteren auf Geschäftsreisen gehen.

Die Stärke von Concur liegt im Bereich der Reiseplanung. Sie bekommen bei der Planung – ähnlich wie in Vergleichsportalen im Internet – die Angebote verschiedener Anbieter (Fluglinien, Hotels, Mietwagen etc.) angezeigt und können direkt die Reservierung vornehmen. Anschließend können Sie basierend auf Ihrer geplanten Reise Ihre tatsächlichen Reisekosten abrechnen.

Reiseplanung

Concur ist somit in den folgenden Fällen für Sie zur Abwicklung Ihrer Reiseplanung und -abrechnung besonders interessant:

▶ Ihre Mitarbeiter führen häufig mehrtägige Geschäftsreisen durch, d. h., es müssen Hotelübernachtungen gebucht werden.

▶ Ihre Mitarbeiter reisen häufig mit verschiedenen Verkehrsmitteln, d. h., es ist beispielsweise eine Auswahl zwischen verschiedenen Fluglinien oder Mietwagenfirmen zu treffen.

11.2.2 Funktionsübersicht

Die Bewertung der Lösung sowie die Screenshots in diesem Kapitel basieren auf einem Testdrive, das Sie auf der Website von Concur anfordern können (*https://www.concur.com/sap*). Das Testdrive ist derzeit nur in englischer Sprache verfügbar, daher sind die Screenshots sowie die Namen der Work Center im Folgenden auf Englisch.

Work Center   Abbildung 11.11 zeigt Ihnen die Work Center von Concur.

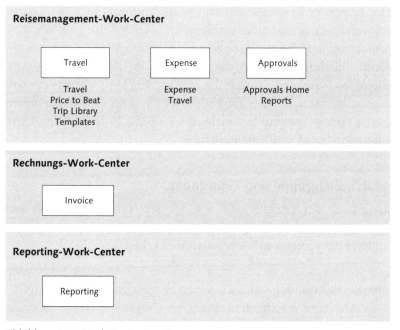

Abbildung 11.11 Work Center von Concur

In drei verschiedenen Work Centern gibt es die klassischen Funktionalitäten zum Reisemanagement. Mit diesen können Sie Ihre Reise planen, die Kosten abrechen und Genehmigungen durchführen.

Zudem werden ein Work Center für die Verwaltung und Bezahlung von Rechnungen sowie eines für Auswertungen angeboten.

11.2.3 Effiziente Reiseplanung

Abbildung 11.12 zeigt die Startseite von Concur. Im linken Bereich (MY TRIPS) sehen Sie Ihre geplanten Reisen, geordnet nach dem Datum mit Bezeichnung, sowie Icons für die verwendeten Verkehrsmittel und Übernachtungen. Geplante Reisen

Daneben finden Sie unter Ihren Aufgaben (MY TASKS) die Reisen Ihres Teams, die von Ihnen genehmigt werden müssen (REQUIRED APPROVALS). Weiter rechts werden Ihnen dann noch nicht abgerechnete Ausgaben von Ihrer Firmen-Kreditkarte (AVAILABLE EXPENSES) angezeigt. Am rechten Rand finden Sie Ihre offenen Spesenabrechnungen (OPEN REPORTS). Aufgaben

Oberhalb der Aufgaben finden Sie Quick Links, mit denen Sie Spesen abrechnen (START A REPORT) oder Quittungen hochladen können (UPLOAD RECEIPTS). Quick Links

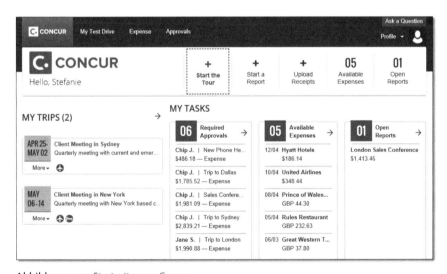

Abbildung **11.12** Startseite von Concur

Reise planen

Wenn Sie eine neue Reise mit Concur planen, können Sie – ähnlich wie bei Reisevergleichsportalen im Internet – Ihre Reisedaten eingeben und bekommen daraufhin Angebote verschiedener Anbieter z. B. für Ihre Flugbuchung angezeigt (siehe Abbildung 11.13). Reiseplanung

Abbildung 11.13 Flug auswählen

Vergleich verschiedener Anbieter
Analog können Sie sich für Mietwagen, Hotel etc. die Angebote verschiedener Anbieter anzeigen lassen und das für Sie Geeignete auswählen. Die Reservierung erfolgt direkt aus Concur heraus. Bei der Detailanzeige der Angebote können Sie die Selektion so einstellen, dass die zu Ihren Reiserichtlinien passenden Angebote ganz oben angezeigt werden.

Geschäftsreisen managen
Wenn Sie Ihre Reisebestandteile reserviert haben, können Sie sich diese als Geschäftsreise anzeigen lassen (siehe Abbildung 11.14).

Abbildung 11.14 Übersicht der Geschäftsreisen

Mit den Links rechts neben der Geschäftsreise können Sie diese absagen oder direkt die Reisekosten erfassen. Durch die integrierte Planung und Abrechnung haben Sie den Vorteil, dass Sie Daten nicht mehrfach erfassen müssen und dass in der Abrechnung dann beispielsweise der Flug bereits eingetragen ist.

Abrechnung durchführen

Wenn Sie bei Ihrer durchgeführten Reise die Ausgaben mit Ihrer Kreditkarte getätigt haben, können Sie sich diese in Concur anzeigen lassen (Available Expenses, siehe Abbildung 11.15).

Ausgaben verwalten

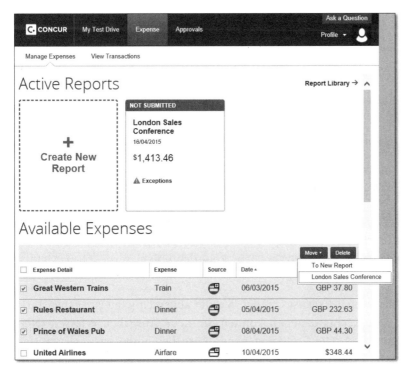

Abbildung 11.15 Vorhandene Ausgaben

Basierend auf den Buchungen der Kreditkartenabrechnung werden die vorhandenen Ausgaben aufgelistet. Diese können Sie anschließend markieren und zu einer neuen Spesenabrechnung hinzufügen oder einer aktuell in Bearbeitung befindlichen Abrechnung zuordnen.

Spesenabrechnung   Abbildung 11.16 zeigt Ihnen eine Spesenabrechnung mit Concur.

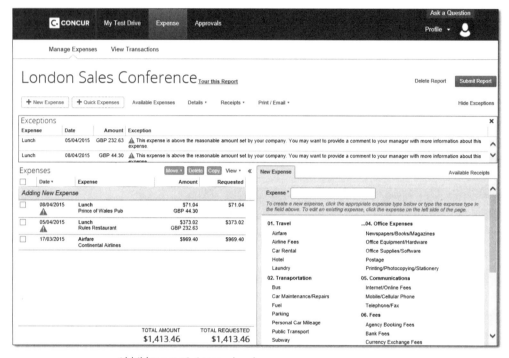

Abbildung 11.16 Spesenabrechnung

Reiserichtlinien   Im oberen Bereich (EXCEPTIONS) werden Ihnen Ausnahmen zu Ihrer Abrechnung angezeigt. Diese werden erstellt, wenn die Höhe des abgerechneten Betrags den Reiserichtlinien Ihrer Firma widerspricht.

Im Bereich EXPENSES finden Sie die abgerechneten Ausgaben Ihrer Reise. Rechts daneben können Sie neue Ausgaben erfassen (NEW EXPENSES). Die Erfassung neuer Ausgaben findet sehr strukturiert statt: Es werden Ihnen verschiedene Kategorien zur Klassifikation Ihrer Ausgaben angeboten, z. B. Reisekosten, Büroausgaben, Kommunikationsausgaben etc. Wenn Sie beispielsweise unter REISEKOS-TEN (TRAVEL) Kosten für einen Mietwagen (CAR RENTAL) auswählen, werden Ihnen im nächsten Schritt die typischen Mietwagenfirmen zur Auswahl angezeigt.

In der Maske zur Reisekostenabrechnung finden sich im oberen Bereich noch diverse Links:

▶ AVAILABLE EXPENSES: Hier können Ausgaben basierend auf Kartenabbuchungen hinzugefügt werden.

▶ DETAILS: Hier kann der Genehmigungsfluss mit Kommentaren bzw. Zuordnungen angezeigt werden.

▶ RECEIPTS: Hier können bereits hochgeladene Rechnungen ausgewählt werden.

Wenn Sie Ihre Abrechnung zur Genehmigung eingereicht haben, wird diese an die zuständige Stelle im Unternehmen weitergereicht. Im Work Center APPROVALS werden die Anträge in einer Liste dargestellt, und durch ein Ausrufezeichen wird jeweils markiert, ob eine Überschreitung der Reisekostenrichtlinien vorliegt. In der Genehmigungsmaske werden dann noch einmal alle Ausgaben und der beantragte Betrag angezeigt (siehe Abbildung 11.17).

Genehmigung

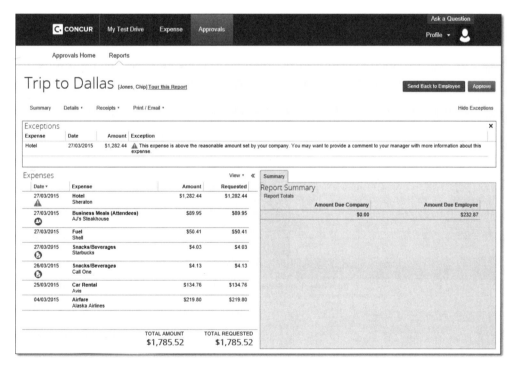

Abbildung 11.17 Abrechnung genehmigen

Auch die überschrittenen Beträge bei der Buchung werden durch Warndreiecke noch einmal angezeigt.

Reporting

Concur bietet verschiedene vordefinierte Berichtsordner und liefert Berichte zu folgenden Themen:

- Accural
- Administration
- Audit
- Carbon Footprint
- Company Billed Cards
- Compliance
- E-Receipt
- Expense Processing

- Finance
- Fraud
- International Reports
- Invoice
- Meetings
- Mobile Usage
- Open Booking

Abbildung 11.18 zeigt beispielhaft drei Berichte. Diese können z. B. in Form von Top-Listen aufgebaut sein, die etwa die Personen, die die Reisekostenbudgets am häufigsten überschreiten, anzeigen. Alternativ sind auch Zusammenfassungen, etwa eine Auflistung der Gebühren von Airlines, oder Listen möglich.

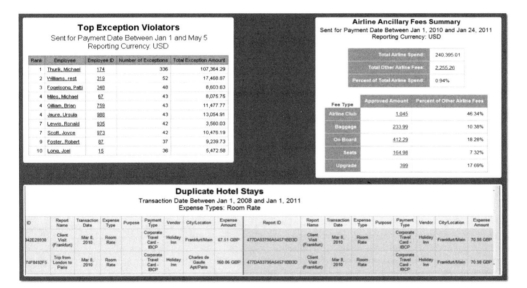

Abbildung 11.18 Berichte mit Concur

Rechnungen

Im Work Center INVOICE können Sie die Rechnungen Ihrer Einkaufsabteilung ablegen und verwalten (siehe Abbildung 11.19). Ziel dieses Work Centers ist die schnelle und effiziente Rechnungsbearbeitung. Rechnungen werden in Concur geladen, dem Manager zur Genehmigung vorgelegt, und von der Finanzabteilung wird die Zahlung angestoßen. In Übersichten kann der Status der Rechnung überwacht werden, d. h. ob die Genehmigung oder die Zahlung bereits erfolgt ist.

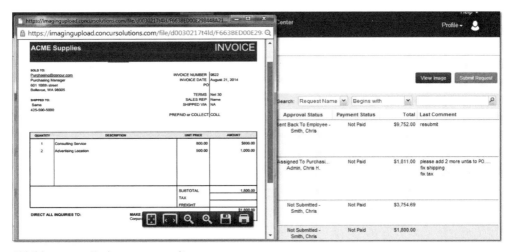

Abbildung 11.19 Rechnungen verwalten

11.2.4 Implementierung

Concur wird in verschiedenen Paketen mit unterschiedlichen Preisen angeboten (Details zu den Versionen mit enthaltenen Bestandteilen finden Sie unter *https://www.concur.com/en-us/pricing-editions*):

Konfiguration

▸ Small Business

▸ Standard

▸ Professional

▸ Premium

Ein Benutzer kostet in der Small Business Edition beispielsweise 8 USD pro Monat. Die Small Business Edition enthält jedoch reduzierte Funktionalität, z. B. gibt es nur vordefinierte Berichte, und es existieren nur

Länderversionen für US und UK. Concur bietet zur Implementierung einen Konfigurationsbereich (siehe Abbildung 11.20).

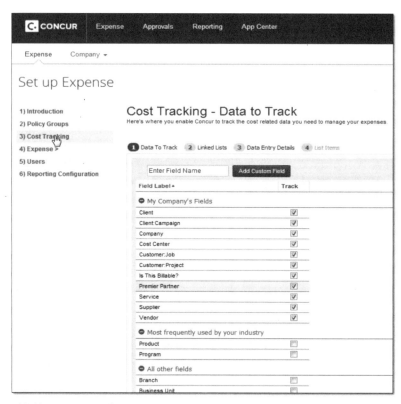

Abbildung 11.20 Konfiguration

In diesem können Sie beispielsweise einstellen, welche Informationen für Kosten mit abgelegt werden sollen oder welche Reisekostenrichtlinien in Ihrem Unternehmen gelten.

Concur Connect

Über die Internetschnittstelle *Concur Connect* können Reisedienstleister ihr Angebot in Concur positionieren (*https://www.concur.de/partner*). Aktuell nehmen in der deutschen Version Mietwagenanbieter wie Hertz, Avis, Enterprise und Sixt teil sowie Hotels wie Accor, Hilton, Hotel.de, HRS, Marriott und Starwood (*https://www.concur.de/partner/reisedienstleister*). Die Reisedienstleister stellen Bilder, Objektdaten etc. sowie elektronische Belege zur Verfügung. Die Belege können Sie dann in die Reiseabrechnungen übernehmen. So können durch elektronische Quittungen und Buchungsunterlagen die Reisekostenabrechnungen papierlos abgewickelt werden.

Zudem verfügt Concur über ein eigenes App-Center (*https://www.con-cur.com/en-us/app-center*), in dem neben der mobilen App Concur Mobile auch Partner-Apps (z. B. um Bonusclub-Profile von Hotels mit Concur zu integrieren) angeboten werden. Über Web Services und mobile APIs können Partner eigene Inhalte einbinden, auf die Geschäftsreisende per Laptop oder Smartphone zugreifen können (*https://www.concur.de/partner*).

Concur Mobile ist verfügbar für Apple, Android, BlackBerry und Windows Phone. Mit dieser App können Sie Reisen planen, Kreditkartenbuchungen einsehen und zu Spesenabrechnungen hinzufügen, Quittungen mit der Kamera abfotografieren, Spesenabrechnungen einreichen, genehmigen oder Flüge und Hotels buchen.

Mobile App

11.2.5 Alleinstellungsmerkmale

Die Besonderheit von Concur liegt in der integrierten Planung und der direkten Übernahme Ihrer Reisepläne in die Abrechnung sowie der marktplatzähnlichen Vernetzung mit den Reisedienstleistern, ähnlich wie bei Ariba. Concur ist vor allem dann für Sie interessant, wenn es für Ihre Reisen konkurrierende Verkehrsmittel gibt und die Reisen inklusive Übernachtung sind. Dann spielt das Buchungsvergleichsportal von Concur seine Vorteile gegenüber SAP Cloud for Travel and Expense aus. Wenn Ihre Mitarbeiter beispielsweise nur Tagesreisen mit der Bahn oder dem PKW unternehmen, profitieren sie weniger von der integrierten Vergleichs- und Reservierungsmöglichkeit.

Vergleichsmöglichkeit der Anbieter

SAP Cloud for Travel and Expense punktet im Gegenzug dazu durch vordefinierte Integrationsszenarien mit besserer Integration zu anderen SAP-Produkten. Weitere Informationen zu den Integrationsszenarien für Stamm- und Bewegungsdaten finden Sie in Abschnitt 11.1.5.

Integration

Fieldglass	[«]

Seit Mai 2014 gehört auch *Fieldglass* zu SAP (*http://www.de.field-glass.com/blog/fieldglass_begins_its_next_chapter_sap*). Fieldglass bietet ein cloudbasiertes *Vendor-Management-System*, also eine Plattform, mit der die Beschaffung und Verwaltung von externen Mitarbeitern und Services vereinfacht wird. Hierzu gehören z. B. Freiberufler oder Zeitarbeitnehmer sowie Dienst- und Werkverträge. Fieldglass wirbt damit, dass es durch die Verwendung der Software einfach wird, die Compliance in derartigen Beschaffungsprozessen sicherzustellen (*http://www.de.field-glass.com/resources/topic/compliance*).

Fieldglass unterstützt dabei die folgenden Prozesse:

▸ Bedarfsmeldung des Managers

▸ Onboarding

▸ Zeiterfassung und Rechnungsstellung

▸ Offboarding

Da von Fieldglass keine Demosysteme oder -videos bereitgestellt wurden, konnte von den Autoren keine weiterführende Bewertung durchgeführt werden.

Die Autoren

Prof. Dr. **Andreas Hufgard** ist Mitgründer und Vorstand für Forschung und Produktentwicklung der IBIS Prof. Thome AG. Daneben ist er Professor für Informations- und Prozessmanagement an der Hochschule Aschaffenburg und Lehrbeauftragter für Wirtschaftsinformatik an der Universität Würzburg.

Die IBIS Prof. Thome AG ist ein innovatives Software- und Beratungsunternehmen, das auf die betriebswirtschaftliche Analyse von SAP-Systemen spezialisiert ist. Das international tätige Unternehmen arbeitet intensiv mit Partnern wie Atos, HP, PwC und SAP zusammen. Zu den Kunden zählen Fortune-500- sowie DAX-30-Unternehmen wie Astra Zenecka, BASF, General Electric oder Siemens. Die 1994 gegründete IBIS Prof. Thome AG hat ihren Hauptsitz in Würzburg und eine Niederlassung in den USA. Sie gehört zur Prof. Thome Gruppe mit mehr als 150 Mitarbeitern.

Der Forschungsbereich (IBIS Labs) bündelt die Forschungsaktivitäten in einer Plattform für Forschungsinitiativen. Zusammen mit SAP, PwC, Hochschulen, weiteren Partnern und Anwendern sollen die Herausforderungen der Gestaltung und des Einsatzes betriebswirtschaftlicher Unternehmenssoftware mit innovativen Methoden, Tools und Inhalten gemeistert werden. Die wichtigsten Projekte unter der Leitung von Andreas Hufgard waren bzw. sind:

- ▸ »LIVE Tools« mit Siemens: Werkzeuge zur effizienten Einführung und kontinuierlichen Verbesserung von SAP R/3 bzw. der SAP Business Suite (1994–2009)

- ▸ »Analyse produktiver SAP-Systeme« mit der Methodik des Reverse Business Engineerings (RBE) in Kooperation mit SAP (1998–2001)

- ▸ Entwicklungskooperation mit SAP zur Business-Konfiguration für SAP Business ByDesign (2004–2010)

- ▸ Strategische Kooperation zum SAP Solution Manager mit SAP (seit 2010)

- Strategische Kooperation »RBE Plus für die Wirtschaftsprüfung« (HALO for SAP) mit PwC (seit 2011)

Dazu kommen viele Praxisprojekte von der fertigenden Industrie bis in die öffentliche Verwaltung in Europa und den USA.

Dr. **Stefanie Rauff** (geb. Krüger) ist Projekt- und Bereichsleiterin im Forschungsbereich der IBIS Prof. Thome AG und Lehrbeauftragte an der Universität Würzburg.

Bei der IBIS Prof. Thome AG war sie zuerst schwerpunktmäßig im SAP-Cloud-Umfeld tätig. Im Rahmen der engen Kooperation zwischen IBIS und SAP hat sie ein Curriculum für SAP Business ByDesign entwickelt, das die Integration von Geschäftsprozessen in einem ERP-System zeigt und das SAP im Rahmen ihres University-Alliances-Programms Universitäten weltweit zur Verfügung stellt. Basierend auf den Erfahrungen aus Einführungsprojekten der IBIS Prof. Thome AG hat sie Werkzeuge für die Entscheidungsfindung für SAP-Cloud-Lösungen konzipiert und umgesetzt sowie diverse Zertifizierungen (Solution und Service Advisor) erworben.

Aktuell ist sie in der IBIS Prof. Thome AG für die Analyseinhalte aller Nutzungsanalysen im Bereich Vertrieb verantwortlich. Durch diese Tätigkeit konnte sie einen umfangreichen Einblick in die Nutzung von SAP-Systemen und die damit verbundenen Schwierigkeiten der Anwenderunternehmen gewinnen.

Ihr praktisch erworbenes Wissen zu SAP-Lösungen gibt sie als Lehrbeauftrage weiter, u. a. als Dozentin im Weiterbildungsstudiengang Executive MBA Business Integration der Universität Würzburg.

Sie hat mehrere Artikel und Bücher im SAP-Umfeld verfasst, u. a. »SAP Business ByDesign – Geschäftsprozesse, Technologie und Implementierung anschaulich erklärt«, das ebenfalls im Rheinwerk Verlag erschienen ist.

Dipl. Kfm. **Rainer Zinow** begann seine Laufbahn bei SAP 1991 als R/2- und R/3-Entwickler. In den letzten 25 Jahren leitete er z. B. das SAP-IBM-Kompetenzzentrum, die internationale Schulungsorganisation und das Produktmanagement für die Callcenter-Lösung. 2004 schloss er sich dem Management-Team des heute als SAP Business ByDesign bekannten Produkts an. Er durchlebte und gestaltete alle Phasen des Wegs von SAP in die Cloud, von den grundlegenden Architekturarbeiten über die Akquisitionen von SuccessFactors bis zur letztendlichen Entstehung des Cloud-ERP-Marktes.

Dipl.-Kfm. **Fabian Krüger** ist Projektleiter bei der IBIS Prof. Thome AG und Lehrbeauftragter an der Universität Würzburg. Er studierte Betriebswirtschaftslehre an der Universität Würzburg. Bei IBIS ist er für Innovationsthemen wie SAP HANA und Systeminfrastruktur in der Cloud zuständig. Im Rahmen seiner Promotion widmet er sich der toolbasierten Business-Case-Erstellung für eine S/4HANA-Migration.

Praxiserfahrung konnte er seit 2007 durch mehrere Cloud-Einführungsprojekte, Forschungs- und Entwicklungsprojekte mit SAP und HP sowie zahlreiche Kunden-Workshops im Rahmen von RBE+-Analysen sammeln.

Pablo Menth, M. Sc., ist Software-Entwickler bei der IBIS Prof. Thome AG und Lehrbeauftragter an der Universität Würzburg. Seine Schwerpunkte sind SAP-Cloud-Lösungen, SAP HANA und Web-Applikationen. Inhaltlich beschäftigt er sich mit den Themen Business Intelligence, Automatisierung, neuen Ansätzen zur Prozessvisualisierung und mit mobilen Geschäftsszenarien.

In Kooperation mit der Universität Würzburg entwickelt er im Rahmen des Forschungsprojektes *Komplex-e* (*www.komplex-e.de*) analytische Werkzeuge zur Untersuchung und Visualisierung integrativer Abhängigkeiten zwischen funktionalen Komponenten in ERP-Systemen. Zudem bietet er dort seit 2013 eine praxisorientierte Lehrveranstaltung zur Add-on-Entwicklung für die Cloud-Suite SAP Business ByDesign an.

Johannes Schulz, M. Sc., studierte Wirtschaftsmathematik, Business Management sowie Business Information Systems an der Universität Würzburg und ist aktuell wissenschaftlicher Mitarbeiter im Zentrum für Wissenschaftliche Services (ZeWIS) an der Hochschule Aschaffenburg.

Eines seiner zentralen Forschungsgebiete sind Nutzungsanalysen betriebswirtschaftlicher Informationssysteme. Dabei werden anhand von Anwenderstudien und im Rahmen von Systemanalysen Anforderungen sowie Akzeptanzfaktoren ermittelt.

Ein weiterer Themenschwerpunkt liegt im Cloud-Umfeld. Neben theoretischen Forschungsaspekten untersucht er in Lehrveranstaltungen für Bachelor- und Masterstudiengänge vor allem Akzeptanzfaktoren sowie das Denken in integrierten Geschäftsprozessen insbesondere anhand von SAP-Cloud-Lösungen.

Index

A

ABSL 200
Action 200
Adaptionsrichtung 131
Add-on
  bereitstellen 215
  entwickeln 185
Adobe LiveCycle Designer 176
Advanced Business Scripting Language
  → ABSL
Aktionsbereich 129
Aktivitätenmanagement 354, 356
Analytics 177
Änderungsmanagement 147
Änderungsprojekt 154, 155, 171
Anforderungsabgleich 125
Anpassungsmodus 175
Anpassungswerkzeuge 168
Anwendungsexperte 143, 148,
  151, 167
Anwendungsinstanzen, mehrere 89
Ariba 43, 94, 375
  Alleinstellungsmerkmale 397
  Ausschreibung 380
  Einkauf 378
  Funktion 377
  Implementierung 396
  Integrationsszenario 396
  Kosten 396
  Nachfolgebesetzung 430
  operative Beschaffung 390
  Rechnung 392
  Verkauf 384
Ariba Network 95
Ariba Sourcing 386
ATP → Verfügbarkeitsprüfung
Aufgabenliste 165
  ändern 166
Aufgabensteuerung 172
Auktion 386
Ausschreibung 380
Auswertung, analytische 177

B

Benutzeroberfläche anpassen 173
Bericht 178, 330, 339, 343, 346, 349,
  369, 412, 425, 444, 454
Beschaffungsprojekt 386
Bestellbestätigung 392
Bestellung 391
betriebswirtschaftliche
  Konfiguration 126, 159
betriebswirtschaftlicher Katalog 162
Bewegungsdatenintegration 447
Bewerbung 423, 427
Bibliothek 328
BODL 198
Bring your own license 37
Business Adaptation Catalog
  → betriebswirtschaftlicher Katalog
Business Object Definition Language
  → BODL
Business Object Model 198
Business Object → Geschäftsobjekt
Business-Konfiguration → Geschäfts-
  prozesskonfiguration

C

CAL → SAP Cloud Appliance Library
Calibration 182
Career Center 423
Cash Optimizer 395
Chat 360
Cloud
  Ausblick 33
  Nachfrage 34
  Portfolio 36
  Sicherheit 116
  Voraussetzungen 28
  Vorteile 39
  Zusatzlösungen 98
Cloud Computing 25
Cloud DNA 32
Cloud Qualities 227
Cloud-only 33
Cloud-Suite 44
  Datenmodell 46

Cloud-Suite (Forts.)
  erweitern 50, 185
Collaborative Finance 393
Computer-Telefonie-Integration 326
Concur 43, 94, 447
  Alleinstellungsmerkmale 457
  Funktionen 448
  Implementierung 455
  Lizenzmodell 455
  mobile Anwendung 457
  Reiseplanung 447
Concur Mobile 457
Configurable UI Tool 190
CRM 320
Customizing 157

D

Datenbereitstellung 130
Datenmigration 126
Datenqualität 148
Datenquelle abfragen 208
Datenschutzbeauftragter 140
Deployment Unit 197
Developer Desktop 193
Dokumentenmanagement 356
Dokumentenverwaltung 367
Druckformular anpassen 175

E

E-Auction 386
Echtzeit-Reporting 437
Eclipse 105
Einarbeitung 126
Einführungsprojekt 124
Einkauf 375
Entscheidungsfindung 359
Entscheidungsphase 125
Entwicklungsplattform 103
Entwicklungsumgebung 186
Entwicklungswerkzeuge 186
E-Procurement 375
Erweiterung 185
  bereitstellen 215
Extension Framework 186

F

Feed 325
Feld hinzufügen 175
Fieldglass 457
Finanzbuchhaltung, vereinfachte 292
Finetuning 126
Formulareditor 176

G

Geschäftslogik 191
Geschäftsobjekt 189
Geschäftsprozess-
  konfiguration 161, 228
Geschäftsregel implementieren 191
Git 105
Gruppe 366
Gruppenarbeit 352

H

HANA XS 105, 108
HCI → SAP HANA Cloud Integration
HCP → SAP HANA Cloud Platform
HEC → SAP HANA Enterprise Cloud
Hosting 145
HTML5 105, 227

I

Implementierung 124
  Meilenstein 127
  Workshop 127
  Ziele 131
Implementierungspartner 135, 145
In-App-Extension 215
In-Application-Extensibility 52
Information Interchange
  OnDemand 98
Innovationsgeschwindigkeit 31
Instance Synchronization 218
Integration 225
Integrationsplattform 114
Integrationsszenario 40, 177

J

Java 105
Java Web 214
Java-EE-6-Web-Profil 214
Java-Stack 214
Job Profile 183

K

Karriere 422
Katalogstruktur 162
Kennzahl 178
Kollaboration 319, 337, 352, 364
Kollaborationsplattform 94
Konfigurationstabelle füllen 166
Kontrakt 386
Kontrollpunkt 128
Kundenbeziehung 319, 329
Kundenbindungsprogramm 335
Kundenservice 340
kundenspezifische Daten 176

L

Lead 334, 335
Leistungsbeurteilung 408
Lieferavis 392
Life Cycle Management 52, 215
Line of Business 35, 38, 92
Liquiditätsmanagement 395
LoB → Line of Business

M

Marketing 331
Marketing-Fonds 334, 336
Marktplatz 43
MDF 188
Merkmal 178
Metadata Framework → MDF
Mitarbeiter des Monats 371
Mitarbeiterakzeptanz 130
Mitarbeiterprofil 183
mobile Anwendung 227
Multi-Channel-Management 258
Multi-Project-Cockpit 208
Multi-Tenancy 90

N

Nachfolgebesetzung 430
native Erweiterung 187
Network Transaction Services 397
Netzwerk 375
Nutzung 148

O

Object Work List 203
OData 193
Online Analytical Processing
  (OLAP) 308
Online Transaction Processing
  (OLTP) 308
On-Premise-Anwendung, native 96
Open Data Protocol → OData
Opportunity 335
Organigramm 405, 430
Organisationsentwicklung 133

P

Partnerkanal 334
Perform and Reward Bundle 401
Personaldaten 404
Personalmanagement 399
Portlet 190
Private oder Public Cloud 88
Produktivbetrieb, Tipps 146
Produktivstart 141
Produktivsystem 140
Produktkatalog 390
Projektplan 135
Projektzeitplanung 138
Provisioning 179
Public Cloud, native 92

R

Receivables Exchange 396
Rechnungsbearbeitung 455
Recruiting 425
Regel zur Arbeitsverteilung 173
registriertes Produkt 340
Reiseantrag 441

Reisekostenabrechnung 437,
439, 451
  genehmigen 453
Reisekostenmanagement 43,
437, 447
Reiseplanung 441, 447, 449
Repository Explorer 198
Representational State
Transfer (REST) 192
Rollen im Projekt 134

S

SAP Business ByDesign 48, 92, 162,
249, 320, 376
  Alleinstellungsmerkmale 286
  Angebot 262
  anpassen 170
  Aufgabensteuerung 261
  Auslieferung 267
  Belegfluss 278
  Bilanzanalyse 283
  CRM 253
  CRM-Beispiel 256
  Datenmodell 229
  Fakturierung 277
  Funktionsgruppe 250
  Genehmigung 265
  HRM 254
  Implementierung 288
  Kampagne 257
  Kundenauftrag 265
  Lead 258
  Liquiditätsmanagement 279
  Liquiditätsvorschau 282
  Nachfolgebeleg 259
  Opportunity 259
  Opportunity-Pipeline 261
  Organisationsstruktur 254
  Projektcontrolling 275
  Projektplanung 270
  Projektrechnung 276
  Rechnungswesen 280
  Rückmeldung 274
  Schnittstelle 176
  SCM 254
  SRM 254
  Tagesfinanzstatus 279, 280
  Technologie 286

SAP Business ByDesign (Forts.)
  Zielgruppe 250
SAP Business ByDesign Platform
Add-on 216
SAP Business One 49, 96, 229
  Angebot 235
  Auslieferung 239
  Bilanz und GuV 242
  Cashflow-Analyse 240
  CRM 232
  Datenmodell 229
  Einstiegspaket 248
  Fakturierung 239
  Funktionen 230
  Kosten 248
  Kundenauftrag 237
  Mobility App 246
  Opportunity 234
  Sicherheit 247
  Technologie 244
  und SAP HANA 245
  Zielgruppe 230
SAP Business One Cloud 247
SAP Cloud Appliance Library 112
SAP Cloud Applications
Studio 52, 193, 206
SAP Cloud for Customer 319, 321
  Implementierung 328
  Kollaboration 325
  Kundenmanagement 322
  Schnellzugriffe 323
  und Ariba 377
  Vertrieb 324
SAP Cloud for Sales 93, 329
  Kampagne 332, 333
  Marketing 331
  Partnerkanal 334
SAP Cloud for Service 93, 338
  Funktionen 339
  Kundenservice 339
SAP Cloud for Social
Engagement 93, 345
  Funktionen 346
  Social Media 347
SAP Cloud for Travel and Expense
93, 437
  Alleinstellungsmerkmale 446
  Funktionen 438
  Implementierung 446

SAP Cloud for Travel and Expense
(Forts.)
   Integration 457
   mobile Nutzung 446
   Reiseplanung 439
   SAP-ERP-Integration 446
SAP CRM 320
SAP EHS Regulatory Documentation
OnDemand 99
SAP E-Invoicing for Compliance
OnDemand 98
SAP ERP 320, 337, 376
SAP ERP HCM und Ariba 434
SAP Financial Services Network 98
SAP Fiori 211, 310
SAP HANA 97, 227, 356
SAP HANA Cloud Integration 40, 114
SAP HANA Cloud Plattform 52, 102,
103, 187
   Extension Package 220
   Kosten 107
   Werkzeug 209
SAP HANA Cloud Portal 115
SAP HANA Developer Edition 112
SAP HANA Enterprise Cloud 37,
97, 100
   Sicherheit 312
   unterstützte Produkte 101
SAP HANA Live 312
SAP HANA One 108
   Implementierung 108
   Kosten 109
SAP Jam 94, 364, 404
   Funktionen 364
   Gruppe 327
   Implementierung 373
   Kollaboration 365
   mobile Lösung 374
   Projektarbeit 366
   und SAP StreamWork 374
SAP Lumira 312
SAP Lumira Cloud 100
SAP Precision Marketing 99
SAP Product Safety Management
OnDemand 99
SAP Product Stewardship Network 95
SAP R/3 225
SAP S/4HANA 184, 228
   Implementierung 313
   Lizenz 315

SAP S/4HANA Cloud Edition 47,
97, 289
   Alleinstellungsmerkmale 308
   Benutzeroberfläche 311
   Bilanzkonto 297
   Finanzbuchhaltung 292
   Funktionen 291
   Kontensaldo 295
   Private oder Public Cloud 290
   Projektleitung 302
   Tagesfinanzstatus 300
   Technologie 309
   Teilprozesse 294
   Zielgruppe 290
SAP Simple Finance 289
SAP Social Media Analytics
by Netbase 352
SAP SRM und Ariba 376
SAP StreamWork 95, 352
   Aktivitätenmanagement 354
   Funktionen 353
   Implementierung 362
   Objekttyp 355
   Tools 358
   und SAP Jam 374
SAP Supplier InfoNet 99
SAP Web IDE 212
SAP-HANA-Datenbank-Tools 210
SAP-S/4HANA-Innovations-
analyse 212
SAP-Smart-Business-App 312
SAPUI5 105, 211
Schulungen 417
Scoping 126, 160
   Empfehlung 161
Service-Level 341
Sicherheit 116
   Datenübertragung 120
   der Anwendungen 121
   des Rechenzentrums 117
   Einstellungen 121
   Netzwerk 120
Side-by-Side-Extensibility 52
Side-by-Side-Extension 219
Simple Finance 211, 292
Simple Object Access Protocol
   → SOAP
Situationsanalyse 125
Skonto 394
Smart Financials 291

SOAP 192
Social Media 93, 347, 352
Social-Media-Kanal 347
Spend Management 377
Spesenabrechnung 441, 451
Stammdaten-Replikation 447
Statusbericht 406
Stellenausschreibung 427
Stellenprofil 183
Strategie 25
Strategiemanagement 426
SuccessFactors 178, 399
  Add-on 218
  Alleinstellungsmerkmale 434
  Backend-Administration 179
  Calibration 182
  Community 150
  Entwicklungsplan 420
  erweitern 188
  Funktionen 402
  Implementierung 432
  Integrationsszenario 192
  Konfiguration 127
  Link einbinden 181
  Mitarbeiterentwicklung 416
  mobile Lösung 433
  Plattform 188
  Recruiting 425
  Schnittstelle 192
  Support 150
  Systemadministration 180
  Talent Management 410
  Zielmanagement 405
SuccessFactors Employee Central 400
SuccessFactors HCM Suite 178
SuccessFactors Metadata
  Framework 186
Support 149
System anpassen 158
Systembereitstellung 131, 139

T

Tagesgeschäft 147
Talent Management 412
Talent Pipeline 427
Talentbewertung 411
Talentsuche 431
Teambeurteilung 409

technische Konfiguration 158
Template 50
Test 126
Testsystem 140
Ticket 341
Tochtergesellschaft 138
Tools 367
TopManage 229

U

UI Designer 195, 204
UI Development Toolkit
  for HTML5 212
Umfrage 332
Unternehmensbeteiligung 414
Upgrade 150, 154
  Änderungen und Neuerungen 151
  Terminplanung 151
Upgrade-Zyklus 153
User Interface Designer → UI Designer

V

variable Vergütung 415
Vendor-Management-System 457
Verfügbarkeitsprüfung 264
Vergütung 414
Vertriebsaktivitäten 324
Virtualisierung
  Hardware-Level 88
  Instanz-Level 89
  Tenant-Level 90
  VM-Level 89
Visualisierung 356
Vorgehensmodell 124
Vorstellungsgespräch 428

W

Wartungsvertrag 341
Web App 211
Web IDE 105
Webservice 176, 206, 228
Wettbewerber 336
Widget 115
Work Center 159, 202

Z

Zahlungsmanagement 393
Zeitplanung 135
Zielplan 405
Zusammenarbeit 319

- Become familiar with cloud computing and SAP's software-as-a-service strategy.

- Explore efficient features, f.e. UI-concept, real-time Analytics and Enterprise Search.

- Learn to set up end-to-end business processes with SAP Business ByDesign.

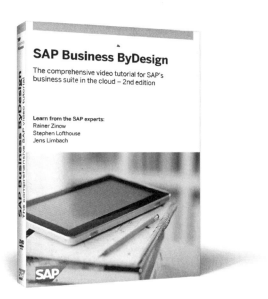

Rainer Zinow, Stephen Lofthouse, Jens Limbach

SAP Business ByDesign

The comprehensive video tutorial for SAP's business suite in the cloud – 2nd edition

This video training provides a broad understanding about SAP's Business ByDesign solution. Starting with SAP's motivation to become a cloud player and an introduction to cloud computing, the training course guides you through various key capabilities of SAP Business ByDesign. Besides a complete end-to-end process, the tutorial demonstrates the usage of the SAP Solution OnDemand Studio and the integration of SAP Business ByDesign with SAP's Business Suite.

6 Stunden, 2. Auflage, kostenloser Download
www.sap-press.de/SAP-Business-ByDesign

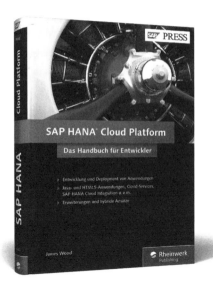

Wie hat Ihnen dieses Buch gefallen?
Bitte teilen Sie uns mit, ob Sie zufrieden waren,
und bewerten Sie das Buch auf:
www.rheinwerk-verlag.de/feedback

Ausführliche Informationen zu unserem aktuellen
Programm samt Leseproben finden Sie ebenfalls
auf unserer Website. Besuchen Sie uns!

www.rheinwerk-verlag.de